HEYNE
BÜCHER
SACHBUCH

Bill Gates

in Zusammenarbeit mit Nathan Myhrvold
und Peter Rinearson

# Der Weg nach vorn

## Die Zukunft der Informationsgesellschaft

Aus dem Amerikanischen
von Friedrich Griese
und Hainer Kober

*Völlig überarbeitete
und aktualisierte Taschenbuchausgabe*

WILHELM HEYNE VERLAG
MÜNCHEN

HEYNE SACHBUCH
Nr. 19/521

Titel der amerikanischen Originalausgabe:
THE ROAD AHEAD
Erschienen bei Viking Penguin
(ein Unternehmen von Penguin Books USA, Inc.), New York

*Umwelthinweis:*
Dieses Buch wurde auf
chlor- und säurefreiem Papier gedruckt.

2. Auflage

Völlig überarbeitete und aktualisierte Taschenbuchausgabe
im Wilhelm Heyne Verlag GmbH & Co. KG, München

Printed in Germany 1997
Umschlaggestaltung: Atelier Adolf Bachmann, Reischach,
unter Verwendung eines Fotos von Annie Leibowitz/
Contact Press Images
Herstellung: Andrea Cobré
Satz: MPM, Wasserburg
Druck und Verarbeitung: Ebner Ulm

ISBN 3-453-12296-8

*Für meine Eltern*

# Inhalt

# Danksagungen

Um ein größeres Softwareprojekt auf den Markt zu bringen, sind manchmal die vereinten Kräfte Hunderter von Menschen erforderlich. Nicht ganz so viele waren es, die mir bei diesem Buch geholfen haben, doch allein hätte ich es sicherlich nicht zustande gebracht. Falls ich in den folgenden Zeilen jemanden unabsichtlich vergessen haben sollte, so tut es mir aufrichtig leid, und ich danke auch ihm.

Für die Unterstützung auf allen Stationen des Weges vom ersten Entwurf bis zur endgültigen Fassung gilt mein Dank Jonathan Lazarus und seinem Team: Kelli Jerome, Mary Engstrom, Wendy Langen und Debbie Walker. Ohne Jonathans Rat und Ausdauer wäre dieses Buch nie fertig geworden.

Besonderen Dank schulde ich Tren Griffin, Roger McNamee, Melissa Waggener und Ann Winblad für ihre hilfreichen Anregungen während der ganzen Dauer des Projekts.

Für ihre kritischen und scharfsinnigen Kommentare danke ich Stephen Arnold, Steve Ballmer, Harvey Berger, Paul Carroll, Mike Delman, Kimberly Ellwanger, Brian Fleming, Bill Gates sen., Melinda Gates, Bernie Gifford, Bob Gomulkiewicz, Meg Greenfield, Collins Hemingway, Jack Hitt, Rita Jacobs, Erik Lacitis, Mitch Matthews, Scott Miller, Craig Mundie, Rick Rashid, Jon Shirley, Mike Timpane, Wendy Wolf, Min Yee und Mark Zbikowski.

Kerry Carnahan, Ina Chang, Peggy Gunnoe, Christine Shannon, Sean Sheridan und Amy Dunn Stephenson bin ich für die Hilfe bei den Recherchen, der Herstellung der Manuskripte und der Beschaffung von Hintergrundmaterial verpflichtet. Dankbar bin ich auch Elton Welke und seinen tüchtigen Mitarbeitern bei Microsoft Press: Chris Banks, Judith Bloch, Jim Brown, Sally Brunsman, Mary DeJong, Jim Fuchs,

Dail Magee jr., Erin O'Connor, JoAnne Woodcock und Mark Young.

Dank schulde ich weiterhin den Mitarbeitern meines Verlags Viking Penguin für ihre Hilfe und Geduld. Besondere Erwähnung verdienen Peter Mayer, Marvin Brown, Barbara Grossman, Pamela Dorman, Cindy Achar, Kate Griggs, Theodora Rosenbaum, Susan Hans O'Connor und Michael Hardart.

Auch Nancy Nicholas und Nan Graham sei Dank für ihre redaktionelle Hilfe.

In besonderem Maße bin ich meinen Mitarbeitern am Buch selbst, Peter Rinearson und Nathan Myhrvold, verpflichtet.

# Vorwort zur Taschenbuchausgabe

Ich komme aus der Softwarebranche, wo Veränderungen an der Tagesordnung sind. Ein gängiges Softwareprodukt, egal, ob es sich um eine elektronische Enzyklopädie, ein Textverarbeitungssystem oder ein Online-Bankingsystem handelt, wird alle ein oder zwei Jahre durch einige bedeutende Eingriffe und zahllose kleinere Korrekturen aktualisiert. Dabei orientieren wir uns an den Rückmeldungen unserer Kunden und an neuen technischen Entwicklungen.

Das gleiche Verfahren liegt dieser neuen Ausgabe von *Der Weg nach vorn* zugrunde. Zahlreiche kleine Veränderungen habe ich vorgenommen, jeden Absatz durchgesehen und die Daten auf den neuesten Stand gebracht, die größte Veränderung des Buches besteht aber darin, daß es jetzt, wie Microsoft selbst, das Internet in den Mittelpunkt seines Interesses rückt. In den meisten Fällen ist die boomende Beliebtheit des Internets maßgebend für die Auswahl des neuen Materials gewesen – was unter anderem zur vollständigen Überarbeitung der Kapitel fünf, sieben, neun, elf und des Nachwortes geführt hat.

In der ersten Ausgabe habe ich die Auffassung vertreten, die Verbindung von Personalcomputern und anderen Informationsgeräten werde eine Kommunikationsrevolution auslösen. Überrascht stelle ich fest, wie rasch und auf welche Weise sich meine Vorhersage bewahrheitet hat. Zwar habe ich in den siebziger Jahren als Student die Frühform des Internets benutzt, aber ich habe damals nicht erwartet, daß die Internetprotokolle zum Standard eines Datennetzes werden würden, das zwanzig Jahre später in aller Munde sein würde. Noch vor der Entwicklung des ersten PC glaubte ich fest daran, daß eines Tages Millionen Personalcomputer, die, so meine Prophezeiung, »auf jedem Schreibtisch und in jedem Haushalt anzutreffen« sein würden, in globalen Netzen zusammengeschlossen sein würden. Ich nahm sogar an, daß eines Tages selbst Home Computer miteinander in Verbindung stehen und in der Lage sein würden, miteinander zu kommunizieren und sich weltweit aus den zur Verfügung stehenden Datensammlungen zu bedienen. Zu meiner Überraschung mußte ich feststellen, daß sich die Online-Dienste in den achtziger und Anfang der neunziger Jahre keiner großen Beliebtheit erfreuten. Da fragte ich mich, welche Verbindung aus Netzbandbreite und Inhaltsaspekten wohl erforderlich sei, um der elektronischen Kommunikation zu jener zentralen Rolle zu verhelfen, die ihr eigentlich zuzutrauen war.

Als sich mein technischer Assistent Steven Sinofsky Ende 1993 an der Cornell University aufhielt, um talentierte Studenten für Microsoft anzuwerben, war er beeindruckt von der Art, wie die akademische Gemeinschaft das Internet zur Kommunikation benutzte. Und das galt nicht nur für Informatikstudenten. Über das Internet veröffentlichten Cornell und andere Universitäten Vorlesungsverzeichnisse, Studenten- und Dozentenverzeichnisse, Mailinglisten und Veranstaltungskalender. Personalcomputer waren an Hochgeschwindigkeitsnetze angeschlossen und standen jedem Studenten zur Verfügung. Studentenverbindungen und -organisationen wickelten einen Großteil ihrer Verwaltungsarbeit über das Internet ab. Sogar ihre Studiengebühren konnten die Studenten über das Netz in Erfahrung bringen. Jeder Student hatte eine elektronische Postadresse (E-Mail-Adresse). In der akademischen Gemeinschaft hatte die Internetnutzung die kritische Masse erreicht. Als Steve mir von der Situation an der Cornell University berichtete, begann ich das Internet sehr ernst zu nehmen.

Ab Frühjahr 1994 ging Microsoft davon aus, daß das Internet eines Tages enorme Bedeutung gewinnen würde, und baute eine entsprechende Unterstützung in seine Produkte ein. Zusätzlich gaben wir mehr als 100 Millionen Dollar jährlich für die Erforschung und Entwicklung interaktiver Netze verschiedener Art aus. Womit wir nicht rechneten: daß das Internet in nur zwei

Jahren die gesamte Branche und das Interesse der Öffentlichkeit erobern würde. Wir dachten, die Nutzung universeller Interaktivität werde so lange moderat bleiben, bis die technischen Voraussetzungen für Videokonferenzen und Breitbandanwendungen wie Video-on-demand zur Verfügung stünden – von den Ansprüchen an Sicherheit, Datenschutz, Zuverlässigkeit und Bequemlichkeit ganz zu schweigen. Langfristig waren wir zwar nach wie vor große Optimisten, aber nachdem wir nun schon jahrelang vergeblich auf den Aufschwung der Online-Dienste gewartet hatten, waren wir zurückhaltend geworden, was die Nutzung interaktiver Netze in der nahen Zukunft anbetraf.

Als dann der Internet-Boom tatsächlich einsetzte, waren wir überrascht, fasziniert und erfreut. Scheinbar über Nacht wuchsen dem Internet Millionen Benutzer zu, die unter Beweis stellten, daß sie bereit waren, weit mehr technische Unzulänglichkeiten hinzunehmen, als wir erwartet hatten. Zwar beklagten sich die Benutzer über die höchst lästigen Mängel des Internets, was sie jedoch nicht daran hinderte, von dem faszinierenden neuen Kommunikationsmittel eifrig Gebrauch zu machen. Es machte einfach zu viel Spaß! Sobald die Modems schnell genug, die Datenübertragungswege billig genug, die PCs zahlreich und leistungsfähig genug und die Inhalte im World Wide Web des Internets vielfältig genug geworden waren, gab es keinen Weg zurück. Wann genau dieser Punkt erreicht war, kann ich nicht sagen, aber Ende 1995 war die Schwelle überschritten. Mehr Benutzer, das hieß mehr Inhalte, und mehr Inhalte, das hieß mehr Benutzer. Die Beliebtheit des Internets kletterte spiralförmig in die Höhe und erreichte die kritische Masse.

Paradoxerweise werden die Schwächen und Grenzen einer Technologie fast zu Stärken, sobald sie die kritische Masse erreicht, weil sich dann zahlreiche Unternehmen darum bemühen, die Mängel zu beseitigen – sind sie doch bestrebt, den Anschluß an eine Entwicklung, die sich rasch zum Goldrausch auswächst, nicht zu verpassen. Ein schönes Beispiel für dieses Phänomen ist der ursprüngliche IBM-PC. Er hatte ärgerliche Mängel, die nur allzu offensichtlich waren. Ein Blick auf den Rechner genügte den Experten anderer Firmen, und sie erklärten: »Mann, da hakt es doch an allen Ecken und Enden!« Als die Konkurrenzunternehmen antraten, sich ein Stück von dem großen Kuchen zu erobern, indem sie die Fehler des PCs beseitigten, setzten sie eine Investitionsspirale in Gang, die die Entwicklung der PC-Architektur seit fünfzehn Jahren vorantreibt. In einer ganz ähnlichen Situation befindet sich das Internet heute. Viele notwendige Elemente fehlen oder sind unzulänglich, doch da sich das Internet wohl in jenen globalen Information Highway, jene Datenautobahn, weiterentwickeln wird, von der hier die Rede ist, ist das Internet ein wunderbares Betätigungsfeld für Unternehmen, die um die Beseitigung seiner Mängel bemüht sind.

Dabei ist das Internet in einer noch stärkeren Position, als es der PC vor fünfzehn Jahren war. Weit mehr Menschen tragen zur Verbesserung des Internets bei, als sich je um den PC gekümmert haben. So rasch verläuft die Entwicklung des Internets, daß es sich alle paar Monate von Grund auf verändert. Sogar Menschen, die unmittelbar mit ihm zu tun haben, sind beeindruckt, wie schnell und wie weitreichend diese Veränderungen sind.

Heute gehört meine Firma zu den Tausenden von Unternehmen, die einen Beitrag zur Entwicklung des Internets leisten. Ohne Übertreibung läßt sich feststellen, daß praktisch alles, was heute bei Microsoft geschieht, in der einen oder anderen Weise auf das Internet abgestellt ist.

Überall sind die Spuren des Interneterfolgs zu beobachten. In der Fernsehwerbung bekommt man immer häufiger Web-Site-Adressen mitgeliefert, und viele Leute haben zumindest eine E-Mail-Adresse auf ihrer Geschäftskarte. Tag für Tag kommen Tausende neuer Seiten zum World Wide Web des Internets hinzu. Als mich in Seattle ein Bettler aufforderte, seine Web-Site zu besuchen, dachte ich: Junge, Junge, das Ding ist wirklich im Kommen! Vielleicht war es ja nur Aufschneiderei, jedenfalls war ich beeindruckt genug, um ihm zu geben, was er haben wollte.

Wenn man bedenkt, daß im Internet gegenwärtig noch kaum Geld zu machen ist, erscheint das Investitionsniveau erstaunlich hoch. Nachdem einige Aktien unlängst auf realistischere Kurse fielen, waren natürlich sogleich allwissende Kritiker zur Stelle, die das Internet zur Seifenblase oder gleich für tot erklärten.

Glauben Sie es nicht. Wir befinden uns in der Anfangsphase einer Kommunikationsrevolution, die sich als langlebig und allumfassend erweisen wird. Wir werden noch manche Überraschung erleben, bevor der Information Highway wirklich steht, weil es noch zu viele Unwägbarkeiten gibt. Noch wissen wir zu wenig über Verbraucherpräferenzen. Unklar ist auch die Rolle der staatlichen Organe, was für eine gewisse Beunruhigung sorgt. Wir können nicht voraussehen, was für bahnbrechende technische Neuerungen vor uns liegen. Doch das interaktive Netz wird Bestand haben, und wir erleben erst seine Anfänge.

Ich danke Peter Rinearson, der ganz wesentlich an dieser Ausgabe mitgearbeitet hat, und unserem Lektor Erin O'Connor. Wie immer hat mein Kollege Nathan Myhrvold unschätzbare Ratschläge und Anregungen beigesteuert. Craig Mundie hat mich in Fragen der Hardware und Infrastruktur beraten und Tom Corddry in solchen der Ausbildung. Jonathan Lazarus und Kelli Jerome haben die Durchsicht des überarbeiteten Manuskripts und der entsprechend veränderten CD-ROM koordiniert. Ihnen allen gilt mein Dank für die hingebungsvolle Mühe, die sie aufgewandt haben.

Für die sorgfältige Durchsicht der überarbeiteten Kapitel trotz gnadenloser Termine danke ich Kimberly Ellwanger, Bob Gomulkiewicz, Tren Griffen, Jonathan Lazarus, Roger McNamee, Rick Rashid und Steven Sinofsky.

Bei Microsoft Press hat Elton Welke bei der Organisation des Projektes geholfen, während Buck Guderian, Michael Victor und Bill Teel neue Grafiken vorbereitet haben. Dank auch Peter Mayer, Pam Dorman, Susan VanOmmeren und den anderen intelligenten Leuten bei meinem englischsprachigen Verlag Viking Penguin für ihre Professionalität und Geduld.

Es bedurfte der gemeinsamen Anstrengung aller dieser Menschen und vieler anderer, um Ihnen diese neue Ausgabe von *Der Weg nach vorn* präsentieren zu können. Ich hoffe, sie gefällt und hilft Ihnen, Ihren eigenen Weg in den vor uns liegenden Jahren zu finden.

Bill Gates
25. Juli 1996

# Vorwort

Die letzten 20 Jahre waren für mich ein unglaubliches Abenteuer. Es begann an dem Tag, als ich mit meinem Freund Paul Allen auf dem Harvard Square stand und wir eifrig die Beschreibung eines Selbstbau-Computers in der Zeitschrift *Popular Electronics* studierten. Erregt lasen wir von dem ersten echten Personalcomputer, und obwohl wir noch keine genaue Vorstellung davon hatten, wozu er zu gebrauchen wäre, war uns doch schon klar, daß er uns und die Welt der Datenverarbeitung verändern würde. Wir sollten recht behalten. Die Revolution des Personalcomputers ist eingetreten, und sie hat das Leben von Millionen Menschen verändert. Wohin sie uns geführt hat, konnten wir uns damals kaum vorstellen.

Nun stehen wir alle vor einer weiteren großen Reise. Auch diesmal wissen wir nicht genau, wohin sie uns führen wird, aber auch jetzt bin ich sicher, daß diese Revolution das Leben von noch mehr Menschen verändern und uns alle zu noch ferneren Zielen bringen wird. Vor allem wird sich die Art und Weise verändern, wie Menschen miteinander kommunizieren. Die Vor- und Nachteile dieser kommenden Kommunikationsrevolution – die man in ihren frühen Stadien als »Internetrevolution« bezeichnen kann – werden noch einschneidender sein als die der PC-Revolution.

Es kann keine verläßliche Landkarte von noch unerforschten Gebieten geben, doch aus der Entstehung und Entwicklung der PC-Industrie, die heute rund 120 Milliarden Dollar umsetzt, können wir wichtige Lehren ziehen. Der PC – seine sich entwickelnde Hardware, die kommerziellen Anwendungen, die Online-Systeme, die Internetverbindungen, E-Mail, Multimediatitel, Authoring Tools und Spiele – bildet die Grundlage für die nächste Revolution.

In den Anfängen der PC-Industrie hat das Geschehen in dem jungen Wirtschaftszweig bei den Massenmedien kaum Beachtung gefunden. Wir, die wir vom Computer und seinen Möglichkeiten fasziniert waren, blieben außerhalb unserer engeren Kreise unbeachtet, auf jeden Fall galten wir nicht als schick.

Diese nächste Reise, die auf den sogenannten Information Highway führt, ist dagegen zum Thema zahlloser Zeitungs- und Zeitschriftenartikel, Fernseh- und Rundfunksendungen, Konferenzen und wilder Spekulationen geworden. Innerhalb wie außerhalb der Computerbranche hat sie ein unglaubliches Interesse geweckt, und das nicht nur in den entwickelten Ländern und weit über die ohnehin schon sehr ansehnliche Zahl von PC-Benutzern hinaus.

Mancher meint, der Information Highway – auch interaktives Netz genannt – sei einfach das heutige Internet oder die gleichzeitige Übertragung Hunderter von Fernsehkanälen. Doch wir erleben heute erst den Beginn der Innovationen. Die Revolution der Telekommunikation wird sich über mehrere Jahrzehnte erstrecken und von neuen »Anwendungen« vorangetrieben werden – neuen Programmentwicklungen (»Tools«) für Bedürfnisse, die wir gegenwärtig noch nicht einmal kennen. Das Internet von heute läßt das interaktive Netz von morgen nur erahnen.

Im Laufe der nächsten Jahre werden staatliche Organe, Wirtschaftsunternehmen und Einzelpersonen Entscheidungen treffen, die ganz wesentlich die Zukunft des Netzes bestimmen werden. Deshalb halte ich es für außerordentlich wichtig, daß möglichst viele gesellschaftliche Gruppen – nicht nur Experten und Angehörige der Computerindustrie – an der Debatte über die Gestaltung und Handhabung dieser Technik und über ihren Einfluß auf unsere Gesellschaft beteiligt sind.

Mit diesem Buch möchte ich zur gegenwärtigen Debatte beitragen, ihr, wenn möglich, neue Impulse geben und diesen Entscheidungen, soweit es in meinem Kräften steht, eine sachlich fundierte Grundlage liefern.

Mir ist dabei schon ein bißchen mulmig, denn viele Vorhersagen von einst wirken heute einfach nur noch komisch. In alten Ausgaben von *Popular Science* liest man von künftigen Annehmlichkeiten wie dem Familienhubschrauber und Atomenergie »zum Nulltarif«. Die Geschichte ist voll von Beispielen, über die wir heute lächeln, wie über den Oxford-Professor, der das elektrische Licht 1878 als billigen Trick abtat, oder den Professor, der 1942 die Vermutung äußerte, Flugzeuge könnten die Schallmauer nur durchbrechen, wenn ihre Tragflächen in flatternde Bewegung versetzt würden, sobald sie in die Luft katapultiert worden seien.

Dies ist ein ernsthaftes Buch, auch wenn man es in zehn Jahren vielleicht anders sehen wird. Die von mir vorhergesagten Dinge, die dann eingetroffen sind, wird man als Selbstverständlichkeit betrachten, und was sich nicht erfüllt hat, wird man belächeln.

Die Kommunikationsrevolution wird nach meiner Überzeugung in ihrem Ablauf viele Parallelen zur Entwicklung der Computerbranche aufweisen. Um gewisse Vorstellungen und Lehren aus der Vergangenheit zu erläutern, werde ich ein wenig auf meine eigene Geschichte – ja, ich erzähle auch von meinem Haus – und die der Datenverarbeitung im allgemeinen eingehen. Diejenigen, die eine Autobiographie erwarten oder eine Abhandlung darüber, wie man sich fühlt, wenn man so viel Glück gehabt hat wie ich, muß ich enttäuschen. Vielleicht komme ich ja dazu, darüber zu schreiben, wenn ich einmal im Ruhestand bin. Dieses Buch blickt vor allem in die Zukunft.

Wer eine technologische Abhandlung erwartet, der wird ebenfalls enttäuscht sein. Zukünftig wird jeder in seinem Leben irgendwie mit dem Information Highway in Berührung kommen. Und daher sollte jeder in der Lage sein zu begreifen, was er bedeutet. Deshalb hatte ich von Beginn an die Absicht, ein Buch zu schreiben, das so viele Menschen wie möglich verstehen.

Die Arbeit an *Der Weg nach vorn* hat länger gedauert, als ursprünglich angenommen. Die Abschätzung des erforderlichen Zeitaufwands war ebenso schwierig wie die Planung des

Entwicklungsfahrplans für ein größeres Softwareprojekt. Und trotz der Unterstützung durch Peter Rinearson und Nathan Myhrvold hat sich dieses Buch dann als ein noch anspruchsvolleres Unternehmen erwiesen. Einfach war nur das Umschlagfoto von Annie Leibovitz, das weit vor dem Abgabetermin des Textes fertig war. Ich schreibe gern Reden, und ich hatte gedacht, ein Buch zu schreiben, sei etwas Ähnliches. In meiner Ahnungslosigkeit glaubte ich, ein Kapitel ließe sich genauso schreiben wie eine Rede. Mir unterlief dabei ein Denkfehler, wie ihn Softwareentwickler häufig machen: Ein zehnmal so langes Programm zu schreiben ist etwa hundertmal komplizierter. Ich hätte es eigentlich wissen müssen. Damit das Buch fertig wurde, mußte ich Urlaub nehmen und mich mit meinem PC in mein Sommerhaus zurückziehen.

Jetzt ist es da. Ich hoffe, es trägt zum Verständnis bei, stößt die Debatte an und provoziert kreative Ideen darüber, wie wir uns all das, was in den nächsten zehn Jahren sicherlich passieren wird, zunutze machen können.

## 1. Der Beginn einer Revolution

Mein erstes Softwareprogramm habe ich mit 13 Jahren geschrieben. Es diente dazu, Tic-tac-toe zu spielen. Der Computer, den ich benutzte, war riesig und sperrig und langsam und absolut faszinierend.

Eine Horde Teenager auf einen Computer loszulassen war die Idee des Müttervereins an der Lakeside School, die ich besuchte. Die Mütter beschlossen, den Ertrag eines Wohltätigkeitsbasars dafür zu verwenden, ein Terminal einzurichten und Rechnerzeit für die Schüler zu kaufen. In den späten sechziger Jahren in Seattle war es eine ziemlich ausgefallene Idee, Schüler einen Computer benutzen zu lassen, eine Idee, für die ich ihnen ewig dankbar sein werde.

Dieses Computerterminal hatte keinen Bildschirm. Um zu spielen, tippten wir unsere Züge in eine schreibmaschinenartige Tastatur ein und warteten, bis die Ergebnisse von einem ratternden Drucker auf Papier ausgegeben wurden. Dann liefen wir hin, um nachzusehen, wer gewonnen hatte, oder über den nächsten Zug zu entscheiden. Ein Tic-tac-toe-Spiel, das mit Papier und Bleistift vielleicht eine halbe Minute dauerte, konnte auf dem Computer fast die ganze Mittagspause in Anspruch nehmen. Aber das war uns egal. Die Maschine war für uns einfach etwas Tolles.

Später wurde mir klar, daß die Faszination zum Teil darauf beruhte, daß wir, die Kinder, so eine riesige, teure Maschine der Erwachsenen steuern konnten. Zum Autofahren oder anderen Aktivitäten der Erwachsenen, die offenbar Spaß machten, waren wir zu jung, aber hier konnten wir einer großen Maschine Befehle geben, und sie gehorchte immer. Computer sind großartig, denn wenn man mit ihnen arbeitet, erhält man sofort Ergebnisse, die einem zeigen, ob das Programm funktioniert. Es gibt viele Dinge, bei denen man eine solche Rückmeldung nicht erhält. Deshalb begann mich die Software zu faszinieren. Bei einfachen Programmen ist die Rückmeldung besonders eindeutig. Noch heute begeistert mich der Gedanke, daß ein korrekt geschriebenes Programm immer und zu jeder Zeit hundertprozentig funktionieren wird und genau das tut, was ich ihm gesagt habe. Dieses Erlebnis erwies sich als so prägend, daß ich der Software hoffnungslos verfiel.

Als meine Freunde und ich selbstsicherer wurden, fingen wir an, mit dem Computer zu experimentieren; wenn wir es schafften, ließen wir die Dinge schneller ablaufen, oder wir machten die Spiele schwieriger. Ein Freund in Lakeside entwickelte ein Programm in BASIC, das das Monopoly-Spiel simulierte. BASIC (Beginner's All-purpose Symbolic Instruction Code) ist, wie schon der Name sagt, eine relativ leicht erlernbare Programmiersprache, die wir benutzten, um immer komplexere Programme zu entwickeln. Der Freund fand einen Weg, wie man den Computer dazu bringen konnte, Hunderte von Spielen wirklich schnell zu spielen. Wir gaben Befehle ein, um verschiedene Spielmethoden auszuprobieren. Wir wollten die Strategien herausfinden, die am ehesten gewannen. Und ratternd gab uns der Computer Antwort.

Wie alle Kinder spielten wir nicht nur mit unseren Spielsachen, wir veränderten sie auch. Wenn Sie jemals erlebt haben, wie ein Kind aus einem Pappkarton und einer Schachtel Buntstifte ein Raumschiff mit tollen Bedienungsfeldern macht, oder wie Kinder aus der Situation heraus Regeln erfinden wie zum Beispiel »Rote Autos dürfen alle anderen überholen«, dann ist Ihnen klar, daß der Impuls, mehr aus einem Spielzeug zu machen, das Innovative am kindlichen Spiel ausmacht. Er ist auch der Kern der Kreativität.

Wir haben damals – jedenfalls glaubten wir das – natürlich nur unsere Zeit am Computer vertrödelt. Unser Spielzeug entpuppte sich jedoch als etwas ganz Großartiges. Einige von uns in Lakeside wollten gar nicht mehr aufhören, damit zu spielen. Viele an der Schule meinten, wir seien fest mit dem Computer verwachsen und er mit uns. Ein Lehrer bat mich, ihm beim Un-

*Bill Gates (stehend) und Paul Allen am Computerterminal der Lakeside School (1968)*

terricht in Computerprogrammierung zu helfen, und allen erschien das selbstverständlich. Als ich jedoch in der Schüleraufführung von *The Black Comedy* die Hauptrolle erhielt, murrten einige Schüler: »Warum ausgerechnet der Computertyp?« Der bin ich für manche bis heute geblieben.

Es scheint, daß eine ganze Generation von uns in allen Ländern der Erde dieses Lieblingsspielzeug ins Erwachsenenleben mitgenommen hat. Wir haben damit eine Art Revolution ausgelöst, die überwiegend friedlich verlief, und heute hat der Computer in unseren Büros und Wohnungen seinen festen Platz. Die Größe der Maschinen ist geschrumpft, ihre Leistung ist gestiegen, und die Preise sind dramatisch gefallen. Das alles ist ziemlich schnell gegangen. Nicht so schnell, wie ich zuerst gedacht hatte, aber trotzdem ziemlich schnell. Computerchips stecken in Motoren, Uhren, Antiblockiersystemen, Faxgeräten, Fahrstühlen, Benzinpumpen, Kameras, Thermostaten, Fitneß-

Steppern, Verkaufsautomaten, Alarmanlagen und tönenden Glückwunschkarten. Schulkinder machen heute unglaubliche Sachen mit Personalcomputern, die nicht größer sind als Lehrbücher, aber die größten Computer von vor einer Generation an Leistung übertreffen.

Jetzt, wo das Arbeiten mit dem Computer erstaunlich billig geworden ist und Computer in alle Lebensbereiche Einzug gehalten haben, stehen wir vor einer neuen Revolution. Diesmal geht es um eine beispiellos billige Kommunikationsform. Alle Computer werden zusammengeschlossen, um mit uns und für uns zu kommunizieren. Weltweit verbunden, werden sie ein interaktives Netzwerk bilden, das man gelegentlich auch als Information Highway oder Datenautobahn bezeichnet. Unmittelbarer Vorläufer dieses Netzes ist das heutige Internet, das sich rasch in die entsprechende Richtung entwickelt.

Um die Reichweite und den Nutzen dieses Netzwerks, seine Chancen und Risiken, geht es in diesem Buch. Das, was sich da anbahnt, scheint in jeder Hinsicht aufregend zu sein. Als ich 19 war, erhaschte ich einen flüchtigen Blick auf die Zukunft, baute meine Karriere darauf auf, und wie sich gezeigt hat, war meine Intuition richtig. Doch der 19jährige Bill Gates war in einer anderen Lage, als ich es heute bin. Zwar besaß ich damals die typische Selbstsicherheit eines supergescheiten Teenagers, aber ich wurde von niemandem beachtet – was machte es also, wenn ich scheiterte? Heute bin ich eher in der Situation der Computergiganten der siebziger Jahre, doch hoffe ich, einige Lektionen von ihnen gelernt zu haben.

Eine Zeitlang dachte ich, ich sollte vielleicht Wirtschaftswissenschaften als Hauptfach studieren. Ich änderte dann meine Meinung, doch in einem gewissen Sinne waren all meine Erfahrungen mit der Computerbranche nichts anderes als Lektionen in Ökonomie. Ich beobachtete die Auswirkungen von positiven Spiralen und inflexiblen Unternehmensmodellen direkt an der Quelle. Ich sah, wie die Industriestandards sich entwickelten. Mir wurde die Bedeutung von technischer Kompatibilität, von Feedback und ständiger Innovation klar.

Mir dienen diese Lektionen jedoch nicht nur dazu, über die Zukunft zu spekulieren – ich setze auf sie. Schon als Teenager stellte ich mir vor, wie sich preisgünstige Computer auswirken könnten: »Ein Computer auf jeden Schreibtisch und in jeden Haushalt« ist zur Mission der Firma Microsoft geworden, und wir haben daran mitgewirkt, das möglich zu machen. Jetzt werden diese Computer miteinander verbunden, und wir schaffen die Software – Befehle, die der Computerhardware sagen, was sie zu tun hat –, die in aller Welt helfen wird, sich die Datenübertragungskapazität dieses vernetzten Universums zunutze zu machen. Wie das interaktive Breitbandnetz in seiner endgültigen Form aussehen wird, läßt sich nicht vorhersagen. Wir werden mit Hilfe verschiedener Geräte mit ihm kommunizieren, und einige werden den heutigen Fernsehgeräten, andere den Personalcomputern von heute ähneln, einige werden wie Telefone aussehen, und andere werden ungefähr die Größe und Form einer Brieftasche haben. In jedem Fall wird der Kern ein leistungsstarker Computer sein, der unsichtbar mit Millionen anderer Computer verbunden ist.

Eines nicht allzu fernen Tages wird es Ihnen möglich sein, Geschäfte zu betreiben, zu lernen, die Welt und ihre Kulturen zu erkunden, ein beliebiges Unterhaltungsprogramm aufzurufen, Freunde kennenzulernen, in der Nachbarschaft einzukaufen und Verwandten in der Ferne Bilder zu zeigen, ohne daß Sie Ihren Schreibtisch oder Ihren Lehnstuhl verlassen müssen. Sie werden Ihre Netzwerkverbindung aber auch nicht im Büro oder in der Schule zurücklassen. Sie wird eher so etwas sein wie ein Gegenstand, den man bei sich trägt, oder ein Gerät, das man kauft. Sie wird Ihr Paß in eine neue, vermittelte Lebensweise sein.

Unmittelbare Erfahrungen und freudige Erlebnisse sind etwas Persönliches und Unvermitteltes. Niemand wird Ihnen im Namen des Fortschritts das Erlebnis rauben, am Strand zu liegen, durch den Wald zu wandern, ein Theater zu besuchen oder über einen Flohmarkt zu bummeln. Doch nicht jede unmittelbare Erfahrung ist erstrebenswert. Eine solche Erfahrung ist es zum Beispiel, in einer Schlange zu warten, denn seit wir uns das erste Mal angestellt haben, versuchen wir dieses Erlebnis zu meiden.

Werkzeuge sind Mittler, und der menschliche Fortschritt beruht zum großen Teil darauf, daß jemand ein besseres und wirkungsvolleres Werkzeug erfunden hat. Mechanische Werkzeuge erhöhen die Leistung und ersparen den Menschen Schwerarbeit. Der Pflug und das Rad, der Kran und der Bulldozer verstärken die körperlichen Fähigkeiten ihrer Benutzer.

Informationswerkzeuge sind symbolische Vermittler, die nicht die Muskeln, sondern den Intellekt ihrer Benutzer verstärken. Sie machen, wenn Sie dieses Buch lesen, eine vermittelte Erfahrung: Obwohl wir nicht im selben Raum sitzen, können Sie dennoch herausfinden, was ich denke. Heute besteht die Arbeit zu einem großen Teil darin, Entscheidungen zu treffen und Informationen zu beschaffen, und deshalb beschäftigen sich die Erfinder vorwiegend mit Informationswerkzeugen und werden es künftig in wachsendem Maße tun. War es bislang möglich, jeden beliebigen Text durch eine Folge von Buchstaben darzustellen, so werden diese Werkzeuge erlauben, Informationen aller Art in digitaler Form zu repräsentieren, durch eine Folge von elektrischen Pulsen, die zu verarbeiten für jeden Computer ein Kinderspiel ist. Heute gibt es weltweit Hunderte Millionen Computer, deren Zweck es ist, Information zu manipulieren. Jetzt helfen sie uns, indem sie es sehr viel einfacher machen, Information, die bereits in digitaler Form vorliegt, zu speichern und zu übertragen, doch in naher Zukunft werden sie es uns ermöglichen, auf praktisch jede Information in der Welt zuzugreifen.

In den USA hat man die Vernetzung all dieser Computer mit einem anderen gewaltigen Projekt verglichen: der Schaffung eines bundesweiten Netzes von Schnellstraßen *(highways)*, die in der Eisenhower-Ära begann. Deshalb hat man das neue Netzwerk »Information Highway« getauft. Der Ausdruck wurde von dem damaligen Senator Al Gore unter die Leute gebracht, dessen Vater 1956 beim Gesetz über den Bundesfernwegebau (Federal Aid Highway Act) Pate stand.

Allerdings stimmt das Bild vom Highway nur bedingt. Man denkt dabei an Landschaft und Geographie, an eine Entfernung zwischen zwei Punkten, und dahinter steckt die Vorstellung, daß man reisen muß, um von einem Ort zum anderen zu gelangen. Einer der bemerkenswertesten Aspekte dieser neuen Kommunikationstechnik ist aber, daß sie die Entfernung aufhebt. Es spielt keine Rolle, ob derjenige, mit dem Sie kommunizieren, sich im Zimmer nebenan oder auf einem anderen Kontinent befindet, weil Meilen oder Kilometer für dieses hochgradig vermittelte Netzwerk belanglos sind.

Beim Begriff Highway stellt man sich außerdem vor, daß alle auf derselben Strecke unterwegs sind. Dieses Netzwerk erinnert jedoch mehr an eine Vielzahl von Landstraßen, wo jeder sich umschauen oder seinen persönlichen Interessen folgen kann. Dahinter steckt ferner die Vorstellung, daß der Staat für den Bau zuständig sei; das wäre, glaube ich, in den meisten Ländern ein schwerer Fehler. Der eigentliche Haken ist jedoch, daß die bildhafte Formulierung Highway auf die Infrastruktur abstellt und nicht auf die Anwendungen. Bei Microsoft sprechen wir von »Information auf Knopfdruck« – da steht mehr der Nutzen und weniger das Netzwerk selbst im Mittelpunkt.

Ich finde, daß den vielen Aktivitäten, die sich dort abspielen werden, eine andere Metapher näher kommt: der Markt. Das interaktive Netz wird der Markt in seiner vollkommensten Gestalt sein. Märkte sind, vom Börsensaal bis zum Einkaufszentrum, eine grundlegende Institution der menschlichen Gesellschaft, und ich bin überzeugt, daß dieser neue Markt schließlich zum Zentralkaufhaus der Welt werden wird. Dort werden wir, soziale Wesen, die wir sind, verkaufen, handeln, investieren, feilschen, etwas ergattern, diskutieren, neue Leute kennenlernen und uns treffen. Denken Sie, wenn vom Information Highway (oder der Datenautobahn) die Rede ist, weniger an eine Straße, sondern stellen Sie sich einen Marktplatz oder eine Börse vor. Denken Sie an den Wirbel der New Yorker Wall Street, an einen Gemüsemarkt oder einen Buchladen, in dem sich Leute drängen, die nach faszinierenden Geschichten und Informationen suchen. Alle möglichen Aktivitäten laufen hier ab, vom Milliarden-Dollar-Deal bis zum Flirt. Bei vielen Transaktionen ist Geld im Spiel, das nicht in bar, sondern in digitaler Form übergeben wird. Digitale Information jeglicher Art, nicht nur in Form von Geld, wird das neue Tauschmittel auf diesem Markt sein.

Der weltweite Informationsmarkt wird gewaltig sein, und er wird all die verschiedenen Wege zusammenfassen, auf denen Güter, Dienstleistungen und Ideen zwischen Menschen ausgetauscht werden. Praktisch werden Sie dadurch in fast jeder Hinsicht eine breitere Auswahl erhalten, zum Beispiel, auf welche Weise Sie Geld verdienen und investieren, was Sie kaufen und wieviel Sie dafür bezahlen, wer Ihre Freunde sind und wie Sie Ihre Zeit mit ihnen verbringen und wo und wie sicher Sie und Ihre Familie leben. Ihr Arbeitsplatz und Ihre Vorstellung von »Bildung« werden sich so verändern, daß sie nicht mehr wiederzuerkennen sind. Vielleicht wird Ihre Identität, Ihr Gefühl, wer Sie sind und wo Sie hingehören, sich beträchtlich erweitern. Alles wird praktisch anders ablaufen.

Sie sind sich nicht sicher, ob Sie daran glauben sollen? Es kann durchaus sein, daß Sie nicht mitmachen möchten. So geht es vielen, wenn eine neue Technik ihre vertrauten Gewohnheiten bedroht. Das Fahrrad galt anfangs als ein komischer Apparat, das Auto als ein lärmender Störenfried, der Taschenrechner als eine Gefahr für das Erlernen der Mathematik und das Radio als das Ende der Lesekultur.

Doch der Schwur, auf eine bestimmte Innovation zu verzichten, wird meist gebrochen. Und mit der Zeit finden diese Maschinen ihren Platz in unserem Alltagsleben, weil sie nicht nur Bequemlichkeiten bieten und Arbeit sparen, sondern uns auch zu neuen kreativen Höhenflügen anspornen. Wir freunden uns mit ihnen an. Sie bekommen einen vertrauten Platz neben unseren anderen Werkzeugen. Eine neue Generation wächst mit ihnen auf, sie verändert und humanisiert sie, indem sie mit ihnen spielt.

»Nach und nach wird die Maschine zu einem Teil der Menschheit werden«, schrieb 1939 der französische Pilot und Schriftsteller Antoine de Saint-Exupéry in *Wind, Sand und Sterne*. Er schrieb davon, wie die Menschen auf eine neue Technik zu reagieren pflegen, und zeigte das am Beispiel der Eisenbahn, die im 19. Jahrhundert allmählich akzeptiert worden war. Zunächst wurden die qualmenden, teuflisch lärmenden Dampfmaschinen der Lokomotiven als eiserne Ungeheuer verunglimpft. Als dann die Schienenverbindungen wuchsen, bauten die Städte Bahnhöfe. Waren und Dienstleistungen gingen hin und her. Neue interessante Arbeitsplätze entstanden. Es entwickelte sich eine eigene Kultur um dieses neue Verkehrsmittel, und aus Geringschätzung wurde Akzeptanz, mehr noch, Zustimmung. Aus dem vormaligen eisernen Ungeheuer wurde der mächtige Träger der schönsten Güter des Lebens. Die veränderte Wahrnehmung drückte sich auch in unserer Sprache aus. Man sprach vom »Dampfroß«. »Was ist es für den Dorfbewohner heute anderes als ein ergebener Freund, der jeden Abend um sechs vorbeikommt?« fragt Saint-Exupéry.

Das Telefon war ein großer Fortschritt in der Kommunikation. Doch selbst ihm blieb es anfangs nicht erspart, als ein bloßer Unfug angeprangert zu werden. Dieses mechanische Ding, das in ihre Privatzone eindrang, bereitete den Menschen Unbehagen. Doch mit der Zeit begriffen sie, daß sie nicht bloß eine neue Maschine erhalten hatten – sie lernten, auf eine neue Art zu kommunizieren. Ein Schwätzchen am Telefon war nicht so lang oder so förmlich wie ein direktes Gespräch von Mensch zu Mensch. Die Maschine besaß eine ungewohnte Effizienz, die viele aus dem Konzept brachte. Vor der Einführung des Telefons bedeutete ein wichtiges Gespräch, daß man zu jemandem hinging, vielleicht noch mit ihm aß, und dafür konnte man einen ganzen Nachmittag oder Abend veranschlagen. Seit die meisten Firmen und Haushalte ein Telefon hatten, entwickelten die Benutzer neue Wege, sich die besonderen Eigenschaften dieses Kommunikationsmittels zunutze zu machen. Es entstanden eigene Spezialausdrücke, Gewohnheiten, eine eigene Etikette und Kultur. Alexander Graham Bell hätte sich gewiß nicht träumen lassen, daß leitende Angestellte das alberne Spielchen spielen, sich Gespräche von ihrer Sekretärin vermitteln zu lassen. Denselben Prozeß durchläuft gegenwärtig eine neuere Form der Kommunikation, die elektronische Post oder E-Mail: Auch hier bilden sich eigene Regeln und Gewohnheiten aus.

Es gibt nur ein anderes Ereignis, das in der Geschichte der Kommunikation von vergleichbarer Wirkung war: Um 1450 erfand Johannes Gutenberg, ein Goldschmied aus Mainz, die beweglichen Lettern und schuf die erste Druckerpresse in Europa (in China und Korea gab es bereits welche). Dieses Ereignis hat die abendländische Kultur nachhaltig verändert. Gutenberg brauchte zwei Jahre, um seine erste Bibel zu setzen, aber danach konnte er beliebig viele Exemplare drucken. Bis dahin waren alle Bücher von Hand kopiert worden. In der Regel hatten Mönche diese Aufgabe ausgeführt und gewöhnlich für einen Text ein Jahr benötigt. Dagegen war Gutenbergs Presse ein schneller Laserdrucker.

Die Druckerpresse bedeutete für das Abendland mehr als nur ein schnelleres Verfahren zur Vervielfältigung von Büchern. Bis dahin war das Leben in die Gemeinschaft eingebunden gewesen und hatte sich, vom Wechsel der Generationen abgesehen, praktisch nicht verändert. Die meisten Menschen kannten nur das, was sie selbst gesehen oder erzählt bekommen hatten. Einige wenige verirrten sich in die Fremde, schon deshalb, weil es ohne verläßliche Landkarten oft unmöglich war, wieder nach Hause zu finden. James Burke, einer meiner Lieblingsautoren, schrieb: »In dieser Welt war jegliche Erfahrung persönlich: Die Horizonte waren eng, die Gemeinschaft nach innen gekehrt. Die Außenwelt kannte man nur vom Hörensagen.«

Das alles änderte sich mit dem gedruckten Wort. Es war das erste Massenmedium; erstmals konnten Informationen, Meinungen und Erfahrungen in tragbarer, dauerhafter und leicht verfügbarer Form weitergegeben werden. Als sich dank des schriftlichen Wortes der Horizont über die Grenzen des Dorfes hinaus weitete, begannen die Menschen, sich für das zu interessieren, was anderswo geschah. Bald entstanden Druckereien in den Handelsstädten, die zu Zentren des geistigen Austauschs wurden. Lesen und Schreiben wurden zu wichtigen Fähigkeiten, die die Erziehung revolutionierten und das gesellschaftliche Gefüge veränderten.

Vor Gutenberg gab es in ganz Europa nur rund 30 000 Bücher, fast ausschließlich Bibeln und Bibelkommentare. Um das Jahr 1500 gab es über neun Millionen, über alle möglichen Themen. Flugschriften und sonstige Druckwerke beeinflußten Politik, Religion, Wissenschaft und Literatur. Erstmals hatten Menschen, die nicht zur geistlichen Elite gehörten, Zugang zu schriftlicher Information.

Der Information Highway wird unsere Kultur ebenso dramatisch verändern wie Gutenbergs Druckerpresse die Welt des Mittelalters.

Personalcomputer haben bereits die Arbeitsgewohnheiten verändert, doch tiefgreifend umgestaltet wird unser Leben erst durch das Internet und seine rasante Entwicklung. Mit dem Zusammenschluß der Informationsgeräte im Internet wird plötzlich alles erreichbar sein: Menschen, Maschinen, Unterhaltung und Informationsdienste. In dem Maße, wie Nutzung und Kapazität des Internets zunehmen, werden Sie mit jedem, der es wünscht, in Kontakt bleiben können, ganz gleich, wo er sich befindet; Sie werden in Tausenden von Bibliotheken herumstöbern können, bei Tag und Nacht. Ihre Kamera, die Sie vielleicht verlegt haben oder die Ihnen gestohlen wurde, wird Ihnen eine Nachricht schicken und Ihnen mitteilen, wo genau sie ist, auch aus einer anderen Stadt. Sie werden vom Büro aus einem Privatbesucher über die Haussprechanlage Ihrer Wohnung antworten können, Sie können aber auch von zu Hause aus all Ihre Post beantworten. An Informationen, die heute schwer zu beschaffen sind, werden Sie leicht herankommen:

- Fährt Ihr Bus pünktlich?
- Haben sich auf Ihrem alltäglichen Weg zur Arbeit gerade Unfälle ereignet?

- Hat jemand Theaterkarten für Donnerstag, die er gegen Ihre Karten für Mittwoch tauschen möchte?
- Wie oft hat Ihr Kind in der Schule gefehlt?
- Wo kriegt man ein gutes Rezept für Heilbutt her?
- Welches Geschäft, egal in welchem Ort, kann Ihnen bis morgen früh zum niedrigsten Preis eine Armbanduhr liefern, die Ihnen den Puls mißt?
- Was würde jemand für Ihr altes Mustang-Kabrio zahlen?
- Wie wird ein Nadelöhr gefertigt?
- Sind Ihre Hemden in der Wäscherei schon fertig?
- Wo bekommt man das günstigste Abonnement für das *Wall Street Journal*?
- Was sind die Symptome eines Herzinfarkts?
- Gab es heute vor dem Bezirksgericht eine interessante Zeugenaussage?
- Sehen Fische farbig?
- Was ist im Augenblick auf den Champs-Élysées los?
- Wo waren Sie letzten Donnerstag um 21.02 Uhr?

Nehmen wir an, Sie möchten ein neues Restaurant ausprobieren und seine Speisekarte, seine Weinkarte und die Tagesgerichte sehen. Vielleicht möchten Sie auch wissen, was Ihr bevorzugter Restaurantkritiker darüber geschrieben hat. Außerdem interessiert Sie möglicherweise, wie die Gewerbeaufsicht die sanitären Einrichtungen bewertet. Die Gegend, in der das Restaurant liegt, ist Ihnen nicht ganz geheuer, und Sie möchten vielleicht wissen, wie die Sicherheitslage auf der Grundlage von Polizeiberichten eingeschätzt wird. Haben Sie noch Interesse? Dann müssen Sie sich einen Tisch reservieren, Sie brauchen einen Stadtplan und Fahrtanweisungen, die sich auf die aktuelle Verkehrslage stützen. Sie können die Anweisungen in gedruckter Form haben oder sie sich während der Fahrt – ständig aktualisiert – vorlesen lassen.

All diese Informationen werden ohne weiteres abrufbar und ganz und gar persönlich sein, denn Sie können jeden Teilaspekt in jeder erdenklichen Weise erforschen, und dies so ausführlich, wie Sie wünschen. Sie können sich eine Sendung ansehen, wann es Ihnen paßt, und nicht dann, wenn ein Sender sie auszustrahlen beliebt. Sie können einkaufen, sich Essen ins Haus bestellen, sich mit Leuten, die Ihr Hobby teilen, in Verbindung setzen, oder Informationen, die für andere brauchbar sind, publizieren, wann und wie es Ihnen paßt. Sie können festlegen, wann die Abendnachrichten beginnen und wie lange sie dauern sollen. Die Themen der Sendung bestimmen Sie oder ein Service, der weiß, was Sie interessiert. Sie können Berichte aus Tokio oder Boston oder Seattle abrufen, sich zu einem bestimmten Thema die Hintergründe darstellen lassen oder nachfragen, ob Ihr bevorzugter politischer Kommentator sich zu einem Ereignis geäußert hat. Und wenn Sie wollen, erhalten Sie Ihre Nachrichten auch auf Papier. Erste Ansätze solcher Dienstleistungen sind bereits im Internet zu beobachten, doch sie vermitteln nur eine schwache Ahnung dessen, was da noch kommen wird. Wir sind mitten in einem tiefgreifenden Wandel des Kommunikations- und Informationsverhaltens.

Auf so weitreichende Veränderungen reagieren die Menschen mit Ängstlichkeit. Täglich kommen teilweise bange Anfragen aus aller Welt nach den Auswirkungen des Netzwerks. Was wird aus unseren Arbeitsplätzen? Werden sich die Menschen aus ihrer natürlichen Umgebung zurückziehen und über den Computer ein Leben aus zweiter Hand leben? Wird sich die Kluft zwischen den Besitzenden und den Besitzlosen unwiderruflich vertiefen? Wird ein Computer den Entrechteten in East St. Louis oder den Hungernden in Äthiopien helfen? Das Netzwerk und die Veränderungen, die es nach sich zieht, werden uns vor große Herausforderungen stellen. Auf die vielen berechtigten Sorgen, die immer wieder vorgetragen werden, gehe ich im zwölften Kapitel ausführlich ein.

Die Informationstechnologie ist kein Allheilmittel. Das ist natürlich eine Enttäuschung für all diejenigen, die vom PC und Internet die Lösung aller Menschheitsprobleme erwarten. Ich kann mir kaum vorstellen, daß man zu Gutenbergs Zeiten Fragen gestellt hat wie: »Wozu ist diese Druckerpresse nütze? Wird sie die Menschen satt machen? Wird sie Krankheiten besiegen? Wird sie mehr Gerechtigkeit in die Welt bringen?« Am Ende hat sie natürlich all das vorbereitet, doch das war 1450 kaum vorherzusehen.

Eines ist klar: Wir haben nicht die Möglichkeit, die Zukunft abzuwählen. Niemand kann darüber entscheiden, ob die Zukunft unser Leben verändern soll oder nicht. Niemand kann auf lange Sicht Produktivitätsveränderungen aufhalten, denn der Markt verlangt unerbittlich nach ihnen. Staaten können versuchen, den Wandel innerhalb ihrer Grenzen zu bremsen, indem sie die Nutzung bestimmter Technologien einschränken, doch laufen sie mit dieser Politik Gefahr, sich von der Weltwirtschaft abzukoppeln, die nationalen Unternehmen in ihrer Konkurrenzfähigkeit zu beeinträchtigen und ihre Verbraucher daran zu hindern, die neuesten Produkte zum günstigsten Preis zu bekommen.

Ich denke, der Fortschritt kommt so oder so, daher müssen wir das beste aus ihm machen – statt zu versuchen, ihn aufzuhalten.

Das Gefühl, daß ich in die Zukunft schaue und die erste vielsagende Andeutung revolutionärer Möglichkeiten erblicke, elektrisiert mich noch immer. Ich denke, ich habe ein unglaubliches Glück, daß es mir ein weiteres Mal vergönnt ist, eine Rolle am Beginn eines epochalen Wandels spielen zu können. Dieses eigentümliche Gefühl von Euphorie habe ich zum ersten Mal als Teenager empfunden, als mir klar wurde, wie billig und leistungsfähig Computer einmal sein würden. Der Computer, auf dem wir 1968 *Tic-tac-toe* spielten – ein Mainframe-Rechner –, war wie die meisten damaligen Computer ein unberechenbares Monstrum, das in einer klimatisierten Schutzhülle steckte. Nachdem das Geld des Müttervereins aufgebraucht war, hatten mein Schulfreund Paul Allen, mit dem ich später Microsoft gründete, und ich große Mühe, Zugang zu Computern zu bekommen. Deren Leistung war nach heutigen Maßstäben bescheiden, aber wir fanden sie beeindruckend, weil sie groß und kompliziert waren und Millionen von Dollars kosteten. Sie waren über Telefonleitungen mit ratternden Fernschreibern verbunden, so daß sie von Leuten an unterschiedlichen Orten mitbenutzt werden konnten. An die eigentlichen Mainframe-Computer kamen wir kaum heran.

Computerzeit war sehr teuer. Als ich auf der High School war, kostete der Zugriff über Telex auf einen im Timesharing genutzten Computer rund 40 Dollar die Stunde – für diese 40 Dollar bekam man ein Häppchen von der kostbaren Aufmerksamkeit des Computers. Heute, wo manche nicht bloß einen PC haben und sich nichts dabei denken, wenn die Maschinen die meiste Zeit ungenutzt sind, kommt einem das merkwürdig vor. Genaugenommen konnte man auch damals schon seinen eigenen Computer haben. Wenn man 18 000 Dollar erübrigen konnte, bekam man den PDP-8 von Digital Equipment Corporation (DEC). Man nannte ihn zwar einen »Minicomputer«, aber nach heutigen Maßstäben war er riesig. Der Turm von 60 mal 60 Zentimeter wog bei einer Höhe von 1,80 Meter rund 110 Kilo. Eine Zeitlang hatten wir einen an unserer High School, und ich spielte viel damit herum. Verglichen mit den Großrechnern, an die wir über Telefonleitung herankamen, war er sehr begrenzt; er hatte weniger Rechenleistung als heute manche Armbanduhr. Man konnte ihn aber genauso wie die großen, teuren Computer über die Software programmieren. Er ließ uns trotz seiner Beschränkungen von der Möglichkeit träumen, daß eines Tages Millionen von Menschen ihren eigenen Computer hätten. Von Jahr zu Jahr wuchs meine Gewißheit, daß Computer und ihre Nutzung einmal billig und allgegenwärtig sein würden. Einer der Gründe, warum ich so entschlossen war, an der Entwicklung des Personalcomputers mitzuwirken, war sicherlich mein Wunsch, selbst einen zu haben.

Die Software war damals ebenso teuer wie die Computerhardware. Sie mußte eigens für jeden Computertyp geschrieben werden. Und sobald sich die Computerhardware änderte, was sie regelmäßig tat, mußte die Software für sie weitgehend umgeschrieben werden. Die Computerhersteller lieferten zusammen mit ihren Maschinen einige Standardsoftware-Programmbausteine (zum Beispiel Bibliotheken mit mathematischen Funktionen), doch die meiste Software wurde geschrieben, um bei der Lösung spezieller Probleme eines bestimmten Unternehmens zu helfen. Es gab Software, die auf mehreren Maschinen lief, und einige Firmen lieferten Universalsoftware, doch gab es kaum Software, die man als Standardpaket fertig kaufen konnte.

Meine Eltern zahlten für mich das Schulgeld in Lakeside und gaben mir Geld für Bücher, aber die Rechnungen für meine Computerzeit mußte ich selbst begleichen. Das brachte mich dazu, mich der kommerziellen Seite des Softwaregeschäfts zuzuwenden. Einige von uns, darunter Paul Allen, bekamen einfache Software-Programmieraufträge. Die Bezahlung war für Schüler außergewöhnlich – jeden Sommer an die 5000 Dollar, teils in bar und teils in Rechnerzeit. Mit einigen Firmen kamen wir außerdem überein, daß wir ihre Computer umsonst benutzen durften, wenn wir Probleme in ihrer Software lokalisierten.

Eines der Programme, die ich schrieb, teilte die Schüler auf Klassen auf. Durch ein paar Befehle, die ich heimlich hinzufügte, kam ich in eine Klasse, in der ich fast der einzige Junge unter lauter Mädchen war. Es fiel mir, wie schon gesagt, schwer, mich von einer Maschine loszureißen, an der ich so unbezweifelbare Erfolge verzeichnete. Ich war süchtig.

Über Computerhardware wußte Paul sehr viel besser Bescheid als ich. Eines Tages im Sommer 1972, als ich 16 war und Paul 19, zeigte er mir einen Artikel, der auf Seite 143 der Zeitschrift *Electronics* versteckt war. Darin hieß es, eine junge Firma namens Intel habe einen Mikroprozessorchip auf den Markt gebracht, den 8008er.

Ein Mikroprozessor ist ein einfacher Chip, auf dem das ganze Gehirn eines Computers untergebracht ist. Es war Paul und mir klar, daß dieser erste Mikroprozessor sehr begrenzt war, aber er war sich sicher, daß die Leistung der Chips steigen würde und daß Computer auf Chipbasis sich sehr schnell verbessern würden. Diese Erkenntnis von Paul war der Ausgangspunkt für alles, was wir später gemeinsam unternahmen, einschließlich der Gründung von Microsoft.

Damals dachte die Computerindustrie nicht daran, einen echten Computer um einen Mikroprozessor herum zu bauen. In dem *Electronics*-Artikel hieß es zum Beispiel über den 8008er, er eigne sich für »ein Rechen-, Steuerungs- oder Entscheidungssystem, etwa ein intelligentes Terminal«. Die Autoren sahen nicht, daß aus einem Mikroprozessor ein Universalcomputer werden konnte. Die Mikroprozessoren waren langsam und konnten nur eine ganz begrenzte Informationsmenge verarbeiten. Von den Sprachen, mit denen die Programmierer vertraut waren, stand keine für den 8008er zur Verfügung, so daß es fast unmöglich war, komplexe Programme für ihn zu schreiben. Jede Anwendung mußte mit den wenigen Dutzend einfacher Befehle programmiert werden, die der Chip verstehen konnte. Der 8008er war zu einem Leben als Lasttier verurteilt, das immer wieder dieselben simplen Aufgaben ausführt. Er wurde oft in Fahrstühlen und Taschenrechnern eingesetzt.

Mit anderen Worten: Ein einfacher Mikroprozessor, der etwa die Steuerung eines Fahrstuhls regelt, ist wie ein einzelnes Instrument, etwa eine Trommel oder ein Horn, in den Händen eines Amateurs – es taugt für den Grundrhythmus oder unkomplizierte Melodien. Ein leistungsstarker Mikroprozessor mit Programmiersprachen ist dagegen wie ein perfektes Orchester. Es kann mit der richtigen Software, den richtigen Noten, praktisch alles spielen.

Paul und ich fragten uns, wie wir den 8008er programmieren könnten. Ließ sich eine BASIC-Version entwickeln, die auf ihm laufen würde? Er rief bei Intel an und bat um ein Handbuch für den 8008er, und wir waren ziemlich überrascht, als sie ihm tatsächlich eines schickten. Wir beschäftigten uns gründlich damit. Ich hatte eine BASIC-Version entwickelt, die auf dem begrenzten PDP-8 von DEC lief, und ich brannte darauf, das gleiche für den kleinen Intel-Chip zu tun. Doch beim Studium des Handbuchs wurde mir klar, daß es die Mühe nicht wert war. Der 8008er hatte einfach nicht genug Leistung, zu wenige Transistoren.

Wir fanden jedoch einen Weg, wie wir den kleinen Chip in einer Maschine einsetzen konnten, die in der Lage war, die Informationen eines Verkehrszählgeräts zu analysieren. Viele Stadtverwaltungen verlegten zur Messung des Verkehrsflusses Gummischläuche über ausgewählte Straßen. Wenn ein Auto darüberfuhr, wurde ein Papierband in einer Metallschachtel am Ende des Schlauchs gelocht. Wir erkannten, daß man den 8008er benutzen konnte, um diese Bänder auszuwerten, Kurven und Statistiken anzufertigen. Wir tauften unsere erste Firma auf den Namen »Traf-O-Data«. Damals klang das wie Poesie.

Einen Großteil der Software für die Traf-O-Data-Maschine schrieb ich während der Busfahrten quer durch den Staat Washington, von Seattle nach Pullman, wo Paul studierte. (Ich war noch an der Lakeside School.) Unser Prototyp funktionierte gut, und wir malten uns schon aus, daß wir viele von unseren neuen Maschinen landesweit verkaufen würden. Wir werteten damit für einige Kunden das Verkehrsaufkommen aus, aber keiner wollte so recht die Maschine kaufen, jedenfalls nicht von zwei Teenagern.

Trotz der Enttäuschung waren wir nach wie vor überzeugt, daß unsere Zukunft, wenn sie auch nicht in der Hardware liegen sollte, dennoch etwas mit Mikroprozessoren zu tun haben würde. Nachdem ich 1973 mit dem Studium in Harvard begonnen hatte, schaffte Paul es irgendwie, mit seinem klapprigen alten Chrysler quer durch die Staaten von Washington bis nach Boston zu kommen, wo er bei Honeywell anfing, Minicomputer zu programmieren. Oft kam er herüber nach Cambridge, so daß wir die langen Gespräche über unsere Zukunftspläne fortsetzen konnten.

Im Frühjahr 1974 kündigte die Zeitschrift *Electronics* den neuen 8080er Chip von Intel an – er hatte die zehnfache Leistung des 8008er, der in der Traf-O-Data-Maschine steckte. Der 8080er war nicht viel größer als der 8008er, enthielt aber 2700 Transistoren mehr. Wir sahen sofort das Herz eines richtigen Computers vor uns, und er kostete weniger als 200 Dollar. Paul wollte wissen, ob der Chip für eine BASIC-Version leistungsfä-

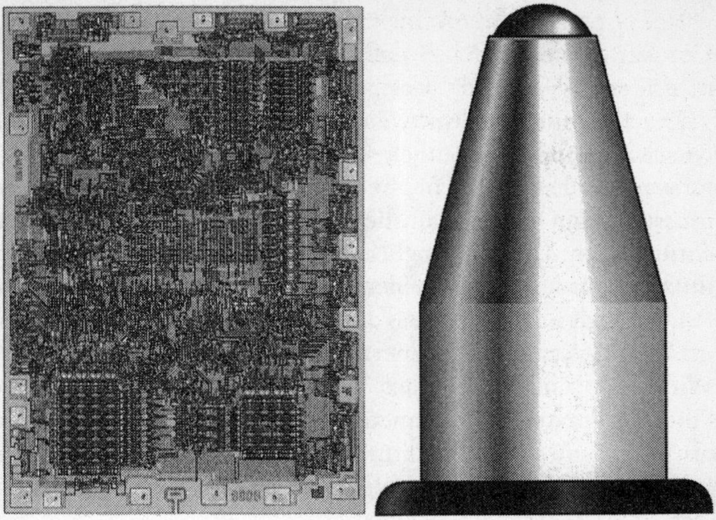

*Der Mikroprozessor 8008 von Intel, der ungefähr so groß wie eine Kugelschreiberspitze war (1972)*

hig genug war. Wir nahmen uns das Handbuch vor und kamen zu dem Schluß, daß BASIC auf dem 8080 laufen müßte. »DEC kann jetzt keinen PDP-8 mehr verkaufen«, sagte ich zu Paul. Wenn ein kleiner Chip seine Leistung dermaßen steigern konnte, dann war es mit den großen, unhandlichen Maschinen vorbei – das war uns klar.

Doch die Computerhersteller sahen in dem Mikroprozessor keine Gefahr. Es war für sie unvorstellbar, daß ein kümmerlicher Chip es mit einem »richtigen« Computer aufnehmen könnte. Selbst die Wissenschaftler bei Intel bemerkten nicht, was in ihm steckte. Für sie war der 8080er bloß eine Verbesserung der Chiptechnologie. Kurzfristig behielt das Computerestablishment recht. Der 8080er war bloß ein weiterer kleiner Fortschritt. Doch Paul und ich sahen über die Beschränkungen des neuen Chips hinweg und skizzierten für uns eine andere Art von Computer, der genau das Richtige für uns und für jedermann sein würde – persönlich, erschwinglich und vielseitig verwendbar. Uns war vollkommen klar, daß die neuen Chips angesichts ihres niedrigen Preises bald überall sein würden.

Die Computerhardware, die früher so knapp gewesen war, würde bald überall erhältlich sein, und für den Zugang zu Computern würde man nicht mehr hohe Stundensätze berappen müssen. Dann könnte man alle möglichen neuen Anwendungen dafür finden. Um die Möglichkeiten dieser Maschinen voll zu nutzen, würde es entscheidend auf die Software ankommen. Paul und ich überlegten, daß die Hardware wahrscheinlich zum größten Teil von den Japanern und von IBM kommen würde. Wir waren überzeugt, eines Tages eine neue und innovative Software vorstellen zu können. Warum auch nicht? Der Mikroprozessor würde die Struktur der ganzen Branche verändern. Da konnte doch irgendwo vielleicht auch ein Platz für uns beide sein.

Um solche Dinge drehen sich die Gespräche von Studenten. Man macht allerlei neue Erfahrungen, und man träumt verrückte Träume. Wir waren jung, und wir glaubten, wir hätten unbegrenzt Zeit. Ich schrieb mich für ein weiteres Jahr in Harvard ein, dachte aber ständig daran, wie wir eine Softwarefirma auf die Beine stellen könnten. Bald hatte ich dafür einen Plan entworfen: Wir verschickten von meinem Zimmer im Studentenheim aus Briefe an alle großen Computerfirmen und boten ihnen an, eine BASIC-Version für den neuen Intel-Chip zu schreiben. Wir fanden keine Abnehmer. Im Dezember waren wir reichlich entmutigt. Ich hatte vor, über die Feiertage heim nach Seattle zu fliegen, während Paul in Boston blieb. An einem schneidend kalten Morgen, einige Tage vor meinem Abflug, standen Paul und ich am Zeitungsstand auf dem Harvard Square herum, und Paul kaufte die Januar-Nummer von *Popular Electronics*.

Das Titelblatt der Zeitschrift zeigte einen sehr kleinen Computer, nicht viel größer als ein Toaster. Sein Name war nur ein klein bißchen hochtrabender als Traf-O-Data: Altair 8800 (»Altair« stand für ein Flugziel in einer *Star Trek*-Episode). Er wurde

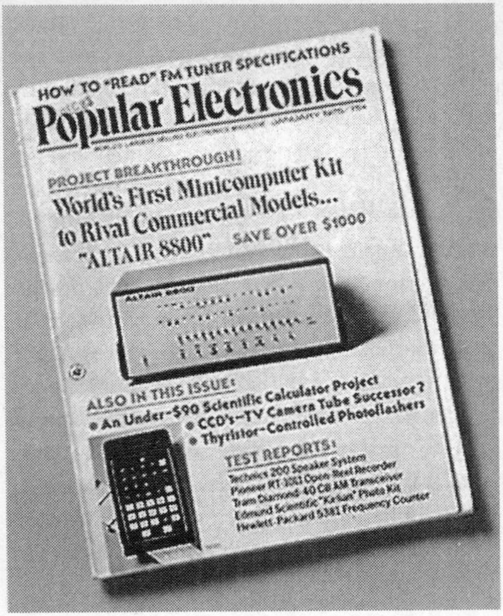


für 397 Dollar als Bausatz angeboten. Zusammengebaut hatte er weder Tastatur noch Display. Statt dessen verfügte er über 16 Adreßschalter und die gleiche Anzahl von Lichtern. Man konnte ihn dazu bringen, daß die Lichter an der Vorderseite blinkten, und das war's auch schon. Das Problem war, daß der Altair 8800 keine Software enthielt. Er konnte nicht programmiert werden und war so eher eine billige Neuheit als ein richtiges Werkzeug.

Was der Altair aber enthielt, war ein Intel-8080-Mikroprozessor als Gehirn. Als wir das sahen, gerieten wir in Panik. »Mensch, das läuft ohne uns! Die schreiben echte Software für diesen Chip!« Vom Titelblatt der Zeitschrift blickte uns die Zukunft an. Sie wartete auf uns. Gleich zu Anfang in die PC-Revolution einzusteigen, erschien uns als die Chance unseres Lebens, und wir ergriffen sie.

Zwanzig Jahre später sind viele Parallelen zu unserer damaligen Situation zu erkennen, aber auch entscheidende Unterschiede. Ein offenkundiger Unterschied liegt darin, daß ich damals Angst hatte, es könnten uns andere Unternehmen zuvorkommen, während ich heute weiß, daß bereits Tausende von Firmen unsere Einschätzung der interaktiven Netze teilen. Buchstäblich Millionen Menschen versuchen, sich die Möglichkeiten des Internets zunutze zu machen. Bekanntlich hat die erste Revolution dazu geführt, daß heute jedes Jahr fünfzig Millionen PCs weltweit verkauft werden und daß Wohl und Wehe der in der Computerbranche tätigen Unternehmen im Zuge dieser Revolution vollkommen neu verteilt wurden. Viele glauben, daß solche Veränderungen abermals bevorstehen. Daher ist jedermann bestrebt, möglichst früh einzusteigen, solange die Möglichkeiten noch unbegrenzt erscheinen – und bevor sich die Konkurrenz entscheidende Vorteile verschafft hat.

Ein Blick auf die letzten zwanzig Jahre zeigt, daß einige große Computerunternehmen in ihrer Politik so festgefahren waren, daß sie sich auf die neuen Entwicklungen nicht mehr einstellen konnten und entscheidend an Boden verloren. Die Fehler der Großunternehmen waren in erster Linie auf ihre Unfähigkeit zurückzuführen, rasch zu reagieren und die sich bietenden Gelegenheiten beim Schopfe zu packen. Als IBM es versäumte, sein Augenmerk auf die Software zu richten, und DEC, sich an der PC-Entwicklung zu beteiligen, gewährten sie damit Microsoft und anderen Newcomern den erforderlichen Spielraum.

In zwanzig Jahren werden wir abermals zurückschauen und ein ganz ähnliches Bild vor Augen haben. Während ich diese Zeilen hier schreibe, gibt es irgendwo da draußen, dessen bin ich mir sicher, mindestens einen jungen Menschen, der in der festen Gewißheit, daß er die Kommunikationsrevolution richtig einschätzt, eine zukunftsträchtige Unternehmensgründung vornimmt. Tausende von innovativen Firmen wird man ins Leben rufen, um von den bevorstehenden Veränderungen zu profitieren.

Als ein Pionier von dieser vorausschauenden Art hat sich Marc Andreessen erwiesen, einer der Gründer von Netscape, einem Softwareunternehmen, das 1994 gegründet wurde, um auf den ersten Vorboten der Internet-Welle zu reiten, ganz ähnlich wie Microsoft, das fast zwanzig Jahre zuvor gegründet wurde, um die PC-Welle auszunützen. Andreessen möchte sein Unternehmen zum nächsten Microsoft machen, doch trifft Netscape auf eine ganz andere Konkurrenz als seinerzeit Microsoft. Wir hatten in den ersten Jahren insofern Riesenglück, als die Branchenführer so gut wie keine Ahnung von PCs hatten. Daher hatten wir uns nicht jener geballten Konkurrenz zu erwehren, mit denen es Netscape zu tun hat, während es sich abmüht, die gewinnträchtige Führungsposition zu erobern. Andererseits hatte Netscape den Vorteil, mit einem erfahrenen Management zu beginnen und an der Börse so glänzend zu reüssieren, daß es andere Unternehmen aufkaufen konnte.

Als Paul und ich 1975 die naive Entscheidung trafen, eine Firma zu gründen, handelten wir wie all die Figuren in den Filmen mit Judy Garland und Mickey Rooney, die mit dem Entschluß beginnen: »Komm, laß uns in der Scheune ein Ding aufziehen!« Es war keine Zeit zu verlieren. Unser erstes Projekt war, BASIC für den kleinen Altair-Computer zu schaffen.

Wir mußten in den kleinen Speicher des Computers eine Menge hineinpressen. Der typische Altair hatte eine Speichergröße von rund 4000 Zeichen. Heute fassen die Speicher der meisten neuen Personalcomputer mindestens acht Millionen Zeichen, häufig noch mehr. Was uns die Aufgabe erschwerte, war die Tatsache, daß wir keinen Altair besaßen, ja noch nicht einmal einen gesehen hatten. Das war zwar unerheblich, denn was uns wirklich interessierte, war der neue Intel-8080-Mikroprozessorchip, aber auch den hatten wir noch nicht gesehen. Unverdrossen studierte Paul ein Handbuch für den Chip und schrieb dann ein Programm, das einen großen Computer in Harvard das Verhalten des kleinen Altair simulieren ließ. So hatten wir eine eigene »Maschine«, auf der wir unsere Software testen konnten. Es war, als hätte man ein ganzes Orchester zur Verfügung und ließe es ein einfaches Duett spielen, aber es klappte.

Man muß sich sehr konzentrieren, wenn man gute Software

machen will, und es war eine Strapaze, BASIC für den Altair zu schreiben. Ich habe die Angewohnheit, mit dem Stuhl zu wippen oder auf und ab zu gehen, wenn ich nachdenke, denn das hilft mir, mich auf einen Gedanken zu konzentrieren und Ablenkungen auszuschließen. Im Winter 1975 habe ich in meiner Studentenbude viel gewippt und bin lange herumgetigert. Paul und ich schliefen nicht sonderlich viel, und wir wußten nicht mehr, ob es Tag oder Nacht war. Oft bin ich einfach am Schreibtisch oder auf dem Boden eingeschlafen. Es gab Tage, an denen ich nichts aß und niemanden sah. Aber nach fünf Wochen war unser BASIC-Programm fertig – und die erste Firma, die Software für Mikrocomputer schrieb, war geboren. Später nannten wir sie »Microsoft«.

Wir wußten, daß es uns einiges abverlangen würde, eine neue Firma zu gründen. Uns war aber auch klar, daß wir es jetzt tun mußten – andernfalls wäre die Chance, in der Mikrocomputer-Software mitzumischen, für immer dahin gewesen. Im Frühjahr 1975 gab Paul seine Stelle als Programmierer auf, und ich ließ mich von Harvard beurlauben.

Ich sprach über die Sache mit meinen Eltern, die sich beide in Geschäftsdingen ziemlich gut auskennen. Mein Vater, der den Gang der Dinge besorgt aus Seattle verfolgte, fürchtete um meine Zukunft. Einem alten Freund aus Studientagen klagte er, sein einziger Sohn sei zwar begabt, werde es aber wohl zu nichts bringen. Noch größere Sorgen machte sich meine Mutter. Sie schrieb einen kleinen Vers für die Weihnachtskarte der Familie, der in scherzhafter Form über die Pläne meiner beiden Schwestern und meine Absichten informierte. Darin gab sie der Hoffnung Ausdruck, meine Softwarefirma möge kein »Versager« sein – denn die Gewinnaussichten seien »mager«. Da meine Eltern jedoch sahen, wie sehr mir dieses Softwareunternehmen am Herzen lag, unterstützten sie mich trotz aller Ängste. Mein Plan war, mich fürs erste beurlauben zu lassen, die Firma zum Laufen zu bringen und anschließend mein Studium zu beenden. Eine bewußte Entscheidung, auf einen Abschluß zu verzichten, habe ich nie getroffen. Eigentlich bin ich also nur für eine nun schon ziemlich lange Zeit beurlaubt. Die Uni gefiel mir – die Vorlesungen und Seminare nicht weniger als die Studenten. Als wir bei der Aufnahme in Harvard aufgefordert wurden, unsere idealen Zimmergenossen zu beschreiben, erklärte ich, am liebsten würde ich mit einem Ausländer und dem Angehörigen einer Minderheit zusammenwohnen. So war ich wahrscheinlich daran schuld, daß sich schließlich ein in Seattle lebender Kanadier und ein Farbiger aus Tennessee ein Zimmer mit mir teilten. Es machte mir Spaß, unter so vielen intelligenten jungen Leuten zu sein und mit ihnen zu diskutieren. Ich hatte jedoch das Gefühl, daß sich die Gelegenheit, eine Softwarefirma zu gründen, nicht noch einmal ergeben würde. Und so stürzte ich mich mit 19 Jahren ins Geschäftsleben.

Paul und ich haben alles von Anfang an selbst finanziert. Jeder hatte ein bißchen Geld auf der hohen Kante: Paul hatte bei Honeywell ein gutes Gehalt bezogen, das Geld, das ich hatte, stammte dagegen zum Teil aus nächtlichen Pokerspielen im Studentenheim. Zum Glück erforderte die Finanzierung unserer Firma keine großen Mittel.

Ich werde oft gebeten, den Erfolg von Microsoft zu erklären. Was steckt für ein Geheimnis dahinter, daß aus einem Zwei-Mann-Unternehmen, das praktisch mit nichts angefangen hat, eine Firma mit 17000 Angestellten und einem Jahresumsatz von über acht Milliarden Dollar wurde? Das ist natürlich nicht einfach zu beantworten. Wir haben Glück gehabt, aber das wichtigste war wohl unsere ursprüngliche Vision.

Wir sahen voraus, was nach dem Intel-8080-Chip kommen würde, und wir haben entsprechend gehandelt. Wir fragten uns: »Was wird sein, wenn Rechenleistung fast umsonst zu haben sein wird?« Wir waren überzeugt, daß der Computer sich durchsetzen würde, durch billige Rechenleistung und durch gute neue Software, die diese ausnutzen würde. Wir setzten auf die erstere und produzierten die letztere, als sonst niemand daran dachte. Unsere Grunderkenntnis machte alles andere ein bißchen einfacher. Wir waren zur rechten Zeit am rechten Ort. Wir waren als erste da, und unser Anfangserfolg gab uns die Möglichkeit, viele gescheite Leute anzuheuern. Wir bauten ein weltweites Vertriebsnetz auf und steckten den Gewinn in neue Produkte. Wir hatten von Anfang an die richtige Richtung eingeschlagen.

Jetzt tut sich ein neuer Horizont auf, und die Frage lautet entsprechend: »Was wird sein, wenn Kommunikation fast umsonst zu haben sein wird?« Der Gedanke, alle Haushalte und Büros an ein interaktives Hochgeschwindigkeitsnetz anzuschließen, hat in der ganzen Welt Riesenhoffnungen geweckt. Da sich Tausende von Firmen ein und derselben Vision verschrieben haben, wird ihr Erfolg davon abhängen, daß sie den richtigen Schwerpunkt setzen, die Zwischenschritte richtig erfassen und klug vorgehen.

Unzählige Einzelpersonen und Unternehmen setzen ihre Zukunft auf eine einzige Karte: den Bau von Komponenten für das interaktive Netz. Ich nenne das den Internet-Goldrausch.

Wir bei Microsoft prüfen ständig, wie wir uns weiterentwickeln müssen, um von dem Punkt, an dem wir heute stehen, zu jenem Punkt zu gelangen, an dem wir das volle Potential der neuen technischen Fortschritte freisetzen können. Dies ist eine spannende Zeit, nicht nur für die beteiligten Unternehmen, sondern für alle, denen die Vorteile dieser Revolution zugute kommen werden.

## 2. Anfänge des Informationszeitalters

Als ich zum ersten Mal den Ausdruck »Informationszeitalter« hörte, war ich fasziniert. Eisenzeit und Bronzezeit waren mir bekannt – historische Epochen, benannt nach dem Material, das die Menschen zur Herstellung ihrer Werkzeuge und Waffen verwendeten. Und natürlich hatte ich in der Schule vom Industriellen Zeitalter gehört.

Dann las ich in wissenschaftlichen Prognosen, es werde in künftigen zwischenstaatlichen Konflikten nicht mehr um die Verfügung über natürliche Ressourcen, sondern um die Verfügung über Information gehen. Auch das klang interessant, aber was war mit Information gemeint?

Die Behauptung, Information werde die Zukunft prägen, erinnerte mich an die bekannte Partyszene in dem Film *Die Reifeprüfung* aus dem Jahr 1967. Ein Geschäftsmann schnappt sich den frischgebackenen Collegeabsolventen Benjamin, der von Dustin Hoffman gespielt wird, und wirft ihm, als ungebetene Berufsempfehlung, ein einziges Wort an den Kopf: »Plastik!« Ich fragte mich, ob wohl der Rat des Geschäftsmanns, wäre die Szene ein paar Jahrzehnte später geschrieben worden, gelautet hätte: »Ich sage nur ein einziges Wort, Benjamin – Information.«

Vielleicht war ich auch deshalb so fasziniert, weil sich der Informationsbegriff im Schnittpunkt einiger meiner Studieninteressen befand. Das mathematische Teilgebiet, für das ich eine besondere Neigung mitbringe, heißt »Kombinatorik«, zu deren praktischen Anwendungen die Herstellung und Entschlüsselung codierter Nachrichten gehört. Die Ver- und Entschlüsselung von Information mit Hilfe der Mathematik fand ich wirklich faszinierend. Auch die wirtschaftswissenschaftliche Spieltheorie, die sich der Mathematik und Logik bedient, um optimale Marktstrategien zu entwickeln, interessierten mich. Das brachte mich zu der Frage, welchen Wert Information in einem Wettbewerb gewinnt, in dem beide Seiten im Besitz entscheidender Geheimnisse sind. Was ist eine Information wert, wenn mehr als einer über sie verfügt? Unter Umständen ist sie gar nichts mehr wert, vor allem, wenn ein Preiskrieg zwischen zwei oder mehr Konkurrenten ausbricht, die vorhaben, die gleiche Information zu verkaufen.

Ich hatte den Eindruck, daß zu viele Menschen den Gedanken, Information sei zum wertvollsten Wirtschaftsgut avanciert, zu gutgläubig und unkritisch hinnahmen. In Bibliotheken gibt es reichlich Information. Jeder kann sie sich dort umsonst verschaffen. Schmälert nicht die schrankenlose Verfügbarkeit ihren Wert? Außerdem kann Information falsch sein und unter Umständen einen negativen Wert annehmen – schaden statt nützen. Selbst wenn sich die Information, die uns Tag für Tag überschwemmt, als richtig erweist, so ist sie doch größtenteils irrelevant. Und wenn sie relevant ist, dann ist sie häufig von flüchtigem Wert, einem Wert, der sich zersetzt, wenn die Zeit vergeht oder zu viele Menschen in ihren Besitz gelangen. Ein ursprünglich vielversprechender Investment-Tip wird nutzlos, wenn er zu alt ist oder zu viele Leute von ihm erfahren haben. Trotzdem pries man die Information als das Kernelement des gerade entstehenden Weltwirtschaftssystems.

Absurde Gespräche fielen mir ein – an einem Kaffeeautomaten in einem Büro, irgendwann in der Zukunft: »Wieviel Information haben Sie?« – »Großartiges Land, die Schweiz. Wenn man bedenkt, was die an Information haben!« – »Ich habe gehört, der Preisindex für Information geht nach oben.«

Das klingt absurd, weil Information nicht so greifbar und meßbar ist wie die Materialien, die frühere Zeitalter geprägt haben, aber in gewisser Weise hatten die Wissenschaftler schon recht. Information ist für uns immer wichtiger geworden, und wir stehen in der Tat am Anfang einer Informationsrevolution. Die Kosten für die Datenübertragung beginnen zu fallen, wenn auch nicht so rasch wie die für die Datenverarbeitung. Wenn sie niedrig genug sind und sich mit anderen technischen Fortschritten verbinden, wird der Information Highway, die Datenautobahn, mehr als nur ein Schlagwort für übereifrige Manager und aufgeregte Politiker werden. Er wird so real und so allgegenwärtig sein wie Elektrizität. Um zu verstehen, warum Information eine so zentrale Bedeutung gewinnen wird, müssen wir uns klar machen, wie die Technik unseren Umgang mit Information verändert.

Der größte Teil des vorliegenden Kapitels ist einer solchen Erklärung gewidmet. Die folgenden Ausführungen sollen Lesern, die mit den Grundlagen und der Geschichte des Computers nicht besonders vertraut sind, genügend Kenntnisse vermitteln, damit sie den Rest des Buches mit Vergnügen lesen können. Sollten Sie jedoch wissen, wie digitale Rechner arbeiten, können Sie getrost zu Kapitel drei springen.

Der tiefgreifendste Unterschied zwischen der Information, wie wir sie bisher gekannt haben, und der Information der Zukunft liegt darin, daß über kurz oder lang alle Information digital sein wird.

Derzeit scannt man schon ganze Bibliotheken und speichert sie in Form elektronischer Daten auf Disketten und CD-ROMs. Häufig werden Zeitungen und Zeitschriften ausschließlich in elektronischer Form hergestellt und nur noch zu Vertriebszwecken auf Papier gedruckt. Diese elektronische Information kann man auf Dauer – oder solange man es wünscht – in elektronischen Datenbanken speichern – riesige Bestände an journalistischen Daten, die sich über Online-Dienste abrufen lassen. Auch Fotografien, Filme und Videos werden in digitale Information umgewandelt. Jahr für Jahr läßt man sich bessere Verfahren einfallen, um Information zu quantifizieren und sie in unzähligen winzigen Datenpaketen abzulegen. Sobald die digitale Information gespeichert ist, kann jeder, der Zugang und einen Personalcomputer besitzt, sie augenblicklich abrufen, vergleichen und verändern. Die besonderen Merkmale unserer Epoche sind die völlig neuartigen Verfahren, die uns zur Verfügung stehen, um Information zu verändern und zu handhaben, und das immer raschere Tempo, mit dem wir das bewerkstelligen können. Die Fähigkeit des Computers, eine kostengünstige und äußerst schnelle Verarbeitung und Übertragung von digitalen Daten zu gewährleisten, wird die konventionelle Nachrichtenübertragung zu Hause und am Arbeitsplatz grundlegend verändern.

Der Gedanke, ein Gerät zum Umgang mit Zahlen zu benutzen, ist nicht neu. In Asien war der Abakus schon fast 5000 Jahre alt, als der 19jährige Franzose Blaise Pascal 1642 eine mechanische Rechenmaschine erfand. Das war ein reines Zählgerät. Dreißig Jahre später verbesserte der deutsche Gelehrte Gottfried Wilhelm von Leibniz Pascals Konstruktion. Seine »Staffelwalzenmaschine« konnte multiplizieren, dividieren und Quadratwurzeln berechnen. Zuverlässige mechanische Rechenmaschinen, angetrieben von rotierenden Scheiben und Zahnrädern, Nachkommen des Leibniz-Rechners, prägten dann das Bild, bis sie durch ihre elektronischen Vettern ersetzt wurden. In meiner Kindheit bestand eine Registrierkasse im wesentlichen aus einer mechanischen Rechenmaschine, die mit der Kassenschublade verbunden war.

Vor mehr als anderthalb Jahrhunderten erahnte ein weitsichtiger englischer Mathematiker das Prinzip des Computers und erlangte mit diesem Blick in die Zukunft schon zu Lebzeiten Berühmtheit. Charles Babbage war Mathematikprofessor an der Cambridge University und entwarf das Prinzip eines Rechengerätes, das in der Lage ist, eine Kette verwandter Rechnungen durchzuführen. Bereits in den dreißiger Jahren des vorigen Jahrhunderts fesselte ihn der Gedanke, daß man Information mittels einer Maschine bearbeiten könne, wenn es zuvor gelänge, die Information in Zahlen umzuwandeln. Die dampfbetriebene Maschine, die Babbage ersann, sollte mit Bolzen, Zahnrädern, Zylindern und anderen mechanischen Teilen arbeiten, den Gerätschaften des heraufziehenden industriellen Zeitalters. Babbage war der Überzeugung, seine »Analysemaschine« werde die Rechnerei von Mühsal und Ungenauigkeit befreien.

Natürlich fehlten ihm die modernen Bezeichnungen, als er die Teile seiner Maschine benannte. Die Zentraleinheit, das Herzstück seiner Anlage, war bei ihm die »Weberei«, während er den Speicher als »Lager« bezeichnete. Babbage stellte sich nämlich vor, Information werde verarbeitet wie Baumwolle – aus einem Lagerhaus geholt und zu etwas Neuem verwebt.

Seine Analysemaschine wäre zwar mechanisch gewesen, trotzdem sollte sie in der Lage sein, wechselnden Befehlen Folge zu leisten und damit verschiedenen Aufgaben zu dienen – das wesentliche Merkmal von Software. Sie ist ein umfassendes System von Regeln, die man einer Maschine vorgeben kann; auf diese Weise »befiehlt« man ihr, bestimmte Aufträge zu erledigen. Babbage erkannte, daß er eine völlig neue Sprache benötigte, um solche Befehle zu formulieren, und er entwickelte sie unter Verwendung von Zahlen, Buchstaben, Pfeilen und anderen Symbolen. Die Sprache hätte Babbage gestattet, seine Analysemaschine mit einer langen Folge von bedingten Befehlen dergestalt zu »programmieren«, daß das Gerät sein Verhalten unter Berücksichtigung veränderter Situationen hätte modifizieren können. Als erster hat er erkannt, daß eine einzige Maschine einer Reihe verschiedener Zwecke dienen kann – im Gegensatz zu einer Baumwollentkörnungsmaschine, die dafür vorgesehen ist, ein und denselben Arbeitsgang immer aufs Neue zu wiederholen. Babbage erkannte, daß eine Allzweckmaschine, die sich durch Software steuern ließ, zahllose auf einen Zweck festgelegte Maschinen ersetzen konnte.

Noch ein Jahrhundert lang arbeiteten Mathematiker an den Ideen, die Babbage umrissen hatte, bis es Mitte der vierziger Jahre unseres Jahrhunderts endlich gelang, einen Elektronenrechner nach den Prinzipien der Analysemaschine zu erbauen. Nur schwer läßt sich die Vaterschaft des modernen Computers klären, weil ein Großteil der Entwicklungs- und Konstruktionsarbeit in den Vereinigten Staaten und England während des Zweiten Weltkriegs geleistet wurde und der militärischen Geheimhaltung unterlag. Wesentlichen Anteil daran hatten jedenfalls Alan Turing, Claude Shannon und John von Neumann.

Mitte der dreißiger Jahre dieses Jahrhunderts schlug der Engländer Alan Turing, wie Babbage ein hervorragender, in Cambridge ausgebildeter Mathematiker, ein System vor, das man heute als Turing-Maschine bezeichnet. Seine Version einer Allzweckrechenmaschine konnte man dazu veranlassen, mit fast jeder Art von Information zu arbeiten.

Ende der dreißiger Jahre, noch während seines Studiums, hatte Claude Shannon nachgewiesen, daß eine Maschine, die logische Befehle ausführt, Information verarbeiten kann. In seiner Magisterarbeit erläuterte er, wie Rechnerschaltkreise – geschlossen für wahr und offen für falsch – logische Operationen ausführen können, wobei die Zahl 1 für »wahr« steht und 0 für »falsch«.

Das ist ein binäres System, ein Code. Binär ist auch das Alphabet von Elektronenrechnern, die Grundlage für die Sprache, in die alle Information im Computer übersetzt, gespeichert und gebraucht wird. Jede 1 oder 0 ist ein »Informationsbit«.

Im Sommer 1991, als wir mit Freunden im Hof hinter unserem Haus mehrere Gruppen bildeten und einen Rauchsignalwettbewerb veranstalteten, haben wir viel Spaß mit diesen binären Zahlen gehabt. Es ging darum, Information für eine rasche Übertragung zu verschlüsseln. Jede Mannschaft erhielt eine Rauchmaschine, die zwei bis drei Mitglieder der Mannschaft bedienen mußten, während die anderen in einiger Entfernung standen und die Signale entziffern mußten – etwa so wie bei einer Scharade. Jedes Team hatte zwanzig Minuten, um sich einen Code auszudenken, der ihm gestattete, eine Zahl durch Rauchwölkchen auszudrücken.

Da sich in jeder Mannschaft mehr als nur ein paar Computerprogrammierer befanden, war es kein Wunder, daß die Gewinner sich eines binären Systems bedient hatten, das jede Ziffer der Geheimzahl in eine vierstellige Binärzahl umwandelte. Das heißt, 0 wurde als 0000 übertragen, 1 als 0001, 2 als 0010, 3 als 0011 und so fort. Durch dieses System läßt sich jede Zahl ausdrücken. Man bezeichnet es als »binärcodiertes Dezimalsystem«. Die Siegermannschaft entschied sich dafür, eine 0 durch ein kurzes Rauchwölkchen und eine 1 durch ein langes Rauchwölkchen zu bezeichnen. Soweit ich mich erinnere, war die Geheimzahl 709, die die Gewinner in 0111-0000-1001 übersetzten und als kurz-lang-lang-lang-kurz-kurz-kurz-kurz-lang-kurz-kurz-lang sendeten. Tatsächlich war das binärcodierte Dezimalsystem gar nicht die effektivste Methode zur Übertragung der Zahl. Hätte man 709 als eine einzige Binärzahl statt als drei separate Ziffern behandelt, hätte man es durch 1011000101 übertragen können – zehn Rauchwölkchen anstelle der zwölf der Sieger. Die Gewinner haben einfach ihre Rauchmaschine besser bedient.

Das Binärsystem ist simpel, aber so entscheidend für das Verständnis von Computern, daß es sich lohnt, etwas bei ihm zu verweilen und es ausführlicher zu erklären.

Stellen Sie sich vor, Sie haben in Ihrer Wohnung oder Ihrem Büro ein Zimmer, das Sie mit 250 Watt beleuchten möchten, wobei das elektrische Licht von 0 Watt (völlige Dunkelheit) bis zur vollen Wattstärke stufenlos verstellbar sein soll. Eine Möglichkeit besteht darin, einen drehbaren Dimmerknopf an eine 250-Watt-Glühlampe anzuschließen. Völlige Dunkelheit herrscht, wenn Sie den Knopf gegen den Uhrzeigersinn bis zum Anschlag drehen: 0 Watt. Um das hellste Licht zu erhalten, drehen Sie den Knopf im Uhrzeigersinn bis zum Anschlag, dann haben Sie eine Leistung von 250 Watt. Für Helligkeitsabstufungen dazwischen bringen Sie den Knopf auf Zwischenstellungen.

Das System ist leicht zu benutzen, stößt aber rasch an seine Grenzen. Wenn sich der Knopf auf einer Zwischenposition befindet – wenn Sie die Beleuchtung beispielsweise für ein stimmungsvolles Abendessen herabgedreht haben –, können Sie nur vermuten, was für eine Leuchtstärke vorliegt. Sie wissen nicht wirklich, wieviel Watt die Leistung beträgt, und Sie können die Einstellung nicht exakt beschreiben. Ihre Information ist vage und damit schwer zu speichern oder zu reproduzieren.

Wie stellen Sie es an, nächste Woche wieder für genau die gleiche Beleuchtung zu sorgen? Sie könnten auf dem Schalter eine Markierung anbringen, so daß Sie wissen, wie weit Sie ihn drehen müssen, aber das ist nicht sehr genau. Und was ist, wenn Sie eine andere Einstellung wiederfinden wollen? Oder wenn ein Freund von Ihnen genau diese Lichtverhältnisse herstellen möchte? Sie können sagen: »Führe mit dem Knopf ungefähr eine fünftel Drehung im Uhrzeigersinn aus«, oder: »Dreh den Knopf, bis der Pfeil etwa auf zwei Uhr steht«, doch der Freund wird Ihre Einstellung nur ungefähr wiederholen können. Was ist, wenn Ihr Freund die Information an einen anderen Freund weitergibt, der sie seinerseits einem dritten übermittelt? Jedesmal, wenn die Information weitergereicht wird, ist mit einem Verlust an Genauigkeit zu rechnen.

Das ist ein Beispiel für Informationsspeicherung in analoger Form. Der Dimmerknopf bildet eine Analogie zur Lichtstärke der Glühlampe. Dreht man ihn halb herum, so hat man wahrscheinlich ungefähr die halbe Wattleistung. Wenn Sie messen oder beschreiben, wie weit der Knopf gedreht worden ist, dann speichern sie in Wirklichkeit Information über die Analogie (die Knopfposition) und nicht über die Lichtstärke. Analoge Informationen lassen sich sammeln, speichern und reproduzieren, sind in der Regel aber ungenau – und laufen Gefahr, mit jeder Übermittlung noch ungenauer zu werden.

Betrachten wir jetzt ein völlig anderes Verfahren, die Beleuchtung des Zimmers zu beschreiben, eine Methode zur digitalen und nicht analogen Informationsspeicherung und -verwendung. Jede Information läßt sich in Zahlen umwandeln, die nur aus Nullen und Einsen bestehen – binäre Zahlen. Sobald die Information umgewandelt ist, läßt sie sich in Form langer Bitfolgen in den Computer eingeben und speichern. Nichts anderes als diese Zahlen ist mit »digitaler Information« gemeint.

Nehmen wir an, Sie haben statt einer einzigen 250-Watt-Lampe acht Lampen, wobei jede die Wattzahl ihrer Vorgängerin verdoppelt – also eine Folge von 1 bis 128 Watt. Jede hat einen eigenen Schalter; rechts ist der für die Lampe mit der niedrigsten Wattzahl. Diese Anordnung läßt sich wie folgt abbilden.

Durch Ein- und Ausstellen dieser Schalter können Sie die Lichtstärke in Ein-Watt-Schritten von 0 Watt (alle Schalter aus)

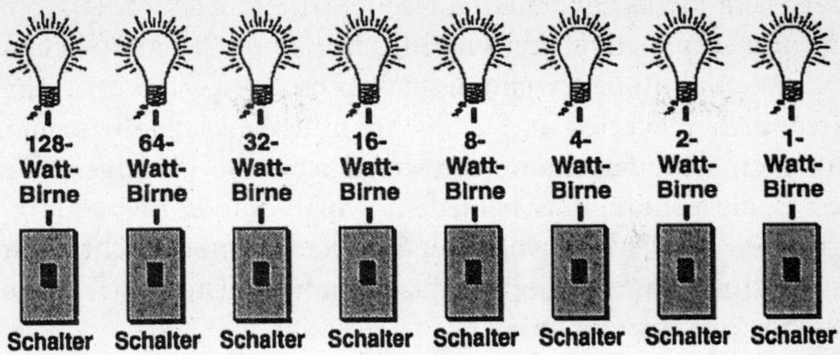


bis 255 Watt (alle Schalter an) regeln. Bei dieser Anordnung haben Sie 256 Möglichkeiten. Wenn Sie eine Lichtleistung von einem Watt wünschen, betätigen Sie nur den Schalter ganz rechts, der die 1-Watt-Lampe einschaltet. Wenn Sie zwei Watt Licht haben möchten, schalten Sie nur die 2-Watt-Lampe ein. Wünschen Sie eine Lichtstärke von drei Watt, betätigen Sie die Schalter für die 1-Watt- und die 2-Watt-Lampe, da 1 und 2 die gewünschten drei Watt ergeben. Für 4-Watt-Licht schalten Sie die 4-Watt-Lampe ein, für fünf Watt die 4-Watt- und die 1-Watt-Lampe. Wollen Sie eine Lichtstärke von 250 Watt haben, so betätigen Sie alle Schalter bis auf die beiden für die 4-Watt- und die 1-Watt-Lampe.

Wenn Sie zu dem Schluß gekommen sind, die idealen Lichtverhältnisse für das Abendessen seien 137 Watt, dann schalten Sie die 128-, die 8- und die 1-Wattlampe ein, so daß sich folgendes Bild ergibt:

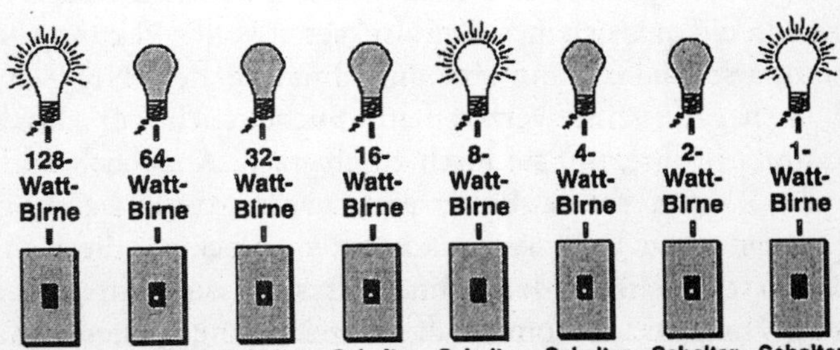

Mit Hilfe dieses Systems fällt es leicht, die exakten Lichtverhältnisse für spätere Verwendungszwecke festzuhalten oder sie anderen mitzuteilen, wenn diese über das gleiche Lichtschalter-Arrangement verfügen. Da die Art und Weise, wie wir binäre Information aufzeichnen, universell ist – die niedrigere Zahl rechts, die höhere links, bei jedem Schritt eine Verdoppelung –, brauchen Sie die Wattwerte der Glühlampen noch nicht einmal aufzuschreiben. Sie halten nur das Schaltermuster fest: »an, aus, aus, aus, an, aus, aus, an.«

Vielleicht erscheint diese Methode, die Helligkeit einer Lichtquelle zu beschreiben, etwas kompliziert, aber sie liefert ein Beispiel für die Theorie hinter der binären Ausdrucksweise, der Grundlage aller modernen Computer.

Dank der binären Ausdrucksweise war es möglich, Rechner mit elektrischen Schaltkreisen zu bauen. Das geschah während des Zweiten Weltkriegs, als eine Gruppe von Mathematikern unter Leitung von J. Presper Eckert und John Mauchly an der Moore School of Electrical Engineering der University of Pennsylvania anfing, eine elektronische Rechenmaschine zu entwickeln, den ENIAC *(Electronic Numerical Integrator And Calculator)*. Er sollte die Berechnung von Zieltabellen für die Artillerie beschleunigen. ENIAC war eher eine elektronische Rechenmaschine als ein Computer, doch statt nach Art von mechanischen Rechenmaschinen eine binäre Zahl mit An- und Aus-Einstellungen auf Rädern zu präsentieren, arbeitete er mit »Schaltern« in Form von Vakuumröhren.

Die Armee hatte extra Soldaten für die riesige Maschine abgestellt, die quietschende Gemüsekarren voller Vakuumröhren umherschoben. Wenn eine durchbrannte, fiel ENIAC aus, und es begann eine verzweifelte Suche nach der durchgebrannten Röhre, um sie rasch zu ersetzen. Angeblich mußten die Röhren so häufig ersetzt werden, weil sie durch ihre Wärme und Helligkeit Nachtfalter anlockten, die in die Riesenmaschine hineinflogen und Kurzschlüsse verursachten. Falls das stimmt, bekommt die Bezeichnung »Bugs« (Käfer) für die kleinen Fehler, von denen Computerhardware und

*Teilansicht vom Inneren des ENIAC-Rechners (1946)*

-software so häufig heimgesucht werden, eine ganz neue Bedeutung.

Wenn alle Röhren funktionierten, konnte ein ganzer Stab von Technikern den ENIAC für die Lösung eines Problems präparieren, indem er 6000 Kabel von Hand in die richtigen Buchsen steckte. Sollte die Maschine eine andere Aufgabe leisten, mußte die Verdrahtung jedesmal entsprechend verändert werden. John von Neumann, ein hervorragender amerikanischer Mathematiker ungarischer Herkunft, der sich mit vielen Dingen einen Namen gemacht hat, unter anderem mit der Entwicklung der Spieltheorie und seinen Beiträgen zur Atombombe, gilt als der Mann, dem es gelungen ist, dieses Problem zu lösen. Er entwickelte das Paradigma, nach dem sich immer noch alle Digitalrechner richten. Die »Neumann-Architektur«, wie sie heute heißt, beruht auf den Prinzipien, die er 1945 formuliert hat – unter anderem dem, daß ein Computer Änderungen seiner Verdrahtung vermeiden kann, indem er Befehle in seinem Speicher verwahrt. Sobald man diesen Gedanken in die Tat umgesetzt hatte, war der moderne Computer geboren.

Heute sind die Gehirne der meisten Computer Nachkommen jenes Mikroprozessors, der Paul Allen und mich in den siebziger Jahren so beeindruckte, und PCs werden häufig danach beurteilt, wie viele Datenbits (Schalter in unserem Lampenbeispiel) ihr Mikroprozessor in einer bestimmten Zeit verarbeiten oder wie viele Bytes (Folgen von acht Bits) der Arbeitsspeicher oder die Festplatte speichern können. Im Inneren des ENIAC rasten die Rechenimpulse durch 1500 elektromechanische Relais und strömten durch 17000 Vakuumröhren. Sein Betrieb verschlang eine Energie von 150000 Watt. Doch die Maschine speicherte nur das Äquivalent von ungefähr 80 Informationszeichen.

Anfang der sechziger Jahre hatten Transistoren die Vakuumröhren in der Unterhaltungselektronik ersetzt. Das geschah mehr als zehn Jahre, nachdem man in den Bell Laboratories entdeckt hatte, daß eine winzige Siliziumscheibe das gleiche leistet wie eine Vakuumröhre. Wie diese arbeiten Transistoren als elektrische Schalter, verbrauchen dabei aber erheblich weniger Energie, deshalb erzeugen sie weit weniger Wärme und beanspruchen weniger Raum. Mehrere Transistorschaltkreise ließen sich auf einem einzigen Chip zusammenfassen, wodurch ein integrierter Schaltkreis entstand. Heute sind Computerchips integrierte Schaltkreise, die das Äquivalent von Millionen Transistoren enthalten, untergebracht auf sechs Quadratzentimeter Silizium.

1977 hat Bob Noyce, einer der Gründer von Intel, in der Zeitschrift *Scientific American* den 300-Dollar-Mikroprozessor mit ENIAC, dem falteranfälligen Koloß aus den Anfängen des Computerzeitalters, verglichen. Danach war der winzige Mikroprozessor nicht nur leistungsfähiger, sondern auch, wie Noyce ausführte, »zwanzigmal schneller, hat einen größeren Speicher, ist tausendmal zuverlässiger, verbraucht die Energie einer Glühlampe statt die einer Lokomotive, beansprucht nur 1/30000 des Volumens und kostet 1/10000 soviel. Sie können ihn per Post bestellen oder in Ihrem Elektronikladen bekommen.«

Natürlich kommt uns der Mikroprozessor von 1977 heute wie ein Spielzeug vor. Tatsächlich enthalten viele preisgünstige Spielsachen inzwischen Computerchips, die leistungsfähiger sind als die Chips der siebziger Jahre, mit denen die Revolution der Mikrocomputer begann. Doch alle heutigen Computer, gleich welcher Größe oder Leistungsklasse, verarbeiten Information, die in Form binärer Zahlen gespeichert ist.

Mit binären Zahlen speichert man Text in einem Personalcomputer, Musik auf einer CD und Geld im Automatennetz einer Bank. Bevor Information in einen Computer Eingang finden kann, muß sie in binäre Form umgewandelt werden. Man kann sich vorstellen, wie jedes Gerät bestimmte Schalter in Bewegung setzt und so den Elektronenfluß steuert. Doch die beteiligten Schalter, die in der Regel aus Silizium bestehen, sind extrem klein und lassen sich durch Anlegen elektrischer Ladungen außerordentlich rasch betätigen – woraufhin ein Text auf dem Bildschirm eines PCs erscheint, Musik aus einem CD-Player ertönt oder ein Geldautomat die Anweisung erhält, eine bestimmte Summe auszuzahlen.

Das Beispiel der Lichtschalter hat gezeigt, daß sich jede Zahl binär ausdrücken läßt. Gleiches gilt für die binäre Darstellung eines Textes. Man hat festgelegt, daß die Zahl 65 für den Großbuchstaben A steht, die Zahl 66 für den Großbuchstaben B und so fort. Kleinbuchstaben beginnen mit der Zahl 97. Im Computer wird der Großbuchstabe A, 65, zu 01000001, der Großbuchstabe B, 66, zu 01000010. Auf diese Weise verwandelt sich der Satz »*Socrates is a man*« (»Sokrates ist ein Mensch«) in eine 136stellige Kette aus Einsen und Nullen:

01010011 01101111 01100011 01110010 01100001 01110100
01100101 01110011 00100000 01101001 01110011 00100000
01100001 00100000 01101101 01100001 01101110

Um zu verstehen, wie Informationen anderer Art digitalisiert werden, wollen wir ein weiteres Beispiel für analoge Information betrachten. Eine Vinylplatte ist eine analoge Aufzeichnung von Schallwellen. Die akustische Information speichert sie in mikroskopisch kleinen Schnörkeln, die sich in der langen, spiralförmigen Rille der Platte befinden. Bei lauten Musikpassagen sind die Schnörkel tiefer in die Rille eingeschnitten, während sie bei einem hohen Ton dichter zusammenrücken. Die Schnörkel der Rille sind den ursprünglichen Schwingungen analog – Schallwellen, von einem Mikrofon eingefangen. Wenn die Nadel eines Plattenspielers in der Rille entlangfährt, schwingt sie in Resonanz mit den winzigen Schnörkeln. Diese Schwingung, immer noch eine analoge Wiedergabe des ursprünglichen Tons, wird verstärkt und erklingt aus dem Lautsprecher als Musik.

Wie jede analoge Vorrichtung zur Informationsspeicherung hat auch die Schallplatte Nachteile. Staub, Fingerabdrücke oder Kratzer auf der Plattenoberfläche können die Nadel zu unangemessenen Schwingungen veranlassen und ein Knacken oder andere störende Geräusche verursachen. Wenn die Platte nicht mit genau der richtigen Geschwindigkeit kreist, wird die Tonhöhe der Musik entstellt. Bei jedem Abspielen der Platte schleift die Nadel die Schnörkel in der Rille ein wenig ab, so daß die Qualität der Musikwiedergabe im Lauf der Zeit nachläßt. Wenn Sie einen Song von einer Vinylplatte auf eine Musikkassette überspielen, wird jede Unvollkommenheit der Platte dauerhaft auf die Kassette übertragen, außerdem kommen neue Mängel hinzu, weil herkömmliche Kassettenrecorder ihrerseits analoge Geräte sind. Jeder erneute Aufzeichnungsvorgang, jede Übertragung, bedeutet einen Qualitätsverlust.

Auf einer CD wird die Musik in Form von binären Zahlenfolgen gespeichert; dabei wird jedes Bit (jeder Schalter) durch ein mikroskopisches *Pit* (»Grube«) auf der Oberfläche der Disk wiedergegeben. Moderne CDs haben mehr als fünf Milliarden Pits. Das reflektierte Laserlicht im Inneren des CD-Players – eines digitalen Geräts – liest jedes Pit und stellt fest, ob es auf die 0- oder 1-Position geschaltet ist. Anschließend setzt der CD-Player diese Information wieder zur ursprünglichen Musik zusammen, indem er festgelegte elektrische Signale erzeugt, die durch Lautsprecher in Schallwellen umgewandelt werden. Jedesmal, wenn die Disc abgespielt wird, sind die Töne absolut gleich.

Zwar ist es bequem, alles in digitale Daten umzuwandeln, doch dabei kann die Bitzahl lawinenartig anwachsen. Zu viele Datenbits können den Speicher des Computers überlasten oder lange Übertragungszeiten zwischen Computern in Anspruch nehmen. Deshalb ist die Fähigkeit des Computers, digitalisierte Daten zu komprimieren, sie in dieser Form zu speichern oder zu übertragen und sie anschließend wieder zu dekomprimieren, das heißt, in ihre ursprüngliche Gestalt zurückzuverwandeln, von großer Bedeutung – und wird in Zukunft sicherlich noch wichtiger werden.

Betrachten wir ganz kurz, wie der Computer diese Wundertaten vollbringt. Das Verfahren geht zurück auf Claude Shannon, den Mathematiker, der in den dreißiger Jahren erkannte, wie sich Information in binärer Form ausdrücken läßt. Im Zweiten Weltkrieg begann er, eine mathematische Beschreibung der Information zu entwickeln, und begründete eine Disziplin, die man später Informationstheorie nannte. Dabei definierte Shannon Information als Verringerung von Ungewißheit. Nach dieser Definition erhalten Sie keine Information, wenn Sie bereits wissen, daß Samstag ist, und ihnen jemand mitteilt, daß Samstag ist. Sind Sie hingegen nicht sicher, daß Samstag ist, und jemand teilt Ihnen mit, daß Samstag ist, dann haben Sie eine Information erhalten, denn Ihre Ungewißheit hat sich verringert.

Später entwickelten sich aus Shannons Informationstheorie wichtige Technologien. Eine war eine effektive Datenkompression, gleich wichtig für die Datenverarbeitung und die Datenübertragung. Deren Grundthese ist leicht zu verstehen: Daten, die keine eigene Information liefern, sind redundant und können weggelassen werden. Wer Schlagzeilen formuliert, verzichtet auf unwichtige Wörter – ebenso jemand, der nach Anzahl der Wörter zur Kasse gebeten wird, etwa bei einem Telegramm oder einer Zeitungsanzeige. Ein Beispiel, das von Shannon stammt, ist der Buchstabe *u*, der im Englischen (und Deutschen) immer dann redundant ist, wenn er auf den Buchstaben *q* folgt. Da Sie wissen, daß auf jedes *q* ein *u* folgt, können Sie das *u* weglassen, ohne den Sinn der Nachricht zu verändern.

In den fünfzig Jahren, seit Shannon die Informationstheorie und eines der ersten Komprimierungsverfahren entwickelt hat, haben sich die Fachleute brillante Methoden zur Beseitigung von Redundanz in Information einfallen lassen. Nicht selten wird der Umfang einer Textdatei durch Komprimierung auf die Hälfte verringert. Dadurch läßt sie sich zweimal so schnell übertragen.

Mit Shannons Prinzipien können wir auch Ton- und Bilddaten komprimieren. Gelegentlich läßt sich ein digitales Bild auf bloße fünf Prozent seiner ursprünglichen Größe reduzieren, nachdem man alle redundante Information eliminiert hat. Wenn zwölf Pixels (die winzigen Bildelemente oder Punkte auf einem Bildschirm) in einer Reihe die gleiche Farbe haben, sind weniger Informationsbits erforderlich, um die Farbe einmal zu beschreiben und anzugeben, daß sie sich ein dutzendmal wiederholt, als die Farbe zwölfmal zu beschreiben. In der Regel enthalten Videosequenzen ein hohes Maß an redundanter Information. Hier komprimiert man, indem man speichert, wie sich die Farben von Bild zu Bild verändern – oder nicht verändern –, während man die Information über die Farben selbst nur in Intervallen speichert, das heißt, immer ein paar Bilder überspringt.

Im Internet ist die Komprimierung gang und gäbe, vor allem wenn es gilt, Grafiken, Audio- und Videodaten im World Wide Web zu übertragen, doch die Komprimierung allein kann dem explodierenden Bedarf an Übertragungskapazität nicht gerecht werden. Wir müssen eine unaufhaltsam wachsende Zahl von Bits von Ort zu Ort befördern. Bits bewegen sich durch die Luft, durch Kupferkabel und durch Glasfaserkabel. Das Glas oder der Kunststoff, aus dem die Glasfaserkabel bestehen, ist so klar und rein, daß man durch eine 100 Kilometer dicke Mauer aus diesem Material eine Kerze brennen sehen könnte. Als moduliertes Licht überwinden binäre Signale in diesen Kabeln große Entfernungen. Dabei bewegt sich ein Signal in einem Glasfaserkabel nicht schneller als in einem Kupferkabel – in beiden Fällen breitet es sich mit Lichtgeschwindigkeit aus. Der enorme Vorteil des Glasfaserkabels liegt in seiner Bandbreite. Diese gibt an, wieviel Bits pro Sekunde übertragen werden können. Das erinnert wirklich an einen Highway oder eine Autobahn. Denn natürlich können mehr Autos auf einer sechsspurig ausgebauten Autobahn vorankommen als auf einer engen, staubigen Landstraße. Je größer die Bandbreite, desto mehr Spuren stehen zur Verfügung – so daß weit mehr Autos, oder Datenbits, jeden Schaltkreis pro Sekunde durchlaufen können. Kabel mit beschränkter Bandbreite, wie man sie für die Text- oder Sprachübertragung verwendet, bezeichnet man als Schmalbandnetze. Wenn Kabel eine größere Kapazität aufweisen, das heißt, wenn sie Bilder und ein begrenztes Maß an Animation transportieren können, besitzen sie eine sogenannte »Mittelbandkapazität«. Bei Kabeln mit großer Bandbreite, das heißt, bei Kabeln, die eine große Informationsmenge einschließlich vielfältiger Video- und Audiosignale bewältigen können, spricht man von Breitbandkapazität.

Ein interaktives Breitbandnetz wird sich erst dann etablieren lassen, wenn eine flächendeckende Versorgung mit Glasfaserkabeln gewährleistet ist und sich die Leistungsfähigkeit der Chips soweit verbessert hat, daß die Komprimierung besser und kostengünstiger wird. Die Verlegung von Glasfaserkabeln wird relativ kostspielig bleiben, doch die Chips werden immer besser und preiswerter werden.

1965 hat Gordon Moore, der später mit Bob Noyce Intel gründete, die Prognose abgegeben, die Kapazität eines Computerchips werde sich jedes Jahr verdoppeln. Moore hatte sich das Preis-Leistungs-Verhältnis von Computerchips – ihre Leistung pro Dollar – der letzten drei Jahre angesehen und diese Zahlen dann einfach extrapoliert. In Wahrheit glaubte Moore nicht, daß dieses Entwicklungstempo lange anhalten werde. Doch noch zehn Jahre später erwies sich seine Prognose als zutreffend, woraufhin er vorhersagte, die Kapazität werde sich fortan alle zwei Jahre verdoppeln. Bis auf den heutigen Tag haben sich sei-

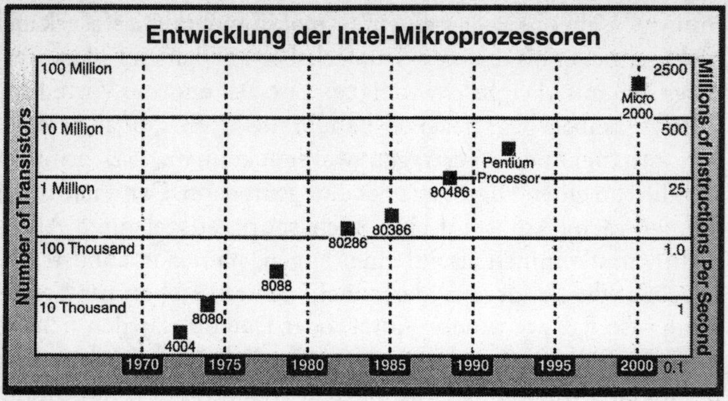


*Wie es das Mooresche Gesetz vorhersagt, hat sich die Zahl der Transistoren auf dem Mikroprozessor von Intel alle 18 Monate verdoppelt*

ne Vorhersagen bestätigt, und ihr Mittelwert – eine Verdoppelung alle anderthalb Jahre – wird unter Informatikern als Mooresches Gesetz bezeichnet.

Nichts in unserer alltäglichen Erfahrung bereitet uns auf die Ereignisse vor, die eintreten, wenn wir eine Zahl sehr häufig verdoppeln – den exponentiellen Anstieg. Vielleicht kann die folgende Legende zum Verständnis beitragen:

Als einer seiner Minister das Schachspiel erfand, war König Shirham von Indien so beglückt, daß er versprach, ihm jeden Wunsch zu erfüllen.

»Majestät«, sagte der Minister, »gebt mir ein Weizenkorn für das erste Feld des Schachbretts, zwei für das zweite, vier für das dritte und so fort, wobei Ihr jeweils die Zahl verdoppelt, bis Ihr alle vierundsechzig Felder abgegolten habt.« Gerührt von der Bescheidenheit dieser Bitte ließ der König einen Beutel Weizen bringen und befahl, daß man die versprochenen Körner auf das Brett zählte. So wurde auf das erste Feld in der ersten Reihe ein bescheidenes Körnchen gelegt. Auf das zweite Feld kamen zwei Weizenkörner. Auf dem dritten Feld lagen vier, dann acht, 16, 32, 64, 128. Nach Feld acht, am Ende der ersten Reihe, hatte der

Aufseher der königlichen Kornkammern insgesamt 255 Körner ausgezählt.

Wahrscheinlich empfand der König noch keine Besorgnis. Vielleicht lag ein bißchen mehr Weizen auf dem Brett, als er erwartet hatte, aber eine Überraschung hatte es noch nicht gegeben. Wenn wir annehmen, daß es eine Sekunde dauert, um ein Korn zu zählen, hatte das Zählen bisher vier Minuten gedauert. Vier Minuten für eine Reihe – raten Sie einmal, wie lange es dauern würde, den Weizen für alle vierundsechzig Felder des Bretts zu zählen. Vier Stunden? Vier Tage? Vier Jahre?

Als die zweite Reihe fertig war, hatte der Hofbeamte schon 18 Stunden zählen müssen, um die 65 535 Körner aufs Brett zu legen. Am Ende der dritten von acht Reihen waren es 194 Tage Zählarbeit, 8,4 Millionen Körner und 24 Felder. Und immer noch stander 40 leere Felder aus.

Wir dürfen mit Sicherheit davon ausgehen, daß der König sein Versprechen gegenüber dem Minister nicht hielt. Mit dem letzten Feld hätten 18 446 744 073 709 551 615 Weizenkörner auf dem Brett gelegen, wofür sein Hofbeamter 584 Milliarden Jahre hätte zählen müssen. Das Alter der Erde wird gegenwärtig auf 4,5 Milliarden Jahre geschätzt. Nach einer weitverbreiteten Version der Legende hat König Shirham irgendwann während der Prozedur bemerkt, daß ihn sein schlauer Minister hereingelegt hatte, was diesen den Kopf kostete.

Exponentieller Anstieg wirkt, selbst wenn man ihn erklärt, wie ein Trick.

Wahrscheinlich wird das Mooresche Gesetz noch weitere 20 Jahre gelten. Wenn das richtig ist, wird ein Rechenvorgang, der heute einen Tag dauert, dann 10 000mal so schnell ablaufen, das heißt, keine zehn Sekunden mehr brauchen.

Bereits heute arbeiten Forschungslabors mit »ballistischen« Transistoren, die Schaltzeiten in der Größenordnung von einer Femtosekunde haben. Das ist 1/1 000 000 000 000 000 Sekunde, womit diese Schaltelemente rund zehn Millionen mal schneller als die Transistoren in heutigen Mikroprozessoren sind. Das Kunststück besteht darin, die Größe des Chip-Schaltkreises und den Stromdurchfluß so zu verringern, daß die Elektronen mit nichts mehr, außer sich selbst, kollidieren. Die nächste Stufe ist der »Ein-Elektron-Transistor«, in dem ein Datenbit durch ein einzelnes Elektron repräsentiert wird. Das ist die höchste Form energiesparender Datenverarbeitung, jedenfalls nach unserem derzeitigen Physikverständnis. Um die unvorstellbaren Geschwindigkeitsvorteile auf molekularer Ebene zu nutzen, müßten die Computer sehr klein werden, ja, auf mikroskopische Ausmaße schrumpfen. Über die wissenschaftlichen Voraussetzungen zum Bau solcher superschnellen Rechner verfügen wir bereits. Nur an den technischen Bedingungen fehlt es noch, aber die entwickeln sich manchmal sehr rasch.

Sobald wir über entsprechende Geschwindigkeiten verfügen, bereitet es keine Schwierigkeiten mehr, all diese Bits zu speichern. Im Frühjahr 1983 hat IBM seinen PC/XT auf den Markt gebracht, den ersten Personalcomputer des Unternehmens mit einer internen Magnetplatte. Sie diente als Festplatte mit einer Speicherkapazität von 10 Megabyte (»MB«) Information – rund zehn Millionen Zeichen oder 80 Millionen Bit. Kunden, die ihren alten Computer um diese 10 MB aufstocken wollten, konnten das zwar, mußten dafür aber einen stolzen Preis bezahlen. Für 3000 Dollar bot IBM einen Bausatz zur Speichererweiterung an – komplett mit eigener Stromversorgung. Das macht 300 Dollar pro Megabyte. Dank des exponentiellen Anstiegs, den das Mooresche Gesetz beschreibt, kosteten im Sommer 1996 PC-Festplatten mit einer Speicherkapazität von 1,6 Gigabyte – 1,6 Milliarden Informationszeichen – 225 Dollar. Inzwischen warten wir auf eine ganz außerordentliche Entwicklung, den holographischen Speicher, der bei einem Volumen von weniger als 16 Kubikzentimetern (einem Würfel mit einer Kantenlänge von knapp 2,5 Zentimetern) eine Kapazität von mehreren Terabyte besitzt. Bei dieser Leistungsfähigkeit könnte ein holographischer Speicher von der Größe Ihrer Faust den Inhalt der Library of Congress speichern.

Durch die Digitalisierung wird die Datenübertragungstechnik den gleichen exponentiellen Anstieg erleben, der bei den

Computern dafür gesorgt hat, daß heute ein Laptop für 2000 Dollar leistungsfähiger ist als vor 20 Jahren ein IBM-Großrechner im Wert von 10 Millionen Dollar.

In nicht allzu ferner Zukunft wird ein einziges Kabel den Haushalt mit allen digitalen Daten versorgen. Dabei wird es sich entweder um ein Glasfaserkabel handeln, das gegenwärtig Ferngespräche überträgt, oder um ein Koaxialkabel, das uns zur Zeit das Kabelfernsehen ins Haus bringt, oder das einfache »Zweiader-Drillkabel«, das die Telefone in Haushalten an das örtliche Telefonsystem anschließt. Es kann auch eine drahtlose Verbindung sein.

Werden die Bits als Sprachkommunikation interpretiert, klingelt das Telefon. Handelt es sich um Videobilder, tauchen sie auf dem Fernsehschirm auf. Sind es Nachrichten, gibt sie der Bildschirm des Computers als geschriebenen Text oder Bilder aus.

Doch dieses eine Kabel, das die Verbindung zum Datennetz herstellt, wird sicherlich noch viel mehr als Telefonanrufe, Filme und Nachrichten liefern. Nur sind wir heute ebensowenig in der Lage, uns vorzustellen, was der Information Highway in 25 Jahren transportieren wird, wie ein Steinzeitmensch, der einen roh behauenen Faustkeil benutzte, eine Ahnung von Ghibertis Türen zum Baptisterium in Florenz haben konnte. Erst wenn sich das Internet weiterentwickelt hat, werden wir alle diese Möglichkeiten begreifen.

## 3. Lektionen aus der Computerindustrie

Der Erfolg ist ein schlechter Lehrmeister. Er läßt gescheite Leute glauben, sie könnten nicht verlieren. Außerdem ist er kein verläßlicher Führer in die Zukunft. Was heute als der perfekte Unternehmensplan oder die neueste Technik erscheint, kann bald schon so veraltet sein wie die Achtspur-Tonbandmaschine, der Röhrenfernseher oder der Mainframe-Computer. Ich habe es selbst erlebt. Doch wenn man viele Unternehmen sorgfältig über längere Zeit beobachtet, lassen sich daraus Prinzipien ableiten, die einem Strategien für die kommenden Jahre an die Hand geben.

Unternehmen, die in interaktive Netze investieren, dürften bestrebt sein, die Fehler, die die Computerindustrie in den letzten 20 Jahren gemacht hat, nicht noch einmal zu begehen. Die meisten dieser Fehler sind erklärlich, wenn man auf einige entscheidende Faktoren achtet, zum Beispiel negative und positive Spiralen, die Notwendigkeit, Trends zu setzen, statt ihnen hinterherzulaufen, die Bedeutung der Software im Gegensatz zur Hardware und die Rolle der Kompatibilität und der positiven Rückkopplung, die sie erzeugen kann.

Auf konventionelle Erkenntnisse kann man sich nicht verlassen. Die gelten nur auf konventionellen Märkten, und der Markt für Computerhard- und -software war in den letzten 30 Jahren entschieden unkonventionell. Große, alteingeführte Unternehmen, die einmal Jahresumsätze von einigen hundert Millionen Dollar und einen großen Stamm zufriedener Kunden hatten, sind innerhalb kurzer Zeit verschwunden. Neue Unternehmen wie Apple, Compaq, Lotus, Oracle, Sun und Microsoft haben im Handumdrehen praktisch aus dem Stand Einnahmen in Milliardenhöhe erzielt. Der Erfolg beruhte teilweise auf der »positiven Spirale«, wie ich sie nenne.

Wenn Sie ein aufregendes Produkt haben, werden die Investoren auf Sie aufmerksam, und sie sind bereit, ihr Geld in Ihr Unternehmen zu stecken. Intelligente Leute überlegen sich: Mensch, alle reden von dieser Firma, dort würde ich gern arbeiten. Und wenn ein intelligenter Mensch in die Firma eintritt, folgt bald ein weiterer, weil talentierte Leute gern mit anderen talentierten Leuten zusammenarbeiten. So entsteht der Eindruck, daß dort etwas Aufregendes passiert. Potentielle Partner und Kunden werden aufmerksam, und die Spirale dreht sich weiter und erleichtert den nächsten Erfolg.

Umgekehrt können Firmen auch in eine negative Spirale geraten. Eine Firma, die in einer positiven Spirale ist, wirkt zukunftsorientiert, während eine, die in einer negativen Spirale ist, den Eindruck macht, zum Scheitern verurteilt zu sein. Wenn ein Unternehmen anfängt, Marktanteile zu verlieren, oder auch nur ein einziges mangelhaftes Produkt herausbringt, beginnt das Gerede: »Wieso arbeitest du dort?«, »Warum möchten Sie in dieses Unternehmen investieren?« oder: »Ich finde, bei denen solltest du nicht mehr kaufen.« Die Presse und die Beobachter riechen Blut und streuen Insidergeschichten, wer mit wem über Kreuz und wer für welche Managementfehler verantwortlich ist. Die Kunden beginnen sich zu überlegen, ob sie weiterhin die Produkte dieser Firma kaufen sollten. Bei einer angeschlagenen Firma wird alles in Frage gestellt, auch gelungene Produkte. Es kann sogar passieren, daß eine ausgezeichnete Strategie mit dem Argument abgetan wird: »Du verteidigst doch nur die herkömmliche Methode«, und das kann weitere Fehler nach sich ziehen. Dann geht die Abwärtsspirale los. Führer wie Lee Iacocca, die eine negative Spirale umkehren konnten, verdienen höchste Anerkennung.

In meiner Jugendzeit war Digital Equipment Corporation, kurz DEC, *die* ganz große Computerfirma. 20 Jahre lang schien es, als sei ihre positive Spirale nicht zu stoppen. Ken Olsen, der Firmengründer, war ein legendärer Hardwaredesigner und für mich ein Held, ein ferner Gott. 1960 hatte er die Minicomputerindustrie geschaffen, indem er die ersten »kleinen« Computer auf den Markt brachte. Der erste war der PDP-1, der Vorläufer des an meiner High School benutzten PDP-8. Statt bei IBM Millionen für deren »Big Iron« hinzulegen, konnte der Käufer bei Olsen für 120000 Dollar einen PDP-1 bekommen. Er war nicht annähernd so leistungsstark wie die großen Maschinen, aber dennoch konnte er für viele Anwendungen eingesetzt werden. Durch ein breitgefächertes Angebot an Computern unterschiedlicher Größe stieg der Umsatz von DEC innerhalb von acht Jahren auf 6,7 Milliarden Dollar.

Zwanzig Jahre später versagte Olsens Vorstellungsvermögen. Er sah nicht, daß kleinen Desktop-Computern die Zukunft gehörte. Schließlich wurde er bei DEC hinausgedrängt, und jetzt hängt ihm der Ruf an, daß er wiederholt und öffentlich den Personalcomputer als eine vorübergehende Modetorheit abgetan habe. Geschichten wie die von Olsen machen mich nachdenklich. Er besaß ein hervorragendes Gespür, wenn es darum ging, neue Wege zu beschreiten, doch nachdem er jahrelang als Neuerer gewirkt hatte, übersah er, daß die Straße eine große Kurve machte.

Ein anderer Visionär, dem die Phantasie ausging, war der aus China eingewanderte An Wang, der Wang Laboratories in den sechziger Jahren zum führenden Anbieter elektronischer Rechenmaschinen machte. In den siebziger Jahren setzte er sich über die Ratschläge seiner gesamten Umgebung hinweg und ging aus dem Rechnermarkt, kurz bevor dort Billigkonkurrenten auftraten, die ihn ruiniert hätten. Es war ein glänzender Schachzug. Wang machte aus seinem Unternehmen den führenden Anbieter von Textverarbeitungsmaschinen. In den siebziger Jahren begannen überall auf der Welt Wang-Textverarbeitungsterminals die Schreibmaschine aus den Büros zu verdrängen. Die Maschinen enthielten einen Mikroprozessor, waren aber keine echten Personalcomputer, weil sie nur auf eine Aufgabe ausgelegt waren, die Textverarbeitung.

Die Einsicht, die ihn veranlaßte, das Rechnergeschäft aufzugeben, hätte in den achtziger Jahren auf dem Gebiet der PC-Software zum Erfolg führen können, aber er erkannte nicht den nahenden Umschwung der Branche. Er entwickelte zwar hervorragende Software, aber nur für Wang-Textverarbeitungsmaschinen. Sie war zum Scheitern verurteilt, als universal einsetzbare Personalcomputer aufkamen, auf denen Textverarbeitungssoftware wie WordStar, WordPerfect und MultiMate liefen (letztere imitierte die Wang-Software). Hätte Wang die Bedeutung kompatibler Softwareanwendungen erkannt, gäbe es heute vielleicht Microsoft nicht. Ich wäre irgendwo als Mathematiker oder Anwalt tätig, und mein Ausflug in die Welt des Personalcomputers wäre bloß noch eine blasse Jugenderinnerung.

Auch IBM gehörte zu den bedeutenden Unternehmen, die es zu Beginn der PC-Revolution versäumten, sich technisch umzustellen. Der Unternehmenschef Thomas J. Watson war ein ungemütlicher Bursche, der aus dem Registrierkassenvertrieb kam. Watson war zwar nicht der Gründer von IBM, doch dank seines aggressiven Führungsstils wurde IBM Anfang der dreißiger Jahre zum Marktführer bei Buchhaltungsmaschinen.

Mitte der fünfziger Jahre stieg IBM bei Computern ein, als eines von zahlreichen Unternehmen, die auf diesem Gebiet um die Führung rangen. Bis 1964 hatten alle Computermodelle, auch solche vom selben Hersteller, eine unterschiedliche Architektur, und jedes benötigte ein eigenes Betriebssystem und eigene Anwendungssoftware (gelegentlich auch Disk-operating-System oder einfach DOS genannt). Ohne Betriebssystem ist mit einem Computer nichts anzufangen. Das Betriebssystem ist die Grundlage, auf der alle Softwareprogramme für besondere Anwendungen, wie Buchführung, Lohnabrechnung, Textverarbeitung oder E-Mail, aufbauen.

Die Architektur der Computer hing vom Preis ab: Es gab Modelle für die wissenschaftliche Forschung und andere für den Handel. Es bereitete, wie ich feststellte, als ich BASIC für verschiedene Personalcomputer schrieb, erhebliche Mühe, Software von einem Computermodell auf ein anderes zu übertragen, und zwar selbst dann, wenn die Software in einer gängigen Sprache wie COBOL oder FORTRAN verfaßt war.

Unter der Leitung des kleinen Tom, wie man Watsons Sohn und Nachfolger nannte, setzte die Firma fünf Milliarden Dollar für die neuartige Idee einer skalierbaren Architektur ein: Alle Computer der Familie System/360 sollten, unabhängig von ihrer Größe, auf denselben Befehlssatz hören. Modelle, die auf einer unterschiedlichen Technologie basierten – von den langsamsten bis zu den schnellsten –, konnten mit demselben Betriebssystem laufen. Die Kunden konnten Anwendungen und Peripheriegeräte wie Disketten, Bandlaufwerke und Drucker von dem einen Modell ungehindert an ein anderes anschließen. Die skalierbare Architektur stellte die ganze Branche völlig auf den Kopf.

System/360 war ein Riesenerfolg und machte IBM für die nächsten 30 Jahre zum absoluten Spitzenreiter bei den Mainframe-Computern. Die Kunden steckten viel Geld in den 360er, darauf vertrauend, daß ihre Festlegung auf die entsprechende Software und Ausbildung kein Mißgriff war. Wenn sie einen größeren Computer benötigten, konnten sie einen IBM bekommen, der mit demselben System lief und die gleiche Architektur hatte. 1977 führte auch DEC eine Palette von Geräten mit skalierbarer Architektur ein, den VAX. Die VAX-Computerfamilie reichte letztlich von Desktopsystemen bis zu Maschinenaggregaten von Mainframe-Format, und sie leistete für DEC, was das System/360 für IBM leistete. DEC wurde zum unangefochtenen Führer auf dem Minicomputermarkt.

Die skalierbare Architektur des IBM-Systems 360 und seines Nachfolgers, des Systems 370, zwang etliche Konkurrenten von IBM zur Aufgabe und schreckte potentielle Wettbewerber ab. 1970 gründete Eugene Amdahl, der zuvor bei IBM Chefingenieur gewesen war, ein Konkurrenzunternehmen. Die auf seinen Namen lautende Firma hatte ein neuartiges Unternehmensziel: Sie sollte Computer bauen, die mit der Software von IBM 360 vollkommen kompatibel waren. Amdahl lieferte Hardware, die nicht nur mit denselben Betriebssystemen und Anwendungen lief wie IBM, sondern dank technischer Neuerungen den preislich vergleichbaren IBM-Systemen überlegen war.

Bald boten auch Control Data, Hitachi und Intel Großrechner an, die mit IBM »steckerkompatibel« waren. Mitte der siebziger Jahre war unübersehbar, wie wichtig die Kompatibilität mit dem System 360 war: Erfolgreich waren nur jene Mainframe-Anbieter, deren Hardware mit IBM-Betriebssystemen lief.

Vor dem 360er und seinen »Klonen« sorgten die Hersteller absichtlich für Inkompatibilität ihrer Rechner mit den Geräten anderer Unternehmen, um für die Kunden den Wechsel zu anderen Marken möglichst schwierig und teuer zu machen. Hatte sich also ein Kunde für einen bestimmten Rechner entschieden, war er vom Angebot des Herstellers abhängig, weil ein Wechsel der Software zwar möglich, aber ungemein schwierig war. Amdahl und die anderen Hersteller IBM-kompatibler Geräte befreiten die Verbraucher aus dieser Zwangslage. Jetzt konnten sie sich für Systeme entscheiden, die ihnen die Wahl zwischen mehreren Hardware- und vielen Softwareanbietern ließen – eine Möglichkeit, von der sie weidlich Gebrauch machten. Die vom Markt durchgesetzte Kompatibilität erwies sich als wichtige Lehre für die Mainframe- und Minicomputerbranche, später auch für die PC-Industrie. Die Internetanbieter sollten diese Lehre ebenfalls beherzigen.

Während die Computerindustrie langsam begriff, welchen Stellenwert die Kompatibilität hat, war ich mit Lehren ganz anderer Art beschäftigt. Im Herbst 1973 hatte ich mich an der Harvard University eingeschrieben und Wirtschaftswissenschaft im Hauptfach studiert, bevor ich zur Mathematik wechselte. Zwar faszinierte mich das Fach, doch es war außerordentlich schwierig, etwas Neues in der Mathematik zu entdecken, und selbst wenn es gelungen wäre, so wären die Auswirkungen auf die Welt außerhalb der engen Fachzirkel eher bescheiden geblieben. Da fragte ich mich, ob ich die Mathematik wirklich zu meinem Lebensinhalt machen wollte. Ich dachte statt dessen an die Psychologie und erwog auch die Möglichkeit von Jura. Sorgen machte ich mir allerdings keine, sondern amüsierte mich.

Auf der Uni ist Angeben angesagt, und daß man cool war,

konnte man besonders dadurch beweisen, daß man das Studium nachlässig betrieb. Also habe ich im ersten Studienjahr bewußt die meisten Vorlesungen geschwänzt und erst am Ende fieberhaft gelernt. Man versuchte – und dieses Spiel spielten viele –, mit möglichst geringem Zeitaufwand möglichst gute Noten zu erreichen.

In der freien Zeit habe ich viel gepokert, was für mich eine besondere Attraktion hatte. Beim Pokern sammelt der Spieler kleine Informationsbrocken – zum Beispiel, wer kühn pokert, welche Karten auf dem Tisch sind, wie ein Typ gewöhnlich pokert und blufft – und kombiniert diese Informationen, um daraus einen Plan für sein eigenes Spiel abzuleiten. In dieser Art von Informationsverarbeitung wurde ich ziemlich gut. Etwa dreimal die Woche spielte ich. Meist nahmen noch ein halbes Dutzend anderer Studenten teil, und wir spielten bis tief in die Nacht – oder bis zum nächsten Morgen. Nicht selten habe ich an einem Abend 500 bis 600 Dollar gewonnen oder verloren. Mehr als einmal saß ich da und dachte: »Mann, acht Uhr morgens und du sitzt seit zwölf Stunden an diesem Pokertisch statt dich um deine Hausarbeit zu kümmern. Warum machst du das? 400 Dollar hast du verloren und fühlst dich beschissen. Aber wenn du noch ein gutes Spiel machst, sind es vielleicht nur 300 Dollar.« Nicht immer war es das reine Vergnügen.

Das strategische Denken, das ich beim Pokern lernte, und das Geld, das ich dabei gewann, halfen mir später, als ich ins Geschäft einstieg. Mit dem anderen Spiel, das ich spielte, nämlich Aufgaben hinauszuschieben, tat ich mir dagegen gar keinen Gefallen. Aber das wußte ich damals nicht. In meiner Angewohnheit, mir mit den Dingen Zeit zu lassen, wurde ich dadurch bestärkt, daß auch mein neuer Freund Steve Ballmer sie teilte. Er studierte im Hauptfach Mathematik, und ich lernte ihn im ersten Studienjahr kennen, als wir im selben Studentenheim wohnten, dem Currier House. Steve und ich hatten zwar eine ganz unterschiedliche Lebensweise, doch versuchten wir beide, mit möglichst geringem Zeitaufwand die besten Noten zu erzielen. Steve ist ein Mensch von unendlicher Energie, der rastlos aktiv ist. Seine Nebenbeschäftigungen verschlangen viel Zeit. Im zweiten Studienjahr war er bereits Manager des Footballteams, Werbeleiter der Hochschulzeitung *Harvard Crimson* und Herausgeber eines literarischen Magazins. Außerdem gehörte er einer Studentenverbindung an.

Wir gaben beide wenig auf unsere Vorlesungen und Kurse, um dann kurz vor einer Prüfung hastig die wichtigsten Bücher durchzuarbeiten. Einmal belegten wir zusammen einen schwierigen wirtschaftswissenschaftlichen Kurs für Fortgeschrittene: Economics 2010. Wenn man wollte, konnte man die Benotung ausschließlich vom Ergebnis der Abschlußprüfung abhängig machen. Also beschäftigten Steve und ich uns das ganze Semester über mit anderen Dingen und taten absolut nichts für den Kurs, bis die Prüfung in einer Woche anstand. Dann büffelten wir wie die Wahnsinnigen und bekamen beide eine Eins.

Nachdem Paul Allen und ich Microsoft gegründet hatten, merkte ich jedoch, daß diese Art von Verschleppungstaktik nicht die beste Vorbereitung für die Leitung eines Unternehmens gewesen war. Unter den ersten Kunden von Microsoft waren japanische Firmen, die so auf Pünktlichkeit achteten, daß sie, kaum hatten wir den Termin um eine Minute überschritten, einen Mann herüberschickten, der wie ein Babysitter auf uns aufzupassen hatte. Sie wußten, daß ihr Mann eigentlich nicht helfen konnte, aber er saß 18 Stunden täglich in unserem Büro, nur um uns zu zeigen, wie besorgt sie waren. Diese Kerle meinten es ernst! Sie fragten: »Wieso hat sich der Termin geändert? Nennen Sie uns den Grund. Wir werden dann die Ursache abstellen.« Ich erinnere mich noch an das peinliche Gefühl, wenn wir mit einem dieser Projekte im Verzug waren. Wir haben uns gebessert. Gelegentlich kommt es noch vor, daß wir mit Projekten beim Terminplan Probleme haben, aber dank dieser ängstlichen Babysitter von damals geschieht das heute viel seltener.

Microsoft startete 1975 in Albuquerque, Neu-Mexiko, weil dort der Sitz von MITS war. Das war die kleine Firma, deren Altair-8800-Computerbausatz auf dem Titelblatt von *Popular Electronics* abgebildet gewesen war. Wir arbeiteten mit ihr zusammen, weil sie die erste Firma war, die einen preiswerten Personalcomputer für das breite Publikum anbot.

Als Gegenleistung für unsere Software erhielten wir während unseres ersten Jahres in Albuquerque von MITS Lizenzgebühren und Büroräume.

Doch nachdem MITS von einem anderen Unternehmen übernommen worden war, stellte es die Zahlungen an uns ein. Ein Jahr lang hatten wir keine Einkünfte und waren praktisch pleite. Die Entscheidung eines Schiedsrichters, der in dem Streit vermitteln sollte, war seit vier Monaten überfällig, und wir hielten uns nur mühsam über Wasser. Während dieser Zeit holte ich mir bei meinem Vater juristischen Rat, und das half uns sehr. Ich hätte meinen Vater auch um Geld bitten können, aber das tat ich nicht. Netterweise stundete unser Anwalt uns sein Honorar, bis wir den Fall gewonnen hatten. Seither ist Microsoft immer flüssig gewesen. Ich habe nämlich eine eiserne Regel aufgestellt: Wir müssen stets über genügend *Barmittel* verfügen, um das Unternehmen mindestens ein Jahr weiterführen zu können, auch wenn niemand uns bezahlt. Dem MITS-Erlebnis, das uns mit einem Schlag aller Einkünfte beraubte, verdanke ich in finanziellen Dingen eine höchst konservative Einstellung, der ich bis auf den heutigen Tag treu geblieben bin.

Bis 1977 waren außerdem Apple, Commodore und Radio Shack in dieses Geschäft eingestiegen. Wir lieferten BASIC für die meisten der frühen Personalcomputer. Das war damals der entscheidende Softwarebaustein, weil die Benutzer keine fertigen Anwendungen kauften, sondern sie sich selbst in BASIC schrieben.

Am Anfang war es eine meiner zahlreichen Aufgaben, BASIC zu verkaufen. In den ersten drei Jahren erledigte ich, während die übrigen Profis bei Microsoft sich ausschließlich mit technischen Dingen befaßten, neben dem Schreiben von Software zum größten Teil den Vertrieb, die Finanzen und das Marketing. Ich war knapp 20, und das Verkaufen schreckte mich. Microsoft verfolgte die Strategie, Computerfirmen wie Radio Shack dazu zu bewegen, Lizenzen von uns zu erwerben, um den

Personalcomputern, die sie verkauften, unsere Software beizugeben und dafür eine Lizenzgebühr zu zahlen.

Nur wenige Monate, nachdem ich Harvard verlassen hatte, saß ich in Texas und versuchte, BASIC an Radio Shack zu verkaufen – für den Personalcomputer TRS-80 des Unternehmens. John Roach, damals Vizepräsident und heute Firmenchef, fragte mich, wieviel ich haben wollte.

»Fünfzigtausend Dollar«, sagte ich.

»Blödsinn!« erwiderte Roach.

Ich dachte nicht daran, klein beizugeben, und erklärte Roach, eines Tages würden Radio Shacks Kunden die Software als unentbehrlichen Bestandteil ihrer Personalcomputer betrachten. Roach war ein knallharter Verhandlungspartner, zahlte aber schließlich, was ich verlangte.

Jedesmal wenn es mir gelang, BASIC an ein Computerunternehmen zu verkaufen, bekam ich ein bißchen mehr Selbstvertrauen. Bei Texas Instruments fand ich, 100 000 Dollar seien ein angemessener Preis, fürchtete aber, die sechsstellige Zahl könnte die Leute von Texas Instruments abschrecken. Also machte ich es wie der Supermarkt an der Ecke. 99 000 Dollar lautete das Angebot. Sie schluckten es.

Das klingt vielleicht nach viel Geld, tatsächlich war es fast geschenkt. Die Gebühren, die wir erhoben, lagen weit unter den Kosten, die ein Unternehmen wie Radio Shack hätte aufwenden müssen, um eine eigene Programmsprache zu entwickeln. So machten die Computerhersteller ein gutes Geschäft. Fast alle übernahmen BASIC von uns.

Ein Grund dafür, daß wir lieber an Computerhersteller als an Endverbraucher verkauften, war die Softwarepiraterie. Wir wollten für unsere Arbeit bezahlt werden, und wenn die Unternehmen unsere Software im Paket mit ihren Rechnern verkauften, dann war unsere Lizenzgebühr im Kaufpreis inbegriffen. In den ersten Jahren, als wir Alteir-BASIC direkt an die Verbraucher verkauft haben, lagen unsere Verkaufszahlen viel niedriger als es eigentlich nach der weitverbreiteten Anwendung unserer Software zu erwarten gewesen wäre.

Ich veröffentlichte einen »Offenen Brief an die Hobbyprogrammierer«, in dem ich die ersten Benutzer von Personalcomputern aufforderte, nicht länger unsere Software zu stehlen; wenn sie das unterließen, würden wir Geld verdienen und könnten weitere Software erstellen. »Nichts wäre mir angenehmer, als zehn Programmierer einstellen und den Hobbymarkt mit guter Software überschwemmen zu können«, schrieb ich. Doch viele Computerfans ließen sich durch mein Argument nicht dazu bewegen, für unsere Arbeit etwas zu bezahlen, sie schätzten sie und benutzten sie offenbar gern, zogen es aber vor, sie untereinander »auszuborgen«.

Glücklicherweise haben die meisten Benutzer heute begriffen, daß Software urheberrechtlich geschützt ist. Ein größeres Problem ist die Softwarepiraterie noch in den internationalen Handelsbeziehungen, weil es einige Länder gibt, die noch kein Urheberrechtsgesetz haben – oder es nicht anwenden. Die USA fordern, daß einige Regierungen das Urheberrecht für Bücher, Filme, CDs und Software energischer durchsetzen. Je stärker wir in die globale Informationswirtschaft hineinwachsen, desto mehr Bedeutung wird diese Frage bekommen.

Unser Geschäft mit amerikanischen Hardwarefirmen lief sehr gut, doch machten wir 1979 fast die Hälfte unseres Umsatzes mit Japan, dank eines erstaunlichen Menschen namens Kazuhiko (Kay) Nishi. 1978 rief Kay mich an und stellte sich auf englisch vor. Er hatte von Microsoft gelesen und dachte, er könne mit uns ins Geschäft kommen. Wie sich herausstellte, gab es zwischen Kay und mir viele Gemeinsamkeiten. Wir waren zum Beispiel gleich alt, und auch er hatte sich wegen seiner Leidenschaft für Personalcomputer vom Studium beurlauben lassen.

Einige Monate später trafen wir uns auf einer Tagung in Anaheim, Kalifornien, und anschließend flog er mit mir nach Albuquerque, wo wir einen anderthalbseitigen Vertrag unterzeichneten, der ihm das Alleinvertriebsrecht für BASIC in Ostasien übertrug. Juristen waren nicht beteiligt, nur Kay und ich, verwandte Seelen. Wir machten mit diesem Vertrag Umsätze von über 150 Millionen Dollar, mehr als das Zehnfache dessen, was wir erwartet hatten.

Kay trat in der japanischen Geschäftswelt ebenso gewandt auf wie in der amerikanischen. Seine extravagante Art wirkte sich in Japan zu unseren Gunsten aus, denn sie verstärkte bei japanischen Geschäftsleuten den Eindruck, wir seien junge Genies. Als ich in Japan war, teilten wir uns das Hotelzimmer, und er bekam die ganze Nacht über Anrufe und verbuchte Aufträge in Millionenhöhe. Es war unglaublich. Einmal kam zwischen drei und fünf Uhr morgens kein Anruf, und als es um fünf dann doch noch klingelte, sagte Kay, während er zum Telefon griff: »Heute nacht läuft das Geschäft schleppend.« Sein Erfolg war schon sehr beeindruckend.

In den nächsten acht Jahren ließ Kay sich nicht eine Chance entgehen. 1981 saß er auf dem Flug von Seattle nach Tokio zufällig neben Kazuo Inamori, dem Präsidenten der Kyocera Corporation, die einen Jahresumsatz von 650 Millionen Dollar machte. Kay, der seine Firma ASCII in vertrauensvoller Abstimmung mit Microsoft führte, brachte Inamori auf eine neue Idee – einen kleinen Laptopcomputer mit eingebauter einfacher Software. Kay und ich entwarfen die Maschine. Microsoft war noch so klein, daß ich mich an der Softwareentwicklung beteiligen konnte. Die Maschine wurde 1983 von Radio Shack als Modell 100 für nur 799 Dollar auf den Markt gebracht. In Japan wurde sie als NEC PC-8200, in Europa als Olivetti M-10 verkauft. Es war, dank Kays Enthusiasmus, der erste erschwingliche Laptop, jahrelang der Liebling der Journalisten.

Als Kay 1986 beschloß, mit ASCII eine andere Richtung einzuschlagen, als ich sie für Microsoft vorgesehen hatte, errichtete Microsoft eine eigene Niederlassung in Japan. Kays Firma ist nach wie vor ein sehr wichtiger Softwarevertreiber auf dem japanischen Markt. Kay, mit dem ich eng befreundet bin, ist noch immer so extravagant und der Aufgabe verschrieben, den Personalcomputer zu einem Universalwerkzeug zu machen.

Die Tatsache, daß der PC-Markt ein globaler Markt ist, wird auch in der Entwicklung des Internets eine entscheidende Rolle spielen. Kooperationen zwischen amerikanischen, europäischen und japanischen Unternehmen werden für den PC in der Zukunft noch wichtiger sein als in der Vergangenheit. Länder und Firmen, die nicht global arbeiten, werden keine führende Rolle mehr spielen können.

Im Januar 1979 verlegte Microsoft seinen Sitz von Albuquerque in einen Vorort von Seattle, Washington. Paul und ich kehrten nach Hause zurück, und von dem Dutzend Angestellten, die wir hatten, gingen fast alle mit. Die PC-Produktion kam in Schwung, und wir konzentrierten uns darauf, Programmiersprachen für die Vielzahl der Maschinen zu schreiben, die auf den Markt kamen. Man kam mit allen möglichen interessanten Projekten zu uns, aus denen etwas Großes zu werden versprach. Die Nachfrage nach den Diensten von Microsoft überstieg unsere Liefermöglichkeiten.

Ich brauchte Hilfe für die Geschäftsleitung und wandte mich an Steve Ballmer, meinen alten Freund aus dem Harvard-Kurs Economics 2010. Steve hatte nach dem Studium bei Procter & Gamble in Cincinnati angefangen, wo es zu seinen Aufgaben gehörte, kleine Lebensmittelgeschäfte in New Jersey zu besuchen. Nach einigen Jahren beschloß er, an der Stanford Business School weiterzustudieren. Als ich ihn anrief, hatte er erst ein Jahr hinter sich, und er wollte fertigstudieren. Als ich ihm dann aber anbot, Miteigentümer bei Microsoft zu werden, wurde aus ihm ein weiterer Student, der auf unbestimmte Zeit beurlaubt ist. Miteigentum durch die Aktienbezugsrechte, die Microsoft der Mehrheit seiner Angestellten angeboten hat, hat sich als so bedeutsam und erfolgreich erwiesen, wie es niemand hätte vorhersehen können. Den Mitarbeitern sind buchstäblich Milliardenwerte zugewachsen. Die weithin mit Begeisterung aufgenommene Praxis, den Mitarbeitern Bezugsrechte zu gewähren, ist einer der Vorzüge der Vereinigten Staaten, und er wird es ihnen erlauben, im Vertrauen auf die Chancen, die die kommende Ära mit sich bringen wird, eine überdurchschnittlich hohe Zahl von erfolgversprechenden Neugründungen zu finanzieren.

Steve war kaum drei Wochen bei Microsoft, als wir unseren ersten Streit hatten, was sonst sehr selten vorkommt. Microsoft hatte damals rund 30 Angestellte, und Steve war zu dem Schluß gekommen, daß wir unverzüglich 50 weitere einstellen mußten.

»Auf keinen Fall«, sagte ich. Viele unserer ersten Kunden hatten Bankrott gemacht, und meine naheliegende Befürchtung, in einer Aufschwungphase pleite zu gehen, hatte mich in finanzieller Hinsicht äußerst vorsichtig werden lassen. Ich wollte, daß Microsoft schlank und hungrig blieb. Doch da Steve sich nicht umstimmen ließ, gab ich schließlich nach. »Fang du nur an, gute Leute einzustellen«, sagte ich. »Wenn es mehr werden, als wir uns leisten können, sage ich dir Bescheid.« Das war nicht nötig, weil unsere Einnahmen genauso schnell wuchsen, wie Steve gute Leute finden konnte.

Meine größte Befürchtung in den ersten Jahren war, daß eine andere Firma aufkreuzen und uns den Markt wegschnappen könnte. Speziell machten mir einige kleinere Firmen Sorge, die Mikroprozessorchips beziehungsweise Software herstellten, aber zum Glück beurteilte keine den Softwaremarkt genauso wie ich.

Außerdem bestand immer noch die Gefahr, daß einer der großen Computerhersteller die Software seiner größeren Maschinen an die kleinen Computer auf Mikroprozessorbasis anpassen würde. IBM und DEC hatten Bibliotheken mit leistungsfähiger Software. Doch Microsoft hatte auch in dieser Hinsicht Glück, denn die großen Akteure dachten nicht daran, die Architektur und Software ihrer Computer in der PC-Produktion anzuwenden. Nur einmal, im Jahr 1979, hätte es fast ins Auge gehen können, als DEC die Architektur seines PDP-11-Minicomputers in einem von HeathKit vermarkteten PC-Bausatz anbot, doch war DEC nicht restlos von der Zukunft des Personalcomputers überzeugt und warb nicht genug für das Produkt.

Das Ziel von Microsoft war, die Software für die meisten Personalcomputer zu schreiben und zu liefern, ohne sich direkt in der Herstellung und im Verkauf von Computerhardware zu engagieren. Microsoft gab die Software zu extrem niedrigen Lizenzgebühren ab. Wir waren überzeugt, daß die Masse das Geld bringen würde. Wir paßten unsere Programmiersprachen, zum Beispiel unsere BASIC-Version, den einzelnen Maschinen an. Wir gingen auf alle Forderungen der Hardwarehersteller ein. Wir wollten erreichen, daß man, wenn es um die Wahl der Software ging, ohne lange zu überlegen an Microsoft dachte.

Unsere Strategie schlug ein. Praktisch alle PC-Hersteller nahmen eine Programmiersprache von uns unter Lizenz. Selbst wenn die Maschinen zweier Hersteller sich in der Hardware unterschieden, bedeutete die Tatsache, daß beide mit Microsoft-BASIC liefen, daß sie doch einigermaßen kompatibel waren. Diese Kompatibilität wurde zu einem wichtigen Bestandteil dessen, was die Leute mit ihrem Computer kauften. Viele Hersteller warben damit, daß Microsoft-Programmiersprachen, darunter BASIC, für ihre Computer zur Verfügung standen.

Im Lauf der Zeit wurde Microsoft-BASIC in Sachen Software zum Industriestandard.

Es gibt Technologien, deren Wert nicht davon abhängt, daß sie allgemeine Anerkennung finden. Eine wunderbare antihaftbeschichtete Bratpfanne ist auch dann wertvoll, wenn Sie der einzige bleiben, der je eine gekauft hat. Wenn es jedoch um Kommunikation und andere Produkte geht, die auf Zusammenarbeit angelegt sind, hängt der Wert des Produkts sehr wohl von seiner weiten Verbreitung ab. Wenn Sie die Wahl haben zwischen einem schönen, handgefertigten Briefkasten, in den nur Briefe von einer bestimmten Größe passen, und einem alten Karton, in den jeder routinemäßig sämtliche Briefe und Nachrichten für Sie einwirft, werden Sie sich für den breiteren Zugang entscheiden. Sie werden die Kompatibilität vorziehen.

In manchen Bereichen werden zur Förderung der Kompatibilität Normen oder Standards von Regierungen und Kommissionen festgelegt. Dies sind De-jure-Standards, die Gesetzeskraft haben. Viele der erfolgreichsten Standards sind jedoch De-facto-Standards, die der Markt herausfindet. Bei den meisten analogen Uhren laufen die Zeiger im Uhrzeigersinn. Bei englischen Schreibmaschinen- und Computertastaturen sind die Tasten der oberen Buchstabenreihe so angeordnet, daß sich von links nach rechts die Folge QWERTY ergibt. Das ist in keinem Gesetz festgelegt. Es funktioniert einfach, und die meisten Kunden werden bei diesen Standards bleiben, solange nichts entscheidend Besseres auftaucht.

Daß De-facto-Standards nicht gesetzlich, sondern vom Markt festgelegt werden, bedeutet, daß es gute Gründe für sie geben muß und daß sie ersetzt werden, wenn etwas auftaucht, das wirklich besser ist – so hat die Compact Disc die alte Vinylschallplatte fast völlig verdrängt.

Auf dem Markt entwickeln sich De-facto-Standards oft durch einen ökonomischen Mechanismus, der sehr an die positive Spirale erinnert, die erfolgreiche Unternehmen vorantreibt: Erfolg verstärkt den Erfolg. Ein De-facto-Standard bildet sich heraus, wenn in einem expandierenden Markt eine bestimmte Verfahrensweise einen gewissen Vorteil gegenüber alternativen Verfahrensweisen hat.

Am ehesten passiert das bei High-Tech-Produkten, die bei geringem Mehraufwand in großen Mengen hergestellt werden können und deren Wert teilweise auf ihrer Kompatibilität beruht. Ein Beispiel dafür ist ein Heim-Videospiel-System. Dabei handelt es sich um einen Computer, der einem besonderen Zweck dient und mit einem speziellen Betriebssystem arbeitet, das die Plattform für die Software des Spiels bildet. Auf Kompatibilität kommt es deshalb an, weil die Maschine für den Verbraucher um so wertvoller wird, je mehr Anwendungen – in diesem Fall Spiele – zur Verfügung stehen. Und je mehr Maschinen die Verbraucher kaufen, desto mehr Anwendungen werden von den Softwareentwicklern bereitgestellt. Sobald eine Maschine eine gewisse Popularität erreicht hat, setzt ein positiver Rückkopplungseffekt ein, und der Absatz steigt weiter an.

Das wohl berühmteste Beispiel für die Wirkung der positiven Rückkopplung war die Schlacht um das Format von Videorecordern, die Ende der siebziger und Anfang der achtziger Jahre ausgefochten wurde. Ein hartnäckiger Mythos behauptet, das VHS-Format habe sich nur dank positiver Rückkopplung gegen

Beta durchgesetzt, obwohl Beta, technisch gesehen, besser war. Tatsächlich war die Aufzeichnungskapazität von Beta-Bändern auf eine Stunde beschränkt – nicht genug für einen ganzen Film oder ein Footballspiel –, während mit VHS-Bändern bis zu drei Stunden aufgezeichnet werden konnten. Den Verbrauchern ist die Aufnahmekapazität wichtiger als ein paar technische Feinheiten. Das VHS-Format erlangte einen kleinen Vorsprung vor dem Beta-Format, das Sony in seinem Betamax-Gerät benutzte. JVC, das den VHS-Standard entwickelt hatte, erlaubte anderen Videoherstellern, gegen eine sehr geringe Lizenzgebühr den VHS-Standard zu benutzen. In dem Maße, wie die VHS-kompatiblen Geräte sich ausbreiteten, wurden von den Videoverleihern mehr VHS- als Beta-Bänder auf Lager genommen. Dadurch fand der Besitzer eines VHS-Geräts im Videoverleih einen gewünschten Film eher als der Besitzer eines Beta-Geräts, was den VHS-Geräten einen sehr viel größeren Nutzwert verlieh und noch mehr Käufer veranlaßte, sich ein VHS-Gerät anzuschaffen. Das war für die Videoverleiher ein zusätzlicher Anstoß, VHS-Videos ins Sortiment zu nehmen. Beta verlor, weil die Leute VHS bevorzugten, in dem Glauben, es sei ein bleibender Standard. VHS kam in den Genuß eines positiven Rückkopplungseffekts. Erfolg erzeugt Erfolg.

Solange das Duell zwischen dem Betamax- und dem VHS-Format unentschieden war, lief der Verkauf von bespielten Videokassetten an amerikanische Videoverleiher sehr flau, nur ein paar Millionen Kassetten pro Jahr. Nachdem sich um 1983 VHS als scheinbarer Standard durchgesetzt hatte, wurde eine Akzeptanzschwelle überschritten, und nach dem Verkauf von Bändern zu schließen, stieg auch die Verwendung der Recorder steil an. 1983 wurden über 9,5 Millionen Bänder verkauft, über 50 Prozent mehr als im Vorjahr. 1984 stieg die Zahl der verkauften Bänder auf 22 Millionen, in den folgenden Jahren auf 52 Millionen, 84 Millionen und 1987 schließlich auf 110 Millionen; das Ausleihen von Filmen war inzwischen eine der beliebtesten Formen der häuslichen Unterhaltung geworden, und der VHS-Maschine begegnete man überall.

An diesem Beispiel zeigt sich, daß eine quantitative Änderung des Akzeptanzniveaus einer neuen Technologie zu einer qualitativen Änderung in der Rolle dieser Technologie führen kann. Ein weiteres Beispiel liefert das Fernsehen. 1946 wurden in den USA 10 000 Fernsehgeräte verkauft, im folgenden Jahr nur 16 000. Dann aber wurde eine Schwelle überschritten, und 1948 stieg die Verkaufszahl auf 190 000. In den folgenden Jahren wuchs sie auf eine, dann vier, dann zehn und 1955 auf 32 Millionen. Als mehr Geräte verkauft wurden, wurde auch mehr Geld in TV-Programme investiert, und das war wiederum ein Anreiz, Fernsehgeräte zu kaufen.

In den ersten Jahren nach der Einführung der Audio Compact Disc lief der Absatz von CD-Playern und CDs nicht sonderlich gut, auch weil sich nur schwer Musikläden fanden, die viele Titel führten. Dann auf einmal wurden genügend Player verkauft, es standen Titel zur Verfügung, und eine Akzeptanzschwelle wurde überschritten. Es wurden mehr Player verkauft, weil mehr Titel angeboten wurden, und die Plattenfirmen machten mehr Titel auf CD zugänglich. Musikliebhaber bevorzugten die neue Klangqualität und die bequeme Handhabung der CD, die zum De-facto-Standard wurde und die Langspielplatte aus den Plattenläden vertrieb.

Die Computerindustrie lernte eine wichtige Lektion: Der Wert eines Computers für seinen Benutzer hängt weitgehend von der Qualität und Vielfalt der für den Computer verfügbaren Anwendungssoftware ab. Wir alle in der Branche haben diese Lektion gelernt – einige von uns gern, andere widerstrebend.

Im Sommer 1980 kamen zwei Unterhändler von IBM zu Microsoft, um über einen Personalcomputer zu diskutieren, den sie vielleicht bauen würden, vielleicht auch nicht.

Im Hardwarebereich hatte IBM damals eine unangefochtene Position mit einem Marktanteil von über 80 Prozent bei den großen Computern. Bei den kleinen Computern sah der Erfolg eher mager aus. IBM war es gewohnt, große, teure Maschinen an große Kunden zu verkaufen. Das Management glaubte, daß IBM mit seinen 340 000 Angestellten auf Hilfe von außen angewiesen war, wenn die Firma in absehbarer Zeit kleine, erschwingliche Maschinen an Privatpersonen wie an Firmen verkaufen wollte.

IBM wollte seinen Personalcomputer in weniger als einem Jahr auf den Markt bringen. Um diesen Termin einzuhalten, mußte die Firma ihre bisherige Haltung aufgeben, die ganze Hard- und Software selbst zu machen. Ihr PC sollte überwiegend aus Standardkomponenten gebaut werden, die sich jeder kaufen konnte. Er stellte also eine grundsätzlich offene Plattform dar, die leicht zu kopieren war.

Obwohl IBM die Mikroprozessoren in den eigenen Produkten gewöhnlich selbst herstellte, sollte der Mikroprozessor für den PC von Intel kommen. Was für Microsoft das Wichtigste war: IBM beschloß, das Betriebssystem von uns in Lizenz zu nehmen, statt selbst für die Software zu sorgen.

Wir setzten uns mit den IBM-Konstrukteuren zusammen und schlugen vor, daß sie einen der ersten Personalcomputer bauen sollten, der einen 16-Bit-Mikroprozessor benutzt, den 8088. Mit dem Übergang von 8 zu 16 Bits würde der PC von einem Spielzeug für Computerfans zu einem seriösen Gerät für den Büroalltag werden. Die Computer der 16-Bit-Generation konnten bis zu einem ganzen Megabyte Arbeitsspeicher ansprechen – 256mal soviel wie ein 8-Bit-Computer. Dieser Vorteil blieb aber zunächst Theorie, weil IBM anfangs vorhatte, nur 16K Speicher anzubieten, 1/64 der möglichen Speicherkapazität. Der Vorteil des Übergangs zu 16 Bit wurde weiter eingeschränkt durch die Entscheidung von IBM, einen Chip einzusetzen, der für die Verbindungen mit den übrigen Komponenten lediglich 8 Bits nutzte. Das hieß, daß der Chip sehr viel schneller denken als kommunizieren konnte.

Mit seinem Ruf und der Entscheidung, eine offene Architektur zu verwenden, hatte IBM eine echte Chance, einen neuen allgemeinen Standard für Personalcomputer zu schaffen. Und da wollten wir dabeisein. Deshalb nahmen wir den Auftrag an, das Betriebssystem zu schreiben. Wir kauften Software von einer anderen, in Seattle ansässigen Firma und gewannen deren

*Der IBM-Personalcomputer (1981)*

Chefingenieur, Tim Paterson, für uns. Mit vielen Modifikationen wurde aus dem System schließlich das Microsoft Disk-operating-System, kurz MS-DOS. Tim wurde praktisch der Vater von MS-DOS.

IBM, unser erster Lizenznehmer, nannte das System PC-DOS; PC stand für Personalcomputer. Der IBM-PC kam im August 1981 auf den Markt und war ein Riesenerfolg. Die Firma vermarktete ihn gut und bürgerte den Ausdruck »PC« ein. Die Idee zu dem Projekt kam von Bill Lowe, und Don Estridge überwachte seine Durchführung. Es spricht für die Tüchtigkeit der beteiligten IBM-Leute, daß es ihnen in weniger als einem Jahr gelang, ihren Personalcomputer von der Idee bis zur Markteinführung zu bringen.

Heute wissen nur noch wenige, daß der erste IBM-PC mit einer Auswahl von drei Betriebssystemen auf den Markt kam: unserem PC-DOS, CP/M-86 und dem UCSD Pascal P-System. Uns war klar, daß nur eines sich durchsetzen und zum Standard werden konnte. Wir wollten, daß dieselben Kräfte, die VHS-Kassetten in jeden Videoladen brachten, auch MS-DOS zum Standard beförderten. Es gab für uns drei Wege, MS-DOS an die Spitze zu bringen. Der erste war, MS-DOS zum besten Produkt zu machen. Der zweite war, anderen Softwarefirmen zu helfen, Software auf MS-DOS-Basis zu schreiben. Der dritte war, MS-DOS preisgünstig anzubieten.

Wir schlugen IBM ein sagenhaftes Geschäft vor: Für die einmalige Zahlung von etwa 80 000 Dollar erhielt das Unternehmen das Recht, Microsofts Betriebssystem gebührenfrei und zeitlich unbegrenzt zu nutzen. Mit anderen Worten, wir haben IBM die Software praktisch geschenkt. Software zu verschenken, um sich eine strategische Marktposition zu sichern, ist in der Branche seither zu einer gängigen Marketingtechnik geworden, war damals aber höchst ungewöhnlich. Das war für IBM ein Anreiz, MS-DOS massenhaft anzubieten und preisgünstig zu verkaufen. Unsere Strategie schlug ein. IBM verkaufte das UCSD Pascal P-System für rund 450 Dollar, CP/M-86 für rund 175 Dollar und MS-DOS für rund 60 Dollar.

Unser Ziel war, nicht direkt an IBM zu verdienen, sondern davon zu profitieren, daß wir MS-DOS in Lizenz an andere Computerfirmen vergaben, die Maschinen anbieten wollten, die mit dem IBM-PC mehr oder weniger kompatibel waren. IBM konnte unsere Software umsonst nutzen, hatte aber keine ausschließliche Lizenz und keinen Einfluß auf künftige Versionen. Damit wurde Microsoft der Lizenzgeber für eine Softwareplattform für die PC-Industrie. Schließlich gab IBM die Betriebssysteme UCSD Pascal P-System und CP/M-86 einschließlich ihrer verbesserten Versionen auf.

Die Verbraucher kauften den IBM-PC voller Zuversicht, und 1982 brachten die Softwareentwickler nach und nach Anwendungen heraus, die auf ihm liefen. Jeder neue Kunde und jede neue Anwendung stärkten die Position des IBM-PC als potentieller Industriestandard. Schon bald wurden die neuesten und besten Programme, etwa die bahnbrechende Tabellenkalkulation Lotus 1-2-3, überwiegend für ihn geschrieben. Die eigentlichen Erfinder der elektronischen Tabellenkalkulation, Dan

Bricklin und Bob Frankston, verdienen höchste Anerkennung für ihr Programm VisiCalc. Doch 1-2-3 machte es überflüssig, weil es alles leistete, was VisiCal vermochte, und außerdem überzeugende neue Funktionen besaß, die sich die Vorzüge des IBM-PC zunutze machten. Mitch Kapor, der 1-2-3 gemeinsam mit Jonathan Sachs entwickelt hat, ist ein faszinierender Mensch, dessen ungewöhnliche berufliche Laufbahn – er war Diskjockey und Lehrer für transzendentale Meditation – typisch ist für die besten Softwaredesigner.

Der PC-Markt geriet in den Sog eines positiven Rückkopplungseffekts. Nachdem der einmal eingesetzt hatte, erschienen Tausende von Softwareanwendungen, und unzählige Firmen produzierten Steckkarten, die die Hardwaremöglichkeiten des PC erweiterten. Die Verfügbarkeit von Software- und Hardwareerweiterungen wiederum ließ die Verkaufszahlen des PC weit stärker in die Höhe schnellen, als IBM erwartet hatte. Der positive Rückkopplungseffekt brachte IBM Milliardenerträge. Jahrelang kam über die Hälfte aller kommerziell genutzten Personalcomputer von IBM, und der Rest waren überwiegend IBM-kompatible Maschinen.

Der IBM-Standard wurde zur Norm, die von allen nachgeahmt wurde. Das lag vor allem am Timing und an der Verwendung eines 16-Bit-Prozessors. Richtiges Timing und Marketing sind entscheidend für die Akzeptanz von technischen Produkten. Der PC war einfach eine gute Maschine, doch den Standard hätte ebensogut jede andere Firma setzen können, wenn sie genügend erwünschte Anwendungen bereitgestellt und genügend Maschinen verkauft hätte.

Die grundsätzliche Entscheidung von IBM, den PC aus bereits vorhandenen Elementen zu bauen, um ihn schnell herauszubringen, machte es anderen Firmen sehr leicht, kompatible Maschinen zu bauen. Die Architektur konnte man kaufen. Die Mikroprozessoren von Intel und das Betriebssystem von Microsoft konnte jeder erwerben. Diese Offenheit war für Komponentenbauer, Softwareentwickler und andere in der Branche ein mächtiger Anreiz zur Nachahmung.

Innerhalb von drei Jahren waren fast alle konkurrierenden Standards für Personalcomputer verschwunden. Die einzigen Ausnahmen waren der Apple II und der Macintosh von Apple. Hewlett-Packard, DEC, Texas Instruments und Xerox erlitten trotz ihrer guten technischen Fundamente, ihres Rufs und ihres Kundenstamms in den frühen achtziger Jahren Schiffbruch auf dem PC-Markt, weil ihre Maschinen nicht kompatibel waren und gegenüber der IBM-Architektur keine hinreichenden Verbesserungen boten. Viele neugegründete Firmen, darunter Eagle und Northstar, boten Maschinen an, die ein bißchen besser und anders waren als der IBM-PC. Sie alle gingen schließlich dazu über, kompatible Hardware zu bauen, oder scheiterten. Der IBM-PC wurde zum Hardwarestandard. Mitte der achtziger Jahre gab es schon Dutzende von IBM-kompatiblen PCs. Vielleicht haben die PC-Käufer es nicht ausdrücklich gesagt, aber was sie suchten, war die Hardware, auf der die meiste Software lief, und was sie wollten, war dasselbe System, das die Leute hatten, die sie kannten und mit denen sie arbeiteten.

Einige Beobachter der Szene behaupten gern, IBM habe einen Fehler gemacht, als es bei der Entwicklung seines PC mit Intel und Microsoft zusammengearbeitet hat. IBM hätte besser bei einer nicht übertragbaren, firmeneigenen Architektur bleiben sollen, und IBM sei von Intel und Microsoft irgendwie übervorteilt worden. Das ist aber gar nicht der springende Punkt. IBM wurde gerade deshalb zur maßgebenden Kraft in der PC-Branche, weil es unglaublich viele innovative Talente und unternehmerische Energien bündeln und für die Förderung seiner offenen Architektur einspannen konnte. IBM setzte die Standards.

Im Mainframe-Geschäft war IBM unbestritten führend, und den Umsatzzahlen sowie den hohen Aufwendungen für Forschung und Entwicklung hatten Konkurrenten kaum etwas entgegenzusetzen. Wenn einer sich anschickte, IBM die Führung streitig zu machen, konnte IBM seine Stärken ausspielen und dem Konkurrenten das Leben sehr schwer machen. In der wandelbaren Welt des Personalcomputers hatte IBM dagegen eher die Position des Marathonläufers, der gerade das Feld anführt.

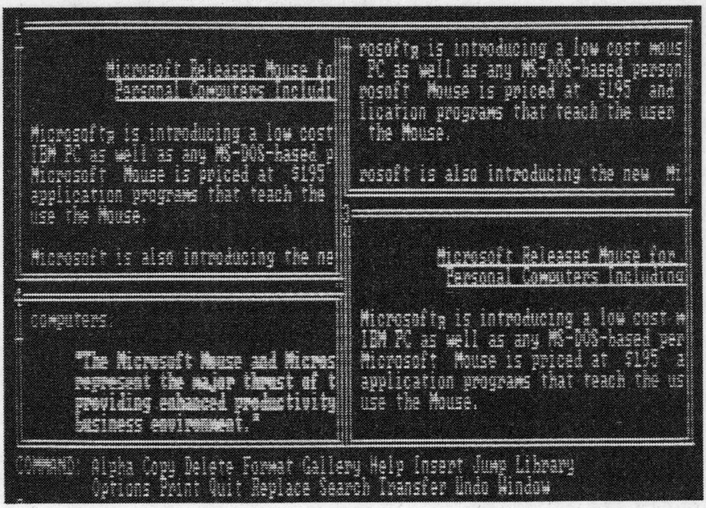


*Textorientierte Benutzeroberfläche einer frühen PC-Textverarbeitung (1984)*

Solange er genauso schnell oder schneller läuft als die anderen, behält er die Führung, und die Konkurrenten müssen sich Mühe geben, ihn einzuholen. Wenn er aber nachläßt oder sich nicht mehr anstrengt, wird er von den anderen überholt. Das mußte IBM bald erfahren.

Um 1983 überlegte ich mir, daß wir als nächsten Schritt ein grafisches Betriebssystem entwickeln sollten. Ich war überzeugt, daß wir unsere Position in der ersten Reihe der Softwarebranche verlieren würden, wenn wir an MS-DOS festhielten, weil MS-DOS auf Tastatureingaben basierte: Der Benutzer mußte oft kaum verständliche Befehle eintippen, die dann auf dem Monitor erschienen. MS-DOS bot dem Benutzer, da es keine grafischen Möglichkeiten, also Bilder oder andere optische Elemente, hatte, keine Hilfe im Umgang mit den Anwendungen. Die Zukunft gehörte nach meiner Ansicht der grafischen Oberfläche, und Microsoft mußte über MS-DOS hinausgehen und einen neuen Standard setzen, der Bilder und

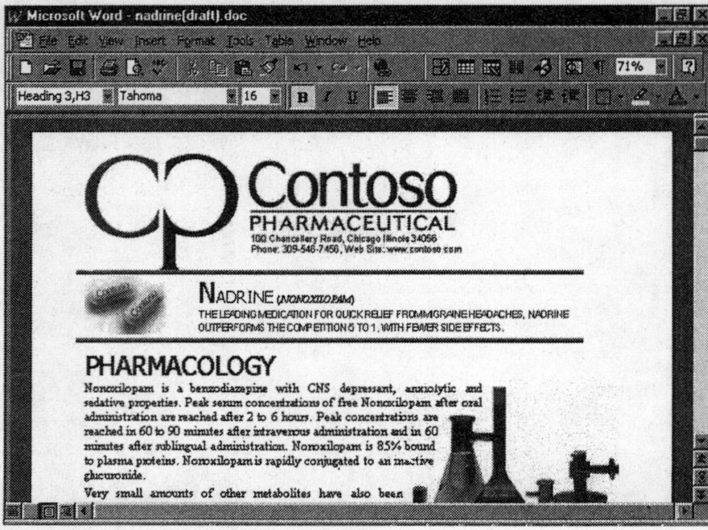


*Graphische Benutzeroberfläche einer modernen Textverarbeitung (1996)*

Schriftzeichen in einer leichter zu bedienenden Oberfläche zusammenfaßte. Damit unsere Vision Wirklichkeit werden konnte, mußte der Umgang mit dem PC erleichtert werden, nicht nur um den schon vorhandenen Benutzern zu helfen, sondern auch, um neue Kunden zu gewinnen, die nicht bereit waren, den Umgang mit einer komplizierten Schnittstelle umständlich zu erlernen.

Um den Unterschied zwischen einem tastaturgestützten und einem grafischen Computerprogramm zu verdeutlichen, stellen Sie sich bitte vor, Sie spielten am Computerbildschirm ein Brettspiel wie Schach, Dame, Go oder Monopoly. Bei einem tastaturgestützten System tippen Sie Ihre Züge über die Tastatur ein. Sie schreiben »Verschiebe die Figur auf Feld 11 nach Feld 19« oder, etwas kryptischer, »Bauer nach QB3«. In einem grafischen Computersystem sehen Sie das Brett dagegen auf dem Bildschirm. Sie verschieben die Figuren, indem Sie darauf zeigen und sie an die gewünschte Stelle ziehen.

Forscher im mittlerweile berühmten Palo Alto Research Center von Xerox erkundeten neue Möglichkeiten der Interaktion zwischen Mensch und Computer. Sie zeigten, daß ein Computer einfacher zu steuern war, wenn man auf Dinge auf dem Bildschirm zeigen und Bilder sehen konnte. Sie benutzten dazu ein Zeigegerät namens »Maus«, mit dem man, wenn man es auf dem Tisch verschob, einen Zeiger auf dem Bildschirm bewegen konnte. Xerox tat sich mit der kommerziellen Nutzung dieser bahnbrechenden Idee schwer, weil ihre Maschinen teuer waren und nicht mit gängigen Mikroprozessoren arbeiteten. Für viele Firmen ist es immer noch ein großes Problem, phantastische Forschungsergebnisse in Produkte umzusetzen, die sich auch verkaufen lassen.

1983 gab Microsoft sein Vorhaben bekannt, den IBM-PC mit einer grafischen Oberfläche namens Windows auszustatten. Wir wollten eine Software zur Erweiterung von MS-DOS kreieren. Der Bildschirm sollte grafische Symbole zeigen und verschiedene »Fenster« bereitstellen, von denen jedes ein anderes Computerprogramm startete. Von den damals auf dem Markt befindlichen Computern hatten zwei grafische Fähigkeiten: der Xerox Star und der Apple Lisa. Beide waren teuer, in ihrer Fähigkeit begrenzt und beruhten auf einer Architektur, die auf diese Maschinen beschränkt war. Andere Hardwarefirmen konnten die Betriebssysteme nicht in Lizenz übernehmen, um kompatible Maschinen zu bauen, und keiner der beiden Computer erschien den Softwarefirmen so verlockend, um Anwendungen dafür zu entwickeln. Microsoft dagegen wollte einen offenen Standard schaffen und jeden Computer, der mit MS-DOS lief, mit grafischen Fähigkeiten ausstatten.

Die erste grafische Plattform, die breiten Anklang fand, kam 1984 auf den Markt, als Apple seinen Macintosh herausbrachte. Das nicht übertragbare Betriebssystem des Macintosh versteckte sich völlig hinter einer grafischen Oberfläche, und es war ein Riesenerfolg. Die Hardware und die Betriebssystemsoftware, die Apple zunächst entwickelt hatte, waren ziemlich begrenzt, zeigten aber eindringlich, was man mit einer grafischen Ober-

*Der Apple-Macintosh (1984)*

fläche machen konnte. Diese Möglichkeiten wurden realisiert, als Hard- und Software besser wurden.

Wir haben während der Entwicklung des Macintosh eng mit Apple zusammengearbeitet. Microsoft hatte durchaus ein Interesse daran, daß sich der Macintosh gut verkaufte und allgemein durchsetzte, nicht nur, weil wir viel investiert hatten, um Anwendungen für ihn zu entwickeln, sondern auch, weil wir wollten, daß die Verbraucher die grafische Benutzeroberfläche akzeptierten. Steve Jobs leitete das Macintosh-Team. Es war die reine Freude, mit ihm zu arbeiten. Steve hat eine phantastische Intuition, was Technik und Architektur angeht, und seine Fähigkeit, Leute zu motivieren, ist einsame Spitze.

Für die Entwicklung grafischer Computerprogramme brauchte man eine Menge Phantasie. Wie sollte so was überhaupt aussehen? Wie sollte es sich verhalten? Die Ideen stammten teils von uns selbst, einiges übernahmen wir auch von Xerox. Zunächst probierten wir alle Möglichkeiten durch. Wir ließen fast keine Schriftart, fast kein Icon aus. Dann sortierten wir alles aus, was unübersichtlich war, und gingen zu einfacheren Menüs über. Wir kreierten ein Programm zur Textverarbeitung,

Microsoft Word, und ein Programm zur Tabellenkalkulation, Microsoft Excel, für den Macintosh. Das waren die ersten grafischen Produkte von Microsoft, und die Erkenntnisse, die wir bei ihrer Entwicklung gewannen, hatten unschätzbaren Wert für uns und viele andere Firmen, die daran interessiert waren, Anwendungen für den Macintosh und Windows zu schreiben.

Der Macintosh hatte eine großartige Systemsoftware, aber Apple ließ es (bis 1995) nicht zu, daß jemand anderer Computer baute, auf dem sie laufen würde. Das war das traditionelle Denken einer Hardwarefirma: Wenn man die Software wollte, mußte man einen Apple-Computer kaufen.

Die Trennung zwischen Hardware und Software war ein großes Problem in der Zusammenarbeit zwischen IBM und Microsoft bei der Entwicklung von OS/2. Die Trennung zwischen Hardware und Softwarestandards ist bis heute problematisch. Manche Firmen ziehen eine klare Trennungslinie zwischen Hardware und Software, andere nicht. Softwarestandards schaffen gleiche Voraussetzungen für Hardwareanbieter, doch viele Hersteller verknüpfen ihre Hardware mit ihrer Software, um die Austauschbarkeit ihrer Systeme zu verhindern. Auch im Internet zeichnen sich diese unterschiedlichen Marktstrategien bereits wieder ab.

In den achtziger Jahren war IBM nach allen Maßstäben, die der Kapitalismus kennt, ehrfurchtgebietend. 1984 verdiente die Firma mehr, als eine Firma jemals in einem einzigen Jahr verdient hat: Der Rekordgewinn von IBM betrug damals 6,6 Milliarden Dollar. In diesem Spitzenjahr führte IBM seinen Personalcomputer der zweiten Generation ein, eine sehr leistungsfähige Maschine namens PC/AT, in der der Mikroprozessor 80286 von Intel steckte (der »286er«). Er war dreimal so schnell wie der erste IBM-PC. Der AT war ein großer Erfolg und erzielte innerhalb eines Jahres einen Anteil von über 70 Prozent an allen PCs, die von Unternehmen gekauft wurden.

IBM hatte bei der Markteinführung des ersten PC nicht damit gerechnet, daß die Maschine den Absatz der großen IBM-Systeme beeinträchtigen würde, obwohl ein erheblicher Anteil der verkauften PCs an die alten Kunden ging. Die Unternehmensleitung dachte, die kleineren Maschinen würden ihren Platz am unteren Ende des Marktes finden. Damit die PCs, als sie leistungsfähiger wurden, nicht den größeren Systemen aus dem eigenen Haus das Wasser abgruben, hielt IBM sich mit der PC-Entwicklung zurück.

Im Großrechnergeschäft hatte IBM immer die neuen Standards bestimmen können. Wenn eine neue Hardwarelinie herauskam, drückte die Firma das Preis-Leistungs-Verhältnis, um nicht den Absatz von teureren Produkten aus dem eigenen Hause zu gefährden. Wenn sie zur Übernahme neuer Versionen ihrer Betriebssysteme ermutigen wollte, brachte die Firma Hardware auf den Markt, die die neue Software benötigte, und umgekehrt. Bei Mainframes hätte diese Strategie vielleicht gut geklappt, doch auf dem sich rasch ändernden Markt der Personalcomputer war sie verheerend. IBM konnte für die gleiche Leistung immer noch etwas höhere Preise verlangen, doch die Welt hatte entdeckt, daß viele Firmen kompatible Maschinen bauten und daß, wenn IBM nicht die angemessene Leistung bot, jemand anders es tun würde.

Drei Ingenieure, die die Möglichkeiten erkannten, die sich damit eröffneten, daß IBM im PC-Geschäft aktiv wurde, gaben ihre Jobs bei Texas Instruments auf und gründeten eine neue Firma – Compaq Computer. Sie bauten Hardware, die mit denselben Steckkarten bestückt werden konnte wie der IBM-PC, und sie erwarben eine Lizenz für MS-DOS, so daß auf ihren Computern dieselben Anwendungen liefen wie auf dem IBM-PC. Die Maschinen von Compaq machten alles, was der IBM-PC machte, und sie waren handlicher. Sie übernahmen den IBM-Standard und erweiterten ihn. Daraus wurde im Handumdrehen eine der unerhörtesten Erfolgsstorys des amerikanischen Wirtschaftslebens – Compaq verkaufte im ersten Geschäftsjahr Computer im Wert von über 100 Millionen Dollar. Zwar konnte IBM für die Lizenzierung seiner zahlreichen Patente noch Gebühren einstreichen, aber sein Marktanteil ging zurück, als kostengünstige kompatible Systeme auf den Markt kamen und die Hardware von IBM nicht mehr konkurrenzfähig war.

Die Firma verzögerte die Markteinführung ihrer PCs mit dem leistungsfähigen 386er-Chip von Intel, dem Nachfolger des Intel 286, um den Absatz ihrer kleineren Minicomputer nicht zu gefährden, die nicht sehr viel leistungsfähiger waren als ein 386er-PC. Das gab Compaq Gelegenheit, als erste Firma 1986 einen 386er-Computer auf den Markt zu bringen. Compaq erhielt dadurch eine Aura von Prestige und Führung, wie sie bis dahin allein IBM besessen hatte.

IBM gedachte seine alte Stellung durch einen doppelten Schachzug zurückzugewinnen, zum einen in der Hardware, zum anderen in der Software. Die Firma wollte Computer bauen und Betriebssysteme schreiben, aber so, daß die neuen Features vollständig auf beide angewiesen waren. Das würde die Konkurrenz kaltstellen, oder sie würde saftige Lizenzgebühren zahlen müssen. Alle »IBM-kompatiblen« PCs anderer Hersteller sollten durch diesen Schachzug überflüssig werden.

IBMs Plan sah erhebliche Veränderungen in der Hardwarearchitektur vor: neue Steckverbindungen und neue Standards für Steckkarten, Tastaturen, Mäuse und sogar Bildschirme. Dadurch wollte sich das Unternehmen einen Kompatibilitätsvorsprung verschaffen. Andere PC-Hersteller und die Anbieter von peripheren Geräten mußten erst einmal wieder Anschluß gewinnen, so daß IBM wieder die Führungsrolle zugefallen wäre. Um sich des erhofften Vorsprungs ganz sicher zu sein, gab IBM technische Beschreibungen der neuen Steckverbindungen erst aus der Hand, als die ersten Systeme ausgeliefert waren.

In der Hardwarestrategie von IBM steckten ein paar gute Ideen. So sollte der PC dadurch vereinfacht werden, daß viele Sonderausstattungen, die bisher wahlweise zur Verfügung standen, fest in den Rechner eingebaut wurden. Dadurch wollte man nicht nur die Kosten senken, sondern auch den Anteil von IBM-Komponenten am Endprodukt erhöhen. Problematischer war IBMs Softwarestrategie.

1984 machte IBM schon erhebliche Umsätze mit der Lieferung von MS-DOS an Hersteller von IBM-kompatiblen PCs. Etwa zu diesem Zeitpunkt begannen wir mit der Entwicklung von OS/2 – zunächst allein und dann in Zusammenarbeit mit IBM. Diesmal sahen die Vereinbarungen anders aus als beim MS-DOS. IBM wollte Einfluß auf die Standards, weil es sich davon Vorteile für das Geschäft mit seinen PCs und Großrechnern versprach. Daher beteiligte es sich direkt an der Planung und Ausführung von OS/2. Unser Vertrag gestattete Microsoft, das Betriebssystem, das IBM mit seinen Rechnern lieferte, in unveränderter Form auch an andere Hersteller zu verkaufen. Ferner war es beiden Seiten freigestellt, die gemeinsam erarbeitete Version des Betriebssystems nach Belieben weiterzuentwickeln.

OS/2 war das Kernstück der Pläne, die IBM für eine eigene Software hatte. Es sollte die erste Realisierung des IBM-Systems Application Architecture sein, die letztendlich eine gemeinsame Entwicklungsumgebung für sämtliche IBM-Computer bilden sollte, vom Mainframe über Maschinen mittlerer Größe bis zum PC. Die IBM-Verantwortlichen glaubten, die Verwendung der Mainframe-Technologie auf dem PC wäre für Großkunden, die immer mehr Funktionen von Großrechnern und Minicomputern auf PCs verlagerten, unwiderstehlich. Sie glaubten außerdem, dadurch einen Riesenvorsprung gegenüber der PC-Konkurrenz zu gewinnen, die keinen Zugang zur Mainframe-Technologie hatte. IBMs eigene Erweiterungen von OS/2, *Extended Edition* genannt, umfaßte Kommunikations- und Datenbankdienste. Geplant war außerdem ein Paket mit allen Büroanwendungen, das *Office Vision* heißen und auf der Basis der *Extended Edition* laufen sollte. Nach dem Plan würde IBM dank dieser Anwendungen, unter denen auch eine Textverarbeitung war, zu einem wichtigen Mitspieler auf dem Gebiet der PC-Anwendungssoftware werden und mit Lotus und WordPerfect konkurrieren können. Für die Entwicklung von *Office Vision* waren Tausende zusätzlicher Mitarbeiter nötig. OS/2 war nicht bloß ein Betriebssystem, es war Teil eines umfassenden Kreuzzugs.

Microsoft entwickelte weiter OS/2-Anwendungen, um mitzuhelfen, daß der Absatz in Gang kam. Doch mit der Zeit bröckelte unser Glaube an OS/2 ab. Unsere Entwicklungsarbeit litt unter den höchst widersprüchlichen Ansprüchen, die an das Projekt gestellt wurden, und unter IBMs Wunsch, es auf *Extended Edition* und *Office Vision* abzustimmen. Wir waren in das Projekt eingestiegen, weil wir glaubten, daß IBM eine hinreichende Ähnlichkeit zwischen OS/2 und Windows zulassen würde, so daß ein Softwareentwickler höchstens kleinere Modifikationen vorzunehmen brauchte, um eine Anwendung sowohl auf der Grundlage von OS/2 als auch von Windows zum Laufen zu bringen. Da IBM aber darauf bestand, daß die Anwendung mit seinen Mainframe- und mittleren Systemen kompatibel sein müsse, ähnelte das Endprodukt schließlich mehr einem unhandlichen Mainframe-Betriebssystem als einem PC-Betriebssystem.

Die Geschäftsbeziehung zu IBM war für uns lebenswichtig. In jenem Jahr, 1986, war Microsoft zugunsten jener Mitarbeiter, die Bezugsrechte für die Aktien des Unternehmens hatten, an die Börse gegangen. Es war ungefähr zu jener Zeit, daß Steve Ballmer und ich IBM vorschlugen, 30 Prozent von Microsoft zu einem günstigen Preis zu übernehmen, um so am Schicksal unseres Unternehmens im Guten wie im Bösen teilzuhaben. Wir dachten, das könne zu einer freundlicheren und produktiveren Zusammenarbeit beider Unternehmen beitragen. IBM war nicht daran interessiert.

Wir legten uns mächtig ins Zeug, um sicherzustellen, daß unsere Arbeit an dem Betriebssystem für IBM zu einem Erfolg würde. Ich war überzeugt, daß das Projekt für beide Unternehmen eine Eintrittskarte in die Zukunft würde. Doch am Ende sorgte es dafür, daß wir uns völlig entzweiten.

Ein neues Betriebssystem ist ein Großprojekt. Unser Team arbeitete in der Nähe von Seattle. IBM hatte Teams in Florida, in Hursley Park, England, und später in Austin, Texas. Doch die geographischen Probleme waren nicht so schlimm wie die, die aus IBMs Mainframe-Vergangenheit herrührten. IBMs frühere Softwareprojekte gingen fast immer an den Wünschen der PC-Kunden vorbei, gerade weil ihnen während der Entwicklung ein

Mainframe-Kunde vorschwebte. Eine Version von OS/2 benötigte zum Beispiel fürs »Booten« (das »Hochfahren« in den Bereitschaftszustand nach dem Anschalten des Rechners) geschlagene drei Minuten. Die IBM-Leute fanden nichts dabei, weil das Booten bei einem Großrechner auch eine Viertelstunde dauern konnte.

Was IBM mit seinen mehr als 300 000 Mitarbeitern außerdem lähmte, war die Notwendigkeit, sich mit allen Unternehmensbereichen abzustimmen. Alle Abteilungen von IBM wurden aufgefordert, Änderungswünsche am Entwurf einzureichen, die in der Regel darauf hinausliefen, daß die PC-Systemsoftware so abgeändert werden sollte, daß sie den Erfordernissen der Großrechnerprodukte besser entsprach. Wir erhielten über zehntausend solcher Änderungswünsche, und dann setzten sich die besten Leute von IBM und Microsoft zusammen, um tagelang darüber zu diskutieren.

Ich erinnere mich an den Änderungswunsch Nr. 221: »Fonts aus dem Produkt entfernen. Grund: Vergrößerung im Produktkern.« Irgend jemand bei IBM wollte nicht, daß das PC-Betriebssystem vielfältige Schriftarten ermöglichte, weil ein spezieller Mainframe-Drucker von IBM nicht damit umgehen konnte.

Schließlich wurde klar, daß eine gemeinsame Entwicklung nicht funktionieren würde. Wir baten IBM, uns das neue Betriebssystem allein entwickeln lassen; wir würden es IBM dann für eine geringe Lizenzgebühr überlassen und unseren Gewinn durch seinen Verkauf an andere Computerhersteller erzielen. IBM aber bestand darauf, mit eigenen Programmierern an der Entwicklung jeder Software von strategischer Bedeutung beteiligt zu sein – und das traf auf Betriebssystemsoftware unzweideutig zu.

IBM war ein phantastisches Unternehmen. Weshalb hatte es solche Schwierigkeiten mit der Entwicklung von PC-Software? Das lag zum einen daran, daß bei IBM alle guten Programmierer ins Management aufstiegen und die weniger talentierten übrigblieben. Vor allem aber war IBM ein Opfer seiner erfolgreichen

Vergangenheit. Seine traditionelle, auf die Hardware ausgerichtete Entwicklungsarbeit taugte nicht für den raschen Wandel und den unerbittlichen Fortschritt auf dem Markt für PC-Software.

Im April 1987 enthüllte IBM seine integrierte Hard- und Software, die Nachahmer abwehren sollte. Die als »Clone-Killer« gedachte Hardware hieß PS/2, und sie lief mit dem neuen Betriebssystem OS/2.

Der PS/2 enthielt eine Reihe von Neuerungen. Am meisten wurde die neue »Mikrokanal-Bus«-Architektur gefeiert, über die Steckkarten an das System angeschlossen werden konnten. Über diese Steckkarten ließ sich die Hardware des Personalcomputers je nach Wunsch des Kunden erweitern, zum Beispiel durch eine Soundkarte oder die Möglichkeit der Kommunikation mit einem Großrechner. Der Mikrokanal des PS/2 war eine Erweiterung des Anschluß-Bus des AT. Im Prinzip war er viel schneller als der Bus des AT. Da aber in der Praxis die geringere Geschwindigkeit des alten Busses niemanden gestört hatte, löste der Microchannel-Bus Probleme, die die meisten Benutzer gar nicht hatten. Entscheidender war jedoch, daß der Mikrokanal nicht mit den Tausenden von Steckkarten kompatibel war, die im AT und in mit ihm kompatiblen PCs funktionierten.

Schließlich war IBM bereit, Herstellern von Steckkarten und PCs den Mikrokanal gegen eine Lizenzgebühr zu überlassen. Doch inzwischen hatte ein Verbund von Herstellern bereits einen neuen Bus angekündigt, der viele der Fähigkeiten des Mikrokanals besaß, aber mit dem AT-Bus kompatibel war. Die Kundschaft lehnte den Mikrokanal ab und bevorzugte Maschinen mit dem alten PC/AT-Bus. IBM mußte deshalb weiterhin Rechner herausbringen, die den alten Bus unterstützten. Der größte Schaden aber bestand darin, daß IBM die Kontrolle über die PC-Architektur einbüßte. Das Unternehmen sollte nie wieder in der Lage sein, die Industrie eigenmächtig auf eine neue Architektur festzulegen.

Obwohl IBM und Microsoft sehr viel Werbung für OS/2 machten, hielt die Kundschaft das System für unhandlich und kompliziert. Je schlechter OS/2 dastand, desto besser sah es für Windows aus. Da nun keine Aussicht mehr auf Kompatibilität zwischen OS/2 und Windows bestand und OS/2 nicht auf kleineren Maschinen laufen würde, war es für uns sinnvoll, weiter an der Entwicklung von Windows zu arbeiten. Windows war »kleiner« – es benötigte weniger Platz auf der Festplatte und kam mit einem kleineren Arbeitsspeicher aus –, und so würde es Platz auf Maschinen finden, auf denen OS/2 niemals laufen könnte. Wir sprachen von einer »Familienstrategie«: OS/2 würde das High-end-System sein und Windows das jüngere Mitglied der Familie für kleinere Maschinen.

IBM war nicht glücklich über unsere Familienstrategie und hatte eigene Pläne. Im Frühling 1988 gründete IBM zusammen mit anderen Computerherstellern die *Open Software Foundation,* um UNIX zu fördern, ein 1969 von den Bell Laboratories entwickeltes Betriebssystem, das sich aber mit der Zeit in etliche Versionen aufgesplittert hatte. Einige Versionen waren an Universitäten entwickelt worden, die UNIX als Labor für die Betriebssystemtheorie benutzten. Andere Versionen wurden von Computerherstellern entwickelt. Jede Firma erweiterte UNIX für ihre eigenen Maschinen, wodurch deren Betriebssysteme untereinander inkompatibel wurden. UNIX war also, statt ein einziges offenes System zu sein, zu einer Ansammlung konkurrierender Betriebssysteme geworden. All die Unterschiede erschwerten die Softwarekompatibilität und verhinderten, daß ein breites Angebot von Anwendungssoftware für UNIX entstand. Nur wenige Softwarefirmen konnten es sich leisten, Anwendungen für ein Dutzend verschiedene UNIX-Versionen zu entwickeln und zu testen. Und die Softwarehändler konnten es sich auch nicht leisten, alle Versionen vorrätig zu halten.

Die *Open Software Foundation* war der aussichtsreichste von mehreren Versuchen, UNIX zu vereinheitlichen und eine gemeinsame Softwarearchitektur zu schaffen, die auf der Hardware unterschiedlicher Hersteller laufen könnte. Theoretisch hätte ein vereinheitlichtes UNIX einen positiven Rückkopplungseffekt in Gang setzen können. Doch trotz erheblicher finanzieller Investitionen erwies sich die *Open Software Foundation* als unfähig, einem Ausschuß von Verkäufern, die um jeden einzelnen Verkauf konkurrierten, Kooperation vorzuschreiben. Seine Mitglieder, darunter auch IBM und DEC, warben weiterhin für die Vorzüge ihrer jeweiligen UNIX-Version. Die UNIX-Anbieter redeten den Kunden ein, sie hätten dank UNIX eine größere Auswahl. Doch wenn man das UNIX-System von einem Anbieter kaufte, lief die eigene Software nicht automatisch auf anderen Systemen. Man war also an diesen Anbieter gebunden, während man in der PC-Welt normalerweise die Wahl hat, wo man seine Hardware kaufen will.

Die Schwierigkeiten der *Open Software Foundation* machen deutlich, wie schwer es ist, auf einem Gebiet, wo die Innovation rasch fortschreitet und die Mitgliedsfirmen des Normenausschusses miteinander konkurrieren, einen De-jure-Standard festzulegen. Der Markt (von Computern oder Verbraucherelektronik) erkennt Standards an, weil die Kunden Standards verlangen. Standards sollen dafür sorgen, daß Anwendungen auf verschiedenen Maschinen eingesetzt werden können, daß die Benutzer möglichst wenig umlernen müssen, und natürlich auch dafür, einen möglichst großen Markt für die Softwareindustrie schaffen. Wer einen Standard durchsetzen möchte, muß ihn zu einem sehr annehmbaren Preis anbieten, sonst wird er nicht akzeptiert. Im Endeffekt wählt der Markt einen Standard aus, der zu einem vernünftigen Preis angeboten wird, und er verwirft ihn, wenn er veraltet oder zu teuer ist.

Microsoft-Betriebssysteme werden heute von über 1000 Herstellern angeboten, wodurch die Kunden Auswahlmöglichkeiten haben. Microsoft konnte dadurch für Kompatibilität sorgen, daß die Hardwarehersteller sich verpflichteten, keine Modifikationen an unserer Software vorzunehmen, die zu Inkompatibilität führen könnten. Hunderttausende von Softwareentwicklern brauchen sich also nicht mehr den Kopf darüber zu zerbrechen, auf was für einem PC ihre Software laufen wird. Das Wort »offen« hat viele Bedeutungen, doch für mich bedeutet es, daß dem Kunden bei der Hardware und den Softwareanwendungen die Wahl gelassen wird.

Auch die Verbraucherelektronik hat von Standards profitiert, die von Privatfirmen geschaffen wurden. Vor Jahren versuchten die Firmen vielfach, Konkurrenten die Benutzung ihrer Technologie zu verwehren, doch inzwischen sind alle größeren Hersteller bereit, Lizenzen auf ihre Patente und Betriebsgeheimnisse zu vergeben. Die Lizenzgebühren betragen in der Regel weniger als fünf Prozent der Kosten des Geräts. Audiokassetten, VHS-Bänder, Compact Discs, Fernsehgeräte und Mobiltelefone sind Beispiele für Technologien, die von Privatfirmen geschaffen wurden, welche von den Herstellern der entsprechenden Geräte Lizenzgebühren erhalten. Die Algorithmen von Dolby Laboratories sind zum Beispiel der De-facto-Standard für die Rauschunterdrückung.

Im Mai 1990, wenige Wochen vor der Markteinführung von Windows 3.0, versuchten wir mit IBM zu einer Vereinbarung zu kommen, nach der IBM Windows für den Einsatz auf seinen Personalcomputern unter Lizenz nehmen sollte. Mit OS/2 würde es wohl irgendwann klappen, wenn es einmal seine Nische gefunden habe, Windows aber verspreche augenblicklich Erfolg. Zunächst lehnte IBM es ab, eine Lizenz für Windows zu erwerben, änderte später allerdings seine Meinung.

1992 stellten IBM und Microsoft die gemeinsame Entwicklungsarbeit an OS/2 ein. IBM arbeitete allein an der Entwicklung des Betriebssystems weiter. Der ehrgeizige Plan der *Office Vision* wurde schließlich aufgegeben.

Nach Ansicht von Beobachtern hat IBM mehr als zwei Milliarden Dollar in OS/2, *Office Vision* und ähnliche Projekte hineingesteckt. Hätten IBM und Microsoft einen Weg der Zusammenarbeit gefunden, wären Tausende von Arbeitszeitjahren – die besten Jahre für einige der besten Mitarbeiter in beiden Unternehmen – nicht vergeudet worden. Wären OS/2 und Windows kompatibel gewesen, hätte die grafische Benutzeroberfläche Jahre früher zum allgemeinen Standard werden können.

Die Akzeptanz grafischer Oberflächen wurde auch dadurch

verzögert, daß die Mehrzahl der großen Firmen, die Softwareanwendungen liefern, nicht in sie investierten. Sie ignorierten den Macintosh weitgehend, und sie ignorierten oder belächelten Windows. Lotus und WordPerfect, die Marktführer bei Tabellenkalkulations- und Textverarbeitungsprogrammen, haben sich nur mäßig um OS/2 bemüht. Heute kann man sagen, daß das ein Fehler war, und ein kostspieliger dazu. Als Windows schließlich von einem positiven Rückkopplungseffekt profitierte, der durch Anwendungsprogramme von vielen kleinen Softwareanbietern erzeugt wurde, fielen die großen Firmen zurück, weil sie nicht schnell genug zu Windows übergingen.

Der Erfolg von Windows ließ lange auf sich warten. Bis weit in die achtziger Jahre wurden dem Programm nur wenig Chancen eingeräumt, denn jeder Rechner, auf dem es laufen sollte, brauchte viel kostspieligen Speicherplatz, und es waren mehr Anwendungen erforderlich. »Wozu brauchen wir noch eine weitere Softwareebene über MS-DOS?« fragten Kritiker. »Wird das die Abläufe nicht verlangsamen?« – »Warum sollten die Käufer bereit sein, Leistung für Grafik zu opfern?« Viele Jahre der Geduld und Ausdauer waren erforderlich – ein sehr langer Atem –, um Windows am Markt durchzusetzen.

Windows entwickelt sich ständig weiter, genau wie der PC. Microsoft hat die verschiedenen Versionen ständig um neue Möglichkeiten erweitert. Jeder kann Anwendungssoftware entwickeln, die auf der Windows-Plattform läuft, ohne Microsoft davon in Kenntnis zu setzen oder um Genehmigung zu bitten. Tatsächlich gibt es heute im Handel Zehntausende von Softwarepaketen für die Plattform, darunter konkurrierende Angebote zu fast allen Microsoft-Anwendungen.

Kunden haben sich mir gegenüber besorgt gezeigt, daß Microsoft, weil es naturgemäß die einzige Quelle von Microsoft-Betriebssystemsoftware ist, im Tempo der Innovationen nachlassen oder diese ganz einstellen könnte. Wenn das der Fall wäre, könnten wir unsere neuen Versionen nicht verkaufen. Bisherige Benutzer würden keine Upgrade-Versionen kaufen, und wir würden keine neuen Kunden hinzugewinnen. Unsere Einnahmen würden sinken, und sehr viel mehr Firmen würden darum kämpfen, unseren Platz einzunehmen. Der positive Rückkopplungseffekt kommt den Herausforderern ebenso zugute wie dem Titelverteidiger. Man kann sich nicht auf seinen Lorbeeren ausruhen, weil die Konkurrenz ständig hinter einem her ist.

In letzter Zeit sind häufig zwei sehr gegensätzliche Auffassungen zu hören: Der Siegeszug von Microsoft sei unaufhaltsam, und die Tage seiner Rolle als Marktführer wären gezählt. Beide Ansichten können nicht richtig sein. Ganz gewiß ist der Siegeszug von Microsoft nicht unaufhaltsam. Wir müssen uns unsere Position jeden Tag aufs Neue verdienen. Wenn unsere Innovationskraft erlahmt, wenn wir aufhören, uns an die wechselnden Bedingungen anzupassen oder gar den nächsten großen Entwicklungssprung des Marktes verpassen, dann sind wir weg vom Fenster. Da Microsoft nicht gegen Fehlschläge gefeit ist, verschließen wir nicht die Ohren vor den Kassandrarufen. Wir hören genau hin und fragen: »Warum sagen sie das? Sind wir zu unkritisch gegenüber uns selbst? Verpassen wir den Anschluß an die neueste technische Entwicklung?«

Kein Produkt bleibt an der Spitze, wenn sein Hersteller es nicht ständig verbessert. Die Macintosh-Software hätte der Nachfolger von MS-DOS sein können – auch OS/2 oder UNIX. Nun ist es Windows geworden, aber jede weitere Version von Windows wird bei neuen Benutzern nur dann Erfolg haben, wenn die jetzigen Benutzer sie akzeptieren. Microsoft muß alles tun, um neue Versionen im Preis-Leistungs-Vergleich so attraktiv zu machen, daß die Benutzer zum Wechsel bereit sind – und das, obwohl es mit erheblichen Kosten für Hersteller und Kunden verbunden ist. Nur deutlich erkennbare Fortschritte werden genügend Benutzer davon überzeugen, daß ein Wechsel sich lohnt. Doch mit entsprechender Innovationsbereitschaft ist das zu schaffen. Ich gehe davon aus, daß alle zwei bis drei Jahre eine gründlich überarbeitete Windows-Generation auf den Markt kommen wird.

Der andauernde Erfolg von Windows ist keineswegs garantiert. Um mit den Fortschritten auf dem Gebiet der Computerhardware und der Kommunikationsinfrastruktur Schritt zu halten, mußten wir unser Betriebssystem verbessern. Außerdem wachsen in Forschungsabteilungen und Garagen überall auf der Erde ständig neue Konkurrenten nach. Sony wartet mit einem Betriebssystem für Geräte auf, die eine Kombination aus Computern und Produkten der Unterhaltungselektronik sind. Netscape hat vor, seinen Browser fürs Internet zu einem Betriebssystem auszubauen. Sun Microsystems will die Programmroutinen in seiner Sprach-Objektbibliothek Java zahlen- und leistungsmäßig so aufstocken, daß sie als Betriebssystem einsetzbar ist. Heute ist unsere Hauptaufgabe, Windows zum besten Weg ins Internet zu machen, obwohl es auch andere wichtige Anliegen gibt. Dreidimensionale Grafiken gewinnen an Bedeutung. Wenn Sprach- und Handschrifterkennung zuverlässig genug geworden sind, werden wir die Betriebssysteme abermals gründlich verändern müssen.

»Wird das Internet euch kaputt machen?« fragen die Leute.

Mit einem Augenzwinkern pflege ich dann zu antworten: »Nein, all die anderen Sachen werden uns kaputt machen, weil wir nur noch Augen fürs Internet haben.«

Das Internet setzt für die gesamte Softwarebranche völlig neue Maßstäbe. Novell ist bekannt für seine Netzsoftware, offenbar wird aber das private, betriebsinterne Internet – das sogenannte »Intranet« – der Renner der Zukunft. Als die Verkaufszahlen der Tabellenkalkulation 1-2-3 zurückgingen, setzte Lotus seine Hoffnungen auf die Netzanwendung Notes. 1995 kaufte IBM Lotus auf und gelangte damit in den Besitz von Notes, doch nun muß das Programm mit Microsoft Exchange und anderen internetorientierten Anwendungen konkurrieren. Unter der Leitung von Lou Gerstner ist IBM sehr viel effizienter, macht wieder Gewinne und präsentiert sich als zukunftsorientiertes Unternehmen. Im Serverabsatz hat IBM wieder kräftig zugelegt. Zwar macht der langfristige Rückgang des Großrechnergeschäfts IBM immer noch zu schaffen, trotzdem wird es zu den Großunternehmen gehören, die Produkte für Büro- und Internetanwendungen anbieten.

In unserer Branche verändern sich die Dinge so rasch, daß man sich mit der Rückschau nicht lange aufhalten kann. Dennoch beobachte ich unsere Fehler genau und versuche, künftige Chancen zu erfassen. Man muß seine Fehler erkennen und Lehren daraus ziehen. Auch muß man unbedingt verhindern, daß sich irgend jemand scheut, Neues auszuprobieren, weil er Angst hat, Nachteile zu erleiden, wenn es nicht klappt.

In den letzten Jahren hat Microsoft absichtlich einige Manager eingestellt, die Erfahrungen in Unternehmen gesammelt haben, die vom Scheitern bedroht waren. In einer solchen Situation muß man kreativ sein, muß man gründlich nachdenken, Tag und Nacht. Ich möchte Leute haben, die das durchgemacht haben. Microsoft wird bestimmt noch Fehlschläge einstecken müssen, und dann möchte ich Leute um mich haben, die gezeigt haben, daß sie mit schwierigen Situationen fertig werden.

Auch einen Marktführer kann unerwartet der Ruin ereilen. Wenn man nicht mehr vom positiven Rückkopplungseffekt getragen wird, ist es oft für eine Änderung des bisherigen Kurses zu spät, und alle Elemente einer negativen Spirale kommen voll zum Tragen. Wenn das eigene Unternehmen vor Gesundheit zu strotzen scheint, ist es schwierig, zu erkennen, daß man in einer Krise steckt, und darauf zu reagieren.

Die Notwendigkeit, die Entwicklung immer im Auge zu behalten, hält mich fit. Ich hatte nie damit gerechnet, daß Microsoft einmal so groß werden würde, und jetzt, am Beginn dieser neuen Ära, entdecke ich auf einmal, daß ich zum Establishment gehöre. Ich möchte beweisen, daß ein erfolgreiches Unternehmen sich selbst erneuern und seinen Platz an der vordersten Front behaupten kann.

## 4. Informationsgeräte und Anwendungen

In meiner Kindheit lief im Fernsehen am Sonntagabend um acht Uhr die *Ed Sullivan Show*. Die meisten Amerikaner, die einen Fernsehapparat hatten, versuchten, sie zu sehen, weil es kaum eine andere Gelegenheit gab, sich die Beatles, Elvis Presley, die Temptations oder den Burschen anzuschauen, der gleichzeitig zehn Teller auf den Schnauzen von zehn Hunden rotieren lassen konnte. Pech hatte man, wenn man gerade auf der Rückfahrt von einem Besuch bei den Großeltern oder von einem Pfadfinderlager war. Wer am Sonntagabend um acht nicht zu Hause war, konnte am Montagmorgen nicht mitreden.

Beim herkömmlichen Fernsehen können wir entscheiden, was wir sehen, aber nicht, wann wir es sehen. Der wissenschaftliche Ausdruck für diese Sendeform ist »synchron«. Die Zuschauer müssen ihren Zeitplan mit einer Sendung synchronisieren, die für alle ausgestrahlt wird. Auf diese Weise habe ich vor 30 Jahren die *Ed Sullivan Show* gesehen, und so gucken die meisten von uns noch heute die Abendnachrichten.

Anfang der achtziger Jahre verschaffte uns der Videorekorder größere Flexibilität. Wenn einem soviel an einer Sendung lag, daß man bereit war, sich vorher mit Timern und Kassetten herumzuschlagen, konnte man sie sich anschauen, wann man wollte. Man konnte sich gegenüber den Sendern die Freiheit und den Luxus herausnehmen, sein Programm selbst zu gestalten – heute tun das Millionen Menschen. Wenn Sie eine Fernsehshow oder einen eingehenden Anruf mit dem Anrufbeantworter aufzeichnen, so daß Sie den Hörer nicht abheben müssen, verwandeln Sie synchrone Kommunikation in eine bequemere Form: in »asynchrone« Kommunikation.

Es liegt in der Natur des Menschen, daß er nach Möglichkeiten sucht, synchrone Kommunikation in asynchrone Formen umzuwandeln. Vor 5000 Jahren, vor der Erfindung der Schrift, war die einzige Kommunikationsform das gesprochene Wort, und die Zuhörer mußten sich in Gegenwart des Sprechers befinden, wenn sie die Nachricht nicht versäumen wollten. Sobald die Nachricht schriftlich festgehalten werden konnte, ließ sie sich speichern und später von jedem lesen, wann immer es ihm paßte. Ich schreibe diese Worte bei mir zu Hause an einem Sommerabend, habe aber keine Ahnung, wann oder wo Sie sie lesen werden. Einer der vielen Vorteile, die uns die Kommunikationsrevolution bringen wird, liegt darin, daß wir freier über unsere Zeit verfügen können.

Sobald eine bestimmte Kommunikationsart asynchron ist, können Sie auch für größere Vielfalt und Auswahl sorgen. Selbst Fernsehzuschauer, die selten Sendungen aufzeichnen, leihen sich häufig Filme aus. Für ein paar Mark kann man in den Videotheken am Ort unter Tausenden von Filmen wählen. So hat man die Möglichkeit, sich jeden Abend Elvis, die Beatles oder Greta Garbo in die Wohnung zu holen.

Noch keine 60 Jahre gibt es das Fernsehen, aber in dieser Zeit hat es das Leben in fast allen Industriestaaten nachhaltig beeinflußt. Doch in gewisser Weise hat es nur den Rundfunk ersetzt, der damals schon seit 20 Jahren elektronische Unterhaltung ins Haus brachte. Weder Rundfunk noch Fernsehen in der Form, wie wir sie heute haben, wird mit den Kommunikationsmedien zu vergleichen sein, die uns das Internet bescheren wird, sobald es über die Breitbandkapazität verfügt, die erforderlich ist, um hochwertige Videobilder zu übertragen.

Da Verbraucher Filme bereits zu schätzen wissen und daran gewöhnt sind, zu zahlen, um sie zu sehen, wird *Video-on-demand* eine wichtige Anwendung des Breitbandnetzes sein. Sie werden keinen Videorekorder mehr zwischenschalten müssen, sondern können einfach aus den zahllosen Programmen auswählen, die zur Verfügung stehen.

Niemand weiß, wann in den Vereinigten Staaten und anderen entwickelten Ländern – von den Entwicklungsländern ganz zu schweigen – die Privathaushalte an Breitbandnetze angeschlossen werden, die *Video-on-demand* übertragen können. In vielen Wirtschaftsunternehmen verfügen die betriebsinternen Netze bereits über eine entsprechende Bandbreite, doch wie ich in Kapitel fünf erläutere, werden sich in den USA die meisten Haushalte noch einige Zeit – möglicherweise mehr als zehn Jahre lang – mit Schmalband- und Mittelbandanschlüssen begnügen müssen. Zum Glück reichen diese geringeren Bandbreiten für viele internetorientierte Dienstleistungen wie Spiele, E-Mail und Online-Banking völlig aus. In den nächsten Jahren wird die Interaktivität in Haushalten auf Dienstleistungen dieser Art beschränkt bleiben, für die Personalcomputer und andere Informationsgeräte sorgen werden.

Auch wenn die Haushalte eines Tages flächendeckend ans Breitbandnetz gegangen sind, wird man Fernsehsendungen wie bisher für den synchronen Konsum ausstrahlen. Danach werden sie – neben Tausenden von Filmen und praktisch jeder anderen Videoart – jederzeit abrufbar sein. Sie können *RTL Samstag Nacht* am Donnerstagabend um 21 Uhr, um 21 Uhr 13, um 21 Uhr 45 oder am Sonntagvormittag um elf Uhr anschauen. Und wenn Sie mit dieser Art von Humor nichts anfangen können, haben Sie Tausende von Alternativen. Ihre Bitte um einen bestimmten Film oder eine Fernsehsendung wird aufgezeichnet, und die Bits werden Ihnen über das Datennetz zugeleitet. Sie werden den Eindruck haben, als gäbe es zwischen Ihnen und dem Gegenstand Ihres Interesses überhaupt keine vermittelnden technischen Einrichtungen mehr. Sie teilen Ihren Wunsch mit, und sogleich geht er in Erfüllung.

Auf »Servern«, Computern mit besonders umfangreichen Speichern, wird man Filme, Fernsehprogramme und jede Art sonstiger digitaler Information vorrätig halten. Die Server werden Informationen anbieten, die sich an jedem Punkt des Netzes nutzen lassen, so wie sie es bereits heute für das Internet leisten. Wenn Sie einen bestimmten Film sehen, eine Tatsache überprüfen oder ihre elektronische Post abrufen möchten, wird Ihr Wunsch durch Knotenrechner an den oder die Server geleitet, die die entsprechende Information gespeichert haben. Dabei

*Ein PC-gestützter Server für interaktive Medien (1995)*

werden Sie nicht wissen, ob die Daten, die bei Ihnen zu Hause eintreffen, auf einem Server ein paar Häuser weiter oder am anderen Ende des Landes gespeichert sind. Das wird auch keine Rolle spielen.

Die verlangten digitalen Daten werden vom Server abgerufen und über Knotenrechner zurück zu Ihrem Fernsehapparat, PC oder Telefon geleitet – Ihren Informationsgeräten. Diese digitalen Apparate werden sich aus dem gleichen Grund durchsetzen wie ihre analogen Vorgänger – weil sie einen Aspekt unseres alltäglichen Lebens erleichtern. Im Unterschied zu den zweckgebundenen Textverarbeitungssystemen, die die ersten Mikroprozessoren in viele Büros gebracht haben, werden diese Informationsgeräte programmierbare Mehrzweckcomputer sein, die mit dem Netz verbunden sind.

Selbst wenn die Sendung live ausgestrahlt wird, werden Sie sie mit Ihrer Infrarotfernbedienung jederzeit anhalten, starten oder wiederholen können. Kommt jemand zu Besuch, dann können Sie die Sendung beliebig lange unterbrechen. Ihnen steht jede Möglichkeit offen, mit einer Ausnahme natürlich: Sie können eine Sendung, die gerade ausgestrahlt wird, nicht vorlaufen lassen.

Die meisten Fernsehzuschauer werden das Video-on-demand-System verstehen und die Freiheit begrüßen, die es bietet. Diese Anwendung erfüllt alle Voraussetzungen, um für das Breitbandnetz das zu werden, was im Computerjargon Killer-Applikation (»Killeranwendung«) heißt. Eine Killer-Applikation (oder einfach *Killer App*) ist eine Verwendungsweise eines Produkts, die für den Verbraucher so attraktiv ist, daß sie riesige Marktkräfte mobilisiert und die Erfindung nahezu unentbehrlich werden läßt. Killer-Applikationen machen aus technischen Neuerungen, die zunächst nur Kuriositäten sind, einträgliche und unentbehrliche Konsumartikel.

Die Bezeichnung ist neu, die Sache nicht. Thomas Edison war als Geschäftsmann genauso erfolgreich wie als Erfinder. Als er 1878 die Edison General Electric Company gründete, wußte er, daß er Elektrizität nur verkaufen konnte, wenn ihm gelang, den Konsumenten deren Wert vor Augen zu führen. Mit dem Versprechen, elektrisches Licht werde so billig werden, daß nur noch reiche Leute sich den Luxus von Kerzen leisten könnten, beflügelte er die Phantasie der Öffentlichkeit. Er sah voraus, daß die Menschen Geld ausgeben würden, um die elektrische Energie in ihre Häuser zu holen und in den Genuß einer großartigen Anwendung der Elektrizität zu kommen – des Lichts.

Rasch kamen noch weitere Anwendungen hinzu. Der Hoover Company gelang es, die ersten elektrischen Kehrmaschinen erheblich zu verbessern. Der elektrische Kochherd setzte sich durch, und bald gab es elektrische Heizungen, Toaster, Kühlschränke, Waschmaschinen, Bügeleisen, Werkzeuge, Haartrockner und eine Vielzahl anderer arbeitssparender Geräte. Die Elektrizität wurde zu einem der wichtigsten Energieträger.

Manchmal überrascht eine Anwendung, die als Killer-Applikation endet, auch ihren Erfinder. *Skin-So-Soft* von Avon war nur eine Lotion unter vielen anderen auf einem dicht besetzten Markt, bis jemand entdeckte, daß man damit Insekten vertreiben kann. Auch jetzt wird es vielleicht noch wegen seines ursprünglichen Verwendungszwecks gekauft – zur Hautpflege –, aber die Verkaufszahlen sind wegen der neuen Anwendung in die Höhe geschnellt. Und als Tim Berners-Lee 1989 das World Wide Web entwickelte, um Hochenergiephysikern den Informationsaustausch zu erleichtern, hat er sich nicht träumen lassen, welche Fülle von Anwendungen man für sein Datennetz entwickeln würde.

Ende 1970 erlebte der Markt für Programme, die ausschließlich der Textverarbeitung dienten, eine geradezu explosionsartige Entwicklung, bis mehr als fünfzig Hersteller auf ihm vertreten waren, die gemeinsam mehr als eine Milliarde Dollar im Jahr umsetzten. Die Textverarbeitung war eine Killer-Applikation für die Mikroprozessortechnik.

Nach wenigen Jahren erschienen die PCs auf der Bildfläche. Ihre Fähigkeit, verschiedene Anwendungen zu ermöglichen, war neu. Ein PC-Benutzer konnte WordStar verlassen (jahrelang eines der meist verwendeten Textverarbeitungsprogramme) und ein anderes Anwendungsprogramm starten, etwa VisiCalc zur Tabellenkalkulation oder dBase für die Datenbankverwaltung. Gemeinsam waren WordStar, VisiCalc und dBase attraktiv genug, um einen Benutzer zum Kauf eines Personalcomputers zu veranlassen. Sie waren die Killer-Applikationen für die ersten weithin verkauften Personalcomputer.

Die erste Killer-Applikation für den ursprünglichen IBM-PC war Lotus 1-2-3, ein Tabellenkalkulationsprogramm, das diesem Gerät auf den Leib geschneidert war. Die kommerziellen Killer-Applikationen des Apple Macintosh waren Aldus Pagemaker für die grafische Gestaltung von Dokumenten zum Druck, Microsoft Word für die Textverarbeitung und Microsoft Excel für die Tabellenkalkulation. Schon sehr bald wurden mehr als ein Drittel der kommerziell genutzten Macintoshs und viele der Macs in Privathaushalten für eine einzige Killer-Applikation gekauft – die Anwendung, die unter dem Namen Desktop Publishing bekannt werden sollte.

Den Begriff »Applikation« oder »Anwendung« verwende ich hier in einem sehr allgemeinen Sinne. Microsoft Excel ist eine Anwendung, aber das ist auch Tele-Shopping oder eine Videokonferenz. Jede Form der World-Wide-Web-Nutzung ist eine

Anwendung, allerdings ist noch keine spezifische Nutzung eine Killer-Applikation, weil keine von ihnen alleine in der Lage ist, große Zahlen von Benutzern dem Internet zuzutreiben. Die Anziehungskraft des Web liegt in der Vielfalt seiner Nutzungsmöglichkeiten und – jetzt in seinen Anfängen jedenfalls – darin, daß es noch den Reiz des Neuen hat. Doch Informationsbeschaffung, Ausbildung, Unterhaltung, Einkaufen und E-Mail werden im Laufe der Zeit zu Killer-Applikationen fürs Internet werden.

Die Möglichkeit, sich durch eine Vielzahl von Informationsgeräten Zugang zum Internet zu verschaffen, wird eine entscheidende Voraussetzung für eine wirklich allgemeine Nutzung des Internet sein. In den kommenden Jahren wird eine Fülle digitaler Geräte auf den Markt kommen, die uns, in verschiedenen Gestalten und mit unterschiedlichen Datenübertragungsraten, ermöglichen, übers Netz mit anderen Menschen und vielfältigen Informationsangeboten Kontakt aufzunehmen. Die vertrauten Versatzstücke unserer Alltagswelt – Telefone, Fernsehapparate, PCs, Wandtafeln, Notizbücher, Brieftaschen – werden so aufgerüstet werden, daß sie uns eine neue Form des Informationsaustauschs ermöglichen und die uns vertrauten Medien völlig verändern: Bücher, Zeitschriften, Zeitungen, Videos, Tonträger, Telefone, Spiele, selbst die Kunstwerke an den Wänden. Zwar wissen wir noch nicht genau, wie alle diese hochleistungsfähigen Geräte aussehen werden, aber wir wissen, daß sich eine wachsende Zahl der Geräte mit fortschreitender technischer Entwicklung in vielseitig programmierbare Computer verwandeln wird, die sichtbar oder unsichtbar ans Netz angeschlossen sind.

Bei dem Gedanken, daß Mehrzweckcomputer das Bild bestimmen werden, sollten wir noch etwas verweilen. Als der vielseitig verwendbare Personalcomputer Wangs einseitig festgelegten Geräte vom Textverarbeitungs-Markt verdrängte, war das der Triumph des Vielzweckmikrocomputers über den zweckgebundenen Mikrocomputer. Eine »Textverarbeitung« war kein konkretes Gerät mehr, sondern eine Softwareanwendung. Den gleichen Wandel hat der Anrufbeantworter erlebt, der sich zum Voice-Mail gemausert hat, einer Softwareanwendung, die auf einem Computer läuft (häufig einem Rechner der Telefongesellschaft). Wenn *Video-on-demand* eines Tages im Haushalt zur Verfügung steht, wird das häusliche Filmwiedergabegerät einer ganz ähnlichen Entwicklung unterworfen sein – von einem zweckgebundenen Bandgerät (Videorekorder) zu einer Softwareanwendung auf einem Computer, der mit dem Datenübertragungsnetz verbunden ist.

Es gibt viele andere Beispiele für die Entwicklung von zweckgebundener Hardware zu Software, die auf Vielzweckhardware läuft. Die erste Welle der Microprozessorrevolution brachte uns Geräte, die ältere Vorbilder kopierten: elektronische Registrierkassen ersetzten mechanische Registrierkassen, elektronische Taschenrechner ersetzten Addiermaschinen und elektronische Spiele ersetzten eine Vielzahl physischer Objekte, unter anderem Spielkarten und Flipperautomaten. In der zweiten Welle entfaltete der Mikroprozessor die ganze Fülle seiner Möglichkeiten als Herzstück von Vielzweck-PCs, die zweckgebundene Geräte überflüssig machten. Dank der Software konnte ein einziges Gerät viele Gestalten annehmen – zum Vorteil der Verbraucher, die von der Konkurrenz und den wirtschaftlichen Bedingungen des Massenmarkts profitierten. Softwareanwendungen ermöglichten es den Computern, als Registrierkassen, Taschenrechner und Spiele zu arbeiten, von Textverarbeitungen, Tabellenkalkulationen, Datenbanken und Anrufbeantwortern ganz zu schweigen. Eine einzige Vielzweckrechenmaschine – Charles Babbages Traum – vermochte das alles zu leisten.

Mit der Entwicklung des Internets wird man den Verbrauchern Dutzende neuer Apparate anbieten, und viele Geräte werden nur einem einzigen Zweck dienen. Die häuslichen Audioanlagen werden sich stark verändern. Neue Spielgeräte werden kommen und gehen, wobei diejenigen Modelle den größten Erfolg haben werden, die den Spielern durch Modems und geeignete Programme die Möglichkeit bieten, ins Internet zu gelangen und von ganz verschiedenen Orten aus zu spielen oder sich umzusehen. Technisch hochentwickelte Telefone werden auf

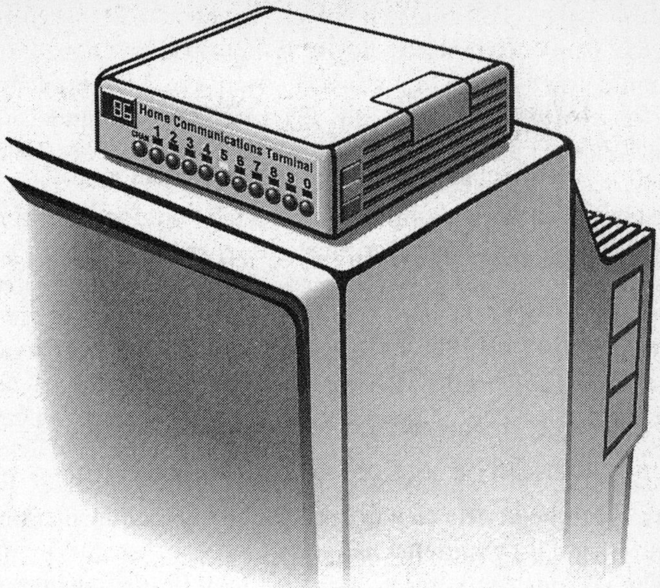


*Prototyp einer Settop-Box für das Fernsehgerät (Skizze)*

Bildschirmen Zusatzinformationen liefern, zum Beispiel die Werbung aus dem Branchenverzeichnis. Einige Unternehmen werden Terminals nur fürs Web-Browsing anbieten. Handys und Pager werden leistungsfähiger werden. Einige dieser zweckgebundenen Geräte werden sich einige Jahre lang am Markt behaupten können, doch auf lange Sicht werden sie alle programmierbaren Vielzweckgeräten Platz machen – »Computern«, die sichtbar oder unsichtbar ans Netz angeschlossen sind.

Sehr deutlich wird dieser Trend von zweckgebundenen zu Mehrzweckgeräten in den verschiedenen Generationen von Settop-Boxen sichtbar werden, die die Fernsehapparate ans Netz anschließen werden. Herkömmliche Settop-Boxen sind Empfänger, die analoge Signale aus Dutzenden von Kabelkanälen entgegennehmen und jeweils nur die Signale eines Kanals an Ihr Fernsehgerät weitergeben. Wenn Sie eine Gebühr dafür gezahlt haben, daß Sie sich verschlüsselte Kanäle anschauen dürfen, dann entschlüsselt sie die Settop-Box. Eine neue Generation solcher Boxen, die etwa 1997 auf den Markt gelangen dürfte, wird die zusätzliche Fähigkeit besitzen, komprimierte digitale Videosignale aufzubereiten. Das wird die Zahl der Kanäle, die wir empfangen können, erheblich erhöhen und auch das Internet-Browsing ermöglichen. Schließlich wird Ihr Fernsehgerät über eine ganz neuartige Settop-Box, in Wahrheit ein sehr leistungsfähiger Mehrzweckcomputer, mit dem Netz verbunden sein – eine Settop-Box, die sich möglicherweise überhaupt nicht mehr oben auf Ihrem Fernseher befindet. Die Box kann in einem Fernseher, hinter ihm, auf ihm, an einer Kellerwand oder sogar außerhalb des Hauses angebracht sein. Ihr Fernsehgerät wird wie Ihr PC mit dem Netz verbunden sein und im »Dialog« mit den Knotenrechnern und Servern des Datennetzes Ihre Entscheidungen weiterleiten, die gewünschten Informationen abrufen und programmieren.

Die Personalcomputer werden sich unaufhörlich weiterentwickeln, leichter zu bedienen sein und preisgünstiger werden. In wenigen Jahren wird der häusliche PC für viele Menschen weniger ein Computer sein als vielmehr ein einfaches Gerät, dem wir eine Vielzahl von Leistungen abverlangen können, unter anderem solche, die der Unterhaltung dienen.

Indessen, mag der Fernseher dem PC auch noch so ähnlich werden, ein entscheidender Unterschied wird bleiben: Die Entfernung vom Gesicht beziehungsweise den Augen. Heute gibt es in mehr als einem Drittel der US-amerikanischen Haushalte Personalcomputer (Spielgeräte nicht eingerechnet). Irgendwann wird fast jeder Haushalt mindestens einen PC besitzen, der direkt mit dem Netz verbunden ist. Auf den PC werden Sie zurückgreifen, wenn es auf Einzelheiten ankommt oder schriftliche Arbeiten zu erledigen sind. Sein hochauflösender Monitor befindet sich 30 bis 60 Zentimeter vor Ihrem Gesicht, so daß die Augen Texte oder andere kleine Bilder leicht erfassen können. Ein großer Fernsehschirm am anderen Ende des Zimmers verträgt sich nicht mit der Verwendung einer Tastatur und überschreitet die reine Privatsphäre, ist aber ideal für Anwendungen, bei denen mehrere Leute gleichzeitig zuschauen.

Die Settop-Boxen und die PC-Schnittstellen werden so konstruiert sein, daß selbst älteste Fernsehapparate und gängigste PCs für den Highway verwendet werden können, aber es wird auch neue Fernseher und PCs mit besseren Bildern geben. Die Bilder auf heutigen Fernsehapparaten sind ziemlich unzulänglich, verglichen mit den Bildern in Zeitschriften oder Kinos. Während PAL-Geräte 625 Zeilen Information und Bilder bieten, haben die handelsüblichen Kassettenrekorder bei Aufzeichnung und Wiedergabe nur eine Auflösung von rund 300 Zeilen. Infolgedessen ist es schwierig, den Abspann eines Kinofilms auf dem Fernsehschirm zu lesen. Herkömmliche Fernsehschirme unterscheiden sich auch in der Form von den meisten Kinoleinwänden. Unsere Fernsehapparate haben ein »Seitenverhältnis« (die Beziehung zwischen Bildbreite und Bildhöhe) von vier zu drei, das heißt, das Bild ist um ein Drittel breiter, als es hoch ist. Spielfilme werden in der Regel mit dem Seitenverhältnis zwei zu eins produziert – doppelt so breit wie hoch.

Hochauflösende Fernsehsysteme (*High-Definition Television*-Systeme, HDTV) mit einer Auflösung von mehr als 1000 Zeilen, einem Seitenverhältnis von 16 zu 9 und besserer Farbwiedergabe, sind in Tests bereits vorgeführt worden und liefern sehr schöne Bilder. Doch trotz massiver Anstrengungen seitens der Regierung und der Industrie ist es in Japan, wo HDTV entwickelt wurde, nicht gelungen, das System einzuführen, weil für Sendung und Empfang kostspielige neue Ausrüstungen erforderlich sind. Werbekunden sind nicht bereit, mehr für HDTV zu zahlen, weil es keinen erkennbaren zusätzlichen Werbeeffekt bringt. Doch mit dem Breitbandnetz könnte sich das hochauflösende Fernsehen durchsetzen, weil dann ein Videoempfang mit unterschiedlichen Auflösungen und Seitenverhältnissen möglich ist. Mit dem Prinzip einer veränderbaren Auflösung sind PC-Benutzer längst vertraut, denn sie können neben der üblichen Auflösung von 480 waagerechten Zeilen (VGA genannt) je nach der Qualität ihres Monitors und ihrer Videokarte auch höhere Auflösungen von 600, 768, 1024 oder 1200 Zeilen wählen.

Sowohl Fernsehschirme wie PC-Bildschirme werden immer besser werden – ihre Größe wird ab- und ihre Qualität zunehmen. In den meisten Fällen wird es sich um Flachbildschirme handeln. Eine neue Form wird die digitale Tafel *(digital white board)* sein: ein großer Bildschirm an der Wand, zwei bis drei Zentimeter dick, der die herkömmlichen Wandtafeln ablöst. Er zeigt Bilder, Filme und andere visuelle Informationen, dazu Texte und ähnliche Details. Man wird auf der Tafel zeichnen und Listen führen können. Der Computer, der die digitale Tafel steuert, erkennt die handgeschriebene Liste und verleiht ihr eine lesbare Form in Maschinenschrift. Zunächst werden diese Geräte in Konferenzräumen Einzug halten, dann in Büros und schließlich auch in Privathaushalten.

Die heutigen Telefone werden an die gleichen Datennetze wie die PCs und Fernseher angeschlossen sein. Viele künftige Telefone werden kleine Flachbildschirme und winzige Kameras besitzen. Ansonsten werden sie mehr oder weniger wie die heutigen Geräte aussehen. In den Küchen wird man weiterhin Wandapparate benutzen, weil sie platzsparend sind. Man wird unmittelbar vor dem Telefon sitzen und den anderen Teilnehmer sehen – oder ein gespeichertes Bild von ihm, das er der Übermittlung der Livebilder vorzieht. Technisch wird der Telefonapparat, der in nicht allzu ferner Zukunft über dem Geschirrspüler hängen wird, vieles mit der Settop-Box im Wohnzimmer und dem PC im Arbeitszimmer gemein haben, nur die Form des Telefons wird er behalten. Unter ihrer Hülle werden alle Informationsgeräte mehr oder weniger die gleiche Computerarchitektur besitzen.

In einer mobilen Gesellschaft müssen die Menschen ihre Arbeit auch dann effizient fortsetzen können, wenn sie unterwegs sind. Vor zwei Jahrhunderten führten Reisende häufig ein »Schoßpult« *(lap desk)* mit sich, ein aufklappbares Schreibbrett, das ein kleines Mahagonikästchen mit einer Schublade für Federhalter und Tinte besaß. Zusammengeklappt nahm es

*Multimedia-Laptop von Digital Equipment Corporation neben einem Personalcomputer und einem Palmtop-Rechner (1996)*

nicht viel Platz ein, während es geöffnet eine umfangreiche Schreibunterlage bot. Beispielsweise wurde die amerikanische Unabhängigkeitserklärung auf einem Schoßpult in Philadelphia geschrieben, weit entfernt von Thomas Jeffersons Wohnort in Virginia. Dem Bedürfnis nach einem tragbaren Schreibplatz trägt heute der Laptop Rechnung, ein zusammenklappbarer PC, der bequem auf dem Schoß Platz findet. Viele Menschen, die, wie zum Beispiel ich, oft unterwegs sind, arbeiten vorwiegend mit einem Laptop (oder einem noch etwas kleineren Computer, einem sogenannten Notebook). Diese Kleincomputer können an einen großen Monitor und das betriebsinterne Datennetz im Büro angeschlossen werden. Im Laufe der Zeit werden die Notebooks immer dünner werden, bis sie wirklich fast auf die Größe eines Notizblocks geschrumpft sind.

Heute stellen Notebooks die kleinsten echten Computer dar und sind am leichtesten zu tragen, doch bald wird es Taschencomputer mit Farbbildschirmen in Kleinbildformat geben. Wenn Sie einen solchen Computer aus der Tasche ziehen, wird niemand sagen: »Donnerwetter! Was für ein Computer!«

Was tragen Sie heute bei sich, wenn Sie unterwegs sind? Wohl zumindest Schlüssel, Ausweis, Geld und Uhr. Möglicherweise schleppen Sie außerdem mit sich herum: Kreditkarten, ein Scheckbuch, Reiseschecks, ein Adreßbuch, einen Terminkalender, einen Notizblock, Lesestoff, eine Kamera, ein Diktiergerät, ein Handy, einen Pager (Piepser), Konzertkarten, eine Stadtkarte, einen Kompaß, einen Taschenrechner, eine elektronische Ausweiskarte, Fotos und vielleicht eine schrille Pfeife, um Hilfe herbeizurufen.

All das und viel mehr können Sie in dem Informationsgerät unterbringen, das wir Wallet-PC nennen. Wie erwähnt und wie der Name sagt, ist es nicht größer als eine Brieftasche, so

*Prototyp eines Wallet-PC (Skizze)*

daß Sie es bequem in die Tasche stecken können. Es wird Ihnen Nachrichten und Termine präsentieren, elektronische Briefe und Faxe entgegennehmen und verschicken, Wetter- und Börsenberichte aufzeichnen und einfache wie komplizierte Spiele gespeichert haben. Auf einer Tagung können Sie sich Aufzeichnungen machen, Ihre Termine prüfen, die neuesten Informationen durchsehen oder, sollte es Ihnen langweilig werden, unter Tausenden leicht abrufbarer Bilder Ihrer Kinder wählen.

Statt Papiergeld wird die neue Brieftasche fälschungssicheres Digitalgeld enthalten. Wenn Sie heute jemandem einen Zehnmarkschein, einen Scheck, eine Schenkungsurkunde oder ein anderes Wertpapier aushändigen, so bedeutet der Austausch von Papier einen Austausch von Finanzmitteln. Geld muß aber nicht unbedingt in Papierform vorliegen. Bei Abbuchungen von Kreditkarten und Geldüberweisungen wird digitale finanzielle Information ausgetauscht. Bald wird der Wallet-PC es jedermann ermöglichen, digitales Geld auszugeben und entgegenzunehmen. Ihr Wallet wird Sie mit dem Computer eines Geschäfts verbinden, ohne daß noch die materielle Geldübergabe an einer Kasse erforderlich ist. Auch bei privaten Transaktionen wird man sich der digitalen Währung bedienen. Wenn Ihr Sohn Geld braucht, schicken Sie ihm einfach einen Zehner von Ihrem Wallet auf seinen.

Sobald der Wallet-PC allgemein eingeführt ist, können wir all die Engpässe vermeiden, über die wir uns heute auf Flughäfen, in Theatern und an anderen Orten ärgern, wo sich Schlangen bilden, weil man sich ausweisen oder Karten vorzeigen muß. Wenn Sie beispielsweise durch eine Flughafenkontrolle müssen, stellt Ihr Wallet-PC die Verbindung zu den Flughafencomputern her und zeigt an, daß Sie ein Ticket bezahlt haben. Auch um Türen zu öffnen, brauchen Sie weder Schlüssel noch Magnetkarten. Ihr Wallet-PC wird Sie gegenüber dem Computer ausweisen, der das Schloß kontrolliert.

Wenn man Geldautomaten- und Kreditkarten nach und nach aus dem Verkehr zieht, werden sich kriminelle Elemente sicherlich der Wallet-PCs annehmen, deshalb wird man Sicherheitsvorkehrungen entwickeln müssen, um zu verhindern, daß mit einem Wallet-PC der gleiche Mißbrauch getrieben werden kann wie mit einer gestohlenen Kreditkarte. Der Wallet-PC wird die »Schlüssel« speichern, mit denen Sie sich selbst ausweisen. Problemlos können Sie diese Schlüssel ungültig machen, außerdem wird man sie regelmäßig verändern. Wenn es um sehr wichtige Transaktionen geht, wird der Schlüssel in Ihrem Wallet-PC nicht genügen. Eine Möglichkeit ist, daß man zur Transaktion nur über ein Paßwort Zugang erhält. An Geldautomaten wird man heute schon aufgefordert, eine Geheimzahl einzugeben, die nichts anderes als ein sehr kurzes Paßwort ist. Eine andere Möglichkeit, bei der Sie nicht gezwungen sind, ein Paßwort zu behalten, wäre irgendeine Form biometrischer Messung. Sie ist sicherer und wird eines Tages gewiß in vielen Wallet-PCs vorhanden sein.

Bei einem biometrischen Sicherheitssystem wird ein körperliches Merkmal aufgezeichnet, ein Stimmprofil oder ein Fingerabdruck. Beispielsweise könnte Ihr Wallet-PC Sie auffordern, ein beliebiges Wort laut zu lesen, das er auf dem Bildschirm zeigt, oder den Daumen gegen die Seitenfläche des Geräts zu drücken, wenn Sie eine größere finanzielle Transaktion vornehmen wollen. Der Wallet wird dann das, was er »gehört« oder »gefühlt« hat, mit der digitalen Aufzeichnung Ihrer Stimme oder Ihres Daumenabdrucks vergleichen.

Wallet-PCs werden Ihnen, wenn sie entsprechend ausgerüstet sind, überall auf der Erde genau angeben können, wo Sie sich befinden. Die Satelliten des Global Positioning System (GPS), eines elektronischen Navigationssystems, umkreisen die Erde und senden Signale, die Verkehrsflugzeugen, Kreuzfahrtschiffen, Marschflugkörpern und Wanderern mit tragbaren GPS-Empfängern gestatten, ihre Position bis auf 100 Meter genau zu bestimmen. Gegenwärtig kosten solche Geräte ein paar hundert Dollar, sie werden aber künftig in viele Wallet-PCs eingebaut sein.

Der Wallet-PC wird Sie mit der Datenautobahn verbinden, während Sie auf einer richtigen Autobahn fahren, und Sie darüber informieren, wo Sie sich befinden. Über einen eingebauten Lautsprecher gibt er Ihnen Richtungen vor und teilt Ihnen mit, daß eine Abfahrt kommt oder daß der nächste Abschnitt sehr unfallträchtig ist. Ständig zeichnet er die digitalen Verkehrsnachrichten auf und empfiehlt Ihnen, eine frühere Abfahrt oder einen anderen Weg zu nehmen, wenn Sie rechtzeitig auf dem Flughafen eintreffen wollen. Die farbigen Karten des Wallet-PC werden für Ihre gegenwärtige Position alle Informationen ausweisen, an denen Sie interessiert sind – Straßen und Wetterverhältnisse, Campingplätze, Aussichtspunkte, sogar Schnellrestaurants. So könnten Sie beispielsweise fragen: »Wo ist das nächste noch geöffnete Chinarestaurant?«, und die verlangte Information wird dem Wallet durch das drahtlose Datennetz zugeleitet. Im Gelände, bei einer Wanderung im Wald, wird der Wallet Ihr Kompaß sein, ebenso unentbehrlich wie das Schweizer Armeemesser.

Tatsächlich glaube ich, daß der Wallet-PC die neue Form des Schweizer Armeemessers sein wird. Als Junge hatte ich ein solches Messer – nicht die einfachste Ausführung mit lediglich zwei Klingen, aber auch keines von den ganz tollen, die eine ganze Werkstatt ersetzen. Es hatte den klassischen glänzend roten Griff mit weißem Kreuz und eine Vielzahl von Klingen und Zubehör, unter anderem einen Schraubenzieher, eine winzige Schere und sogar einen Korkenzieher (obwohl ich damals noch keine Verwendung für dieses besondere Teil hatte). Genauso werden einige Wallet-PCs einfach und elegant sein und nur über die wichtigsten Elemente verfügen – einen kleinen Bildschirm, ein Mikrofon, ein sicheres System zur Abwicklung von digitalen Geldgeschäften und die Fähigkeit, grundlegende Informationen zu lesen oder anders zu nutzen. Andere werden mit allem möglichen technischen Schnickschnack ausgerüstet sein: Kameras, Scannern, die gedruckte und handgeschriebene Texte lesen können, und GPS-Empfängern. Die meisten werden einen Notknopf haben, den Sie drücken, wenn Sie dringend Hilfe benötigen. Zu einigen Modellen werden auch Thermometer, Barometer, Höhenmesser und Pulsmesser gehören.

Vorläufer des Wallet-PCs sind bereits auf dem Markt. Neben Mobiltelefonen und Pagern gibt es auch die Hand-held-Computer, die eine Reihe von Funktionen in sich vereinigen. Personal Digital Assistents (PDAs) werden von Sharp, Hewlett-Packard, PSION und anderen angeboten. Die PDAs der ersten Generation hatten in vielen Fällen zu wenig Leistung und keine Software, die den Ansprüchen einer breiten Käuferschicht genügt hätte. Apples Newton verfügte über eine Handschrifterkennung, wurde aber den hochgespannten Erwartungen nicht gerecht, die Apple geweckt hatte. Microsoft hat noch nicht einmal seine Software für die PDAs der ersten Generation auf den Markt gebracht. Anfang 1997 wird dem Verbraucher eine verbesserte Generation von PDAs zur Verfügung stehen. Daraus wird sich im Laufe der Zeit, so schätze ich, ein stattlicher Markt entwickeln.

Der einfachste Vorläufer des Wallet-PC ist die sogenannte Chipkarte, die sich in Europa schon großer Beliebtheit erfreut. Sie ähnelt einer Kreditkarte, birgt aber im Kunststoff einen Mikroprozessor. Die Chipkarte der Zukunft wird ihren Besitzer erkennen und digitales Geld, Fahrkarten und medizinische Informationen speichern. Sie wird weder über den Bildschirm noch die Audiovorrichtungen noch andere raffinierte Ausstattungen des kostenaufwendigeren Wallet-PC verfügen. Für die Reise wird sie sich eignen und als Ergänzung zum Wallet-PC, und manche Benutzer werden sich ganz mit ihr begnügen.

Die Preise für Wallet-PCs werden höchst unterschiedlich ausfallen, so wie heute die Preise für Kameras. Für einfache Chipkarten, die nur für den digitalen Geldverkehr zuständig sind, wird man soviel zahlen wie heute für Einwegkameras, während ein raffinierter Wallet-PC, wie zur Zeit eine teure Kamera, durchaus 1000 Dollar und mehr kosten kann, dafür aber auch leistungsfähiger sein wird als die besten Computer noch zehn Jahre zuvor.

Wenn Sie keinen Wallet-PC bei sich haben, können Sie sich immer noch über eine Datenzelle Zugang zum interaktiven Netz verschaffen. Einige dieser Zellen werden kostenlos, andere gebührenpflichtig sein, und man wird sie in Bürogebäuden, Einkaufszentren und Flughäfen finden – so wie es heute überall Telefonzellen gibt. Dabei werden sie nicht nur diese ersetzen, sondern auch Geldautomaten, deren Funktion sie mit übernehmen werden, dazu werden sie noch all die anderen Netz-Anwendungen ermöglichen: In ihnen wird man Nachrichten empfangen und verschicken, Karten scannen und Eintrittskarten kaufen können. Einige Zellen werden aus Werbegründen zunächst Verbindungen zu bestimmten Dienstleistungsanbietern herstellen – nicht anders als zur Zeit einige Telefone auf Flughäfen, die direkt mit bestimmten Hotels oder Autoverleihfirmen verbinden. Nach außen werden sich die Datenzellen schlicht und robust präsentieren, im Inneren aber leistungsfähige PCs sein.

Ganz gleich, welche Gestalt der PC auch annimmt – ob Wallet, Desktop oder Datenzelle –, er muß den Benutzern immer die Möglichkeit gewähren, sich in seinen Anwendungen zurechtzufinden. Die heutigen PCs und das Internet sind da keine guten Beispiele. Auch die Fernbedienungen für Fernsehapparate nicht. Künftige Systeme mit mehr Wahlmöglichkeiten werden bessere Methoden zu bieten haben. Sie müssen Ihnen ersparen, alle Wahlmöglichkeiten Schritt für Schritt durchzuprobieren. Dann brauchen Sie sich nicht zu erinnern, auf welchem Kanal Sie einen bestimmten Sender finden, sondern werden ein grafisches Menü vor Augen haben und müssen nur noch auf ein leichtverständliches Bildsymbol zeigen.

Am Ende werden wir in der Lage sein, mit unseren Fernsehapparaten, PCs und den übrigen Informationsgeräten zu sprechen. Dabei müssen wir uns zunächst an einen begrenzten Wortschatz halten, aber schließlich wird es zu regelrechten Unterhaltungen kommen. Dazu ist sehr leistungsfähige Hardware und Software nötig, denn Gespräche, die ein Mensch mühelos verstehen kann, bereiten einem Computer große Schwierigkeiten. Heute schon funktioniert die Spracherkennung fehlerlos bei einer kleineren Anzahl von vorher festgelegten Befehlen, etwa: »Ruf meine Schwester an!« Allerdings ist es für einen

Computer sehr viel schwieriger, einen Satz zu verstehen, auf den er nicht vorbereitet ist. Im Laufe der nächsten zehn Jahre werden die Rechner auf diesem Gebiet enorme Fortschritte machen, zum Teil, weil sie Ihnen die Wörter von den Lippen lesen, während Sie sprechen (wir verstehen einen Menschen besser, wenn wir die Bewegung seiner Lippen sehen).

Lippenlesen wird einer der Vorteile der Videokameras sein, die zur Standardausstattung des PC gehören werden, sobald sich die Videokonferenz allgemein durchgesetzt hat. Dank der Kamera wird der PC auch erkennen, wer sich seiner bedient, so daß er die Bedürfnisse und Absichten des Benutzers besser antizipieren kann. Beispielsweise könnte ein Rechner die Befehle einer Person verweigern, die er nicht kennt, oder die Verbindung zu einer Web-Site für Erwachsene nicht herstellen, wenn er »sähe«, daß ein Kind in Sichtweise ist. Durch Videokameras wird auch »gestischer Input« möglich werden. Wenn Sie nicken, den Kopf schütteln, mit dem Daumen nach unten zeigen oder einen Abschiedsgruß winken, wird Ihr Computer wissen, was Sie meinen.

Einige Benutzer werden es bequemer finden, dem Computer handschriftliche Anweisungen zu geben, statt zu sprechen oder zu tippen. Viele Unternehmen, auch Microsoft, beschäftigen sich seit Jahren mit der Entwicklung von sogenannten »Pen-Computern« (»Schreibstift-Computern«), die handschriftlichen Text erkennen können. Ich war zu optimistisch, als ich davon ausging, daß es nicht mehr lange dauern könne, bis eine Software entwickelt sei, die die Handschrift einer Vielzahl von Menschen erkennen könne. Die Schwierigkeiten fielen nicht sofort ins Auge. Als wir das System selbst testeten, arbeitete es einwandfrei, doch neue Benutzer hatten ständig Probleme damit. Schließlich bemerkten wir, daß wir unwillkürlich sauberer und leserlicher schrieben als normalerweise. Wir paßten uns dem Gerät an und nicht umgekehrt. Ein andermal war das Entwicklungsteam der Meinung, es habe ein Programm geschaffen, das funktioniere. Stolz kam es, um mir vorzuführen, was es vollbracht hatte. Bei der Vorführung klappte es nicht. Zufällig waren alle an dem Projekt Beteiligten Rechtshänder, und der Computer, der programmiert war, auf die Striche in der Handschrift zu achten, konnte meine ganz anderen, linkshändigen Striche nicht interpretieren. Es stellte sich heraus, daß es ebenso schwer ist, einem Computer beizubringen, handschriftliche Aufzeichnungen zu lesen, wie ihn zu lehren, Sprache zu erkennen.

Doch auch wenn die Schwierigkeiten größer waren, als ich ursprünglich angenommen habe, bleibt mein Optimismus ungebrochen: Wir werden eine Lösung finden, und am Ende wird die Nachfrage nach Pen-Computern gewaltig sein. In Zukunft werden viele Menschen ihre handschriftlichen Notizen auf Computertafeln festhalten und nicht mehr auf Papier.

Egal, ob Sie einen Befehl per Stimme, Handschrift oder Zeigen eingeben, Verwirrung, Frust oder Zeitverschwendung werden Sie als Benutzer wohl kaum in Kauf nehmen. Daher muß die Software des interaktiven Netzes unter allen Umständen dafür sorgen, daß die Navigation, das Auffinden der Information, nicht die geringste Schwierigkeit macht, selbst wenn die Benutzer nicht wissen, wonach sie suchen.

Im Zusammenhang mit dem Highway wird sehr häufig das Schreckgespenst der »Informationsüberlastung« beschworen. Gewöhnlich hört man diese Sorge von Menschen, die die nicht einmal so abwegige Vorstellung hegen, die Glasfaserkabel des Breitbandnetzes würden wie riesige Rohrleitungen funktionieren, die ununterbrochen gewaltige Informationsmengen ausspeien.

Informationsüberlastung ist keine Besonderheit des Internet und muß nicht unbedingt ein Problem sein. Schon heute bewältigen wir erstaunliche Informationsmengen, indem wir uns einer umfangreichen Infrastruktur bedienen, die uns hilft, wählerisch vorzugehen. Dazu gehören Bibliothekskataloge, Filmkritiken, Branchenverzeichnisse, Empfehlungen von Freunden und vieles mehr. Wenn Menschen über das Problem der Informationsüberlastung klagen, fordern Sie sie doch einfach einmal auf, sich zu überlegen, wie sie ihren Lesestoff auswählen. Wenn wir eine Buchhandlung oder Bibliothek betreten, befürchten wir ja auch nicht, wir müßten jedes Buch lesen. Orientierungshilfen führen uns zu den Informationen, an denen wir interessiert sind, und helfen uns, die gewünschten Bücher und Zeitschriften zu finden. Zu diesem Zweck lesen wir Buchkritiken und halten uns an die Dezimalklassifikation in Bibliotheken. Sobald wir ein Buch gefunden haben, können wir das Inhaltsverzeichnis und das Register zu Rate ziehen, um die gesuchte Information näher einzugrenzen.

Ähnliche Einrichtungen wie Inhaltsverzeichnisse und Register sind zu sehr beliebten Navigationshilfen im World Wide Web des Internets geworden. Ein Dienst wie Yahoo (http://www.yahoo.com) ist für die vielen weltweit existierenden Web-Sites so etwas wie ein riesiges Inhaltsverzeichnis. Unablässig lesen und katalogisieren die Rechercheure bei Yahoo die Web-Seiten. Auf der Suche nach einer Web-Site wählen Sie zunächst eine allgemeine Kategorie aus, um ihre Auswahl dann immer weiter zu präzisieren. Wenn Sie nach Informationen über die Fernsehserie *Friends* suchen, dann sehen Sie sich nacheinander in den folgenden Unterkategorien um: Fernsehen, Serien, Comedys und dann Friends. Auf der letzten Seite finden Sie ein Liste mit Web-Seiten, die sich mit der Serie beschäftigen. Wenn Sie den Namen einer der Seiten anklicken, erscheint sie auf Ihrem Bildschirm. Angesichts der überwältigenden Informationsfülle des Internet brauchen Sie geduldige Helfer, um die Web-Seiten zu finden, die Sie interessieren.

Ein Internet-Dienst wie AltaVista (htt://altavista.digital.com) bietet ein Register der Web-Inhalte an. Computer der Firma, die zur Digital Equipment Corporation gehört, durchsuchen systematisch und unablässig Millionen von Textseiten des Web und verzeichnen in einem enorm umfangreichen Register Daten über Schlüsselwörter, die sie auf den einzelnen Seiten gefunden haben. Wenn Sie diesen Site aufsuchen, tippen sie eines oder mehrere der Wörter ein, die Sie interessieren, woraufhin AltaVista sein Register durchsieht und eine Liste mit allen Sites zusammenstellt, die Ihren Kriterien entsprechen. Mir macht die Arbeit mit AltaVista Vergnügen, weil es mir wirklich erlaubt, die berühmte Nadel im Heuhaufen zu finden, der Vorgang kann aber auch zur Geduldsprobe werden, weil AltaVista keinen editorischen Gliederungsprinzipien folgt. Als ich AltaVista einmal für die Suche nach *Friends* verwendete, erhielt ich eine offenbar völlig ungeordnete Liste mit 10 000 Sites. Der erste war eine Karte, die den Weg zur Cambridge Friends School bei Boston zeigte, der zweite die Home Page eines Juweliergeschäfts mit dem Namen Gems for Friends, der dritte die Liste der Freunde eines 19jährigen Studenten im schwedischen Uppsala und so fort. Damit ist wenig anzufangen. Wenn ich aber nach Informationen über einen bestimmten Freund suchte, wäre mir mit dem Namenregister von AltaVista sehr gedient.

Das finanzielle Interesse an beiden Arten von Suchmaschinen ist groß, weil sie einen unübersehbaren Bedarf decken – die Notwendigkeit nämlich, bestimmte Daten in einem Netz zu finden, dessen Informationszuwachs schier erdrückend ist. Ich nehme an, in den nächsten Jahren wird eine große Zahl weiterer solcher Dienstleistungsunternehmen entstehen, weil sie relativ leicht ins Leben zu rufen sind und es viele Möglichkeiten gibt, sich vom Angebot der Konkurrenz abzuheben.

In dem Maße, wie sich die Technik weiterentwickelt und die Wirtschaft auf unseren wachsenden Bedarf an gezielter Datensuche reagiert, werden uns immer vielfältigere und effizientere Möglichkeiten zur Verfügung stehen, um bestimmte Informationen im Internet zu finden. Das ideale Navigationssystem wird uns scheinbar unbegrenzte Informationen anbieten und trotzdem leicht zu nutzen sein.

Abfragen (*queries*), Filter, räumliche Navigation, Links und Berater (*agents*) werden fünf der wichtigsten Selektionstechniken sein – sie sind es zum Teil schon heute.

Man kann die verschiedenen Auswahlverfahren leichter verstehen, wenn man sie sich bildlich vorstellt. Denken Sie an bestimmte Informationen – eine Reihe von Fakten, eine sensationelle Nachricht, eine Liste mit Filmen –, alle in einem imaginären Lagerhaus untergebracht. Eine Abfrage überprüft für jeden Gegenstand im Lager, ob er einem von Ihnen festgelegten Kriterium entspricht. Ein Filter untersucht alle neu eintreffenden Waren, ob sie diesem Kriterium gerecht werden. Die räumliche Navigation bietet Ihnen die Möglichkeit, im Lagerhaus umherzugehen und den Bestand nach dem Ort seiner Unterbringung zu erfassen. Durch Links, teils textgestützter, teils grafischer Art, gelangen Sie direkt zu verwandten Informationen. Am interessantesten – und wohl auch am leichtesten zu benutzen – wird das Verfahren des persönlichen Beraters sein, der Sie auf dem Highway vertreten wird. Tatsächlich wird der Berater Software sein, ein Geschöpf des Computerprogramms, trotzdem wird er eine Persönlichkeit besitzen, mit der Sie sich in der einen oder anderen Form unterhalten können. In ihm haben Sie gewissermaßen einen Gehilfen, den Sie an Ihrer Stelle ins Lager schicken können, damit er nach dem Bestand sieht.

Sehen wir uns an, wie die verschiedenen Selektionsmethoden funktionieren. Bei einem Abfragesystem können Sie, wie der Name sagt, eine Vielzahl verschiedener Fragen stellen und vollständige Antworten erhalten. Wenn Ihnen der Titel eines Films nicht einfällt, Sie sich aber erinnern, daß Spencer Tracy und Katharine Hepburn darin mitspielen und daß es eine Szene gibt, in der er viele Fragen stellt, während sie vor Kälte zittert, dann können Sie eine Abfrage eintippen und alle Filme verlangen, die folgende Bedingungen erfüllen: »Spencer Tracy«, »Katharine Hepburn«, »kalt« und »Fragen«. Daraufhin wird ein Server des Highway Ihnen die Liebeskomödie *Eine Frau, die alles weiß* aus dem Jahr 1957 angeben, in der Tracy mitten im Winter auf einer Dachterrasse eine fröstelnde Hepburn mit Fragen überschüttet. Sie können sich die Szene anschauen, den ganzen Film sehen, das Drehbuch lesen, Filmkritiken studieren und jede Bemerkung nachlesen, die Tracy oder Hepburn öffentlich zu dieser Szene haben verlauten lassen. Wenn für das Ausland synchronisierte oder untertitelte Fassungen hergestellt worden sind, können Sie auch diese Versionen sehen. Möglicherweise sind sie auf Servern in verschiedenen Ländern gespeichert, werden Ihnen aber augenblicklich zur Verfügung stehen.

Das System wird sich auf einfache Fragen einstellen können

wie: »Zeige mir alle Zeitungsartikel, die irgendwo auf der Welt über das erste Retortenbaby erschienen sind«, »Nenne alle Geschäfte, die zwei oder mehr Sorten Hundefutter führen und in der Lage sind, mir in einer Stunde eine Kiste nach Hause zu liefern«, oder: »Zu welchen Verwandten habe ich seit mehr als drei Monaten keinen Kontakt mehr gehabt?« Es wird aber auch weit kompliziertere Fragen beantworten können, etwa: »Welche Großstadt hat den höchsten Prozentsatz an Einwohnern, die sich Rockvideos ansehen und regelmäßig Welthandelsnachrichten lesen?« Im allgemeinen werden solche Abfragen in relativ kurzer Zeit beantwortet werden, weil die meisten wahrscheinlich schon gestellt worden sind und das System die Antworten längst gefunden und gespeichert hat.

Sie werden auch »Filter« einrichten können, die im Prinzip nichts anderes als ständige Abfragen sind. Filter werden rund um die Uhr aktiv sein, neue Informationen auf Dinge durchsehen, die für Sie interessant sind, und alles andere ausfiltern. Sie sind in der Lage, einen Filter so zu programmieren, daß er Informationen sammelt, die für Sie von besonderem Interesse sind, über lokale Sportmannschaften zum Beispiel oder wissenschaftliche Entdeckungen aus bestimmten Bereichen. Ist das Wetter für Sie von vorrangiger Bedeutung, wird Ihr Filter dieses Thema an die erste Stelle Ihrer persönlichen Zeitung setzen. Einige Filter wird Ihr Computer automatisch einrichten, ausgehend von den Informationen, die er über Ihren Werdegang und Ihre Interessen besitzt. Ein solcher Filter kann Sie auf wichtige Ereignisse aufmerksam machen, die eine Person oder Institution aus Ihrer eigenen Lebensgeschichte betreffen: »Meteorit stürzt auf Lakeside School.« Sie können aber auch einen speziellen Filter einsetzen. Damit verlangen Sie ständige Information über einen bestimmten Aspekt, etwa: »Suche Teile für Nissan Maxima, Bj. 1990«, »Nenne mir alle Leute, die Erinnerungsstücke an die letzte Fußball-WM verkaufen«, »Wer sucht jemanden zum Radfahren an Sonntagnachmittagen, bei jedem Wetter?« Der Filter wird die Suche fortsetzen, bis Sie sie abbrechen. Wenn ein Filter beispielsweise einen potentiellen Begleiter für sonntägliche Radtouren findet, wird er automatisch alle anderen Daten prüfen, die diese Person im Netz veröffentlicht hat. Er wird sich bemühen, eine Antwort zu finden auf die Frage: »Was für ein Mensch ist das?« – wohl die erste Frage, die Sie in bezug auf einen neuen Bekannten stellen würden.

Die räumliche Navigation wird sich nach dem Prinzip richten, nach dem wir auch heute Information finden. Wenn wir uns gegenwärtig über ein bestimmtes Thema informieren wollen, gehen wir natürlich in die entsprechend ausgewiesene Abteilung einer Bibliothek oder Buchhandlung. Zeitungen haben Sport-, Immobilien- und Wirtschaftsteile, an die man sich hält, wenn man Nachrichten bestimmter Art sucht. In den meisten Zeitungen werden Wetterberichte Tag für Tag an der gleichen Stelle abgedruckt.

Die räumliche Navigation, die bereits in einigen Softwareprodukten Anwendung findet, ermöglicht Ihnen, durch Interaktion mit dem visuellen Modell einer wirklichen oder fiktiven Welt den Ort aufzusuchen, wo sich die Information befindet. Ein solches Modell können Sie sich als eine Karte vorstellen – ein bebildertes, dreidimensionales Inhaltsverzeichnis. Besonders wichtig wird die räumliche Navigation für die Interaktion mit Fernsehapparaten und kleinen, tragbaren PCs sein, die wahrscheinlich keine konventionellen Tastaturen haben werden. Um ein Bankgeschäft zu tätigen, könnten Sie beispielsweise die Zeichnung einer Geschäftsstraße wählen und dann mit einer Maus, einer Fernbedienung oder vielleicht sogar dem Finger auf die Zeichnung einer Bank deuten. Auf ein Gerichtsgebäude zeigen Sie, wenn Sie wissen möchten, welche Richter für welche Fälle zuständig sind und welche Prozesse noch ausstehen. Wenn Sie auf die Bushaltestelle zeigen, bekommen Sie den Fahrplan und können feststellen, ob der Bus, den Sie nehmen wollen, pünktlich ist. Falls Sie nach einem Hotel suchen, können Sie in Erfahrung bringen, ob Zimmer frei sind, den Grundriß betrachten und – wenn das Hotel eine an das Internet angeschlossene Videokamera besitzt – einen Blick auf Empfang und Restaurant werfen, um zu sehen, wie voll es im Augenblick ist.

Sie werden in der Lage sein, in die Karte hineinzugehen, so daß Sie einer Straße folgen oder sich durch die Zimmer eines Gebäudes bewegen können. Mühelos können Sie Einzelheiten vergrößern, wieder in die Totale gehen oder auf andere Bereiche umschwenken. Nehmen wir an, Sie möchten einen Rasenmäher kaufen. Wenn auf dem Bildschirm das Innere eines Hauses aufgetaucht ist, können Sie zur Hintertür hinausgehen. Dort sehen Sie einige Gebäude, unter anderem eine Garage. Durch Anklicken der Garage gelangen Sie in diese hinein, wo Sie neben anderen Gartengeräten auch einen Rasenmäher entdecken. Wenn Sie nun den Rasenmäher anklicken, erhalten Sie eine Reihe einschlägiger Informationen – Anzeigen, Testergebnisse, Bedienungsanleitungen, Verkaufsräume im Cyberspace. Auf denkbar einfache Weise können Sie Produkt- und Preisvergleiche anstellen und sich in jeder gewünschten Ausführlichkeit informieren. Während Sie das Bild der Garage anklicken und scheinbar in diese eintreten, werden hinter den Kulissen Server aktiviert, die Tausende von Kilometern über den Highway verstreut liegen und Ihren Bildschirm mit Informationen über die Gegenstände im »Inneren« der Garage versorgen.

Wenn man ein Objekt auf dem Bildschirm nur anzuklicken braucht, um Informationen über dieses Objekt abzurufen, hat man es mit einer Form von »Hyperlinks« zu tun. Hyperlinks oder einfach »Links« bieten Benutzern die Möglichkeit, augenblicklich von Informationsplatz zu Informationsplatz zu springen, so wie Raumschiffe in Science-fiction-Filmen durch den »Hyperraum« von einem geographischen Ort zum anderen springen. Jeder, der schon einmal das World Wide Web des Internets benutzt hat, ist mit Links vertraut, die einem dort in Form von Knöpfen, Bildern oder unterstrichenen Wörtern begegnen. Man klickt sie an und gelangt zu einer anderen Stelle des Dokuments, einer anderen Seite der Web-Site oder auch eines ganz anderen Site. Im künftigen Breitbandnetz verschaffen Ihnen Links umgehend Antwort auf Ihre Fragen, vorausgesetzt, Sie sind interessiert. Nehmen wir an, Sie sehen Nachrichten, und bei einer Pressekonferenz fällt Ihnen eine Frau neben dem Bundeskanzler auf, die Sie nicht kennen. Sie möchten wissen, wer das ist. Mit Ihrer Fernbedienung oder einer Maus zeigen Sie auf diese Frau. Dieser Vorgang ruft eine Biographie und eine Liste der Ereignisse ab, bei denen sie in letzter Zeit eine Rolle gespielt hat. Nun zeigen Sie auf einen Punkt dieser Liste und können das Ereignis sehen oder etwas darüber lesen. So haben Sie die Möglichkeit, von Thema zu Thema zu springen, um Video-, Audio- und Textinformationen aus der ganzen Welt zusammenzutragen.

Mit Hilfe der räumlichen Navigation sind Ihnen auch Besichtigungen möglich. Wenn Sie Reproduktionen der Kunstwerke in einem Museum oder einer Galerie sehen möchten, haben Sie die Möglichkeit, durch eine visuelle Wiedergabe der Räumlichkeiten zu »gehen«, von Kunstwerk zu Kunstwerk zu schlendern, als wären Sie wirklich dort. Einzelheiten über ein Gemälde oder eine Plastik erhalten Sie per Hyperlink. Keine Menschenmengen, kein Gedränge, und Sie können fragen, was Sie wollen, ohne Angst haben zu müssen, als ungebildet zu erscheinen. So werden Sie, wie in einer echten Galerie, auf interessante Dinge stoßen. Durch eine virtuelle Galerie zu navigieren wird nicht wie der Gang durch eine reale Kunstgalerie sein, aber doch eine annehmbare Annäherung – wie ein Ballett oder ein Basketballspiel im Fernsehen sehr unterhaltsam sein kann, obwohl es nicht das Live-Erlebnis im Theater oder im Stadion ersetzt.

Wenn andere Menschen das gleiche »Museum« besuchen, liegt es in Ihrem Ermessen, ob Sie mit ihnen Kontakt aufnehmen wollen oder nicht. Ihre Besuche müssen keine einsamen Erlebnisse sein. Einige Orte werden Sie nur aufsuchen, um die Cyberspace-Geselligkeit zu genießen, an anderen werden Sie niemanden antreffen. An manchen Orten wird es notwendig sein, daß Sie bis zu einem gewissen Maß als der Mensch in Erscheinung treten, der Sie wirklich sind, an anderen nicht. Wie Sie anderen Benutzern erscheinen, wird von Ihrer Entscheidung und den Regeln dieses Ortes abhängen. Schon heute haben Museen in der ganzen Welt Web-Sites im Internet, wenn sie dort auch bislang kaum Bilder präsentieren. Doch in den besseren

Museum-Sites, etwa dem des Louvre in Paris (http://www.culture.fr/louvre), können Sie sich ganze Sammlungen zu Gemüte führen. Da wird das Browsing zum Erlebnis, obwohl es natürlich mit einer Reise nach Paris nicht zu vergleichen ist.

Bei der Verwendung von räumlicher Navigation muß der Ort, an dem Sie sich befinden, nicht einmal irgendwo wirklich existieren. Sie haben die Möglichkeit, imaginäre Orte zu erfinden und an sie zurückzukehren, wann immer Ihnen der Sinn danach steht. In Ihrem eigenen Museum können Sie die Wände verschieben, Phantasiegalerien anbauen und die Kunstwerke nach Belieben umhängen. Sie können sich alle Stilleben nebeneinander zeigen lassen, selbst wenn eines das Fragment eines pompejischen Freskos ist, das in einer Galerie für antike römische Kunst hängt, und das andere ein kubistischer Picasso aus einer Galerie mit Werken des 20. Jahrhunderts. So sind Sie in der Lage, Museumsdirektor zu spielen und Bilder Ihrer Lieblingsmaler aus der ganzen Welt zusammenzutragen, um sie in Ihrer Privatgalerie »aufzuhängen«. Vielleicht erinnern Sie sich lebhaft an ein Gemälde, auf dem ein Löwe seinen Kopf an einem schlafenden Mann reibt, aber Sie wissen nicht mehr, wer es gemalt hat und wo Sie es gesehen haben. Wenn Sie sich weder an den Maler erinnern können noch an den Ort, wo Sie es gesehen haben, brauchen Sie nur in einer Abfrage zu beschreiben, woran Sie interessiert sind. Die Abfrage wird Ihren Computer oder andere Informationsgeräte dazu veranlassen, den vorhandenen Datenbestand auf die von Ihnen geforderte Information zu durchforsten.

Sogar Museumsführungen für Freunde können Sie veranstalten, egal, ob die neben Ihnen sitzen oder sich von der anderen Seite der Erde zugeschaltet haben. »Hier, zwischen dem Raffael und dem Modigliani«, werden Sie sagen, »hängt eine von mir außerordentlich geschätzte Fingermalerei, die ich im Alter von zwölf Jahren angefertigt habe.«

Die letzte Form der Orientierungshilfe, und in vielerlei Hinsicht die nützlichste, wird die des Beraters sein. Hier handelt es sich um einen Filter, der eine bestimmte Persönlichkeit angenommen hat und Eigeninitiative an den Tag zu legen scheint. Aufgabe des Beraters ist es, Ihnen zu helfen. Im Informationszeitalter heißt das, der Berater ist da, um Ihnen beim Auffinden von Information zu helfen.

Um zu verstehen, auf welche Weise und bei welchen Aufgaben der Berater helfen kann, versuchen Sie sich vorzustellen, wie sehr er heutige Benutzeroberflächen verbessern könnte. Die neueste Entwicklung in diesem Bereich ist die grafische Benutzeroberfläche wie beim Macintosh von Apple oder in Windows von Microsoft, die auf dem Bildschirm Informationen und Beziehungen abbildet, statt sie lediglich mit Worten zu beschreiben. Bei grafischen Benutzeroberflächen kann man auch Objekte oder Bilder auf dem Bildschirm anklicken und bewegen.

Allerdings hat die grafische Benutzeroberfläche ihre Grenzen. Wir haben so viele Möglichkeiten auf dem Bildschirm untergebracht, daß Programme oder Merkmale, die nicht regelmäßig angewendet werden, viele Leute einschüchtern. Die Merkmale sind bequem für Menschen, die mit der Software vertraut sind, doch der durchschnittliche Benutzer erhält nicht genügend Anleitung vom Computer, um mühelos damit umgehen zu können. Diese Probleme können Berater verringern.

Unter anderem wird der Berater auch deshalb wissen, wie er Ihnen helfen kann, weil er sich an Ihre früheren Aktivitäten erinnert. So wird er in der Lage sein, Verwendungsmuster zu erkennen, die ihm erlauben, produktiver mit Ihnen zusammenzuarbeiten. Auf geradezu magische Weise wird die Software dafür sorgen, daß Informationsgeräte, die ans Netz angeschlossen sind, aus Ihren Interaktionen lernen und Ihnen entsprechende Vorschläge unterbreiten. Diese geschmeidigere Software nenne ich *Softer Software*.

Die Software ermöglicht der Hardware, eine Reihe von Funktionen wahrzunehmen, aber sobald das Programm geschrieben ist, verändert es sich nicht mehr. Softer Software wird den Eindruck erwecken, daß sie im Laufe ihrer Verwendung immer intelligenter wird. Auf die gleiche Weise wie ein menschlicher Assistent wird Sie Ihre Bedürfnisse besser kennenlernen und wie ein menschlicher Assistent wird sie um so hilfreicher sein, je eingehender sie über Sie und Ihre Arbeit Bescheid weiß.

Gäbe es bereits den lernfähigen Berater, würde ich ihm gern einen Teil meiner Aufgaben übertragen. Beispielsweise wäre es sehr hilfreich, wenn er jede Projektplanung scannen, die Veränderungen festhalten und zwischen Projekten unterscheiden könnte, die meine Aufmerksamkeit erfordern, und Projekten, bei denen das nicht nötig ist. Er würde lernen, welche Kriterien darüber entscheiden, ob meine Aufmerksamkeit angebracht ist oder nicht: der Umfang des Projekts, welche anderen Projekte von ihm abhängen, Grund und Länge einer Verzögerung. Er würde lernen, wann ein zweiwöchiger Rückstand keine Rolle spielt und wann er ein ernsthaftes Problem signalisiert, um das ich mich besser gleich kümmern muß, damit es nicht noch wächst. Es wird Zeit kosten, dieses Ziel zu erreichen, nicht zuletzt, weil es, wie bei einem menschlichen Assistenten, schwierig ist, das richtige Maß zwischen Initiative und Routine zu finden. Denn wir wollen nicht übertreiben: Wenn der eingebaute Berater zu schlau sein will, wenn er Benutzern, die gewöhnt sind, ihre Computer völlig im Griff zu haben, seine Dienste ungefragt und unerwünscht aufdrängt, wird er leicht zum Ärgernis.

Wenn Sie einen Berater verwenden, befinden Sie sich im Dialog mit einem Programm, das sich bis zu einem gewissen Grad wie ein Mensch verhält. Möglicherweise ahmt die Software das Verhalten einer berühmten Persönlichkeit oder einer Comicfigur nach, während sie Ihnen hilft. Wenn der Berater eine solche Persönlichkeit annimmt, sorgt er für eine »soziale Benutzeroberfläche«. Eine Reihe von Firmen, darunter auch Microsoft, entwickeln gegenwärtig Berater, die für soziale Benutzeroberflächen geeignet sind. Allerdings wird der Berater die Software für grafische Benutzeroberflächen nicht ersetzen, sondern nur ergänzen: Sie haben dann zusätzlich eine Softwarefigur Ihrer Wahl zu Ihrer Unterstützung. Die Figur wird verschwinden, wenn Sie zu den Programmteilen kommen, die Sie sehr gut kennen. Doch sobald Sie zögern oder um Hilfe bitten, wird der Berater wieder auftauchen und seine Unterstützung anbieten.

Im Laufe der Zeit wird er Ihnen vielleicht wie ein Mitarbeiter vorkommen, der in die Software eingebaut ist. Er wird sich ins Gedächtnis rufen, welche besonderen Stärken Sie haben und was Sie in der Vergangenheit getan haben, und er wird versuchen, Probleme im vorhinein zu erkennen und Lösungen vorzuschlagen. Er wird Sie auf ungewöhnliche Ereignisse aufmerksam machen. Wenn Sie einige Minuten an einer Aufgabe gearbeitet haben und dann beschließen, sie beiseite zu legen, wird der Berater Sie unter Umständen fragen, ob Sie das wirklich wollen. Einige Programme tun das bereits heute. Wenn Sie gar zwei Stunden lang an einem Projekt gearbeitet haben und dann den Befehl geben, alles zu löschen, wird die soziale Benutzeroberfläche erkennen, daß das ein ungewöhnlicher Vorgang und möglicherweise ein schwerwiegender Fehler Ihrerseits ist. Folglich würde sie Ihnen mitteilen: »Daran arbeiten Sie seit zwei Stunden. Wollen Sie das wirklich löschen?«

Manche Leute, die von Softer Software und sozialer Benutzeroberfläche hören, empfinden die Vorstellung von einem Computer mit menschlichen Zügen als unheimlich. Doch ich glaube, sogar sie werden ihn nicht mehr missen wollen, sobald sie ihn ausprobiert haben. Wir neigen dazu, unsere Umwelt mit menschlichen Eigenschaften auszustatten. Diese Tendenz machen sich Zeichentrickfilme zunutze. *Der König der Löwen* ist weder sehr realistisch, noch gibt er vor, es zu sein. Selbstverständlich wissen wir, daß ein echtes Löwenjunges nicht die menschlichen Züge besitzt, mit denen Disneys Zeichner Simba ausgestattet haben, doch die Fiktion, Simba sei genauso wie ein Mensch, erscheint uns beim Anschauen des Films vollkommen natürlich. Wenn ein Auto eine Panne hat oder ein Computer abstürzt, würden wir die Maschine am liebsten anschreien, verfluchen oder sogar fragen, warum sie uns im Stich läßt. Natürlich wissen wir, daß das Quatsch ist, trotzdem neigen wir dazu, unbelebte Objekte zu behandeln, als ob sie lebendig wären und einen freien Willen hätten. In den Labors von Universitäten und Softwareunternehmen suchen Forscher nach Möglichkeiten, die Benutzeroberflächen von Computern durch Berücksichtigung dieser menschlichen Neigung zu verbessern. Aus Untersuchungen wissen wir, daß die Reaktionen von Benutzern unterschiedlich ausfallen, je nachdem, ob die Stimme des Beraters weiblich oder männlich war. In einer kürzlich durchgeführten Studie forderten wir Benutzer auf, ihre Erfahrung mit einem Computer zu bewerten. Als wir den Benutzern durch den Computer, mit dem sie gearbeitet hatten, die Aufforderung übermitteln ließen, ihre Leistung zu beurteilen, waren die Reaktionen überwiegend positiv. Doch als wir einen zweiten Computer veranlaßten, dieselben Versuchspersonen aufzufordern, eine Bilanz ihrer Arbeit mit dem ersten Gerät zu ziehen, zeigten sie sich erheblich kritischer. Ihr Widerstreben, dem ersten Computer ihre Kritik »ins Gesicht« zu sagen, läßt darauf schließen, daß sie seine Gefühle nicht verletzen wollten, obwohl sie wußten, daß es nur eine Maschine war. Soziale Benutzeroberflächen sind vielleicht nicht für alle Benutzer und alle Situationen geeignet, aber ich denke, daß wir ihnen in Zukunft häufig begegnen werden, weil sie den Computer vermenschlichen.

Berater müssen über Sie »Bescheid wissen«, um Ihnen helfen zu können. Daher wird viel Information über Sie und Ihre Vorlieben im Netz gespeichert sein, so daß strenge Vorkehrungen für Datenschutz und Sicherheit erforderlich sein werden. Glücklicherweise sind solche Vorkehrungen technisch machbar. Tatsächlich verfügt man heute schon über so vorzügliche Methoden zum Schutz der persönlichen Daten, daß es viele Regierungen höchst nervös macht.

Regierungen wissen seit jeher, wie wichtig es ist, Informationen geheimzuhalten, sei es aus wirtschaftlichen, sei es aus militärischen Gründen. Die Notwendigkeit, persönliche, kommerzielle, militärische oder diplomatische Mitteilungen zu sichern (oder zu knacken), hat schon immer scharfsinnige Leute angezogen. Charles Babbage, der Mitte des 19. Jahrhunderts in der Kunst des Codeknackens erhebliche Fortschritte erzielte, schrieb: »Das Dechiffrieren ist in meinen Augen eine der faszinierendsten Künste, und ich fürchte, damit mehr Zeit vergeudet zu haben, als es verdient.« Eine verschlüsselte Nachricht zu knacken, verschafft hohe Befriedigung. Ich habe diese Faszination als Kind entdeckt, als wir mit einfachen Chiffren spielten. Wir verschlüsselten Nachrichten dadurch, daß wir Buchstaben des Alphabets durch andere ersetzten. Wenn ein Freund mir eine Nachricht schickte, die mit »ULFW NZXX« begann, war leicht zu erraten, daß das »DEAR BILL« heißen sollte und daß U für D, L für E stand usw. Mit diesen sieben Buchstaben war es nicht mehr schwer, den Rest der Geheimbotschaft ziemlich schnell zu enträtseln.

In der Vergangenheit sind Kriege gewonnen oder verloren worden, weil die mächtigsten Regierungen der Erde nicht die kryptologischen Möglichkeiten hatten, die heute jedem jüngeren Gymnasiasten mit einem Personalcomputer heute zur Verfügung stehen. Bald wird jedes Kind, das alt genug ist, einen Computer zu benutzen, in der Lage sein, verschlüsselte Nachrichten zu verschicken, die keine Regierung der Erde so leicht wird knacken können. Das ist eine der weitreichenden Konsequenzen aus der allgemeinen Verfügbarkeit moderner Rechenleistung.

Die Kryptografie erweist sich immer mehr als Schlüsselelement im Datennetz, und das aus gutem Grund. Ohne sichere Transaktionen, auch finanzielle Transaktionen, kann das interaktive Netz kaum zu einem zuverlässigen Netz werden.

Wenn Sie auf dem Information Highway eine Nachricht verschicken, wird sie von Ihrem Computer oder sonstigen Informationsgeräten mit einer digitalen Signatur »abgezeichnet«, die nur Sie anbringen können, und die Nachricht wird so verschlüsselt, daß nur der von Ihnen gemeinte Empfänger sie entschlüsseln kann. Die Sendung kann Information jeder Art enthalten, auch Sprache, Video oder digitales Geld. Der Empfänger wird vollkommen sicher sein können, daß die Nachricht wirklich von Ihnen ist, daß sie genau zu der angegebenen Zeit abgeschickt wurde, daß sich niemand daran zu schaffen gemacht hat und daß andere sie nicht entschlüsseln können.

Der Mechanismus, der diesen Datenschutz ermöglicht, beruht auf den »Einwegfunktionen« und der »Kryptografie mittels öffentlichem Schlüssel« (*public key encryption*). Ich will auf diese sehr schwierigen Begriffe nur kurz eingehen. Halten Sie sich vor Augen, daß das Sicherheitssystem, mag es technisch auch sehr kompliziert sein, in der Bedienung für Sie sehr einfach sein wird. Sie brauchen Ihrem Informationsgerät nur zu sagen, was es tun soll, und der Vorgang wird scheinbar mühelos – und sicher – ablaufen.

Für die Kryptografie brauchen wir eine Einwegfunktion – eine Funktion, die sehr viel leichter auszuführen als rückgängig zu machen ist. Das Zerschlagen einer Glasscheibe ist eine Einwegfunktion, allerdings keine Funktion, die sich für die Kryptografie eignet. Dafür brauchen Sie eine Funktion, die sich leicht rückgängig machen läßt, wenn Sie über eine Zusatzinformation verfügen, und sehr schwer ungeschehen zu machen ist, wenn Sie nicht im Besitz dieser Information sind. In der Mathematik gibt es eine Reihe solcher Einwegfunktionen. Eine davon betrifft die Primzahlen. Was eine Primzahl ist, lernen die Kinder in der Schule. Eine Primzahl ist eine Zahl, die nur durch 1 und sich selbst teilbar ist. Von den ersten zwölf Zahlen sind 2, 3, 5, 7 und 11 Primzahlen. Die Zahlen 4, 6, 8 und 10 sind keine Primzahlen, weil sie durch 2 teilbar sind. Die Zahl 9 ist keine Primzahl, weil sie durch 3 geteilt werden kann. Es gibt unendlich viele Primzahlen, die keine Gemeinsamkeiten haben, außer daß sie Primzahlen sind. Wenn Sie zwei Primzahlen miteinander multiplizieren, erhalten Sie eine Zahl, die nur durch diese zwei Primzahlen teilbar ist. 35 zum Beispiel kann nur durch 5 und 7 geteilt werden. Primzahlen findet man, indem man eine Zahl »in Faktoren zerlegt«. Wenn wir die Zahl 35 auf diese Weise zerlegen, erhalten wir die Faktoren 5 und 7.

Es ist leicht, die Primzahlen 11 927 und 20 903 miteinander zu multiplizieren, sehr viel schwerer indessen, aus dem Produkt 249 310 081 die beiden Primzahlen, die seine Faktoren sind, abzuleiten. Diese Einwegfunktion – die Multiplikation von Primzahlen, die sich aus ihrem Produkt nur schwer als Faktoren wiedergewinnen lassen – bildet die Grundlage einer genialen und raffinierten Kryptografie. Selbst die größten Computer brauchen lange, um ein wirklich großes Produkt wieder in die Primzahlen zu zerlegen, aus denen es gebildet wurde. Ein darauf basierendes Codierungssystem verwendet zwei verschiedene Decodierungsschlüssel, einen zur Verschlüsselung und einen anderen, jedoch verwandten, zur Entschlüsselung einer Nachricht. Wenn man nur den Chiffrierschlüssel kennt, kann man eine Nachricht zwar leicht verschlüsseln, aber ihre Entschlüsselung ist innerhalb einer vernünftigen Zeitspanne nahezu unmöglich. Das Dechiffrieren erfordert einen eigenen Schlüssel, den nur der berechtigte Empfänger der Nachricht besitzt beziehungsweise sein Computer. Der Dechiffrierschlüssel basiert auf dem Produkt zweier riesiger Primzahlen, der Chiffrierschlüssel auf den Primzahlen selbst. Ein Computer kann zwei einmalige Schlüssel im Handumdrehen erzeugen, weil es einem Computer leichtfällt, zwei große Primzahlen zu generieren und sie miteinander zu multiplizieren. Es ist kein großes Risiko, wenn der so erzeugte Chiffrierschlüssel bekannt wird, weil es selbst einem anderen Computer schwerfallen würde, ihn in Faktoren zu zerlegen und so den Dechiffrierschlüssel zu erhalten.

Die praktische Umsetzung dieses Prinzips ist der entscheidende Aspekt verschiedener Sicherheitssysteme für Datennetze. Sie können sich künftige Versionen des Internets als ein Postnetz vorstellen, in dem jeder Teilnehmer einen Briefkasten hat, der jedem unbefugten Zugriff entzogen ist und ein absolut sicheres Schloß hat. Jeder Briefkasten hat einen Schlitz, durch den jeder Information einwerfen kann, aber nur der Besitzer des Briefkastens hat den Schlüssel, der erforderlich ist, um Information herauszuholen.

Der Computer oder irgendein anderes Informationsgerät eines jeden Benutzers wird aus Primzahlen einen Chiffrierschlüssel herstellen, der in ein öffentlich zugängliches Verzeichnis aufgenommen wird, und einen entsprechenden Dechiffrierschlüssel, den nur der Benutzer kennt. In der Praxis funktioniert das folgendermaßen: Ich habe eine Information, die ich Ihnen zukommen lassen möchte. Mein Informationsgerät/Computersystem sucht sich Ihren öffentlichen Schlüssel heraus und benutzt ihn, um die Information vor dem Absenden zu verschlüsseln. Obwohl Ihr Schlüssel öffentlich bekannt ist, kann niemand die Nachricht lesen, weil Ihr öffentlicher Schlüssel nicht die zur Entschlüsselung erforderliche Information enthält. Sie erhalten die Nachricht, und Ihr Computer entschlüsselt sie mit einem privaten Schlüssel, der Ihrem öffentlichen Schlüssel entspricht.

Sie wollen antworten. Ihr Computer sucht meinen öffentlichen Schlüssel heraus und benutzt ihn zur Verschlüsselung Ihrer Antwort. Niemand sonst kann die Nachricht lesen, obwohl sie mit einem Schlüssel chiffriert wurde, der allgemein bekannt ist. Nur ich kann sie lesen, weil nur ich den privaten Dechiffrierschlüssel besitze. Das ist sehr praktisch, weil man nicht vorher Schlüssel auszutauschen braucht.

Wie groß müssen die Primzahlen und ihre Produkte sein, um eine ausreichende Einwegfunktion zu garantieren?

1977 haben Whitfield Diffie und Martin Hellman die »Public-Key-Kryptografie« entwickelt. Eine andere Gruppe von Informatikern – Ron Rivest, Adi Shamir und Leonard Adelman – präsentierte kurz darauf die Idee, die Primzahlzerlegung als Teil dessen zu benutzen, was man heute nach den Anfangsbuchstaben ihrer Nachnamen als RSA-Kryptosystem bezeichnet. Um eine 130stellige Zahl, die das Produkt zweier Primzahlen ist, in Faktoren zu zerlegen, würden nach ihrer Schätzung Millionen Jahre erforderlich sein, egal, wieviel Rechenleistung man dafür einsetzt. Um das zu beweisen, forderten sie alle Welt auf, die beiden Faktoren der folgenden 129stelligen Primzahl zu finden, die unter Fachleuten als »RSA 129« bekannt ist:

114 381 625 757 888 867 669 235 779 976 146 612 010 218
296 721
242 362 562 561 842 953 706 935 245 733 897 830 597 123
563 958
705 058 989 075 147 599 290 026 879 543 541

Sie waren überzeugt, daß eine Nachricht, die mit dieser Zahl als öffentlichem Schlüssel codiert wurde, für alle Zeiten vollkommen sicher sei. Sie hatten aber entweder nicht damit gerechnet, daß die Rechnerleistung tatsächlich gemäß dem Mooreschen Gesetz, von dem im zweiten Kapitel die Rede war, anwachsen würde, oder sie hatten den Erfolg des Personalcomputers nicht vorhergesehen, der die Zahl der Computer und Computerbenutzer weltweit drastisch ansteigen ließ. 1993 machte sich eine Gruppe von über 600 Wissenschaftlern und Hobbyisten aus aller Welt daran, die 129stellige Zahl zu knacken, wobei sie die Arbeit mehrerer Computer über das Internet koordinierten. Es verging kein Jahr, bis sie die Zahl in zwei Primzahlen zerlegt hatten, eine mit 64 und eine mit 65 Stellen. Die Primzahlen waren:

3 490 529 510 847 650 949 147 849 619 903 898 133 417
764 638 493 387 843 990 820 577

und

32 769 132 993 266 709 549 961 988 190 834 461 413 177
642 967 992 942 539 798 288 533

Die verschlüsselte Botschaft lautete: »The magic words are squeamish and ossifrage.« (Deutsch: Die Zauberwörter sind »überempfindlich« und »Fischadler«.)

Unter anderem läßt sich daraus die Lehre ziehen, daß ein 129stelliger öffentlicher Schlüssel nicht lang genug ist, wenn die zu verschlüsselnde Information wirklich wichtig und vertraulich ist. Ferner zeigt das Beispiel, daß man in Sachen Sicherheit und Kryptografie nicht vorsichtig genug sein kann.

Man braucht den Schlüssel nur um einige Stellen zu verlängern, und er ist schon sehr viel schwerer zu knacken. Mathematiker nehmen heute an, daß ein 250stelliges Produkt zweier Primzahlen mit jeder noch zu erwartenden Rechnerleistung selbst in Millionen Jahren nicht in Faktoren zu zerlegen ist. Aber wer kann das heute wirklich sagen? Aus dieser Ungewißheit – und der unwahrscheinlichen, aber denkbaren Möglichkeit, daß jemand ein einfaches Verfahren findet, große Zahlen in Faktoren zu zerlegen – folgt, daß Datennetze von vornherein die Möglichkeit bieten müssen, die kryptografischen Systeme im Handumdrehen zu verändern.

Wie wichtig eine solche Flexibilität ist, bewies Ende 1995 der Kryptografieberater Paul Kocher, als es ihm gelang, einige Public-Key-Verschlüsselungen ohne blinde Faktorenzerlegung zu dechiffrieren. Kocher suchte sich ein bestimmtes System, verschlüsselte einige Nachrichten mit dessen öffentlichem Schlüssel und maß dann sorgfältig die Zeit, die das System für die Entschlüsselung brauchte. Spätestens nach einigen Tausend Versuchen lagen ihm genügend zeitliche Daten vor, um die Geheimzahl zu bestimmen, die das System zur Dechiffrierung verwendete. Zum Glück lassen sich die Kryptografieprogramme ohne Schwierigkeit so modifizieren, daß sich die Zeit, die sie benötigen, nicht mehr genau bestimmen läßt. Leider kann es durchaus noch andere Methoden zum Knacken der Public-Key-Kryptografie geben, an die heute noch niemand denkt. Also, Anlaß zur Sorge besteht immer.

Über eines brauchen wir uns bestimmt keine Sorgen zu machen: daß uns die Primzahlen ausgehen könnten und daß zwei Computer zufällig dieselben Zahlen als Schlüssel benutzen. Es gibt sehr viel mehr Primzahlen von geeigneter Länge, als es Atome im Universum gibt, und somit ist die Wahrscheinlichkeit von zufälligen Doppelungen verschwindend klein.

Die Verschlüsselung dient nicht nur der Geheimhaltung. Sie kann die Echtheit eines Dokuments belegen, weil man einen privaten Schlüssel zur Codierung einer Nachricht verwenden kann, die nur mit dem öffentlichen Schlüssel zu decodieren ist. Das funktioniert folgendermaßen: Wenn ich eine Information habe, die ich signieren möchte, bevor ich sie Ihnen schicke, verwendet mein Computer meinen privaten Schlüssel zum Chiffrieren. Die Nachricht kann jetzt nur gelesen werden, wenn zum Dechiffrieren mein öffentlicher Schlüssel verwendet wird, den Sie und alle Welt kennen. Diese Nachricht ist eindeutig von mir, weil niemand sonst den privaten Schlüssel hat, mit dem sie auf diese Weise verschlüsselt wurde.

Mein Computer nimmt nun diese verschlüsselte Nachricht und verschlüsselt sie nochmals, diesmal mit Ihrem öffentlichen Schlüssel. Danach schickt er die doppelt verschlüsselte Nachricht über das Netz an Sie.

Ihr Computer erhält die Nachricht und benutzt Ihren privaten Schlüssel, um sie zu dechiffrieren. Dadurch wird die zweite Chiffrierebene aufgehoben, doch die Ebene, die ich mit meinem privaten Schlüssel hergestellt habe, bleibt bestehen. Daraufhin verwendet Ihr Computer meinen öffentlichen Schlüssel, um die Nachricht nochmals zu dechiffrieren. Weil sie wirklich von mir ist, wird die Nachricht korrekt entschlüsselt, und Sie wissen, daß sie echt ist. Wenn an der Information auch nur ein Bit geändert wäre, würde die Nachricht sich nicht korrekt entschlüsseln lassen, und es wäre offenkundig, daß sich jemand an ihr zu schaffen gemacht hätte oder daß ein Übertragungsfehler vorläge. Dieses außergewöhnliche Maß an Sicherheit wird es Ihnen erlauben, Geschäfte mit Personen abzuwickeln, die Ihnen persönlich unbekannt sind, ja sogar mit solchen, denen Sie mißtrauen, weil Sie sicher sein können, daß digitales Geld gültig und daß Unterschriften und Dokumente nachweisbar echt sind.

Die Sicherheit läßt sich weiter erhöhen, indem man in verschlüsselte Dokumente Zeitstempel einfügt. Versucht jemand, den Zeitpunkt, zu dem das Dokument geschrieben oder verschickt wurde, zu verändern, wird die Manipulation zu erkennen sein. So können Fotos und Videos wieder als Beweise bei Gericht zugelassen werden, eine Funktion, die ihnen wegen ihrer elektronischen Manipulierbarkeit vielfach abgesprochen worden ist.

Ich habe die technischen Einzelheiten der Public-Key-Kryptografie bewußt vereinfacht. Da dieses System relativ langsam ist, wird es nicht die einzige Chiffriermethode im Netz bleiben. Dennoch wird diese Form der Verschlüsselung auch weiterhin dazu dienen, Dokumente zu signieren, ihre Echtheit zu beglaubigen und die Schlüssel für andere Chiffriermethoden sicher zu verteilen.

Navigationsmöglichkeiten, Benutzeroberfläche und Kryptografieverfahren sind Beispiele für Softwarekomponenten, die an und für sich keine Anwendungen sind. Sie gehören zu den Dienstprogrammen, den Standardleistungen, die ein Betriebssystem für alle auf ihm fußenden Anwendungen bereithält. Nicht jede Anwendung, die im interaktiven Netz läuft, wird sich alle verfügbaren Dienstprogramme zunutze machen, und viele Anwendungen werden die grundlegenden Dienstprogramme des Betriebssystems erweitern, indem sie neue Leistungen einbringen. Trotzdem ist das Fundament dieser Dienstprogramme von entscheidender Bedeutung. Den Benutzern helfen sie, weil sie für Kontinuität in der Bedienung von Anwendungen sorgen, und sie helfen Softwareentwicklern und Inhaltsanbietern, indem sie ihnen viel Arbeit abnehmen, so daß sie ihre großartigen Anwendungen leichter und schneller auf den Markt bringen können.

Daß wir uns richtig verstehen: Es wird wunderbare Anwendungen der verschiedensten Art im Internet geben – weit bessere und vielseitigere als heute. Viele Netzanwendungen von morgen werden ausschließlich für Unterhaltungszwecke bestimmt sein, nicht anders als heute. Von vielen Menschen wird das Internet bereits dazu benutzt, Bridge oder Brettspiele mit Freunden in anderen Städten zu spielen, allerdings wird das Erlebnis in Zukunft sehr viel intensiver sein. Bei Übertragungen von Sportereignissen im Fernsehen werden Sie die Möglichkeit haben, die Kameraeinstellungen, die Wiederholungen und selbst die Kommentatoren zu wählen. Jederzeit und an jedem Ort werden Sie in der Lage sein, jedes beliebige Musikstück zu hören, weil sie sich aus dem größten Plattenladen der Welt bedienen können – dem Netz.

Vielleicht fällt Ihnen selbst eine kleine Melodie ein, die Sie in ein Mikrofon summen – sogleich können Sie erleben, wie sie sich anhört, wenn sich ein Orchester oder eine Rockgruppe Ihrer musikalischen Eingebung annimmt. Oder Sie sehen sich *Vom Winde verweht* an und ersetzen das Gesicht von Vivian Leigh oder Clark Gable durch Ihr eigenes. Möglicherweise ziehen Sie es auch vor, einen Laufsteg entlangzuschweben und die neuesten Kreationen aus Paris zu tragen, die Ihnen auf den Leib geschneidert sind – oder auf den Leib, den Sie gerne hätten.

Wißbegierige Benutzer werden von der Fülle der Informationen fasziniert sein. Sie möchten wissen, wie eine mechanische Uhr funktioniert? Bitte, aus jedem Blickwinkel können Sie in das Uhrwerk hineinblicken und dürfen sogar Fragen stellen. Schließlich bietet Ihnen eine Cyberspaceanwendung noch die Möglichkeit, in der Uhr herumzuklettern. Ihnen steht es aber auch frei, in die Rolle eines Herzchirurgen zu schlüpfen oder das Schlagzeug bei einem ausverkauften Rockkonzert zu spielen – das alles dank der Fähigkeit des Netzes, komplexe Simulationen auf Hobbyrechner zu überspielen. Einige der Möglichkeiten, die Ihnen das interaktive Netz bieten wird, werden einfach fortführen, was Sie heute schon durch Software und Internet geboten bekommen, nur werden Grafik und Animation viel besser sein.

Andere Anwendungen werden ausschließlich praktischen Erfordernissen Genüge tun. Wenn Sie beispielsweise in den Urlaub fahren, wird ein Programm zur Hauswirtschaftsführung die Heizung herunterdrehen, das Postamt informieren, damit es die Post einbehält, den Zeitungsboten benachrichtigen, damit er die Tageszeitung nicht ausliefert, die Innenbeleuchtung so betätigen, daß es aussieht, als seien Sie zu Hause, und die üblicherweise anfallenden Rechnungen automatisch bezahlen.

Wieder andere Anwendungsprogramme werden von größter Bedeutung sein. Mein Vater hatte sich einmal am Wochenende einen schlimmen Fingerbruch zugezogen und fuhr in die nächste Notaufnahme. Zufällig war es das Kinderkrankenhaus in Seattle. Angeblich konnte man nichts für ihn tun, weil er ein paar Jahrzehnte zu alt war. Hätte es damals schon ein interaktives Netz gegeben, hätte das ihm einiges Ungemach ersparen können, indem es ihm rechtzeitig geraten hätte, keine Zeit mit dem Kinderkrankenhaus zu verschwenden. Ein mit dem Netz verbundenes Anwendungsprogramm hätte ihm mitgeteilt, welche nahegelegenen Notaufnahmen ihm zu diesem Zeitpunkt am besten hätten helfen können.

Sollte sich mein Vater in ein paar Jahren noch einmal den

Finger brechen, könnte er mit Hilfe einer Internetanwendung nicht nur ein geeignetes Krankenhaus finden, sondern wäre unter Umständen auch in der Lage, sich schon auf dem Weg dorthin elektronisch anzumelden und damit den zeitraubenden Papierkrieg gänzlich zu vermeiden. Der Krankenhauscomputer fände den richtigen Arzt für die Behandlung der Verletzung, der seinerseits die Krankengeschichte meines Vaters von einem Server im Netz abrufen könnte. Hielte der Arzt eine Röntgenaufnahme für erforderlich, würde sie digital auf einem Server gespeichert, so daß sie jeder bevollmächtigte Arzt oder Spezialist im Krankenhaus oder an irgendeinem anderen Ort der Erde augenblicklich zu Rate ziehen könnte. Jeder ärztliche Kommentar, der bei der Prüfung der Röntgenaufnahme mündlich oder schriftlich gemacht würde, erschiene augenblicklich im Krankenbericht meines Vaters. Er könnte sich die Röntgenaufnahme ansehen und die medizinischen Gutachten lesen. Vielleicht würde er die Aufnahmen seiner Familie zeigen: »Seht mal, wie massiv der Bruch ist! Und hört mal, was die Ärzte dazu sagen!«

Die meisten dieser Anwendungen, von der Auswahl auf der Speisekarte einer Pizzeria bis zum Zugriff auf zentral geführte Krankenberichte, sind heute schon auf PCs möglich, die mit dem Internet verbunden sind. Leistungen und Bandbreiten werden sich ständig verbessern, so daß das Online-Erlebnis immer abwechslungsreicher und intensiver werden wird. Eines Tages wird der interaktive Informationsaustausch zu unserem Alltag gehören.

## 5. Vom Internet zum Highway

Noch gibt es den Information Highway nicht. Das wird viele Leute überraschen, die daran gewöhnt sind, daß vom Fernsprechnetz bis zum Internet alles als »Information Superhighway« oder Datenautobahn bezeichnet wird. Zwar versorgt das Internet bereits Millionen Menschen mit Informationen und Dienstleistungen verschiedenster Art, doch ein interaktives Breitbandnetz, das in der Lage wäre, alle die in Kapitel vier beschriebenen Killer-Applikationen anzubieten, wird der Mehrheit der amerikanischen Haushalte frühestens in zehn Jahren zur Verfügung stehen. Rascher läßt sich die Hochgeschwindigkeits-Infrastruktur einfach nicht schaffen.

Das Internet ist der Vorläufer jenes globalen Netzes, das am Endpunkt der gegenwärtigen Entwicklung stehen wird. Ganz bestimmt wird der Highway, wenn er sich eines Tages aus dem globalen interaktiven Netz gebildet hat, auch weiterhin Internet heißen. Doch so kurios sich die Bezeichnung »Information Highway« oder ihr deutsches Pendant »Datenautobahn« mittlerweile auch anhören mag, bei exakter Verwendung läßt sich mit ihrer Hilfe eine Trennungslinie ziehen zwischen dem heutigen interaktiven Schmalbandnetz (dem gegenwärtigen »Internet«) und dem künftigen interaktiven Breitbandnetz (dem »Highway«).

Doch egal, wie man es am Ende nennen wird, die Schaffung eines interaktiven Netzes von gewaltiger Kapazität (»Bandbreite«) ist eine Riesenaufgabe. Dazu wird man die Software- und Hardwareplattform des Internets drastisch erweitern müssen. Die erbitterte Konkurrenz, die während der achtziger Jahre in der Branche für PC-Programme herrschte, ist zu neuem Leben erwacht, allerdings geht es diesmal darum, welche Softwarekomponenten zum Standard des wachsenden Internets werden.

Um das Netz zu schaffen, muß man aber auch eine kostspielige materielle Infrastruktur installieren: Kabelsysteme, Knotenrechner und Server. Was für ein Zeitrahmen für diese Entwicklungen und Investitionen anzusetzen ist, wird wohl noch einige Zeit unklar bleiben. Wir wissen, daß Firmen und Unternehmen rasch ans Netz gehen werden, während die Privathaushalte zögerlicher nachfolgen werden – indem sie zunächst den Wechsel vom Schmalband- zum Mittelbandkabel vollziehen, der die Leistungsfähigkeit des Internets beträchtlich erhöhen wird, bis schließlich die Glasfaser-Breitbandanschlüsse verfügbar sind, die die Möglichkeiten des Information Highway vollständig zur Entfaltung bringen.

Zwischen Datennetzen im Schmalband- und Mittelbandbereich sowie zwischen Mittelband- und Breitbandbereich gibt es keine exakten Grenzen. Im großen und ganzen ermöglicht aber ein Schmalbandkabel eine Übertragung von höchstens 50 000 Informationsbits pro Sekunde zu und von einem einzelnen Informationsgerät, während ein Breitbandanschluß eine kontinuierliche Übertragung von mindestens 2 Millionen Bit pro Sekunde gewährleistet – bei anspruchsvollster Videoqualität sogar von 6 Millionen Bit pro Sekunde und mehr. Wie der Name sagt, ist das Mittelbandkabel zwischen Schmalband und Breitband angesiedelt, was die Informationsbits pro Sekunde anbelangt, die es durchgehend an einen bestimmten Computer, Fernseher oder ein Informationsgerät anderer Art übermitteln kann. Diese Einteilung der Bandbreiten ist nützlich, aber etwas vereinfacht, weil einige Anschlüsse asymmetrisch sein werden, das heißt, Information weit schneller empfangen als senden können. Andere Datenleitungen werden gemeinsam benutzt werden, so daß Ihre Datenübertragungsrate davon abhängen wird, wie viele andere Benutzer das Kabel gleichzeitig in Anspruch nehmen.

Heute liegen fast alle Privatanschlüsse an interaktive Netze im Schmalbandbereich. Die meisten Verbraucher loggen sich in Online-Dienste oder das Internet über die »Zweiader-Drillkabel« des Telefonnetzes ein – Schmalband-Kupferkabel, die sich zur Informationsübertragung analoger Tonsignale bedienen. Ein Modem (die Abkürzung von Modulator-DE-Modulator) ist eine Hardwareeinrichtung, die einen PC an die Telefonleitung anschließt und als Mittler zwischen der digitalen und analogen Welt dient. Modems übersetzen die digitale Information eines Computers (Nullen und Einsen) in Lautmuster, die das Telefonnetz transportieren kann, und umgekehrt. In den Anfängen des IBM-PC übertrugen Modems Daten mit 300 oder 1200 Bit pro Sekunde; man spricht auch von 300 beziehungsweise 1200 »Baud«. Praktisch die einzige Information, die sich übertragen ließ, war Text, weil bei so geringen Raten die Übertragung von Bildern quälend langsam erfolgte. Heute senden und empfangen Modems in der Regel 28 800 (28,8 K) Bit pro Sekunde. Diese Übertragungsrate ist nicht mehr ganz so nervtötend, aber bei weitem noch nicht hoch genug, um viele Inhalte, die größere Kapazität beanspruchen, in angemessener Form zu übermitteln. Eine Seite Text wird in einer Sekunde verschickt, doch ein bildschirmgroßes Foto erfordert – selbst wenn es komprimiert ist – bei gleichen Übertragungsraten vielleicht zehn Sekunden. Ein Farbfoto mit einer Auflösung zu verschicken, die es erlaubt, ein Dia daraus zu machen, nimmt schon Minuten in Anspruch. An vernünftige Videobilder ist überhaupt nicht zu denken.

Es gibt Modems, die Übertragungsraten von 33 600 oder sogar 38 400 Baud haben, aber solange Modems auf normale Telefonleitungen angewiesen sind, werden sie nicht viel schneller werden können. Das ist einer der Gründe, warum man allgemein von analogen Schmalbandnetzen abrückt, die für die Sprachübertragung entwickelt wurden, und digitale Netze bevorzugt, die weit mehr Informationsbits pro Sekunde transportieren können.

In den kommenden Jahren werden Telefon- und Kabelgesellschaften ihre Netze mit neuen Knotenrechnern aufrüsten und mit Glasfaserkabeln ausstatten, die weit größere Bandbreiten haben als Kupferkabel. Sobald die neue Infrastruktur etabliert ist, wird das Zeitalter der Breitbandtelekommunikation – das Zeitalter des Information Highways – anbrechen.

Digitale Schalter – Knotenrechner – sind nicht mit Lichtschaltern zu verwechseln. Sie schalten nichts ein oder aus. Eher sind sie Weichen, die Eisenbahnwaggons von einem Gleis auf ein anderes leiten. Stellen Sie sich einen Datenstrom, etwa ein E-Mail oder einen Film, als einen »Bit-Zug« vor, der einen Bahnhof (Server) verläßt und sich durch das Netz auf den Weg zu seinem Zielbahnhof (Ihrem PC oder Fernsehapparat) macht. Das Netz hat zahllose Weichen, die die unterwegs befindlichen Informationen ihren Zielorten zuleiten können. Man sollte meinen, Aufgabe der Datenweichen sei es, für jeden Zug die kürzeste Verbindung ausfindig zu machen, doch das ist nicht der Fall. Würde man den Zug als Ganzen befördern, wären damit alle Strecken und Bahnhöfe belegt, die er durchfährt. Dann wäre er wie eine Lokomotive, die eine lange Reihe von Güterwagen hinter sich herzieht: Nichts käme hindurch, bis der Zug vorbei wäre. Um dieses Problem zu umgehen, zerlegen die Datenweichen des Netzes, seine Knotenrechner, den Daten-Zug in einzelne »Güterwagen«, um in manchen Fällen jeden Waggon einzeln durchs Netz zu schleusen. So können verschiedene Teile einer einzelnen E-Mail beispielsweise auf ganz verschiedenen Wegen durchs Netz gelangen, wobei jeder Güterwagen über ganz verschiedene Weichen ans Ziel kommt – wo die einzelnen Wagen wieder zu zusammenhängenden »Informationszügen« vereinigt werden. Wenn Sie allerdings einen Film bestellen, werden alle Güterwagen der gleichen Route folgen, um eine kontinuierliche Darbietung zu gewährleisten, aber auch unter diesen Umständen wird zwischen den Waggons so viel Platz bleiben, daß sich Datenströme, die durch dieselben Knotenrechner fließen, zwischen sie schieben können. Natürlich bezeichnet man die Informationsbündel nicht als »Güterwagen«. Sie heißen »Pakete« oder »Zellen«.

Sehr wahrscheinlich wird die Grundlage dieser Paketbeförderung ein Kommunikationsprotokoll sein, das man als asynchrones Übertragungsverfahren (englisch: *asynchronous transfer mode*, kurz ATM) bezeichnet. Betreiber von Fernsprechnetzen in aller Welt sind von dem ATM-Protokoll begeistert. Nach den Regeln des Protokolls wird ein digitaler Datenstrom in Pakete zerlegt, von denen jedes 48 Byte der beförderten Information und 5 Byte Steuerinformation umfaßt, die es den Knotenrechnern des Netzes erlaubt, das Paket an seinen Bestimmungsort zu dirigieren. ATM-Rechner sind in der Lage, viele verschiedene Informationsströme gleichzeitig zu lenken, weil die Ströme mit sehr hohen Geschwindigkeiten übertragen werden – gegenwärtig mit bis zu 622 Millionen Bit pro Sekunde und eines Tages mit 2 Milliarden Bit pro Sekunde oder mehr.

Die Kommunikationsnetze brauchen eine große Kapazität, um solche Informationsmengen gleichzeitig zu bewältigen, und an diesem Punkt kommt das Glasfaserkabel ins Spiel. Die Glasfaser, die Information in einem modulierten Lichtstrahl überträgt, wird die »Asphaltdecke« der Datenautobahn sein – oder die Gleise der Dateneisenbahn, um auf unser Beispiel zurückzukommen. Alle Hauptleitungen für Ferngespräche, die Telefongespräche zwischen Knotenrechnern übertragen, bestehen in den Vereinigten Staaten bereits aus Glasfaserkabeln. Gleiches gilt für einige TV-Kabelnetze. Als die Netzbetreiber mit der Verlegung von Glasfaserkabel begannen, dachten sie noch nicht an ATM; das hat sich heute gründlich geändert. Nach und nach werden Telefon- und Kabelgesellschaften Glasfaserkabel zu den lokalen Verteilerpunkten führen, von denen die Signale entweder an das Koaxialkabel abgegeben werden, das Ihnen das Kabelfernsehen ins Haus bringt, oder an das Zweiader-Drillkabel aus Kupfer, das Ihr Telefon versorgt. Irgendwann wird das Glasfaserkabel Sie wohl in Ihrer Wohnung erreichen, vor allem, wenn Sie mit großen Datenmengen hantieren. Allerdings muß Ihre Wohnung nicht unbedingt ans Glasfaserkabel angeschlossen sein, damit Sie in den Genuß der Breitbandangebote kommen.

Abgesehen von Geschäftsvierteln und anderen Gebieten, in denen die Bewohner bereit sind, für den Anschluß zu zahlen, wird der flächendeckende Anschluß ans Breitbandnetz noch eine Reihe von Jahren auf sich warten lassen. Alle Fachleute sind sich heute darüber einig, daß die Versorgung von Privathaushalten mit der entsprechenden Infrastruktur ein langwieriger Prozeß sein wird. In dieser Erkenntnis drückt sich ein erheblicher Einstellungswandel gegenüber der Auffassung aus, die noch 1994 vorherrschte, als Telefon- und Kabelgesellschaften versprachen, in wenigen Jahren Millionen Haushalte ans Breitbandkabel anzuschließen. Es war eine Zeit, die sich durch die Vollmundigkeit ihrer Versprechen auszeichnete. Mehrere große amerikanische Telefongesellschaften verkündeten, sie würden im Laufe der nächsten zehn Jahre 500 000 bis eine Million Haushalte pro Jahr ins Breitbandnetz aufnehmen. Ende 1996 sollten auf diese Weise mehr als neun Millionen Haushalte zusammengeschlossen sein. Bell Atlantic machte sich anheischig, in manchen Jahren bis zu 1,5 Millionen Haushalte zu verkabeln, acht Millionen sollten es im Jahre 2000 sein – und das, obwohl sich die Gesellschaft darüber im klaren war, daß der Zugang zu einem Hochgeschwindigkeitsnetz die Kunden nicht unbedingt dazu veranlassen muß, auch Breitbanddienstleistungen in Anspruch zu nehmen. Pacific Bell ließ verlauten, daß 5,5 Millionen seiner Kunden am Ende des Jahrzehnts Breitbandanschlüsse haben würden, und Ameritech wollte sechs Millionen seiner Haushalte verkabeln. Microsoft galt als konservativ, weil wir auf diese Ankündigungen vorsichtig reagierten: Wir meinten, man solle mit dem Ausbau der neuen Infrastruktur warten, bis vernünftige Versuche gezeigt hätten, daß die zu erwartenden Einkünfte auch tatsächlich die hohen Investitionen rechtfertigten.

Die Erkenntnis, daß die Breitbandnetze doch nicht über Nacht entstehen würden, setzte sich durch, als den Unternehmen klar wurde, daß die Kosten für den Bau solcher Systeme höher sein würden, als sie erwartet hatten, und daß sie bislang kaum Anwendungen für sie hatten. Ferner zeigten die unerhörten Erfolge, die das Internet ab 1995 aufzuweisen hatte, daß Millionen von PC-Benutzern bereit waren, sich mit interaktiven Schmalbandnetzen zu begnügen und sie begeistert zu nutzen. Wie im Vorwort bereits gesagt, die plötzliche Popularität des Internets überraschte mich. Mein Fehler war, daß ich unterschätzte, wie viele Menschen bereit waren, ein relativ langsames Netz zu benutzen, und daß ich weiterhin unterschätzte, mit welch irrwitzigem Tempo Internetinhalte entwickelt wurden. Probleme hatte das Internet mehr als genug – von den Schwierigkeiten beim Einloggen bis hin zu den Mängeln bei Datenschutz und Sicherheit. Doch Ende 1995 war klar, daß das Internet die kritische Masse erreicht hatte. Nun setzte sich eine positive Spirale in Gang, die noch gewaltiger als jene andere war, die am Anfang der PC-Entwicklung stand. Mit jedem neuen Internetnutzer wird es lohnender, neue Inhalte anzubieten, und neue Inhalte locken ihrerseits mehr Nutzer ins Netz. Der unverhoffte Erfolg des Internets ist ein schlagendes Beispiel für die Faszination interaktiver Netze – und ein ganz entscheidendes Ereignis, das uns alle zwingt, unsere Erwartungen an die Zukunft zu überdenken.

Als im Frühjahr 1993 die Bezeichnung Information Highway in Mode kam, gingen viele Unternehmen davon aus, daß die Kommunikationsrevolution einen wichtigen Anstoß durch das interaktive Fernsehen erhalten würde. Alle Welt glaubte, die Videoanwendungen würden sich als Motor für den kommerziellen Erfolg digitaler Netze erweisen. Der Fernsehapparat schien sich zur Wiedergabe der ersten Internetdienstleitungen wie selbstverständlich anzubieten, da er billiger, verbreiteter und bedienungsfreundlicher als der PC war. Die meisten Vorschläge zur Einführung der Interaktivität im Haushalt betrafen die Lieferung von Videobildern – was nahelag, da Video-on-demand aus dem überreichlichen Bestand an Filmen und Fernsehproduktionen schöpfen kann und eine Anwendung ist, die sich relativ leicht verwirklichen läßt. So beeilten sich Kabel- und Fernsehgesellschaften, Versuche zum interaktiven Fernsehen auf die Beine zu stellen, einerseits, um sich mit dem neuen Markt vertraut zu machen, und andererseits, um der Welt zu zeigen, daß sie bei der großen Sache ganz vorne dabei waren. Einige dieser Versuche erwiesen sich, technisch gesehen, als ziemlicher Humbug. In einem verhielt es sich beispielsweise so, daß jede Filmbestellung eines Haushalts hinter den Kulissen eine eher komische Geschäftigkeit auslöste: In der Zentrale der Kabelgesellschaft wurde eine Videokassette von Hand in einen Recorder geschoben und nur für diesen einen Teilnehmer am anderen Ende der Stadt abgespielt. Damit ließen sich vielleicht gute Marketingdaten gewinnen, aber der Information Highway war es nicht.

Wie alle Welt waren wir auch bei Microsoft der Meinung, daß Video-on-demand eine notwendige Killer-Applikation für Breitbandnetze sei. Wir glaubten, von Anfang an müßte eine breite Vielfalt von Anwendungen zur Verfügung stehen, wenn das Netz eine Erfolg werden sollte – und so schickten wir uns an, eine Softwareplattform, die eine Unzahl von Anwendungen unterstützen konnte, und auch eigene Anwendungen zu entwickeln. Mit anderen Worten: Wir versuchten das zu wiederholen, was wir bei Windows gemacht hatten – eine Softwareplattform zu schaffen und eine Reihe von Schlüsselanwendungen zu entwickeln, die den Wert der Plattform erhöhen sollten. Allerdings stürzten wir uns nicht in Versuche, woraufhin einige Journalisten schrieben, wir hätten beim Wettrennen um den Bau des Highways den Anschluß verpaßt. Tatsächlich hatten wir alle Hände voll mit anderen Projekten zu tun. Eifrig zimmerten wir an einer umfassenden Architektur für ein vollständig ausgebautes Netz. Die meisten der ersten Versuche hielten wir für Reklameveranstaltungen, die die eigentliche Aufgabe eher verwässerten als sie voranzubringen. Mit Versuchen wollten wir erst beginnen, wenn wir wirklich etwas zu testen hatten.

Einige Firmen sahen für PC-Software keine Chancen im interaktiven Markt. Wir setzten auf weitgehende Kompatibilität und ein Zusammenwirken von PC und Fernsehgerät. Weiter gingen wir davon aus, daß es im Fortgang der Entwicklung zu einer Annäherung zwischen betriebsinternen Computernetzen und dem größeren interaktiven Netz kommen würde, so daß am Ende eine gemeinsame Architektur für den Austausch von digitaler Information zur Verfügung stehen würde.

Inzwischen tat sich die Branche insgesamt schwer, die Investitionen zu rechtfertigen, die erforderlich gewesen wären, um in wenigen Jahren zig Millionen Haushalte ans Breitbandnetz zu bringen. Um ein Fernsehgerät oder einen PC in einem amerikanischen Haushalt ans Breitbandnetz anzuschließen, veranschlagte man Kosten von rund 1200 Dollar – plus/minus 200 Dollar. In diesen Kosten enthalten waren die Verlegung von Glasfaserkabeln in Wohnviertel, die Server, die Knotenrechner und die elektronischen Installationen im Haus. Bei rund 100 Millionen Haushalten in den Vereinigten Staaten beliefen sich die Aufwendungen für ein einziges Land auf ungefähr 120 Milliarden Dollar. Unternehmen, die einst aggressive Investitionen geplant hatten, begannen sich besorgt zu fragen, ob die Menschen auch wirklich bereit sein würden, genügend für interaktive Dienstleistungen zu bezahlen. Allmählich erkannten sie, daß mit den neuen Angeboten genauso hohe Einkünfte erzielt werden mußten wie derzeit mit dem Kabelfernsehen und daß dafür Unterhaltungsanwendungen allein nicht ausreichen würden. Aus Marketingtests ging hervor, daß Video-on-demand kaum mehr Geld einbringen würde als sich mit einfacheren, preiswerteren Systemen erzielen ließ, die vor allem bekannte Filme zeigten. Angesichts dieser Erkenntnis ließ sich der hastige Ausbau einer aufwendigen neuen Infrastruktur noch weniger rechtfertigen.

Nach meiner Ansicht war die Lösung von innovativen neuen Anwendungen zu erwarten. Wenn wir uns trafen und unsere Highway-Entwicklungen erörterten, fragte ich: »Was machen wir auf medizinischem Gebiet? Was auf dem der Touristik? Was geschieht auf dem Ausbildungssektor? Lügen wir uns hier nicht selbst in die Tasche? Können diese Anwendungen irgend jemand hinter dem Ofen hervorlocken? Wie kriegen wir all das Zeugs entwickelt, das wir wirklich brauchen?« Wir wußten, daß wir viele andere Unternehmen dazu bekommen mußten, sich an der Entwicklung solcher Anwendungen zu beteiligen. Doch ohne das Netz ließen sich andere Firmen nur schwer dazu veranlassen, in diese Zukunft zu investieren.

Sobald der Branche klar wurde, daß nicht genügend kurzfristige Einnahmen zu erwarten waren, um die kostenaufwendigen Breitbandanschlüsse zu rechtfertigen, wurden die meisten der etwa vierzig Versuche zur interaktiven Technologie gestrichen oder auf unbestimmte Zeit ausgesetzt. Zu den Zweiwege-Breitbandversuchen, die tatsächlich stattfanden, gehörten der von Rime-Warner in Orlando, Florida, der von Bell Atlantic bei Washington und ein Test des japanischen Telekommunikationsgiganten NTT in Yokosuka. An diesem japanischen Versuch waren Microsoft und NEC beteiligt.

Wenn ein Breitbandnetz zu kostspielig wäre, was wäre dann von einem Mittelbandnetz als Zwischenschritt zu halten? Zwar wäre damit Video-on-demand als Anwendung ausgeschlossen, doch Techniken wie ISDN (*integrated services digital network*) und ADSL (*asymmetrical digital subscriber line*) könnten über die vorhandenen Leitungen Datendienste (mit eingeschränkter Videoqualität) liefern und so erhebliche Kosten einsparen. Doch noch glaubte die Branche nicht daran, daß sich ein Publikum, von dem sie meinte, es verlange zuerst und vor allem nach Videoangeboten, mit Netzanschlüssen zufriedengeben würde, über die sich nur Videobilder verminderter Qualität ins Haus bringen ließen. Zwar waren die Kosten geringer, aber nach wie vor brauchten wir Anwendungen. Die interaktive Revolution schien sich festgefahren zu haben.

Fast über Nacht beantwortete das Internet dann die Fragen, mit denen die Branche nicht weitergekommen war. Es wurde offenkundig, daß das interaktive Netz zunächst auf den Personalcomputer zugeschnitten sein würde und erst später das Fernsehgerät einbeziehen würde, wobei dieses größere Ähnlichkeit mit dem PC bekommen würde. Dabei war ein Zusammenwirken zwischen dem PC, mit seinen klar umrissenen Inhaltsbereichen, und einer künftigen interaktiven TV-Umwelt zu erwarten. Ferner begann sich abzuzeichnen, daß sich das öffentliche Netz (der sogenannte Highway) und die betriebsinternen Netze einander angleichen und vielfältige Verbindungen knüpfen würden. Und schließlich begriff die Branche, daß die Menschen bereit waren, für die Vernetzung zu bezahlen. Es zeigte sich, daß die ersten interaktiven Inhalte weniger aus dem Bereich einer videogestützten Unterhaltung kamen als vielmehr aus dem der informativen und kommerziellen Anwendungen – solcher Inhalte also, die sich einigermaßen in Schmalbandnetzen und ausgezeichnet in Mittelbandnetzen transportieren lassen. Plötzlich eröffnete sich für Mittelbandanschlüsse eine strahlende Zukunft, während das Breitbandnetz, das hochwertige Videobilder liefert, in weite Ferne rückte.

Das Internet ist eine lockere Ansammlung von untereinander verbundenen kommerziellen und nichtkommerziellen Computernetzen. Die Verbindung zwischen den einzelnen Netzen wird durch Fernmeldeleitungen und durch gemeinsame Kommunikationsprotokolle (Regeln) hergestellt. Diese dezentralisierte Struktur erklärt sich aus den Ursprüngen des Internets.

Das Internet ging nämlich aus dem ARPANET hervor, einem staatlichen Netz, das 1969 von dem amerikanischen Verteidigungsministerium angelegt wurde, um auch nach einem Kernwaffenangriff die Kommunikation zwischen Rüstungsbetrieben und Wissenschaftlern zu ermöglichen. Statt den Versuch zu unternehmen, das Netz gegen die Einwirkungen von Kernwaffen zu schützen, beschlossen die Väter von ARPANET, sein Überleben dadurch zu sichern, daß sie alle betriebswichtigen Einrichtungen vollkommen dezentralisierten – so daß die Zerstörung von Teilen, auch großen Teilen, des Netzes den Informationsfluß insgesamt nicht zum Stillstand hätte bringen können. Rasch fand das Netz Anklang bei Informatikern und anderen Fachleuten in Industrie und Wissenschaft und wurde bald zu einer unentbehrlichen Nachrichtenverbindung zwischen Leuten, die an weit entfernten Orten arbeiteten. Außenstehenden war es praktisch unbekannt.

Da die Wurzeln des Internets in der Informatik und nicht im kommerziellen Bereich liegen, übt es seit jeher eine magnetische Anziehungskraft auf Hacker aus, die ihr Talent dazu mißbrauchen, unbefugt in Computersysteme einzudringen. Tatsächlich war es ein Hacker, der vielen Menschen in den Vereinigten Staaten die Existenz des Internets erstmalig zu Bewußtsein brachte. Am 2. November 1988 begannen Tausende von Computern, die mit dem Internet verbunden waren, langsamer zu arbeiten. Viele kamen schließlich vorübergehend zum Stillstand. Es wurden keine Daten zerstört, doch Millionenwerte an Rechnerzeit gingen verloren, während die Systemverwalter mühsam versuchten, ihre Maschinen wieder unter Kontrolle zu bringen. Als Ursache entpuppte sich ein mutwillig eingeschleustes Computerprogramm, ein sogenannter »Wurm«, der sich über das Netzwerk von einem Computer zum anderen ausbreitete und sich dabei vermehrte. (Man sprach von einem Wurm und nicht von einem Virus, weil andere Programme nicht infiziert wurden.) Er benutzte eine unbemerkte »Hinter-

*»Im Internet weiß niemand, daß du ein Hund bist.«*

ür« in der Software des Systems, um direkt auf den Speicher der von ihm befallenen Computer zuzugreifen. Dort versteckte er sich und verbreitete irreführende Informationen, die seine Entdeckung und Bekämpfung erschwerten. Binnen weniger Tage identifizierte die *New York Times* den Hacker als Robert Morris jr., einen 23jährigen Studenten der Cornell University. Morris sagte später aus, er habe den Wurm entworfen und auf die Reise geschickt, um zu sehen, wie viele Computer er erreichen könnte, doch habe sich der Wurm durch einen Programmierfehler viel schneller vermehrt, als er erwartet hatte. Morris kam wegen Verstoßes gegen das 1986 geschaffene »Gesetz über Computerbetrug und -mißbrauch« vor ein Bundesgericht. Er wurde zu einer dreijährigen Haftstrafe auf Bewährung, einer Geldbuße von 10 000 Dollar und 400 Stunden gemeinnütziger Arbeit verurteilt.

1989, als die amerikanische Regierung beschloß, die Finanzierung des ARPANET einzustellen, entwickelten Nutzer, die auf das Netz angewiesen waren, Pläne für eine Nachfolgeeinrichtung, die »Internet« heißen sollte. Mit dem Wort bezeichnete man einerseits das Netz selbst und andererseits die Protokolle, die die Datenübertragung im Netz regelten – eine Doppelbedeutung, die seither für viel Verwirrung gesorgt hat. Nachdem das Internet zur kommerziellen Einrichtung geworden war, wurden seine ersten Kunden vor allem Forschungsorganisationen, Computergesellschaften, Wissenschaftler und Studenten, die es zum Austausch von E-Mails nutzten.

Erst in den letzten Jahren ist das Internet zu jener zentralen Instanz geworden, die die verschiedenen elektronischen Mail-Systeme der ganzen Welt miteinander verbindet. Heute kann jeder jedem übers Internet eine Nachricht zukommen lassen – aus geschäftlichen Gründen, im Rahmen von Ausbildungsprogrammen oder einfach aus Spaß. Um den ganzen Erdball schikken sich Studenten Nachrichten. Menschen, die ans Bett oder Haus gefesselt sind, können den Kontakt zu Freunden aufrechterhalten, mit denen sie sich niemals treffen werden. Briefpartner, die im direkten Gespräch miteinander möglicherweise

Schwierigkeiten hätten, lernen sich über das Netz kennen. Mit wachsender Bandbreite und wachsender Schnelligkeit der Mikroprozessoren wird das Netz immer mehr Videobilder befördern können und damit – mag man das bedauern oder nicht – die Blindheit für soziale, ethnische und geschlechtsbedingte Unterschiede aufheben, die ein ausschließlich textgestützter Informationsaustausch hervorruft.

Die E-Mail hat einen eigenen Wortschatz und eine eigene Kultur hervorgebracht. Es gibt Nutzer, die andere Leute vorsätzlich attackieren, eine Praxis, die als »Flaming« bezeichnet wird, doch in den frühen Tagen der E-Mail mußten viele Nutzer die schmerzliche Erfahrung machen, daß scherzhaft gemeinte Bemerkungen als »Flames« mißverstanden wurden. Daher entwickelte man »Emoticons«, kleine Abwandlungen bestimmter Druckkonventionen, mit denen der Urheber einer E-Mail seine scherzhaften Absichten unmißverständlich zum Ausdruck bringen kann. Wenn Sie mit einem Satz ein Schmunzeln hervorrufen und zeigen möchten, daß er scherzhaft gemeint ist, können Sie das mit einem Doppelpunkt, einem Bindestrich und einer Klammer zum Ausdruck bringen. Wenn man das zusammengesetzte Symbol : – ) mit seitwärts geneigtem Kopf betrachtet, ergibt es ein lächelndes Gesicht. So könnten Sie schreiben: »Ich weiß nicht, ob das eine gute Idee ist : –)« – und durch das lächelnde Gesicht signalisieren, daß Sie es nicht böse meinen. Wenn Sie die andere Klammer wählen, verwandelt sich das lächelnde Gesicht in ein mißmutiges Gesicht – : – (, einen komischen Ausdruck der Enttäuschung. Genauso wie die soziale, ethnische und geschlechtsbezogene Blindheit werden diese entfernten Vettern des Ausrufungszeichens den Übergang von der E-Mail zu einem Medium, das mühelos Audio- und Videoelemente in seine Nachrichten eingliedern kann, wohl kaum überleben.

Wenn ich Ihnen eine E-Mail schicke, wird sie von meinem Computer an den Server übermittelt, auf der sich meine Mailbox befindet, um von dort auf direktem oder indirektem Wege an den Server weitergeleitet zu werden, auf dem sich Ihre Mailbox befindet. Wenn Sie sich über das Telefonnetz oder ein betriebsinternes Computernetz in ihren Server einloggen, können sie den Inhalt Ihrer Mailbox, einschließlich meiner Nachricht, abrufen (»herunterladen«). Sie brauchen eine Nachricht nur einmal einzutippen und können Sie an einen oder fünfundzwanzig Adressaten verschicken oder in einem »Schwarzen Brett« (Bulletin-Board) veröffentlichen.

Das schwarze Brett aus Kork, das für die Bezeichnung seines elektronischen Gegenstücks Pate gestanden hat, ist ein Ort, an dem Nachrichten befestigt und von jedem gelesen werden können. Zu öffentlichen Diskussionen kommt es, wenn Menschen auf die Nachrichten reagieren. Gewöhnlich erfolgt ein derartiger Nachrichtenaustausch asynchron. Schwarze Bretter sind meist nach Themen geordnet, die speziellen Interessen der Benutzer dienen. Auf diese Weise kann man bestimmte Zielgruppen erreichen. Kommerzielle Dienste bieten Schwarze Bretter für Piloten, Journalisten, Lehrer und viele andere kleine Nachrichtengruppen an. Seit rund zwanzig Jahren gibt es im Internet die häufig unredigierten und nicht-moderierten Schwarzen Bretter namens »USENET-Newsgroups«. Es existieren Tausende von Newsgroups die sich so engumgrenzten Themen wie Koffein (alt.drugs.caffeine), Ronald Reagan (alt.fan.ronald-reagan) oder städtischem Brauchtum (alt:folklore.urban) verschrieben haben. Sie können alle Nachrichten zu einem bestimmten Thema herunterladen, nur neue Nachrichten, alle Nachrichten von einem bestimmten Benutzer, alle Nachrichten, die Antworten auf eine bestimmte andere Nachricht darstellen oder die ein bestimmtes Wort in ihrem Subject, ihrer Betreff-Zeile, enthalten und so fort.

Die beliebteste Anwendung des Internets ist heute das Browsen, das Herumstöbern im Web. Das World Wide Web ist ein mit dem Internet verbundenes Servernetz, das Informationsseiten mit Text, Grafik, Ton und Programmen anbietet. Wenn Sie sich in einen Web-Server einloggen, erscheint zunächst ein Anfangsbildschirm (eine Frontseite) mit Informationen und zahlreichen Links. Ein Link aktivieren Sie, indem Sie es mit Ihrer

Maus anklicken; dann erscheint eine andere Seite, die weitere Informationen und möglicherweise weitere Links enthält. Diese Seite kann auf dem gleichen Server wie die erste Seite oder auf irgendeinem anderen ins Internet eingebundenen Server gespeichert sein.

Die Hauptseite auf der Web-Site einer Firma oder Privatperson nennt man *Home Page.* Wenn Sie eine Home Page anlegen, können Internetnutzer sie finden, indem sie die Adresse eingeben (auch »Uniform Resource Locator« oder schlicht »URL« genannt) oder auf ein Link klicken, das zu dieser Adresse führt. Werbebeiträge in Printmedien und im Fernsehen nennen heute schon gelegentlich neben der Telefonnummer des Unternehmens auch die Home-Page-Adresse. So könnte beispielsweise in einer Boeing-Anzeige die Adresse »http://www.boeing.com«, Boeings URL, zu finden sein.

Die Software, die man für die Einrichtung einer Web-Site

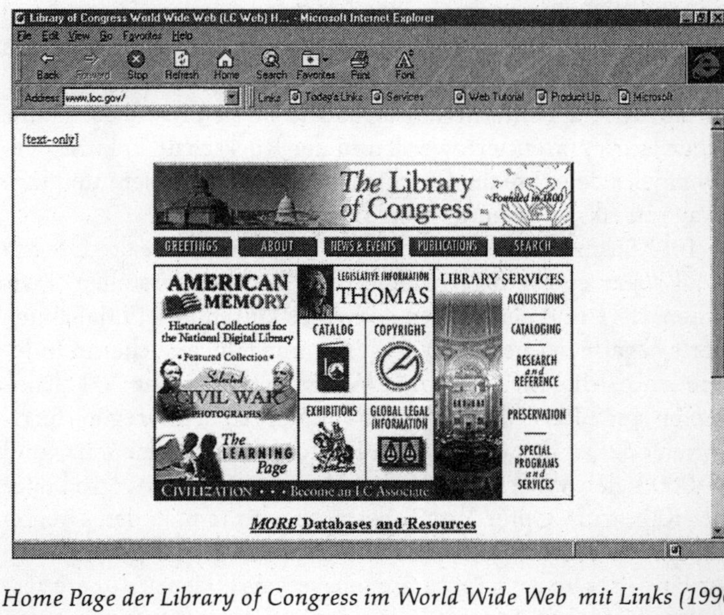


*Home Page der Library of Congress im World Wide Web mit Links (1996)*

braucht, ist sehr preiswert und für nahezu alle Computer lieferbar. Auch Programme für Web-Browsing sind für fast alle Rechner kostenlos erhältlich. Solche Software finden Sie beispielsweise auf der CD, die einigen englischsprachigen Ausgaben dieses Buches beiliegt. In manchen PC-Betriebssystemen sind bereits Browser integriert, und viele PC-Anwendungen ermöglichen Nutzern heute, Web-Seiten zu lesen und zu schreiben.

Seit das Internet von einem positiven Rückkopplungseffekt profitiert, hat es sich als unentbehrlicher Übertragungskanal und als quicklebendiges Innovationsforum etabliert. Viele frühen Voraussagen über interaktive Bücher und »Hypertext« – die viele Jahrzehnte zuvor von Pionieren wie Vanevar Bush und Ted Nelson gemacht worden sind – gehen im Web in Erfüllung.

Praktisch jeden Tag gibt es jetzt irgendeine neue und interessante Entwicklung. So rasch vollziehen sich diese Fortschritte des globalen Netzes, daß eine Beschreibung des Internets, die ein Jahr oder auch nur ein halbes Jahr alt ist, schon weitgehend überholt sein kann. Bei einem Phänomen, das so dynamische Fortschritte macht, ist es schwer, auf dem laufenden zu bleiben. Große Teile der Internetkultur, so wie sie sich Mitte der neunziger Jahre präsentiert, werden in der Rückschau so kurios erscheinen wie heute die Geschichten über die Pioniere und ihre Wagentrecks auf dem Oregon Trail.

Im Rückgriff auf die Highway-Metapher könnte der Oregon Trail sogar eine gute Analogie zum Internet darstellen. Zwischen 1841 und den frühen sechziger Jahren des 19. Jahrhunderts begannen über 300 000 Siedler und Glückssucher in Independence, Missouri, mit ihren Wagenkolonnen eine 3000 Kilometer lange Reise durch die Wildnis, um zu den Oregon-Territorien oder zu den Goldfeldern Kaliforniens zu gelangen. Rund 20 000 fielen Wegelagerern, der Cholera, dem Hungertod oder der Kälte zum Opfer. Ihre Fahrtroute nannte man den Oregon Trail. Man könnte ohne weiteres sagen, daß der Oregon Trail die Anfänge des heutigen Fernstraßensystems bildete. Er überquerte viele Grenzen und bot Reisenden in Pferdegespannen einen

Fahrtweg in beide Richtungen. Der heutige Verlauf der Interstate 84 und mehrerer anderer Bundesstraßen folgt weitgehend dem Oregon Trail. Natürlich stimmt der Vergleich zwischen Oregon Trail und Interstate nicht in jedem Punkt. Cholera und Hunger sind auf der Interstate 84 keine Probleme mehr. Andererseits dürften fehlender Abstand und Trunkenheit am Steuer für die damaligen Wagenkolonnen kein sonderliches Risiko bedeutet haben – allenfalls betrunkene Cowboys.

Der vom Internet eingeschlagene Weg führt zum Information Highway. Das frühe Internet ist ein Vorläufer des interaktiven Breitbandnetzes, genauso wie der Altair 8800 ein Vorläufer des modernen Personalcomputer war. Der Altair, für den Paul Allen und ich die erste Mehrzweck-Mikrocomputer-Software schrieben, war langsam, primitiv und sehr schwierig zu bedienen, doch für eine kleine, aber begeisterte Gemeinde war er ein Gerät von unwiderstehlicher Verführungskraft. Verglichen mit dem interaktiven Breitbandnetz, das wir in wenigen Jahren erleben werden, wird uns das Internet dann langsam, primitiv und bedienungsunfreundlich erscheinen. Doch es macht noch raschere Fortschritte als seinerzeit der PC, und es verspricht, die gleiche Bedeutung zu erlangen. Schon heute ist die sprungartig anwachsende Popularität des Internets die wichtigste Entwicklung in der Computerwelt seit Einführung des IBM-PC im Jahr 1981. Der Vergleich mit dem PC bietet sich auch aus anderen Gründen an. Der PC war alles andere als vollkommen. Einige seiner Aspekte waren willkürlich oder sogar technisch mangelhaft. Doch trotz seiner Unzulänglichkeiten nahm seine Beliebtheit dermaßen zu, daß er zur Standardhardware wurde, für die man Anwendungen entwickelte. Unternehmen, die versucht hatten, Alternativen zum PC-Standard zu entwickeln, hatten häufig gute Gründe dafür, konnten sich aber nicht durchsetzen, weil eine Vielzahl anderer Firmen in die ständige Verbesserung des PC investierten.

Unternehmen wie Microsoft und Netscape haben ihre Lehren aus der PC-Geschichte gezogen und arbeiten gemeinsam – teils auch in Konkurrenz zueinander – an einer Verbesserung der Standards, die allmählich die Grenzen des Internets aufheben werden. Microsoft und Netscape gehören zu den Firmen, die Komponenten der Softwareplattform für interaktive Netze liefern. Alle sind wir fieberhaft bemüht, uns die existierenden Standards zu eigen zu machen und sie nach Möglichkeit zu verbessern.

Durch den Erfolg des Internets sahen sich alle Beteiligten veranlaßt, die Netzstandards weiterzuentwickeln. 1994 schickte Microsoft sich an, eine eigene Softwareplattform für interaktive Netze zu entwickeln, AT&T arbeitete ebenfalls an einer Plattform, eine weitere Plattform entstand bei IBM und auch Oracle baute an einer Plattform. Jede dieser Plattformen sollte eine vollständige Lösung darstellen, abgestimmt auf die Stärken und Interessen des jeweiligen Unternehmens. Netzwerkbetreiber – Telefon- und Kabelgesellschaften beispielsweise – mußten sich irgendwann, so glaubten wir, für eine Plattform entscheiden, um sie ihren Teilnehmern anzubieten. Dann wäre es die Aufgabe der Branche gewesen, technische Möglichkeiten für den Bitaustausch zwischen verschiedenen Systemen zu schaffen und auf diese Weise für ein begrenztes Maß an Kompatibilität zu sorgen.

Doch heute ist klar, daß es nur eine primäre Softwareplattform geben wird, eine Weiterentwicklung des heutigen Internets. Diese Plattform wird der Standard nicht nur in den öffentlichen Netzen rund um die Welt sein, sondern auch in betriebsinternen Netzen – den »Intranets«, die den Angestellten eines Unternehmens zur Verfügung stehen, aber jedem Außenstehenden den Zugang durch das betriebseigene »Firewall-System« verwehren. Heute konkurrieren die beteiligten Firmen nicht mehr primär um die Entwicklung verschiedener Softwareplattformen, sondern um den Ausbau des Internets. Das ist eine ganz entscheidende Veränderung, die für viele Unterschiede zwischen der ersten und zweiten Ausgabe dieses Buches verantwortlich ist.

Ganz wird der revolutionäre Ansatz nicht zum Erliegen kommen. Wahrscheinlich werden zumindest einige Breitbandnetze entwickelt werden, die nicht einfach Erweiterungen des Internets sind. Einige Staaten, darunter Hongkong und Singapur, werden möglicherweise unabhängige Projekte unterstützen. Solche Bemühungen werden nützlich sein, weil sie zu Experimenten mit Anwendungen und Benutzeroberflächen ermuntern. Doch der Großteil aller Anstrengungen und Fortschritte wird sich auf die Internetplattform konzentrieren.

Die Softwarebasis des Internets ist sehr solide. Das TCP/IP-Protokoll, das die Datenübertragung steuert, unterstützt eine verteilte Verarbeitung und leistet die Anpassung zwischen verschiedenen Netzen. Die fürs Browsing zuständigen Protokolle sind einfach und ermöglichen Servern, riesige Datenmengen zu bewältigen. Trotz dieser guten Basis wird es noch viel Arbeit kosten, die Plattform zu vervollständigen. Eines Tages muß sie ein Höchstmaß an Navigationskomfort und Sicherheit bieten, die Möglichkeit zur Gruppenverarbeitung eröffnen, Fakturierung und Buchhaltung unterstützen sowie Verknüpfungen zu beliebigen Softwarekomponenten herstellen. Die Plattform muß Standards definieren, mit denen sich Benutzerpräferenzen ausdrücken und nahtlos zwischen Anwendungen austauschen lassen.

Um die ganze Fülle seiner Möglichkeiten auszuschöpfen, muß das Internet Bandbreite mit einer garantierten Übertragungsqualität (*quality of service guarantee*) reservieren können. Da ATM von seiner Programmstruktur her garantierte Übertragungsqualität unterstützt, wird man sich wahrscheinlich an dieses Kommunikationsprotokoll halten – obwohl es auch Übertragungsqualitätsprotokolle gibt, die nicht auf ATM angewiesen sind. Mit allen diesen Protokollen kann ein Benutzer Bandbreite zwischen zwei Punkten im Netz reservieren und dadurch eine hochwertige Übertragung von Echtzeit-Inhalten bekommen, etwa von Audio- und Videodaten. Garantierte Übertragungsqualität ist eine notwendige Voraussetzung, wenn Anwendungen wie Videokonferenzen und Video-on-demand Erfolg haben sollen, aber sie werden dem Internet noch ein Stück von seiner ohnehin schon schwindenden Unschuld rauben, indem sie die Notwendigkeit von Zahlungen in die Regelung seines Datenverkehrs einführen. Höchstwahrscheinlich werden die Menschen für jede Datenübertragung mit einer garantierten Übertragungsqualität einen kleinen Betrag zahlen müssen. Ohne irgendeine Form von gestaffelter Preisgestaltung würde jeder für jede Datenübertragung eine Qualitätsgarantie verlangen. Nun kann das Internet aber nicht für alle Nachrichten Bandbreiten reservieren – das ist einfach undurchführbar –, daher muß eine Regelung geschaffen werden, um Benutzern die Extraleistung in Rechnung zu stellen. Bisher ist das Internet wie ein Restaurant, das keine Reservierungen annimmt. Wenn Sie eine Leistung in Anspruch nehmen wollen, dann melden Sie sich einfach und sind mit dem zufrieden, was sie bekommen, weil sie davon ausgehen können, daß alle anderen in der gleiche Situation sind und daß Sie nicht benachteiligt werden. Da aber das Internet von morgen bezahlte Reservierungen annehmen wird, werden Sie sich ohne Reservierung mit den Leistungen zufrieden geben müssen, die die unreservierte Bandbreite noch hergibt. Immer wenn Sie eine Sprachverbindung herstellen wollen, werden sie auf eine Leitung mit Qualitätsgarantie zurückgreifen. Die monatlichen Zusatzkosten für die intensive Nutzung von Sprachverbindungen werden sich in bescheidenen Grenzen halten, weil dafür nicht viel Bandbreite erforderlich ist.

Die Nutzung des Internets ist bemerkenswert preiswert, ausgenommen in Ländern, in denen eine deftige Zusatzgebühr erhoben wird oder in denen es nicht genügend Anbieter gibt, um die Preise durch Konkurrenz zu drücken. Für eine meist moderate Monatspauschale bietet das Internet US-Benutzern Verbindungen zu Servern in aller Welt und ermöglicht den Austausch von E-Mails, Mitteilungen an Schwarze Bretter und anderen Daten. Dabei kann es sich um eine kurze Nachricht von einigen Dutzend Zeichen oder um die mehrere Millionen Bytes umfassende Übertragung von Fotos, Software oder anderen Daten handeln. Daten von einem Server anzufordern, der Tausende von Kilometern entfernt ist, kostet den Nutzer nicht mehr als der Bezug von Daten eines nur wenige Kilometer entfernten

Servers. Das günstige Preismodell des Internets hat die Auffassung, daß Nachrichtenübertragung nach Zeit und Entfernung zu bezahlen sei, bereits erheblich in Frage gestellt – so wie die kostengünstige PC-Verarbeitung die Stundenpreise des Time-Sharing-Verfahrens überflüssig gemacht hat.

Das Finanzmodell, welches dem Internet ermöglicht, fast verdächtig preisgünstig zu sein, ist die Erweiterung eines interessanten Vorläufers, der schon lange in Gebrauch ist. Wenn Sie heute telefonieren, erwarten Sie, daß sich die Telefonkosten nach Zeit und Entfernung richten. Doch Firmen, die überdurchschnittlich häufig Ferngespräche mit einem bestimmten Ort führen müssen, können solche nach Zeit und Entfernung errechneten Kosten vermeiden, indem sie eine Direktleitung mieten, die ausschließlich Telefongesprächen zwischen den beiden Orten vorbehalten ist. Die Kosten für die Standleitung sind unabhängig von der Nutzungshäufigkeit – die Monatsgebühr ist immer gleich, egal wie viele Gespräche geführt werden.

Grundlage des Internets ist ein Bündel solcher gemieteter Leitungen, in denen Knotenrechner die Datenströme dirigieren. Internetfernverbindungen werden in den Vereinigten Staaten von fünf Unternehmen angeboten, die Leitungen von Netzbetreibern anmieten. Seit der Aufteilung von AT&T im Jahr 1984 sind die Kosten für Standleitungen unter Konkurrenzdruck geraten. Da die Nutzung des Internets so außerordentlich intensiv ist, können die fünf Unternehmen sehr günstige Konditionen aushandeln – das heißt, sie befördern enorme Datenmengen zu extrem geringen Kosten. Diese Niedrigkosten geben sie in Form geringer, gewöhnlich pauschaler Gebühren an die Firmen weiter, die einen Internetanschluß bei ihnen mieten.

Meist hängt die Gebühr von der Kapazität des Anschlusses ab. Ein Anschluß mit relativ großer Bandbreite, eine sogenannte »T-1-Leitung« kostet vielleicht 1600 Dollar im Monat. In dieser Gebühr enthalten ist der gesamte Internetdatenverkehr der Firma, egal, ob die Leitung ständig oder selten genutzt wird und ob sich der Adressat ein paar Kilometer entfernt oder am anderen Ende der Welt befindet. Sobald ein Kunde also einen solchen

Internetanschluß hat, entstehen keine Extrakosten durch Nutzungshäufigkeit, was natürlich zu intensiver Nutzung ermuntert. Die Summe der Gebühren, die die Benutzer zahlen, finanziert das gesamte Internet, ohne daß staatliche Subventionen erforderlich sind.

Privatpersonen können sich nur in seltenen Fällen eine Standleitung leisten. Sie verschaffen sich ihren Zugang zum Internet, indem sie sich an einen Online-Provider wenden. Das ist eine Firma, die gegen entsprechende Bezahlung über einen T-1- oder einen anderen Hochgeschwindigkeitszugang zum Internet verfügt. Über ihre normale (Schmalband-) Telefonleitung wählen Privatteilnehmer den lokalen Provider an, der sie mit dem Internet verbindet.

1994 und 1995 lagen die durchschnittlichen Monatsgebühren für Internetnutzung in den Vereinigten Staaten bei 20 Dollar, für die ein Teilnehmer etwa 20 Stunden Zugang während der besten Zeit erhielt. Im Frühjahr 1996 bot AT&T zusammen mit einigen anderen Firmen für den gleichen Preis von 20 Dollar eine vollkommen unbegrenzte Internetnutzung an, woran zu erkennen war, daß sich der Wettbewerb unter den Internet-Providern erheblich verschärfte. Auch andere große Telefongesellschaften in aller Welt drängen auf den Markt. Bei kommerziellen Online-Diensten wie CompuServe und America Online ist in den Gebühren jetzt auch der Internetzugang enthalten. Wenn sich in den nächsten Jahren ein echter Massenmarkt entwickelt, wird sich das Internet weiter verbessern: Es wird leichteren Zugang bieten, überall verfügbar sein, die Navigation vervollkommnen und sich noch enger mit den kommerziellen Online-Diensten vernetzen.

Alle diese Entwicklungen verändern die Position der Telefongesellschaften. Auf der einen Seite werden sie möglicherweise zu den größten Providern von Internetzugang. Auf der anderen besteht die Gefahr, daß ihnen das Internet das lukrative Ferngesprächgeschäft, das heute ihr wichtigstes Standbein ist, erheblich beschneidet. Immer häufiger führen Menschen jetzt ihre Ferngespräche in alle Welt über das Internet – statt die schlechte Qualität der Sprachübertragung in Anspruch zu nehmen. Doch sobald garantierte Übertragungsqualität in die Internetplattform integriert ist, wird die Güte von Zweiwege-Sprach- und Videoübertragungen sehr eindrucksvoll werden.

Das werden die Benutzer sehr zu schätzen wissen, aber nicht alle Telefongesellschaften freuen sich über die Konkurrenz. Im März 1996 forderte die Dachorganisation von mehr als 130 kleineren und mittleren Telefongesellschaften die United States Federal Communications Commission (FCC) auf, den Verkauf solcher Software- und Hardwareprodukte, mit deren Hilfe sich das Internet für Ferndatenübertragung nutzen läßt, gesetzlich zu regeln und zu besteuern. Eine Pressemitteilung der Gruppe (America's Carriers Telecommunication Association, die amerikanische Vereinigung der Netzbetreiber) erhob den Vorwurf, das Internet schaffe »die Möglichkeit, regionale, überregionale und internationale Betreiber zu umgehen und praktisch kostenlose Anrufe zu tätigen«. In der Verlautbarung hieß es weiter, diese Nutzung werde das Internet überlasten.

Ich werfe den Telefongesellschaften nicht vor, daß sie verärgert sind. Sie befinden sich in einer schwierigen Position. Durch die Festsetzung der Telefongebühren hat die amerikanische Regierung dafür gesorgt, daß die Netzbetreiber mit einigen der von ihnen gegründeten Internet-Providern Geld verlieren. Es hat in der Vergangenheit gute Gründe gegeben, die Telefongebühren festzusetzen, so zum Beispiel den Wunsch, das Telefon für jedermann erschwinglich zu machen – das Prinzip der »Dienstleistung für alle«. Das hat den amerikanischen Telefongesellschaften jedoch nicht weiter geschadet, weil sie alle dadurch verursachten Verluste durch hohe Gewinnspannen bei den Ferngesprächen aufgefangen haben. So haben zu hohe Gebühren für Ferngespräche zu niedrige Gebühren für Nahgespräche ausgeglichen. Doch in dem Maße, wie Ferngespräche durch die neue Form der Telekommunikation im Internet ersetzt werden, verlieren die Telefongesellschaften die Kompensation für das Verlustgeschäft Nahgespräche. Natürlich ist das ein ernstes Problem, aber es wäre ein großer Fehler, wollte man die

Datenübertragung im Internet den gleichen gesetzlichen Regelungen unterwerfen wie das Fernsprechwesen – und ich kann mir auch nicht vorstellen, daß es geschehen wird. Unter anderem wäre es schwierig, unter den digitalen Datenpaketen, die die Menschen austauschen, die Telefongespräche zu erkennen.

Sicherlich haben die Telefongesellschaften recht, wenn sie sagen, das Internet könne bis zu seinem vollständigen Ausbau hin und wieder durch die Telefongespräche überlastet werden, die über das Datennetz geführt werden. Doch das wird ein vorübergehendes Problem sein, weil man auch weiterhin massiv in die Infrastruktur des Internets investieren wird und weil die Kommunikationstechnik für eine schnelle Zunahme der Bandbreite sorgt. So rasch die Nachfrage auch zunehmen wird, noch rascher wird die Bandbreite anwachsen. Manchmal wird es schwierig sein, hier einen Ausgleich zu schaffen. Dann wird es zu Wartezeiten im Internet kommen, aber es gibt kein grundsätzliches Hindernis, das den Siegeszug des Internets – einschließlich der in ihm geführten Telefongespräche – aufhalten könnte.

Wenn Überlastungen zu einem echten Problem werden, wäre eine Möglichkeit, von allen Teilnehmern eine höhere Pauschale zu verlangen. Ein anderes Verfahren bestünde darin, irgendeine Meßgrundlage zu bestimmen – die im System verbrachte Zeit, die Entfernung der Datenübertragung, die Bit-Rate oder dergleichen. Allerdings ist die Situation sehr unübersichtlich, weil einfach zu viele Firmen einen Internetzugang anbieten. Wenn nur ein Teil von ihnen eine Gebührenordnung festsetzt, die intensive Nutzer stärker zur Kasse bittet, werden diese zu Firmen abwandern, bei denen sie keine Preisnachteile haben, und die Gesamtnutzung des Internets wird sich kaum, wenn überhaupt, verändern. (Ein Phänomen, das man »negative Auswahl« nennt und das allen Versicherern vertraut ist: Die potentiellen Kunden, auf die man am wenigsten Wert legt, sind am leichtesten zu gewinnen, weil sie davon den größten Nutzen haben.)

Möglicherweise wird das Internet nicht nur die Art und Weise verändern, wie wir für die Datenübertragung bezahlen, sondern auch, wie wir für Information bezahlen – oder nicht für sie bezahlen. Die Investitionen in webgestützte Veröffentlichungen werden bislang überwiegend aus Liebe zur Sache gemacht oder um für Produkte zu werben, die in der nichtelektronischen Welt verkauft werden. Nur wenige Inhaltsanbieter haben bis heute nennenswerte Zahlungen von Kunden erhalten, allerdings freuen sich viele auf den Tag, an dem es ihnen möglich sein wird, ihre Dienste in Rechnung zu stellen. Eine große interaktive Inhaltsbranche ist aus dem Boden geschossen, in der bislang niemand etwas verdient.

Einige Propheten meinen, die bisherige Geschichte des Internets habe gezeigt, daß Information auch weiterhin kostenlos oder fast kostenlos zu haben sein werde. Wenn sie recht haben, wird sich der Benutzer auch in Zukunft die ganze Informationsvielfalt des Netzes, von NASA-Fotos bis zu Mitteilungen, die in Schwarzen Brettern veröffentlicht werden, umsonst auf den Bildschirm holen können. Doch ich glaube, daß viele der attraktivsten Informationen, wie zum Beispiel Hollywoodfilme oder enzyklopädische Datenbanken, produziert werden, um Gewinne zu erzielen.

Es ist kaum denkbar, daß das Internet als Publikationsmedium Karriere machen kann, wenn die Inhaltsanbieter nicht für ihre Arbeit bezahlt werden. Allerdings wird es in der ersten Zeit bei jenen Inhaltsanbietern viel Enttäuschung geben, die versuchen, ihren Schnitt durch Subskriptionen und Werbung zu machen. Anzeigenkunden haben in der Regel eine gewisse Scheu vor neuen Medien, und um ein solches handelt es sich beim Internet zweifellos. Einige Anbieter versuchen es mit einer Kombination aus Subskriptionen und Werbung; da sich aber die meisten Benutzer die Inhalte lieber umsonst beschaffen, statt für sie zu bezahlen, können die Inhaltsanbieter nur mit sehr mageren Subskribentenlisten aufwarten und daher nur geringe Werbeeinnahmen erzielen.

Noch aus einem weiteren Grund ist es schwierig, für Inhalte Gebühren zu erheben: Es ist höchst unpraktisch, kleine Beträge in Rechnung zu stellen – oder zu bezahlen. Für die Lektüre eines

Nachrichtenartikels kann man nicht fünf Pfennig verlangen oder bezahlen. Diese vorübergehenden Schwierigkeiten werden sich mit der weiteren Entwicklung des Internets auflösen. Wenn Sie beschließen, eine Home Page auf den Bildschirm zu holen, die einen Groschen kostet, werden Sie die Gebühr im Rahmen einer größeren Rechnung zahlen – so wie Sie heute die Einzelgebühren für Ihre Telefongespräche monatlich begleichen. Ich denke, es wird eine Vielfalt von Inhaltsangeboten zu sehr geringen Preisen geben. Aber selbst mit einem Fünf-Pfennig-Angebot läßt sich Geld verdienen, wenn genügend Leute es in Anspruch nehmen.

Neben kostenloser Information gibt es heute auch viele kostenlose Programme im Internet, einige davon recht nützlich. Manchmal handelt es sich um kommerzielle Software, die im Zuge von Marketingkampagnen abgegeben wird. In anderen Fällen werden die Programme im Rahmen von Seminaren an Universitäten oder in staatlich subventionierten Instituten geschrieben. Meiner Ansicht nach wird jedoch der Verbraucherwunsch nach Qualität, Betreuung und Vollständigkeit bei wichtigen Softwareanwendungen dazu führen, daß die Nachfrage nach kommerzieller Software weiterhin zunehmen wird. Schon heute schmieden viele Studenten und Dozenten, die an ihren Universitäten kostenlose Programme geschrieben haben, eifrig Pläne für die Neugründung von Unternehmen, die kommerzielle Versionen ihrer Software mit wichtigen Ergänzungen vertreiben und natürlich auch die Betreuung und Beratung der Kunden übernehmen sollen.

Einer der interessantesten Entwicklungsbereiche, die drahtlosen Zwei-Wege-Anschlüsse ans Internet, wird in absehbarer Zukunft vorwiegend im Schmalbandbereich bleiben. Polizei und Gesundheitswesen werden genügend Bandbreite erwerben, um mobile Zwei-Wege-Video-Übertragungen realisieren zu können, doch den meisten Benutzern werden nur erheblich eingeschränktere Bandbreiten zur Verfügung stehen. Schon heute versorgen Satelliten unsere PCs mit gewaltigen Datenströmen, aber der Datenfluß verläuft praktisch nur in eine Richtung. Die drahtlosen Netze für mobile Datenübertragung werden sich aus den heutigen drahtlosen Telefonnetzen entwickeln. Wenn Sie unterwegs sind und Daten von Ihrem Heim- oder Bürocomputer abrufen möchten, wird Sie Ihr tragbares Informationsgerät mit dem drahtlosen Teil des Highway verbinden, und ein Knotenrechner wird den Anschluß zum verdrahteten Teil herstellen, so daß Ihr Gerät direkt mit dem Computer/Server bei Ihnen zu Hause oder im Büro verbunden ist und sich die verlangte Information holen kann.

In den Betrieben und meisten Privathäusern werden drahtlose Netze zur Verfügung stehen, die regional begrenzt und daher kostengünstiger sind. Solange Sie sich innerhalb eines bestimmten geographischen Bereichs aufhalten, werden Sie über diese Netze Verbindung zum Highway oder ihrem eigenen Computersystem aufnehmen können, ohne Zeitgebühren bezahlen zu müssen. Drahtlose lokale Netze werden sich einer anderen Technik bedienen als die drahtlosen überregionalen Netze. Allerdings wird Ihr tragbares Informationsgerät automatisch das kostengünstigste Netz auswählen, an das es Sie anschließen kann, so daß Sie sich als Benutzer keine Gedanken über die technischen Unterschiede machen müssen.

Eine weitere wichtige technische Neuerung, die sich auch in einem Schmalbandnetz wird anwenden lassen, ist der Bildschirm oder das Fenster auf einem Bildschirm, der von zwei oder mehr Benutzern an verschiedenen Orten betrachtet werden kann. Erste Versionen dieser Technik sind heute bereits in Browser eingebaut, und einige Modems unterstützen die gleichzeitige Übertragung von Sprache und Daten über eine einzige Telefonleitung. Wenn Sie Reisepläne schmieden und wenn Sie und Ihre Reiseagentur PCs haben, die mit entsprechenden Modems ausgerüstet sind, kann die Agenturleiterin Ihnen Fotos von den verschiedenen Hotels zeigen, die Sie in Betracht ziehen, oder eine Preistabelle präsentieren. Wenn Sie eine Freundin anrufen und sie fragen, wie Sie zu ihrer Wohnung kommen, und wenn Sie beide PCs haben, die an die Telefonleitung angeschlossen sind, dann wird Sie Ihnen während des Gesprächs eine Karte übermitteln können, über die Sie beide sprechen oder die Sie sogar interaktiv mit Anmerkungen versehen können.

Die Übertragungsqualität wird durch einen Mittelbandanschluß durchschnittlich um einen Faktor von acht verbessert, gemessen an einem Modem mit herkömmlicher Übertragungsrate. Wenn Sie über einen Mittelbandanschluß verfügen, nehmen Bilder auf dem Monitor sehr rasch Gestalt an, und Sie können sogar Videobilder minderer Qualität abrufen, vor allem, wenn sie nur in einem kleinen Fenster auf Ihrem PC-Bildschirm gezeigt werden. Durch die zusätzliche Bandbreite bekommt die Web-Nutzung eine ganz andere Dimension.

Schon heute versorgen Telefongesellschaften einige Haushalte mit Mittelbandanschlüssen, indem sie ihnen digitale anstelle von analogen Signalen liefern. Zwar ist die Verkabelung noch konventionell, aber die Schaltsysteme, die die Informationen durchs Netz leiten, unterscheiden sich von den Einrichtungen herkömmlicher Art.

Meist verwenden Telefongesellschaften zu diesem Zweck ISDN (wie erwähnt: *integrated services digital network*), das Sprache und Daten ab 64 000 oder 128 000 Bit pro Sekunde überträgt. Sogar bewegte Videobilder lassen sich über ISDN-Leitungen schicken, wenn die Qualität auch bestenfalls mittelmäßig ist – bestimmt nicht gut genug, um einen Film zu sehen, und allenfalls befriedigend für routinemäßige Videokonferenzen. Allerdings verbessert sich die Qualität von Videokonferenzen, wenn man gleichzeitig mehrere ISDN-Leitungen verwendet.

Täglich benutzen Hunderte Microsoft-Angestellte ISDN, um sich mit ihren Heimcomputern in unser betriebsinternes Netz einzuloggen. ISDN wurde vor mehr als zehn Jahren erfunden, doch ohne die Nachfrage, die erst später durch PC-Anwendungen entstand, hatte fast niemand Verwendung dafür. Erstaunlicherweise haben Telefongesellschaften enorme Summen in ISDN-Knotenrechner investiert, ohne eine konkrete Vorstellung zu haben, wie sie sich nutzen ließen. Zum Glück hat der

PC die ISDN-Nachfrage explosionsartig in die Höhe schnellen lassen. Früher kostete eine ISDN-Schnittstellenkarte 500 Dollar, doch der Preis dürfte in den nächsten Jahren unter die 200-Dollar-Grenze sinken. Die Grundgebühren fallen regional unterschiedlich aus, liegen in den Vereinigten Staaten aber im allgemeinen bei 50 Dollar im Monat. Ich gehe davon aus, daß sie bald weniger als 20 Dollar betragen werden, also kaum mehr, als wir für einen normalen Telefonanschluß zahlen.

Für Telefongesellschaften liegt ein Nachteil des ISDN darin, daß die ISDN-Leitung große Kapazitäten des konventionellen Sprachnetzes in Anspruch nimmt. Deshalb wird eine andere Breitbandtechnologie, ein neues Verfahren, das nicht unter diesem Nachteil leidet, gegen Ende des Jahrzehnts an Bedeutung gewinnen. ADSL (wie erwähnt: *asymmetrical digital subscriber line*) umgeht das Sprachnetz nämlich vollkommen. Über eine herkömmliche Telefonleitung verbindet es einen PC mit der Zentrale einer Telefongesellschaft, von wo aus der Zugang zum Internet eröffnet wird.

Doch nicht die Umgehung des Sprachnetzes macht ADSL wirtschaftlich so interessant, sondern die Tatsache, daß es die Datenwege in den Privathaushalt – wenn auch nicht immer die Wege hinaus – mit erheblich mehr Bandbreite ausstattet als ISDN. Mindestens 1,5 Millionen Bit pro Sekunde kann ADSL in den Haushalt übertragen, genauso viel wie die Standleitungen, die viele Firmen mit dem Internet verbinden. Leider beträgt die Datenübertragungsrate aus dem Haushalt (die »Rückkanal-Rate«) manchmal nicht mehr als 64 kbit/s (Kilobit pro Sekunde) – das ist immer noch erheblich höher als die Rate, die ein herkömmliches Modem leistet, aber nicht hoch genug, um einen hinreichenden Empfang von Zwei-Wege-Videobildern zu ermöglichen. Glücklicherweise wird die ADSL-Technik ständig verbessert, so daß viele Haushalte sicherlich bald in der Lage sein werden, Daten mit einer Rate von bis zu 600 kbit/s ins Netz zurückzuschicken, eine Rückkanal-Rate, die hoch genug für Videokonferenzen in annehmbarer Qualität ist.

Auch die Rate, mit der ADSL Daten in den Haushalt überträgt, wird sich erhöhen, auf 6,2 Million Bit pro Sekunde und mehr. Das wird aber nur gehen, wenn die Entfernung zwischen der Zentrale der Telefongesellschaft und dem PC weniger als drei Kilometer beträgt.

ASDL wurde vor einigen Jahren entwickelt und war die Antwort der Telefongesellschaften auf die Androhung des interaktiven Fernsehens, welches die Kabelgesellschaften liefern wollten. ADSL wird einen ausgezeichneten Zugang zum Internet eröffnen. Fast augenblicklich werden Web-Seiten mit reicher Grafikgestaltung auf dem Bildschirm erscheinen. Mit wachsender Beliebtheit dürfte der Preis von ADSL-Modems unter die 300-Dollar-Grenze fallen.

Nun sind die Telefongesellschaften nicht die einzigen Bewerber, die den Wunsch und die technischen Voraussetzungen haben, Kunden über Hochgeschwindigkeitsanschlüsse den Zugang zum Internet anzubieten. Kabelgesellschaften haben die Absicht, den privaten PC über ihre vorhandenen Koaxialkabelnetze ans Internet anzuschließen und mit den Telefongesellschaften auf dem Markt der lokalen Telefonnetze zu konkurrieren.

Koaxialkabel, wie sie beispielsweise Fernseher und Videorekorder verbinden, haben eine weit größere Kapazität als die üblichen Telefonkabel. Allerdings wird ein Großteil dieses gewaltigen Potentials vergeudet, weil heutige TV-Kabelsysteme keine Bits transportieren, sondern dreißig bis fünfundsiebzig Videokanäle mit Hilfe analoger Technik übertragen. Kabelgesellschaften werden weiterhin über herkömmliche Fernsehkanäle senden. Doch mit neuen Schaltsystemen, die die digitale Informationsübertragung unterstützen, werden ihre Kabel auch in der Lage sein, bis zu mehrere Hundert Millionen Informationsbits pro Sekunde zu übertragen.

Im Grunde wird die Bandbreite des Anschlusses, mit der die Kabelgesellschaft den einzelnen Haushalt versorgt, gar nicht so groß sein, wie es vielleicht auf den ersten Blick erscheint. Im Gegensatz zu den Kabeln einer Telefongesellschaft, die ein bestimmtes Signal an einen bestimmten Haushalt schicken kann, werden TV-Kabelsignale gleichzeitig an 200 bis 1000 Haushalte gesendet. Wenn die Telefongesellschaft ADSL benutzt, um einen bestimmten Haushalt mit 1,5 Bit pro Sekunde zu versorgen, dann ist diese Informationsmenge ausschließlich für diesen Haushalt bestimmt. Versorgt die lokale Kabelgesellschaft hingegen auf einer Bandbreite von sechs MHz ein ganzes Wohnviertel mit 27 Millionen Bit pro Sekunde, befinden sich alle Kabelmodems im Wettbewerb, um einen Anteil an dieser Bandbreite zu ergattern. In beiden Fällen läuft der Anschluß des Haushalts im Endeffekt auf einen Mittelbandzugang zum Internet hinaus. Telefongesellschaften könnten die effektive Bandbreite vergrößern, indem sie zusätzliche Telefonleitungen in die Haushalte schalten, und Kabelgesellschaften könnten die Bandbreite erweitern, indem sie für die Vernetzung mit dem Internet mehr als einen 6-MHz-Kanal verwenden – oder indem sie ein weiteres Glasfaserkabel in das betreffende Viertel verlegen.

Ein weiterer Zwischenschritt der Kabelgesellschaften wird neben dem Angebot von Internetzugängen und traditionellen Telefondiensten darin bestehen, daß sie die Zahl ihrer Kanäle um das Fünf- bis Zehnfache erhöhen. Die dazu erforderliche Bandbreite werden sie sich mit Hilfe von Glasfaserkabeln und digitaler Komprimierung schaffen. Letztere beseitigt redundante Information im Datenstrom und schafft dadurch Platz für zusätzliche Kanäle in der jeweils vorhandenen Bandbreite.

Bei 300 bis 500 Kanälen läßt sich fast schon Video-on-demand anbieten, wenn auch nur für eine begrenzte Zahl von Fernsehsendungen und Filme. Sie würden aus einer Bildschirmliste wählen, statt einen numerierten Kanal einzuschalten. Ein beliebter Film würde auf zwanzig Kanälen gesendet werden, mit gestaffelten Anfangszeiten, so daß sie den Film nach Belieben in Abständen von fünf Minuten beginnen könnten. Sie würden unter den angebotenen Anfangszeiten der Filme und Fernsehsendungen Ihre Auswahl treffen, und die Settop-Box würde den richtigen Kanal einschalten. Die halbstündige Nachrichtensendung von CNN – oder die Nachrichten eines anderen Senders – könnten beispielsweise auf sechs Kanälen statt auf einem laufen, und zwar dergestalt, daß die 6-Uhr-Nachrichten um 6.05, 6.10, 6.15, 6.20

und 6.25 wiederholt würden. Wie heute gäbe es alle halbe Stunde eine neue Live-Sendung. Wenn ein Teil der Bandbreite bereits für Internetaktivitäten genutzt würde, wäre die 500 Kanälen entsprechende Bandbreite auf diese Weise rasch belegt.

Die Kabelgesellschaften sind unter Konkurrenzdruck geraten und bemühen sich daher, neue Kanäle zu eröffnen. TV-Satelliten für den Direktempfang, etwa DIRECTV von Hughes Electronic (oder Astra für deutsche Fernsehzuschauer) schicken bereits Hunderte von Kanälen direkt in die Haushalte (und beginnen auch schon, die PCs mit Daten zu versorgen). Durch den Ausbau ihres Angebots versuchen die Kabelgesellschaften, ihre Kunden zu halten.

Hätte ein interaktives Netz ausschließlich die Aufgabe, eine begrenzte Zahl von Filmen zu liefern, würde ein 500-Kanal-System, mit oder ohne Anschluß ans Internet, ausreichen. Doch ein solches System wäre überwiegend synchron, würde nur begrenzte Wahlmöglichkeiten eröffnen und bestenfalls einen langsamen Rückkanal bieten. Der Rückkanal eines 500-Kanal-Systems würde Ihnen vielleicht gestatten, mit Hilfe Ihrer Settop-Box Produkte oder Programme zu bestellen, auf Umfragen oder Gameshow-Fragen zu antworten und sich an Spielen mit mehreren Mitwirkenden zu beteiligen. Doch ein langsamer Rückkanal kann nicht die Flexibilität und Interaktivität bieten, die viele interessante Anwendungen verlangen werden.

Verstehen Sie mich nicht falsch: Wenn wir eines Tages 500 Kanäle haben, wird die Fernsehlandschaft interessanter sein als heute, und ich freue mich darauf. Ist die Kabelgesellschaft gar in der Lage, einen Mittelbandzugang zum Internet und Hunderte von Videofilmen zu bieten – um so besser. Doch der Breitband-Information-Highway ist das noch lange nicht. Sie haben dann noch immer nicht die Möglichkeit, *jede* frühere oder aktuelle Fernsehsendung zu sehen, wann immer Sie wollen. Sie haben nicht die Möglichkeit, einen Film unter Tausenden von Titeln auszuwählen, die Ihnen das Netz auf den häuslichen Bildschirm schickt, und ihn nach Belieben vorlaufen zu lassen, anzuhalten oder zurückzuspulen. Sie haben nicht teil an einer Welt aus interaktiven Bildungs- und Unterhaltungsinhalten in hochwertiger Videoqualität. Und Ihre Eltern können keine häusliche Videokonferenz mit Freunden, Kindern oder Enkeln durchführen und sich über eine einwandfreie Bildqualität freuen.

Noch wissen wir nicht, wie lange es dauern wird, bis wirklich Millionen Menschen Breitbandanschlüsse ans Internet haben. In dem Maße, wie Telefon- und Kabelgesellschaften ihre Systeme modernisieren, werden nach und nach Glasfaserkabel und moderne Schaltsysteme die Wohngebiete erreichen. Doch die partielle oder vollständige Installation der Infrastruktur heißt noch nicht, daß damit auch das interaktive Breitbandnetz zur Verfügung steht. Dazu brauchen wir auch Anwendungen und Inhalte. Millionen von Haushalten und Wohnungen müssen angeschlossen sein, bevor der Markt groß genug ist, um Investitionen in der Größenordnung zu rechtfertigen, die erforderlich sind, um ein breitgefächertes Angebot an interaktiven Breitbandinhalten und -anwendungen für den Privatbenutzer zu entwickeln.

Zum Glück müssen die Hardware- und Softwareelemente des Breitbandnetzes nicht gleichzeitig zur Verfügung stehen. Die begeisterte Aufnahme des Internets eröffnet uns die Möglichkeit zur allmählichen Entwicklung. Schon jetzt wird diese Entwicklung durch das wachsende Verlangen der Benutzer nach Bandbreite vorangetrieben. Leute, die sich zu Hause ins Internet einloggen, merken rasch, wie ärgerlich die eingeschränkte Bandbreite ist. Sie stellen fest, wie viel angenehmer die Internetnutzung mit rascheren Anschlüssen wäre. Benutzer, die im Büro oder in der Schule über Anschlüsse mit relativ großer Bandbreite verfügen, hätten sie auch gerne zu Hause. Diese Nachfrage ermutigt Telefon- und Kabelgesellschaften, in private Mittelbandzugänge zum Internet zu investieren.

Breitbandanschlüsse werden folgen. Technik, Anwendungen und Inhalte werden weit mehr aus der PC- und Internetnutzung erwachsen als aus der Fernsehbranche, wie das viele noch vor wenigen Jahren meinten. Diese Entwicklung ist sinnvoll und nicht mehr aufzuhalten.

# 6. Die Revolution der Inhalte

Seit mehr als 500 Jahren speichert die Menschheit ihren Bestand an Wissen und Information in Form von Papierdokumenten. Eines haben Sie gerade in der Hand (wenn Sie diese Zeilen nicht von einer CD-ROM oder einer künftigen Online-Ausgabe beziehen). Papier wird sicher ein wichtiger Bestandteil unseres Lebens bleiben, aber seine Bedeutung als Mittel zur Informationssuche, -erhaltung und -verteilung ist bereits im Schwinden.

Wenn Sie das Wort »Dokument« hören, stellen Sie sich wahrscheinlich bedrucktes Papier vor, doch der Begriff ist damit zu eng gefaßt. Ein Zeitungsartikel ist beispielsweise ein Dokument, aber im weiteren Sinne fällt unter diese Bezeichnung auch eine Web-Seite, eine Fernsehsendung, ein Lied oder ein interaktives Videospiel. Da sich jede Art von Information digital speichern läßt, werden Dokumente leicht zu finden, zu speichern und auf dem Highway zu übermitteln sein. Papier läßt sich schwerer verschicken und stößt sehr rasch an die Grenzen seiner Verwendbarkeit, wenn es um mehr Inhalte geht als nur Texte mit Zeichnungen und Bildern. Zu digital gespeicherten Dokumenten werden künftig Bilder, Audiodaten, Programmbefehle für die Interaktivität, Animation oder eine Kombination aus diesen und anderen Elementen gehören.

Diese vielseitigen elektronischen Dokumente haben zahlreiche Verwendungsweisen, die bei Papierdokumenten nicht möglich sind. Dank der leistungsfähigen Datenbanktechniken des künftigen Netzes wird man sie indizieren und mit Hilfe interaktiver Suchverfahren wiederfinden können. Ihr Vertrieb wird außerordentlich billig und leicht sein. Kurz, diese digitalen Dokumente werden viele gedruckte ersetzen, weil sie uns ganz neue Dienste leisten können.

Doch seien wir nicht ungerecht gegen die Papierdokumente. Noch besitzen Buch, Zeitschrift oder Zeitung in gedruckter Form viele Vorteile gegenüber ihrer digitalen Verwandtschaft. Bei einer Zeitung haben Sie ein weites Gesichtsfeld, gute Auflösung, Handlichkeit, mühelosen Gebrauch. Ein Buch ist klein, leicht, gut lesbar und kostengünstig im Vergleich zu einem Computer oder einem anderen Informationsgerät, das sie brauchen, um ein digitales Dokument zu lesen. Noch mindestens zehn Jahre lang wird es bequemer sein, ein langes, zusammenhängendes Dokument auf Papier zu lesen als auf einem Computer. (Ich gestehe gerne, daß ich dieses Buch weitgehend mit Papier und Bleistift redigiert habe. Ich habe eine Schwäche für Texte auf Papier.) Die ersten digitalen Dokumente, die größere Verbreitung finden, werden das dem Umstand zu verdanken haben, daß sie neue Funktionen bieten, statt die älteren Medien einfach nachzuahmen. Auch ein Fernsehapparat ist größer, kostspieliger, sperriger und von schlechterer Auflösung als ein Buch oder eine Zeitschrift, das hat seiner Beliebtheit aber keinen Abbruch getan. Das Fernsehen brachte bewegte Bilder in unsere Wohnstuben, und das war so faszinierend, daß die Fernsehapparate sich längst neben Büchern und Zeitschriften etabliert haben.

Nach und nach werden Verbesserungen in der Computer- und Bildschirmtechnik zu einem leichten und universell verwendbaren elektronischen Buch führen, einem »E-Buch«, das dem heutigen auf Papier gedruckten ähneln wird. In einem Kasten von annähernd der gleichen Größe und dem gleichen Gewicht, wie sie heute eine gebundene oder eine Taschenbuchausgabe aufweist, wird sich ein Display befinden, das in hoher Auflösung Texte, Bilder und Filme zeigen kann. Sie werden die Seiten auf herkömmliche Weise umblättern oder durch gesprochene Befehle nach bestimmten Abschnitten suchen können. Mit Hilfe eines solchen Geräts wird man Zugang zu jedem Dokument im Netz haben.

Dabei ist der entscheidende Aspekt elektronischer Dokumente nicht einfach darin zu sehen, daß man sie auf einem geeigneten Gerät lesen kann. Der Übergang vom herkömmlichen Buch zum E-Buch ist nur der letzte Schritt eines Prozesses, der längst im Gange ist. Die digitale Dokumentation ist deshalb so interessant, weil sie das Dokument selbst neu definiert. Das wird weitreichende Auswirkungen haben. Nicht nur in bezug auf den Begriff »Dokument« werden wir umdenken müssen, sondern auch, was die Bedeutung von »Autor«, »Verleger«, »Büro«, »Unterricht« und »Lehrbuch« anbelangt.

Wenn früher zwei Unternehmen einen Vertrag aushandelten, wurde der erste Entwurf meist in einen Computer eingetippt und dann auf Papier ausgedruckt. Anschließend wurde er an die andere Partei gefaxt, die ihn bearbeitete, ergänzte und veränderte, indem sie Anmerkungen auf dem Papier notierte oder das Dokument abermals in einen Computer eingab, von dem es dann ausgedruckt wurde. Daraufhin faxte diese Partei den Vertrag zurück, und der Bearbeitungsprozeß begann von neuem. Im Verlauf dieses Hin und Her war schwer zu entscheiden, wer welche Veränderungen vorgenommen hatte. Durch elektronische Dokumente läßt sich der Prozeß vereinfachen, da man eine Version des Vertrags hin- und herschicken kann, während die Verbesserungen und Anmerkungen nebst Hinweisen, durch wen und wann sie vorgenommen wurden, neben dem Originaltext erscheinen. Außerdem können sich die beiden Parteien übers Netz miteinander unterhalten, während sie das Dokument gemeinsam aufsetzen.

In wenigen Jahren wird das digitale Dokument mit rechtsgültigen digitalen Unterschriften das Original sein, während Papierausdrucke nur noch zweitrangige Bedeutung haben werden. Schon heute ist in vielen Firmen neben Papier und Faxgeräten der Austausch digitalisierter Dokumente per E-Mail üblich, also die Datenübertragung von Computer zu Computer.

Die Abfassung dieses Buchs wäre ohne E-Mail sehr viel schwieriger gewesen. Ich verschickte nämlich erste Fassungen des Buches per elektronischer Post an Leser und bat sie um ihre Meinung dazu. Sie antworteten ebenfalls per E-Mail, und ich empfand es als sehr angenehm, die vorgeschlagenen Änderungen lesen und gleichzeitig sehen zu können, wer sie wann vorgenommen hatte.

Am Ende des Jahrzehnts wird sich ein erheblicher Prozentsatz der Dokumente, selbst in Büros, nicht mehr vollständig auf Papier ausdrucken lassen. Man wird sich ein solches Dokument wie einen Film oder Song von heute vorstellen müssen. Zwar wird man noch einen zweidimensionalen Inhaltsüberblick drucken können, aber das wird sein, als läse man Noten, statt eine Tonaufzeichnung zu hören.

Einige Dokumente sind in digitaler Form um so viel besser nutzbar, daß die Papierversion kaum noch benutzt wird. So beschloß der Flugzeugbauer Boeing, für die Entwicklung seines neuen Modells 777 ein riesiges elektronisches Dokument anzulegen, das alle technischen Daten enthielt. Um die Zusammenarbeit zwischen den einzelnen Konstruktionsteams, Herstellungsgruppen und Zulieferbetrieben zu koordinieren, waren für die Entwicklung früherer Boeing-Typen Tausende von Konstruktionszeichnungen und der Bau eines kostspieligen Modells in Originalgröße erforderlich. Das Modell brauchte man, um sich davon zu überzeugen, daß die Teile des Flugzeugs, die von verschiedenen Ingenieuren entworfen worden waren, auch wirklich zusammenpaßten. Bei der Entwicklung der 777 verzichtete Boeing auf Konstruktionszeichnungen und Modell und verwendete statt dessen von Anfang an ein elektronisches Dokument, das digitale 3-D-Modelle aller Teile enthielt und zeigte, wie sie sich ineinanderfügten. An ihren Terminals konnten sich die Ingenieure den Entwurf aus verschiedenen Blickwinkeln ansehen. Sie konnten prüfen, wie die Arbeit in den einzelnen Bereichen vorankam, nach aufschlußreichen Testergebnissen suchen, Anmerkungen zur Kostenentwicklung machen und jeden Teil des Entwurfs in einer Weise verändern, die auf Papier nicht möglich gewesen wäre. Jeder, der an dem Entstehungsprozeß beteiligt war, arbeitete mit den gleichen Daten und konnte sich die Dinge ansehen, die ihn besonders betrafen. So erfuhren alle von jeder Veränderung und wer sie wann und warum vorgenommen hatte. Durch die Entscheidung für digitale Dokumente war

Boeing in der Lage, Hunderttausende von Papierbögen und Arbeitsstunden für Zeichnen und Kopieren einzusparen.

Darüber hinaus läßt sich mit digitalen Dokumenten natürlich schneller arbeiten als mit Papier. Sie können alle Daten augenblicklich übermitteln und fast genauso schnell wiederbekommen. Wer mit digitalen Dokumenten arbeitet, weiß, wieviel leichter man sich in ihnen zurechtfindet und wie einfach sie sich umstrukturieren lassen.

Das Reservierungsbuch in einem Restaurant beispielsweise ist nach Datum und Zeit geordnet. Eine Tischbestellung für neun Uhr steht weiter unten auf der Seite als eine Bestellung für acht Uhr. Auf die Reservierungen für Samstag mittag folgen die für Samstag abend. Der Oberkellner oder wer auch immer kann rasch herausfinden, wer für welchen Tag und welche Zeit einen Tisch bestellt hat, weil die Informationen des Buches nach diesem Schema organisiert sind. Doch wenn jemand aus irgendeinem Grund die Information auf andere Weise herausziehen möchte – sagen wir, ob eine bestimmte Person überhaupt reserviert hat, unabhängig vom Datum und der Zeit –, erweist sich die einfache chronologische Anordnung als nutzlos.

Stellen Sie sich die Hilflosigkeit eines geplagten Oberkellners vor, wenn ich ihn anriefe und erklärte: »Mein Name ist Gates. Meine Frau hat irgendwann im nächsten Monat einen Tisch für uns reservieren lassen. Sind Sie so nett und gucken mal nach, wann das ist?«

»Tut mir leid, wissen Sie nicht, wann Sie reserviert haben?« würde der Kellner vermutlich fragen.

»Nein, das versuche ich ja gerade herauszufinden.«

»Wissen Sie, ob es an einem Wochenende war?« fragt er weiter.

Da er weiß, daß er das Buch Seite für Seite durchblättern muß, hofft er, sich die Arbeit leichter machen zu können, indem er das Datum irgendwie eingrenzt.

Restaurants können herkömmliche Reservierungsbücher benutzen, weil die Zahl ihrer Reservierungen sich in Grenzen hält und der Oberkellner Anfragen wie die meine wohl nicht sehr häufig zu hören bekommt. Das Reservierungssystem einer Fluggesellschaft ist kein Buch, sondern eine Datenbank, die eine enorme Zahl von Daten über Hunderte von weltweit stattfindenden Flügen umfaßt – Flugzeiten, Preise, Buchungen, Platzreservierungen, Passagierlisten. Das Reservierungssystem SABRE der amerikanischen Fluggesellschaften speichert seine Daten – 4,4 Billionen Byte, also mehr als 4000 Milliarden Zeichen – auf Computer-Magnetplatten. Wollte man die Informationen aus dem SABRE-System in ein Reservierungsbuch aus Papier übertragen, bräuchte man mehr als zwei Milliarden Seiten. Jeder, der Zugang zum System hat, kann auf mehreren verschiedenen Wegen jede beliebige Information finden.

Solange wir Papierdokumente oder Sammlungen solcher Dokumente haben, rufen wir Informationen linear ab – durch Register, Inhaltsverzeichnisse und Querverweise verschiedener Art. Das alles sind jeweils unterschiedliche Orientierungshilfen. In den meisten Büros sind die Akten nach Kunden, Anbietern oder Projekten in alphabetischer Reihenfolge geordnet, doch für den raschen Zugriff ist häufig ein zweiter Satz der Korrespondenz in chronologischer Folge abgelegt. Es gibt berufsmäßige Registerverfasser, die den Wert eines Buches für den Benutzer dadurch erhöhen, daß sie alternative Wege entwickeln, an seine Informationen heranzukommen. Und bevor die Bibliothekskataloge mit EDV erfaßt wurden, waren die Bücher auf verschiedenen Karteikarten in den Papierkatalogen enthalten, so daß ein Leser ein Buch über den Titel, seinen Autor oder seine Autoren und über das jeweils behandelte Thema finden konnte. Diese Redundanz sollte die Information leichter zugänglich machen.

Als Kind war ich vernarrt in die *World Book Encyclopedia* meiner Eltern aus dem Jahr 1960. Die gebundenen Bände enthielten nur Text und Bilder. Sie zeigten, wie Edisons Phonograph ausgesehen hatte, aber dessen kratzigen Ton ließen sie nicht erklingen. Auf einigen Fotografien der Enzyklopädie war zu sehen, wie sich eine haarige Raupe in einen Schmetterling verwandelte, aber es gab keinen Film, der diese Metamorphose lebendig werden ließ. Schön wäre es auch gewesen, wenn das

Buch mir Fragen gestellt hätte zu dem, was ich gelesen hatte, oder wenn die Informationen immer auf dem neuesten Stand gewesen wären. Natürlich waren mir diese Mängel damals nicht bewußt. Mit acht Jahren begann ich, den ersten Band zu studieren und war entschlossen, alle Bände in einem Zug durchzulesen. Dabei hätte ich den Stoff leichter aufnehmen können, wenn mir alle Artikel über das 16. Jahrhundert oder über Medizin hintereinander präsentiert worden wären. Statt dessen las ich über »Garter Snakes« (eine nordamerikanische Schlange), dann die Stadt »Gary, Indiana« und »Gas«. Trotzdem fand ich die Enzyklopädie toll, und ich blieb ihr fünf Jahre treu, bis ich zum Band mit den Anfangsbuchstaben »Ps« gelangt war. Da entdeckte ich die *Encyclopaedia Britannica,* die gründlicher und genauer in ihren Darstellungen war. Allerdings wußte ich, daß meine Ausdauer nicht ausreichen würde, um sie ganz zu lesen. Außerdem begann meine Begeisterung für Computer bereits den größten Teil meiner Freizeit aufzuzehren.

Gedruckte Enzyklopädien umfassen heute meist zwei Dutzend Bände, enthalten Millionen von Wörtern, Tausende von Abbildungen und kosten Hunderte oder Tausende von Dollars. Das ist keine ganz unbedeutende Investition, vor allem, wenn man bedenkt, wie rasch die dort gelieferten Informationen überholt sind. Eine Multimedia-Enzyklopädie, die auf einer einzigen CD-ROM von wenigen Gramm untergebracht ist, behandelt 26 000 Themen mit neun Millionen Wörtern Text, acht Stunden Ton, mehr als 8000 Fotografien und Abbildungen, mehr als 950 Karten, 250 interaktiven Schaubildern und Tabellen und 100 Animationen und Videoclips. 300 000 Links verbinden den Benutzer mit verwandten Artikeln. In den USA kostet die CD-ROM weniger als 60 Dollar. Wenn Sie wissen möchten, wie der ägyptische »Ud« (ein Musikinstrument) klingt, die Abdankungsrede des englischen Königs Edward VIII. aus dem Jahr 1936 hören wollen oder gern eine Animation sehen würden, die erklärt, wie ein Motor arbeitet, dann können Sie dort alle diese Informationen bekommen – etwas, das ihnen keine gedruckte Enzyklopädie je wird bieten können.

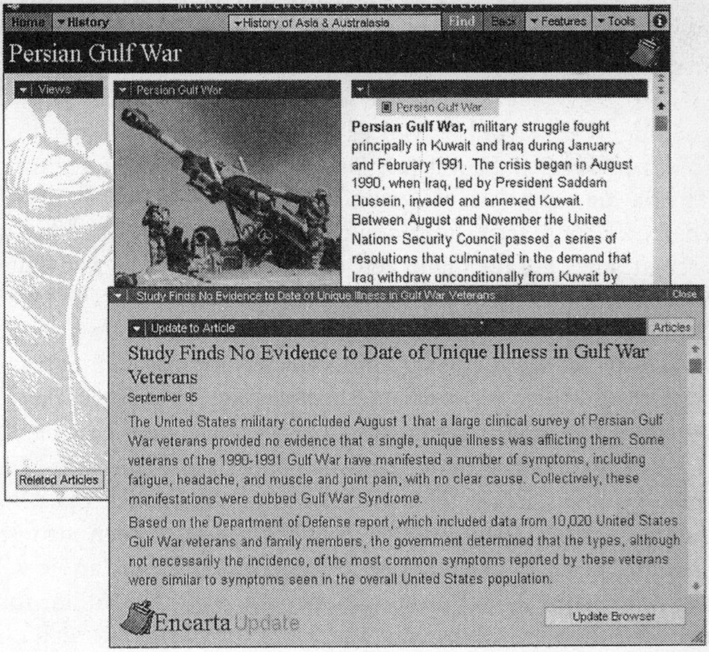


*Bildschirmseite aus einer Online-Multimedia-Enzyklopädie mit einem aktualisierten Artikel (1995)*

Artikel in einer gedruckten Enzyklopädie führen im Anhang häufig eine Liste von Artikeln über verwandte Themen auf. Um sie zu lesen, müssen Sie unter Umständen zu anderen Bänden greifen. Bei einer CD-ROM brauchen Sie nur den Verweis anklicken, und schon erscheint der Artikel. In der Online-Welt enthalten Enzyklopädieartikel Links zu verwandten Artikeln – nicht nur zu Artikeln in derselben Enzyklopädie, sondern auch zu Artikeln und anderen Informationsquellen in aller Welt. Mit der weiteren Entwicklung des Internets und der Online-Nachschlagewerke, werden der Detailgenauigkeit Ihrer Recherchen zu einem bestimmten Thema praktisch keine Grenzen mehr gesetzt sein. So wird eine Enzyklopädie im Netz mehr als nur ein

Nachschlagewerk sein – sie wird, wie der traditionelle Bibliothekskatalog, einen Ausgangspunkt für die weitere Suche darstellen.

In der Vergangenheit war es schwierig, Informationen ausfindig zu machen. Es war fast unmöglich, zu einem bestimmten Thema die besten Informationen zu entdecken, die es in Büchern, Zeitungsartikeln und Filmausschnitten gab. Und die Informationen, auf die man stieß, zusammenzutragen, war ungeheuer zeitraubend. Wenn Sie beispielsweise die Biographien aller Nobelpreisträger der letzten Zeit lesen wollten, konnte die Zusammenstellung gut und gern einen Tag dauern. Elektronische Dokumente hingegen sind interaktiv. Verlangen Sie irgendeine Information, und das Dokument reagiert. Präzisieren Sie Ihre Anfrage oder machen Sie deutlich, daß Sie ihre Meinung geändert haben, und das Dokument reagiert abermals. Sobald Sie sich an dieses System gewöhnt haben, werden Sie feststellen, daß die Information an Wert gewinnt, wenn man sie sich auf unterschiedliche Weise ansehen kann. Die Flexibilität fordert zu Erkundungen heraus, und die Erkundungen werden mit Entdeckungen belohnt.

Ihre täglichen Nachrichten werden Sie sich auf ähnliche Weise verschaffen können. Dabei können Sie angeben, wie lange Ihre Nachrichtensendung dauern soll. Das wird möglich sein, weil Sie sich jeden Nachrichtenbeitrag individuell aussuchen lassen können. Die nur für Sie zusammengestellte und ausgestrahlte Nachrichtensendung könnte Nachrichten von NBC, BBC, CNN und aus der *Los Angeles Times* enthalten, während der Wetterbericht von Ihrem Lieblingsmeteorologen bei einem regionalen Sender stammt – oder von einem privaten Meteorologen, der seine Dienste über das Netz anbietet. Sie haben die Möglichkeit, lange Beiträge über Themen zu verlangen, die Sie besonders interessieren, und Kurznachrichten über andere Ereignisse. Wenn Sie beim Anschauen der Nachrichtensendung über bestimmte Geschehnisse mehr erfahren wollen, als Ihnen angeboten wird, können Sie ohne Schwierigkeiten weitere Hintergrundinformationen oder Einzelheiten anfordern – entweder von einem anderen Nachrichtensender oder von einer Datenbank.

Unter den verschiedenen Gattungen, die heute auf Papier dokumentiert werden, gehört die der erzählenden Literatur zu den wenigen, die von ihrer Umwandlung in die elektronische Gestalt nicht profitieren wird. Im Gegensatz zu fast allen Nachschlagewerken besitzen Romane keine Register, weil es keine Veranlassung gibt, in einem Roman etwas nachzuschlagen. Romane sind linear. Aus dem gleichen Grund sehen wir uns auch die meisten Filme vom Anfang bis zum Ende an. Das ist kein technisch bestimmter Gesichtspunkt, sondern ein künstlerischer: Die Linearität ist untrennbar mit dem Erzählprozeß verknüpft. Vielleicht wird man neue Formen der interaktiven Erzählweise erfinden, die sich die elektronischen Möglichkeiten zunutze machen, trotzdem werden sich linear aufgebaute Romane und Filme auch weiterhin großer Beliebtheit erfreuen.

Im Internet werden sich digitale Dokumente, gleich welcher Art, leichter und kostengünstiger vertreiben lassen. Millionen von Menschen und Firmen werden Dokumente herstellen und sie über das Netz veröffentlichen. Dabei werden einige Dokumente für ein zahlendes Publikum bestimmt und andere allen daran Interessierten frei zugänglich sein. Digitale Speicherung ist unglaublich kostengünstig. Auf Festplatten in PCs wird eine Speicherkapazität von einem Megabyte (einer Million Bytes) bald nur noch 0,15 Dollar kosten. Um das richtig einzuordnen: Ein Megabyte enthält ungefähr 700 Seiten Text, so daß die Kosten bei etwa 0,00021 Dollar pro Seite liegen werden – das ist ungefähr ein Zweihundertstel dessen, was der Copyshop an der Ecke für eine Seite berechnet. Und da man die Möglichkeit hat, den Speicherplatz wieder für neue Informationen zu nutzen, handelt es sich bei den genannten Beträgen in Wirklichkeit um Speicherplatz pro Zeiteinheit – mit anderen Worten um Platzmiete. Wenn wir für die Festplatte lediglich eine Lebensdauer von drei Jahren zugrunde legen, dann beträgt der Restbuchwert pro Seite pro Jahr 0,00007 Dollar. Und Speicherplatz wird ständig billiger. In den letzten Jahren sind die Preise für Festplatten pro Jahr um 50 Prozent gesunken.

Text läßt sich besonders leicht speichern, weil er in digitaler Form sehr kompakt ist. Das Sprichwort: Ein Bild sagt mehr als tausend Worte, ist in der digitalen Welt nur allzu wahr, hat aber die digitale Welt auf den Kopf gestellt. Fotografien von hoher Qualität beanspruchen weit mehr Raum als Text, und noch mehr Platz brauchen Filme (die sich ja aus einer Sequenz von bis zu 30 unterschiedlichen Bildern pro Sekunde zusammensetzen). Dennoch sind die Vertriebskosten für Daten dieser Art immer noch relativ niedrig. Ein Spielfilm nimmt in komprimierter digitaler Form ungefähr vier Gigabyte (4000 Megabyte) in Anspruch, was einem Festplattenwert von ungefähr 1600 Dollar entspricht.

1600 Dollar, um einen einzigen Film zu speichern – das klingt nicht gerade billig. Aber bedenken Sie, daß eine Videothek von einem beliebten Film in der Regel mindestens acht Kopien zu 80 Dollar das Stück einkauft. Mit diesen acht Kopien kann das Geschäft nur acht Kunden pro Tag versorgen.

Sobald die Magnetplatte und der Computer, der sie verwaltet, mit dem Netz verbunden sind, ist nur eine Kopie der Information erforderlich, um Benutzern in großer Zahl den Zugriff zu ermöglichen. Mit einer einzigen Investition – ungefähr dem Betrag, den eine einzige Videothek heute für die Kopien eines gefragten Videofilms aufwendet – wird ein diskgestützter Server in der Lage sein, Tausende von Kunden gleichzeitig zu bedienen (obwohl man Kopien von besonders beliebten Dokumenten auf mehreren Servern wird abrufen können, um bei Nachfragespitzen Verzögerungen zu vermeiden). Dafür muß jeder Kunde nur die Kosten für die kurzzeitige Nutzung des Speicherplatzes und die Übertragungsgebühr bezahlen. Und diese Aufwendungen werden außerordentlich gering sein, so daß die Extrakosten pro Benutzer praktisch gleich null sein werden.

Das soll nicht heißen, daß man die Information umsonst erhält, aber die Vertriebskosten werden sehr gering sein. Wenn Sie ein gedrucktes Buch kaufen, bezahlen Sie einen erheblichen

Teil Ihres Geldes für Herstellungs- und Vertriebskosten und nicht für die Arbeit des Autors. Bäume müssen gefällt, zu Grundstoff gemahlen und zu Papier verarbeitet werden. Das Buch muß gedruckt und gebunden werden. Die meisten Verleger investieren Kapital in eine erste Auflage, deren Umfang eine sehr optimistische Einschätzung der Verkaufschancen widerspiegelt, weil der Druck um so kostengünstiger wird, je höher die Zahl der Exemplare ist. Das Kapital, das in diesen Lagerbeständen gebunden ist, bedeutet ein finanzielles Risiko für die Verlage – alle Exemplare können sie nie verkaufen, und selbst wenn es gelingt, braucht das seine Zeit. Inzwischen lagert der Verlag sie, dann müssen sie zum Grossisten transportiert werden, bis sie endlich beim Einzelhändler landen. Auch diese investieren Kapital in ihren Lagerbestand und erwarten finanzielle Erträge.

Wenn schließlich der Kunde zum Buch greift und die Kasse klingelt, macht der Verdienst des Autors unter Umständen einen ziemlich kleinen Teil des Kuchens aus im Vergleich zu dem Geld, das in den materiellen Prozeß der Informationsverbreitung auf dem verarbeiteten Holzgrundstoff fließt. Diesen Vorgang bezeichne ich gern als »Reibung« des Vertriebs, denn er verhindert Angebotsvielfalt und sorgt dafür, daß ein Großteil des Geldes nicht dem Autor, sondern anderen Menschen zufließt.

Das interaktive Netz wird weitgehend »reibungslos« arbeiten, ein Thema, auf das ich in Kapitel acht noch näher eingehen werde. Diese Reibungslosigkeit spielt beim Informationsvertrieb eine unglaublich wichtige Rolle. Es werden mehr Autoren zu Wort kommen, weil vom Geld der Kunden nur noch ein sehr geringer Teil für den Vertrieb aufgewendet werden muß.

Als Gutenberg die Druckerpresse erfand, brachte das die erste wirkliche Veränderung für die Vertriebsreibung – damit ließ sich nämlich Information zu jedem Thema rasch und relativ kostengünstig verteilen. Die Druckerpresse schuf ein Massenmedium, weil sie Vervielfältigung mit geringer Reibung ermöglichte. Das sprunghaft steigende Buchangebot veranlaßte die breite Öffentlichkeit, zu lesen und zu schreiben, doch sobald die Menschen über die entsprechenden Fertigkeiten verfügten, konnten sie noch viele andere Dinge mit dem geschriebenen Wort anstellen. Geschäftsleute konnten Inventarlisten führen und Verträge aufsetzen. Liebespaare konnten sich Briefe schikken. Jeder konnte sich Notizen machen und Tagebuch führen. Für sich genommen hätten diese Anwendungen die Menschen wohl kaum in großer Zahl dazu bewegen können, sich dem mühsamen Prozeß des Lesen- und Schreibenlernens zu unterziehen. Solange es keine echte Verwendung für eine größere Zahl von lese- und schreibkundigen Menschen gab, besaß das geschriebene Wort als Mittel zur Informationsspeicherung keinen großen Wert. Erst durch die Bücher wurde die Fähigkeit, zu lesen und zu schreiben, zur kritischen Masse, so daß man fast sagen kann, die Druckerpresse habe uns lesen gelehrt.

Dank der Druckerpresse war es unproblematisch, viele Kopien von einem Dokument anzufertigen. Doch was war mit Schriftstücken, die nur für wenige Menschen bestimmt waren? Für Veröffentlichungen in begrenzten Auflagen war eine neue Technik erforderlich. Brauchte man nur eine oder zwei Kopien, so bot sich Kohlepapier an. Mit Vervielfältigungsgeräten und anderen Maschinen, an denen man sich schmutzige Hände holte, konnte man Dutzende Kopien herstellen, mußte das aber bei der Herstellung des Originaldokuments bereits einplanen.

Als Chester Carlson in den dreißiger Jahren von der umständlichen Prozedur der Patentanmeldung die Nase voll hatte (alle eingereichten Zeichnungen und Texte mußten per Hand kopiert werden), faßte er den Plan, ein besseres Verfahren zur Informationsvervielfältigung in kleinen Mengen zu erfinden. Das Ergebnis nannte er »Xerographie«, als er es 1940 patentieren ließ. 1959 brachte das Unternehmen, das er gegründet hatte – später trug es den Namen Xerox –, den ersten serienmäßig gefertigten Kopierer auf den Markt. Der Kopierer 914, mit dem man geringe Zahlen von Dokumenten leicht und preiswert kopieren konnte, revolutionierte die Art und Menge der Informationen, die man in kleinen Gruppen in Umlauf brachte. Nach den ersten Marktforschungsstudien sollte Xerox höchstens 3000 Exemplare seines ersten Kopierers verkaufen. Tatsächlich waren es 200000 Stück. Ein Jahr nach Einführung des Kopierers wurden 50 Millionen Kopien pro Monat angefertigt. 1986 waren es bereits mehr als 200 Milliarden, und die Zahl ist seither weiter gestiegen. Die meisten dieser Kopien wären nie entstanden, wäre die Technik nicht so preiswert und problemlos gewesen.

Der Fotokopierer und sein jüngerer Vetter, der Lasertischdrucker, erleichterten – zusammen mit der Software für Desktop Publishing – die Herstellung von Mitteilungsblättern, Aktennotizen, Partyeinladungen, Handzetteln und anderen Dokumenten, die für eine Leserschaft von bescheidener Größe bestimmt sind. So hat auch Carlson die Vertriebsreibung der Information verringert.Trotz der Vertriebsreibung läßt sich im Prinzip eine unbegrenzte Zahl von Büchern pro Jahr veröffentlichen, daher kommen viele interessante Titel auf den Markt – und erhalten ihre Chance, ein Erfolg zu werden.

Eine durchschnittliche Buchhandlung führt 10000 verschiedene Titel, einige der neuen Riesenläden bieten vielleicht 100000 an. Nur ein kleiner Bruchteil, weniger als 10 Prozent, aller in den Handel gelangenden Bücher bringt dem Verlag Geld ein, doch einige übertreffen die kühnsten Erwartungen.

Mein Lieblingsbeispiel aus jüngerer Zeit ist das Buch *Eine kurze Geschichte der Zeit* von Stephen W. Hawking, einem brillanten Wissenschaftler, der unter ALS (amyotrophischer Lateralsklerose) leidet. Dadurch ist er an den Rollstuhl gefesselt und kann sich seiner Umwelt nur unter großen Schwierigkeiten verständlich machen. Welche Chancen hätte er gehabt, seine Abhandlung über den Ursprung des Universums bei einem Verlag unterzubringen, wenn es nur eine Handvoll Verlagshäuser gäbe und jedes nur ein paar Bücher pro Jahr herausbringen könnte? Stellen Sie sich einen Lektor vor, der noch einen Titel frei hätte und sich nun zwischen Hawkings Studie und Madonnas *Sex*-Buch entscheiden müßte. Natürlich nähme er Madonnas Buch, weil mit einem Verkauf von einer Million Exemplaren zu rechnen wäre. So viele sind tatsächlich verkauft worden, von Hawkings Buch allerdings 5,5 Millionen Stück, und der Absatz hält immer noch an.

Hin und wieder überraschen diese unverhofften Bestseller alle Welt (bis auf den Autor). Niemand weiß wirklich, was dem Publikum gefallen wird. Fast immer gibt es ein, zwei Bücher auf den Bestsellerlisten, die dort wie aus dem Nichts auftauchen, weil Bücher – im Vergleich zu anderen Medien – relativ kostengünstig produziert werden können und die Verlage deshalb auch auf den ersten Blick weniger aussichtsreichen Projekten eine Chance geben.

Für Fernsehproduktionen oder Spielfilme liegen die Kosten sehr viel höher, deshalb ist es dort gefährlicher, Risiken einzugehen. In den frühen Tagen des Fernsehens gab es in jeder Region nur ein paar Sender, so war die Programmplanung auf das größtmögliche Publikum zugeschnitten.

Das Kabelfernsehen erhöhte die Zahl der zur Verfügung stehenden Sender, obwohl es ursprünglich einem ganz anderen Zweck diente. Ende der vierziger Jahre begann man, es einzurichten, um den Menschen in entlegenen Gebieten einen besseren Fernsehempfang zu ermöglichen. Gemeinschaftsantennen, die ein örtliches Kabelsystem versorgten, wurden von Fernsehzuschauern errichtet, deren Empfang durch Hügel oder Berge gestört wurde. Damals hätte sich niemand träumen lassen, daß eines Tages auch Gemeinden mit einwandfreiem Fernsehempfang für den Anschluß an Kabelsysteme bezahlen würden, um Zugang zu einem ununterbrochenen Strom von Musikvideos zu bekommen oder Kanäle sehen zu können, die 24 Stunden am Tag nichts als Nachrichten oder Wetterberichte senden.

Als die Zahl der Sender von drei oder vier auf 30 und mehr kletterte, veränderte sich die Programmdynamik. Wenn Sie die Verantwortung für das Programm des dreißigsten Kanals hätten, würden Sie kaum nennenswerte Einschaltquoten erzielen, falls Sie nur die Kanäle 1 bis 29 nachahmten. Deshalb waren die

Programmplaner von Kabelkanälen gezwungen, sich zu spezialisieren. Wie Zeitschriften und Informationsblätter für besondere Zielgruppen gewinnen diese neuen Kanäle Zuschauer, weil sie sich den ausgeprägten Interessen relativ kleiner Gruppen zuwenden. Ganz anders verfährt die allgemeine Programmplanung, die versucht, für jeden etwas zu bringen. Doch die Produktionskosten und die geringe Anzahl von Kanälen wirken sich noch immer einschränkend auf die Zahl der produzierten Fernsehprogramme aus.

Obwohl es weit weniger kostet, ein Buch zu verlegen als eine Fernsehshow zu produzieren, ist es noch viel im Vergleich zur elektronischen Publikation. Um ein Buch herauszubringen, muß ein Verlag zunächst einmal die Vorkosten von Herstellung, Vertrieb und Marketing übernehmen. Als Publikationsmedium besitzt das Internet die niedrigsten Zugangsschranken, die es je gab – es verfügt über ideale Voraussetzungen für den Selbstverlag. Die rasante Zunahme seiner Schwarzen Bretter, Newsgroups und Home Pages lassen die Veränderungen erkennen, die eintreten werden, wenn jeder Zugang zu Vertriebsmethoden mit geringer Reibung hat und Nachrichten, Bilder und Software aus eigener Produktion in Umlauf bringen kann.

Mitverantwortlich für die Beliebtheit des Internets sind die Schwarzen Bretter. Man muß einen Gedanken nur eintippen und an irgendeine Mailbox schicken – schon wird er veröffentlicht. Das bedeutet natürlich, daß man im Internet viel Mist findet, aber auch das eine oder andere Juwel. In der Regel ist eine Nachricht nur ein oder zwei Seiten lang. Eine einzige Nachricht, die man an ein beliebtes Schwarzes Brett oder eine Mailing List (Online-Dienst, der Interessenten ständig mit Nachrichten bestimmter Art beliefert, A. d. L.) adressiert, kann Millionen Menschen erreichen und ansprechen. Oder sie versauert dort ohne die geringste Wirkung. Die letztgenannte Möglichkeit riskieren die Benutzer nur deshalb, weil die Vertriebsreibung so gering ist. Die Bandbreite des Netzes ist so groß und die anderen Kostenfaktoren sind so gering, daß niemand darüber nachdenkt, was es kostet, eine Nachricht abzuschicken. Schlimmstenfalls ist es Ihnen ein bißchen peinlich, wenn sich niemand um Ihre Nachricht kümmert. Wenn Ihre Nachricht dagegen ankommt, werden viele Menschen sie zur Kenntnis nehmen, sie per E-Mail an ihre Freunde weiterleiten und sie mit eigenen Anmerkungen versehen.

Über Schwarze Bretter Nachrichten auszutauschen ist verblüffend zeitsparend und preisgünstig. Gegen Post und Telefon ist nichts einzuwenden, wenn zwei Leute sich ihre Gedanken mitteilen, aber es geht ziemlich ins Geld, wenn man auf diesem Wege versucht, eine Gruppendiskussion zu führen. Ein Brief kostet rund eine Mark, und ein Ferngespräch ist meist noch teurer. Und um eine Telefonkonferenz zu führen, müssen Sie die Telefonnummer kennen und einen passenden Zeitpunkt ausmachen. Deshalb kostet es eine Menge Zeit und Mühe, um mit einer Gruppe von selbst bescheidener Größe in Kontakt zu bleiben. Auf einem Schwarzen Brett brauchen Sie Ihre Nachricht nur einmal einzugeben, und sie ist jedem zugänglich, der sich die Mühe macht, einen Blick darauf zu werfen.

Schwarze Bretter im Internet behandeln eine große Vielfalt von Themen. Einige Nachrichten sind als Witz gemeint. Jemand schickt eine Mitteilung humoristischen Inhalts an ein Schwarzes Brett oder eine Mailing List. Wenn jemand sie amüsant findet, leitet er sie an unzählige Menschen per E-Mail weiter. Ende 1994 geschah das mit einer angeblichen Pressemeldung, derzufolge Microsoft die katholische Kirche gekauft hatte. Tausende Exemplare wurden betriebsintern über das E-Mail-System von Microsoft verbreitet. Ich selbst erhielt mehr als 20 Kopien von verschiedenen Freunden und Kollegen innerhalb und außerhalb des Unternehmens, die sie für wert befanden, weitergeleitet zu werden.

Mit Hilfe von Schwarzen Brettern und E-Mails kann man auch Menschen mobilisieren, die gleiche Sorgen oder Interessen haben. Während der politischen Konflikte in Rußland konnten beide Seiten durch Nachrichten in elektronischen Mailboxes Adressaten in aller Welt ansprechen. Das Internet gibt uns die Möglichkeit, die Verbindung zu Menschen aufzunehmen, die wir noch nie gesehen haben, die aber bestimmte Interessen mit uns teilen.

Informationen, die durch elektronischen Aushang veröffentlicht werden, sind nach Themen geordnet. Jedes Schwarze Brett – jede Newsgroup – hat einen Namen, und jeder Interessierte kann dort eine Nachricht aushängen. Es gibt Listen der verschiedensten Newsgroups; Sie können aber auch nach Namen suchen, die interessant klingen. Wenn Sie sich über übersinnliche Phänomene austauschen möchten, wenden Sie sich an die Newsgroup alt.paranormal. Möchten Sie darüber mit Leuten diskutieren, die nicht an solche Dinge glauben, so wäre sci.skeptic das Richtige für Sie. Sie können aber auch mit copernicus.bbn.com Kontakt aufnehmen und sich im National School Network Testbed Unterrichtsvorbereitungen ansehen, die von der Vorschule bis zur zwölften Klasse einsetzbar sind. Für fast jedes Thema, das Ihnen einfällt, gibt es eine Gruppe, die darüber im Netz kommuniziert.

Wie beschrieben, begann mit Gutenberg die massenhafte Form von Publikation, doch hat die dadurch in Gang gesetzte Alphabetisierung auch zu einer Verbreitung der privaten Korrespondenz geführt. Die elektronische Kommunikation ging den umgekehrten Weg. Sie begann als E-Mail, als Verfahren zum Gedankenaustausch in kleinen Gruppen. Heute machen sich Millionen Menschen die geringe Vertriebsreibung des Internets zunutze, um über Schwarze Bretter höchst verschiedener Art Kontakt zu einer großen Zahl von Benutzern aufzunehmen.

Die stärkste Zunahme haben die elektronischen Veröffentlichungen wohl in einem Bereich aufzuweisen, der noch die größte Ähnlichkeit mit traditionellen Publikationsformen hat – in dem der Web-Seiten. Die explosionsartige Zunahme der Internetinhalte hat vor allem im World Wide Web stattgefunden. Damit auch weniger bewanderte Benutzer ihre eigenen Web Home Pages herstellen können, sind »Wizard-Anwendungen« auf Freeware- oder Sharewarebasis verfügbar. Dort gibt der User auf entsprechende Anfragen Namen und Hobbys ein, seine Lieblings-Sites im Internet, einen Lieblingsspruch, die Bilder seiner Kinder, vielleicht auch seines Lieblingsautos oder des Familienhundes. Daraufhin fertigt der Wizard eine ganz persönlich gehaltene Home Page an, die der Benutzer auf den Server seines eigenen Internetproviders, America Online etwa oder UUNet, hinaufladen kann – und schon ist die augenblickliche, weltweite Veröffentlichung garantiert!

Die Qualität der Web-Publikationen ist höchst unterschiedlich, wie nicht anders zu erwarten bei einem Medium, in dem jeder veröffentlichen und niemand so ohne weiteres Kosten erheben kann für seine Arbeit. Mir wird ganz anders, wenn ich daran denke, wieviel Zeit ich damit zugebracht habe, mich im Netz herumzutreiben und mir Informationen von zweifelhaftem Wert zu Gemüte zu führen. Und doch habe ich dabei, wie Millionen anderer Benutzer, erfahren, wie faszinierend das Browsing an sich sein kann. Es gibt so unendlich viele Inhalte aus unzähligen Quellen, daß heute viele Firmen Web-Seiten veröffentlichen, die nichts anderes sind als Wegweiser zu anderen Web-Seiten – und einige dieser neugegründeten Unternehmen sind bei ihrem Börsengang auf mehrere Hundert Millionen Dollar veranschlagt worden. In Kapitel vier habe ich Yahoo, eines dieser Dienstleistungsunternehmen – auch »Suchmaschinen« genannt – beschrieben.

Das interaktive Netz bietet enorme Möglichkeiten, aber wenn es seine Glaubwürdigkeit behalten soll, dürfen die Erwartungen nicht zu hoch geschraubt werden. Die Gesamtzahl derer, die das Internet und kommerzielle Online-Dienste wie CompuServe, America Online oder Microsoft Network (MSN) nutzen, stellt immer noch einen kleinen Teil der Bevölkerung dar. Und die Abgangsrate ist hoch bei den Online-Diensten – viele Kunden sind enttäuscht und kündigen noch vor Jahresfrist. Andere wechseln die Dienste alle paar Monate, um in den Genuß von Sonderangeboten zu kommen. Kein Wunder, daß schon einige Dienste, so zum Beispiel Apples e-World, das Handtuch geworfen haben. Andere Firmen, Prodigy etwa, haben unbefriedigende Ergebnisse erzielt und sehen einer ungewissen Zukunft entgegen. Microsofts MSN konnte in den ersten sieben Monaten seines Bestehens mehr als eine Million Abonnenten verbuchen, doch der unwiderstehliche Siegeszug des Internets zwang uns, MSN zu reorganisieren: einen Dienst daraus zu machen, der sich dem Internet eingliedert und es erweitert, statt sich als Alternative zu ihm zu präsentieren. Genauso verfahren andere Online-Dienste.

Beträchtliche Investitionen werden erforderlich sein, um die Online-Inhalte so attraktiv zu machen, daß sie die PC-Benutzer wirklich faszinieren und die Zahl der Online-Teilnehmer von 10 auf 50 Prozent ansteigen lassen können – oder gar auf die 90 Prozent, an die ich glaube. Ein Grund dafür, daß von diesen Investitionen heute noch nichts zu sehen ist, liegt darin, daß einfache Verfahren für Autoren und Verlage, von Benutzern oder Werbungtreibenden Gebühren einzuziehen, gerade erst entwickelt werden.

Kommerzielle Online-Dienste erheben Gebühren, lassen den Inhaltsanbietern aber nur Honorare zwischen 10 und 30 Prozent dessen zukommen, was die Kunden zahlen. Obwohl der Anbieter die Kunden und den Markt wahrscheinlich besser kennt, liegen die Preispolitik und das Marketing in den Händen des Dienstes. Die resultierenden Einkünfte sind einfach nicht so groß, daß sie die Anbieter veranlassen könnten, aufsehenerregende neue Online-Angebote auf den Markt zu bringen und sie ständig zu aktualisieren.

In den kommenden Jahren wird die Entwicklung von Online-Diensten diese Probleme lösen und einen Anreiz bieten, das Informationsangebot auszuweiten und interessanter zu gestalten. Es wird neue Abrechnungsverfahren geben – Monatsabonnements, Stundenpreise, Gebühren pro in Anspruch genommenem Dienst und Werbekosten –, so daß sich die Einkünfte der Inhaltsanbieter erhöhen.

Immer wenn ein neues Medium entsteht, werden dessen erste Inhalte aus anderen Medien übernommen. Doch will man die Möglichkeiten des elektronischen Mediums optimal nutzen, muß man bei der Gestaltung der Inhalte diese Möglichkeiten vor Augen haben. Bis vor kurzem wurden die Online-

Inhalte zumeist aus anderen Quellen »abgekupfert«. Zeitschriften und Zeitungsverlage übernahmen Texte, die für gedruckte Ausgaben geschrieben wurden, und brachten sie online, oft genug ohne alle Bilder, Tabellen und Abbildungen. Diese Inhalte waren häufig interessant, konnten aber mit den vielfältigeren Informationsangeboten unserer Welt nicht mithalten. Heute werden die meisten Online-Inhalte von Verlegern kommerzieller Printmedien angeboten und enthalten eine Fülle von Grafiken, Fotos und Links zu verwandten Informationen. Sobald die Übertragungsmöglichkeiten schneller und die finanziellen Modalitäten geklärt sind, wird es auch mehr Audio- und Videoelemente geben.

Aus der Entwicklung von Multimedia-CD-ROMs – Multimedia-Versionen von Musik-CDs – haben wir einige wichtige Dinge gelernt, die wir bei der Herstellung von Online-Inhalten beherzigen sollten. Multimedia-Produktionen auf CD-ROM können höchst unterschiedliche Informationsarten – Text, Grafik, Fotos, Animation, Musik und Filme – zu einem einzigen Dokument verbinden. Sie dürften den vielseitigen Dokumenten, die uns die Zukunft bringen wird, am nächsten kommen.

Musik und andere akustische Sequenzen auf CD-ROMs sind einwandfrei, aber selten so gut wie auf einer Musik-CD. Zwar kann man Musik in CD-Qualität auf einer CD-ROM speichern, doch das dafür erforderliche Format ist sehr umfangreich, so daß man, wenn man zuviel von diesem Klang speichert, nicht mehr viel Platz für Daten, Grafik und andere Elemente hat.

Filmsequenzen auf CD-ROMs sind noch verbesserungsbedürftig. Altgediente Computerbenutzer gerieten aus dem Häuschen, als sie die ersten Filmsequenzen auf ihren Computern sahen. Andererseits ist das körnige, zittrige Bild kaum besser als das Fernsehen der fünfziger Jahre. Vergleicht man die Qualität, mit der ein PC heute Filme wiedergeben kann, mit den briefmarkengroßen Displays, die man noch vor ein paar Jahren hatte, dann sind die Fortschritte schon verblüffend. Die Größe und die Qualität der Bilder werden mit schnelleren Prozessoren und leistungsfähigerer Kompression besser werden und schließlich sogar weit schärfer sein als die Fernsehbilder von heute.

Doch trotz dieser Beschränkungen hat die CD-ROM-Technik uns schon heute neue Kategorien der Anwendung beschert, die nicht ohne Einfluß auf die Online-Inhalte bleiben. In dieser neuen, ansprechenden Form werden mittlerweile Bestellkataloge, Museumsführer und Lehrbücher herausgebracht. Jedes Thema wird behandelt. Wettbewerb und technischer Fortschritt werden die Qualität der Produktionen rasch verbessern. An die Stelle der CD-ROMs werden Hochleistungsdiscs treten, die wie heutige CDs aussehen, aber zehnmal soviel Daten werden speichern können. Dank ihrer zusätzlichen Kapazität werden diese erweiterten CDs mehr als zwei Stunden digitales Filmmaterial auf einer einzigen Disc speichern können, das heißt, sie werden einen ganzen Spielfilm erfassen. Dabei wird die Bild- und Tonqualität viel besser sein als der beste Empfang auf einem heutigen Fernsehapparat, und mit neuen Generationen von Grafikchips wird es möglich sein, Multimedia-Titel zu produzieren, deren hollywoodreife Spezialeffekte vom Benutzer interaktiv gesteuert werden können.

Multimediale CD-ROMs sind heute deshalb so verbreitet, weil sie den Benutzern Interaktivität ermöglichen, und nicht, weil sie das Fernsehen nachahmen. Daß sich Interaktivität gut verkauft, zeigt die Beliebtheit von CD-ROM-Spielen wie *Myst* von Brüderbund und *Seventh Guest* von Virgin Interactive Entertainment – Krimigeschichten, die eine Erzählung so mit einer Reihe von Rätseln verknüpfen, daß der Spieler ein Rätsel löst, indem er Hinweise in beliebiger Reihenfolge zusammenträgt.

Der Erfolg dieser Spiele hat Autoren dazu veranlaßt, interaktive Romane und Filme zu schreiben, in denen sie die handelnden Personen einführen und die Geschichte in groben Zügen skizzieren, es dann aber dem Leser/Spieler überlassen, Entscheidungen zu treffen, die den Ausgang dieser Geschichte verändern. Sicher will niemand, daß der Leser oder Zuschauer bei jedem Buch oder Film die Möglichkeit hat, das Ergebnis zu beeinflussen. Eine gute Geschichte, die in Ihnen nichts als den

Wunsch weckt, sich für ein paar Stunden in einen stillen Winkel zurückzuziehen und sie zu genießen, ermöglicht wunderbare Unterhaltung. Ich möchte mir kein anderes Ende für *Der große Gatsby* oder *Das süße Leben* ausdenken. Das haben F. Scott Fitzgerald und Federico Fellini für mich getan. Spannung und Ungewißheit, wesentliche Voraussetzungen für das Vergnügen an großer erzählender Kunst, sind sehr leicht zu stören und verflüchtigen sich womöglich unter der Drastik interaktiver Eingriffe. Man kann nicht gleichzeitig eine Geschichte steuern und sich mit seiner Einbildungskraft in ihr verlieren.

Vom Netz wird man auch interaktive Geschichten und Spiele beziehen können. Diese Anwendungen mögen gleiche Inhalte wie CD-ROMs haben, aber zumindest eine Zeitlang wird man der Software besondere Sorgfalt zukommen lassen müssen, damit sie bei der Verwendung im Netz nicht zu langsam ist. Wie schon oben beschrieben, liegt das daran, daß die Bandbreite oder Geschwindigkeit, mit der die Datenbits von der CD-ROM auf den Computer überspielt werden, sehr viel größer ist als die Bandbreite des vorhandenen Telefonnetzes. Sobald Hochgeschwindigkeitszugänge zum Internet häufiger werden, können sich die Inhalte, die für die beiden Medien entwickelt werden, einander angleichen. Doch diese Kompatibilität wird noch einige Jahre auf sich warten lassen, vor allem wenn man bedenkt, daß auch in der CD-ROM-DVD-Technik Fortschritte zu verzeichnen sein werden.

Von den Web-Pages abgesehen, werden von PC-Benutzern bislang kaum Multimedia-Dokumente hergestellt. Noch erfordert das zuviel Mühe. Millionen Menschen besitzen Camcorder und nehmen Videos mit ihren Kindern oder ihren Urlaubserlebnissen auf. Doch um Videos für den Computer zu bearbeiten, muß man ein Fachmann sein und über eine aufwendige Ausrüstung verfügen. Das wird sich ändern. Millionen Menschen stehen heute bereits relativ preiswerte Textverarbeitungs- und Desktop-Publishing-Programme für den PC zur Verfügung, mit denen sich einfache Papierdokumente von professioneller Qualität herstellen lassen. Die Desktop-Publishing-Software ist so vervollkommnet worden, daß mittlerweile viele Zeitschriften und Zeitungen mit dem gleichen PC und dem gleichen Softwarepaket hergestellt werden, die Sie in Ihrem Computerladen kaufen können, um mit ihnen die Einladungskarten für die Geburtstagsfeier Ihrer Tochter anzufertigen. Eines Tages wird die Software für die Bearbeitung von Filmen und für die Erzeugung von Spezialeffekten ebenso preiswert und leicht erhältlich sein wie heute die Programme für Desktop Publishing. Dann wird der Unterschied zwischen Profis und Amateuren nur noch vom jeweiligen Talent abhängen und nicht mehr vom Zugang zu den Werkzeugen, den *tools*.

Einen der ersten Spezialeffekte hat Georges Méliès auf die Leinwand gebracht, als er 1899 in dem Film *Die geheimnisvolle Schachtel* eine Frau in Federn verwandelte; seither gehört der Trick zum Handwerkszeug des Filmemachers. In jüngster Zeit hat die Technik der Spezialeffekte durch die digitale Manipulation der Bilder eine sprunghafte Entwicklung erlebt. Zunächst verwandelt man ein Foto in binäre Daten, die sich, wie wir gesehen haben, durch Softwareanwendungen leicht handhaben lassen. Dann werden die digitalen Daten verändert und schließlich wieder in fotografische Form gebracht – als Bild in einem Film. Wenn diese Modifikationen gut gemacht sind, kann man sie praktisch nicht entdecken, was phantastische Wirkungen erzielen kann. Solchen Computerprogrammen verdankten die Dinosaurier in *Jurassic Park*, die rivalisierenden Spielzeuge Woody und Buzz in *Toy Story* und die verrückten Trickeffekte in *Die Maske* ihr Leben. Die Erfolge vieler Kinohits des Jahres 1996, von *Twister* bis *Independence Day*, gehen nicht zuletzt auf ihre raffinierten Spezialeffekte zurück. Da die Hardware nach dem Mooreschen Gesetz immer schneller und die Software immer raffinierter wird, ist dieser Entwicklung praktisch keine Grenze gesetzt. Hollywood wird die Entwicklung weiter vorantreiben und verblüffende neue Effekte erfinden.

Schon heute können Softwareprogramme Filmszenen erzeugen, die so echt aussehen, als wären sie mit einer Kamera gefilmt worden. Den Zuschauern in *Forrest Gump* war klar, daß die Szenen mit den Präsidenten Kennedy, Johnson und Nixon fingiert waren. Jeder wußte, daß Tom Hanks nicht wirklich mit ihnen zusammengetroffen ist. Weit schwerer war zu erkennen, daß Gary Sinise seine beiden intakten Beine für die Rolle des Kriegsversehrten mittels digitaler Datenverarbeitung eingebüßt hatte. Mit Hilfe von künstlichen Figuren und digitaler Bearbeitung lassen sich Filmstunts ungleich sicherer durchführen. Bald wird man die Software zur Erzeugung solcher Effekte mit einem Standard-PC herstellen können. Angesichts der Leichtigkeit, mit der sich mittels PC und Bildbearbeitungssoftware bereits heute komplexe Bilder manipulieren lassen, wird es bald keine Mühe mehr bereiten, fotografische Dokumente zu fälschen oder Fotografien so zu verändern, daß niemand es bemerken kann. Je billiger diese Form der Synthese wird, desto häufiger wird man sie anwenden; wenn wir Tyrannosaurus rex zum Leben erwecken können, warum sollte uns das mit Elvis nicht auch gelingen?

Auch wer nicht den Ehrgeiz hat, ein Cecil B. DeMille oder eine Lina Wertmüller zu werden, wird ganz selbstverständlich Multimedia-Elemente in die Dokumente aufnehmen, die er täglich herstellt. So könnte jemand damit beginnen, daß er eine E-Mail-Nachricht eintippt, handschriftlich notiert oder spricht: »Ein Mittagessen im Park ist vielleicht doch keine so gute Idee. Seht euch mal den Wetterbericht an.« Um der Nachricht Nachdruck zu verleihen, könnte er mit dem Cursor auf ein Icon, ein Bildsymbol, deuten, das für den Wetterbericht eines örtlichen Fernsehsenders steht, und es über den Bildschirm in das Dokument ziehen. Wenn seine Freunde die Nachricht erhalten, können sie sich auf ihren Bildschirmen den Wetterbericht ansehen – ein professionell erstelltes Dokument.

Schulkinder werden eigene Bilderalben und Filme produzieren und sie über das Internet Freunden und Verwandten zuschicken können. Falls ich Zeit dazu habe, bastele ich gern besondere Gruß- und Einladungskarten zusammen. Wenn ich beispielsweise eine Geburtstagskarte für meine Schwester entwerfe, dann füge ich manchmal, um der Karte eine persönliche Note zu geben, Bilder ein, die sie an besonders lustige Ereignisse des zurückliegenden Jahres erinnern sollen. 1995 schenkte ich vielen meiner Verwandten digitale Kameras von Kodak, die Bilder elektronisch statt auf Filmmaterial aufzeichnen. Mit dem PC lassen sich alle Mängel einer Aufnahme leicht beseitigen. Nun benutzen wir das Internet, um uns unsere Fotos teilweise über große Entfernungen zuzuschicken. In Zukunft wird es möglich sein, kleine Filmsequenzen in Minutenschnelle nach Belieben zurechtzuschneiden. Mit einfachen Mitteln wird man ein interaktives »Album« aus Fotografien, Videos und Gesprächen zusammenstellen können. Firmen aller Art und Größe werden Multimedia-Nachrichten austauschen. Solche Spezialeffekte werden es verliebten Paaren ermöglichen, einen Text, einen Videoclip aus einem alten Film und einen Lieblingssong zu einem ganz persönlichen Valentinsgruß zusammenzustellen. Partner, die sich getrennt haben, werden sich digitaler Tools bedienen, um einander aus Fotos zu entfernen. (Lachen Sie nicht! Das gibt es schon.)

Je größer die Wiedergabetreue der visuellen und akustischen Elemente wird, desto besser wird das neue Medium in der Lage sein, die Wirklichkeit in all ihren Aspekten zu simulieren. Mittels dieser »Virtuellen Realität« oder VR werden wir in der Lage sein, Orte »aufzusuchen« und Dinge zu »tun«, die uns sonst verwehrt blieben.

Fahrzeugsimulatoren für Flugzeuge, Rennwagen und Raumschiffen geben uns bereits einen Vorgeschmack von der Virtuellen Realität. Simulierte Reisen zählen zu den größten Attraktionen in Disneyland. Simulatorprogramme, etwa der Flugsimulator von Microsoft, gehören zu den beliebtesten Spielen, die je für PCs entwickelt worden sind, aber sie sind auf die Mitwirkung Ihrer Phantasie angewiesen. Flugsimulatoren für mehrere Millionen Dollar, wie sie beispielsweise Unternehmen wie Boeing haben, sorgen da für ganz andere Erlebnisse. Von außen betrachtet, sind das kastenartige, mechanische Gebilde auf Stelzen, die in einem Science-fiction-Film weit besser aufgehoben wären. Im Inneren übermittelt das Cockpit-Display komplizierte Daten;

Flug- und Kontrollinstrumente sind mit einem Computer verbunden, der Flugsituationen – einschließlich Notfälle – mit bemerkenswerter Genauigkeit simuliert, wie Piloten bestätigt haben.

Vor ein paar Jahren »flogen« zwei Freunde und ich einen Boeing-747-Simulator. Dort sitzen Sie vor der Instrumententafel in einem Cockpit, das sich in nichts von dem eines echten Flugzeugs unterscheidet. Durch die Fenster erblicken Sie die Bilder eines computererzeugten Farbfilms. Wenn Sie in dem Simulator »abheben«, erkennen Sie einen Flughafen und seine Umgebung. Auf der Simulation von Boeing Field würden Sie beispielsweise einen Tankwagen auf dem Rollfeld und in der Ferne den Mount Rainier sehen. Sie hören den Luftstrom an den Tragflächen heulen, die nicht vorhanden sind, und das Klakken, mit dem das nichtexistierende Fahrgestell eingezogen wird. Sechs hydraulische Systeme unter dem Simulator kippen und schaukeln das Cockpit. Die Wirkung ist verblüffend.

In erster Linie sollen diese Simulatoren den Piloten Erfahrung im Umgang mit Notsituationen vermitteln. Als ich am Steuer des Simulators saß, ließen meine Freunde mir eine kleine Aufmerksamkeit zukommen, indem sie eine zweimotorige Privatmaschine vorbeischickten. Mit rasender Geschwindigkeit tauchte eine täuschend echt wirkende Cessna in meinem Gesichtskreis auf. Ich war auf den »Notfall« nicht vorbereitet und krachte in die kleine Maschine hinein.

Zahlreiche Unternehmen, von den Giganten der Unterhaltungsindustrie bis zu kleinen Firmenneugründungen, planen gegenwärtig, kleinere Simulatoren in Einkaufszentren und Innenstädten aufzustellen. Wenn die Technik preiswerter wird, werden Unterhaltungssimulatoren so selbstverständlich sein wie heute die Kinos. Und in nicht allzu ferner Zukunft werden Sie in Ihrem eigenen Wohnzimmer eine Simulation von hoher Qualität erleben können.

Sie möchten die Oberfläche des Planeten Mars erforschen? In der Virtuellen Realität ist es viel sicherer. Was halten Sie davon, Orte zu besichtigen, die kein Mensch jemals aufsuchen kann? So könnte ein Kardiologe durch das Herz eines Patienten schwimmen, um es in einer Weise zu untersuchen, die ihm herkömmliche Instrumente nicht ermöglichen könnten. Ein Chirurg wäre in der Lage, eine schwierige Operation einschließlich simulierter Zwischenfälle viele Male zu üben, bevor er einem echten Patienten tatsächlich mit dem Skalpell zu Leibe rückte. Sie könnten VR aber auch dazu benutzen, durch eine selbstgeschaffene Phantasiewelt zu spazieren.

Die Virtuelle Realität basiert auf zwei unterschiedlichen Technologien: der Software, die die Wirklichkeit erzeugt und sie auf neue Informationen reagieren läßt, und die Geräte, mit deren Hilfe der Computer die Informationen an die Sinnesorgane des Benutzers übermittelt. Die Software muß bis in die kleinste Einzelheit festlegen, wie die künstliche Welt aussehen, klingen und sich anfühlen soll. So kompliziert sich das auch anhören mag, in Wirklichkeit ist es der leichtere Teil. Wir könnten sofort mit der Entwicklung der VR-Programme beginnen, bräuchten aber weit mehr Computerleistung, um sie mit Wirklichkeitscharakter auszustatten. Doch angesichts des Tempos, mit dem die Technik voranschreitet, werden wir bald über diese Leistung verfügen. Die wirklich schwierige Aufgabe der VR besteht darin, die Information so zu präsentieren, daß sie die Sinnesorgane des Benutzers von deren Realität überzeugt.

Von allen Sinnesorganen ist das Gehör am leichtesten zu täuschen; um das zu erfahren, müssen Sie sich lediglich Kopfhörer aufsetzen. Im wirklichen Leben fangen Ihre beiden Ohren leicht voneinander abweichende Töne auf, weil sie an einander gegenüberliegenden Seiten Ihres Kopfes sitzen und unterschiedlich ausgerichtet sind. Ohne sie bewußt wahrzunehmen, erkennen Sie anhand dieser Unterschiede, woher ein Laut kommt. Diesen Effekt kann Software nachahmen, indem sie für einen gegebenen Laut berechnet, wie jedes Ohr ihn hören würde. Das funktioniert erstaunlich gut. In einem Kopfhörer, der mit einem Computer verbunden ist, können Sie ein Flüstern in Ihrem linken Ohr und Schritte in Ihrem Rücken hören.

Ihre Augen sind schwerer hinters Licht zu führen. Fast immer gehört zur VR-Ausrüstung eine Datenbrille, die jedem Auge ein kleines Computerdisplay präsentiert. Mit Hilfe eines Sensors, der die Kopfbewegungen erfaßt, kann der Computer berechnen, in welche Richtung Sie Ihren Kopf gewendet haben, und synthetisch erzeugen, was Sie aus diesem Blickwinkel sehen würden. Wenden Sie den Kopf nach rechts, rückt der Bildausschnitt, den die Datenbrille zeigt, weiter nach rechts. Legen Sie den Kopf in den Nacken, zeigt die Brille die Zimmerdecke oder den Himmel. Bislang sind die VR-Brillen zu schwer, zu kostspielig und zu beschränkt in ihrer Auflösung. Und noch immer sind die Computersysteme, von denen diese Geräte gespeist werden, ein bißchen zu langsam. Wenn Sie den Kopf rasch wenden, taucht der entsprechende Bildausschnitt erst mit einer gewissen Verzögerung auf. Das ist sehr verwirrend und führt bei den meisten Menschen nach kurzer Zeit zu Kopfschmerzen. Doch die Technik macht rasche Fortschritte.

Weit schwerer sind andere Sinnesorgane zu täuschen, weil es keine einfachen Verfahren gibt, um Ihre Nase oder Zunge oder die Oberfläche Ihrer Haut an einen Computer anzuschließen. Für den Tastsinn wird gegenwärtig ein Ganzkörperanzug favorisiert, der mit winzigen Sensoren ausgestattet ist und Feedbackgeräte steuert, die auf diesem Weg mit Ihrer gesamten Hautoberfläche in Berührung kämen. Ich glaube nicht, daß man solche Körperanzüge in großer Zahl benutzen wird, aber sie werden sicherlich machbar sein.

Auf einem üblichen Computermonitor gibt es zwischen 30 und 50 farbige Bildpunkte (Pixels) pro Zentimeter (72 bis 120 *dpi*), was auf eine Gesamtzahl von 300 000 bis eine Million hinausläuft. Ein Ganzkörperanzug wäre vermutlich mit punktförmigen Tastsensoren ausgekleidet – jeder für einen winzigen Fleck zuständig. Analog zu den Pixels wollen wir diese kleinen Tastelemente »Tactels« nennen.

Wenn der Anzug genügend solcher Tactels aufwiese und wenn sie fein genug steuerbar wären, ließe sich jedes Tasterlebnis simulieren. Falls alle Tactels gemeinsam zu gleicher Länge ausgefahren würden, fühlte sich die so erzeugte »Oberfläche«

glatt an, als preßte man eine geschliffene Metalloberfläche gegen Ihre Haut. Ließe man sie auf unterschiedliche, zufallsbestimmte Längen ausfahren, so würden sie den Eindruck einer rauhen Oberflächenbeschaffenheit hervorrufen.

Für einen VR-Körperanzug würde man zwischen einer Million und zehn Millionen Tactels brauchen – je nachdem, auf wie viele verschiedene Längen man ein Tactel ausfahren könnte. Aus Untersuchungen der menschlichen Haut weiß man, daß ein Ganzkörperanzug ungefähr 40 Tactels pro Zentimeter (100 *dpi*) aufweisen müßte – einige mehr an Fingerspitzen, Lippen und anderen empfindlichen Stellen. Die größten Teile der Hautfläche haben nur eine geringe Tastauflösung, so daß nach meiner Meinung 256 Tactels *(dpi)* genügen würden, um Simulationen höchster Qualität zu erzeugen. Das entspricht der Zahl der Farben, die die meisten Computermonitore für jedes Pixel verwenden.

Die gesamte Informationsmenge, die ein Computer verarbeiten müßte, um Sinneserlebnisse über den Tactel-Anzug zu vermitteln, liegt irgendwo zwischen dem Ein- und Zehnfachen der Information, die heute der Bildschirm eines PCs benötigt. Das ist wahrlich nicht viel Computerleistung. Sobald jemand den ersten Tactel-Anzug hergestellt hat, werden die PCs ihn auch problemlos steuern können, dessen bin ich sicher.

Das klingt nach Science-fiction? Tatsächlich findet man die besten Beschreibungen der VR-Welt gegenwärtig in dem Science-fiction-Genre, das man als Cyberpunk bezeichnet, etwa in den Romanen von William Gibson. Statt einen Körperanzug anzulegen, »klinken« sich seine Helden »ein«, indem sie einfach ein Computerkabel direkt an ihr Nervensystem anschließen. Sicherlich wird die Wissenschaft eine Zeitlang brauchen, um herauszufinden, wie sich das bewerkstelligen läßt, und wenn sie es endlich geschafft hat, wird es den Highway schon lange geben. Manchen Menschen jagt diese Vorstellung kalte Schauer über den Rücken, andere sind fasziniert. Zunächst wird man diese Möglichkeit wohl nutzen, um Körperbehinderten zu helfen.

Wie nicht anders zu erwarten, haben sich Spekulationen

(und Wunschdenken) besonders intensiv mit virtuellem Sex oder Cybersex beschäftigt. Unverhüllte sexuelle Inhalte sind so alt wie die Information selbst. Über kurz oder lang gelingt es stets, jede neue Technik in den Dienst des ältesten Verlangens der Welt zu stellen. Die Babylonier haben uns auf Tontafeln erotische Gedichte in Keilschrift hinterlassen, und einer der ersten Zwecke, zu denen die Druckerpresse verwendet wurde, war die Pornographie. Als die Videorecorder die privaten Haushalte eroberten, stiegen die Verkaufs- und Ausleihzahlen von Pornofilmen sprunghaft an, und heute erfreuen sich CD-ROMs mit obszönem Inhalt großer Beliebtheit. Im Internet und im französischen Minitel-System finden die sexuell ausgerichteten Angebote einschlägiger Online-Dienste viele Abonnenten. Wenn sich die Geschichte wirklich wiederholt, dann dürfte Cybersex einer der ersten wichtigen Märkte für hochentwickelte VR-Dokumente sein. Doch die Geschichte lehrt auch, daß mit dem Wachstum der jeweiligen medialen Märkte die pornographischen Inhalte unaufhaltsam an Bedeutung verloren.

Bei all den neuen Anwendungen wird die Phantasie eine Schlüsselrolle spielen. Es genügt nicht, die wirkliche Welt wiederzuerschaffen. Große Filme sind weit mehr als eine naturgetreue filmische Wiedergabe wirklicher Ereignisse. Nachdem es Vitascope und Lumières Cinématographe bereits gab, brauchten Neuerer wie D. W. Griffith oder Sergej Eisenstein noch ein Jahrzehnt, um herauszufinden, daß bewegte Bilder mehr leisten können, als das wirkliche Leben oder auch ein Theaterstück aufzuzeichnen. Die bewegten Bilder stellten eine neue und dynamische Kunstform dar und konnten die Zuschauer deshalb ganz anders ansprechen als das Theater. Das begriffen die Pioniere und erfanden den Film so, wie wir ihn heute kennen.

Werden uns die nächsten zehn Jahre die Griffiths und Eisensteins der Multimedia-Anwendungen bescheren? Es gibt allen Grund zu der Annahme, daß sie bereits mit der vorhandenen Technik experimentieren, um herauszufinden, was sie mit ihr anfangen können.

Ich nehme an, die Multimedia-Experimente werden dann

noch einmal zehn Jahre fortdauern und noch einmal zehn Jahre und so fort, ohne Ende. Zunächst werden die Multimedia-Elemente in den Dokumenten des Internets eine Synthese aus den gegenwärtigen Medien bilden – ein intelligentes Verfahren, die Kommunikation vielseitiger zu gestalten. Doch im Laufe der Zeit werden neue Formen und Formate entstehen, die über alles hinausgehen, was wir heute kennen. Der exponentielle Anstieg der Computerleistung wird die Tools, die Werkzeuge, ständig verändern und immer neue Möglichkeiten eröffnen, die dann so exotisch und weit hergeholt erscheinen werden, wie einige der Dinge, über die ich hier spekuliert habe, heute auf uns wirken mögen. Talent und Kreativität haben den technischen Fortschritt stets auf unvorhersehbare Weise geprägt.

Wie viele Menschen haben die Begabung, ein Steven Spielberg, eine Jane Austen oder ein Albert Einstein zu werden? Wir wissen, daß es zumindest ein Exemplar jeder dieser Sorten gab, und vielleicht ist das alles, was der Menschheit gewährt wird. Ich bin allerdings fest davon überzeugt, daß es viele begabte Menschen gibt, deren Ehrgeiz und Möglichkeiten durch ihre wirtschaftliche Situation und den Mangel an technischen Voraussetzungen eingeschränkt sind. Durch die neue Technologie werden den Menschen enorme Ausdrucksmöglichkeiten zuwachsen. So wird das Internet einer neuen Generation von Genies – und allen anderen Menschen ebenso – ungeahnte künstlerische und wissenschaftliche Möglichkeiten eröffnen.

## 7. Geschäfte im Internet

In den nächsten zehn Jahren werden die Unternehmen in aller Welt einen tiefgreifenden Wandel erleben. Intranets werden den innerbetrieblichen Informationsaustausch in der Geschäftswelt revolutionieren, während das Internet ihre externen Kommunikationswege radikal verändern wird. Firmen werden das Nervensystem ihrer Organisation in Netzwerke verlegen, die bis zu jedem Mitarbeiter reichen und nach draußen in die Welt der Lieferanten, Berater und Kunden. Im Endergebnis werden die Firmen effektiver und in vielen Fällen kleiner werden. Auf längere Sicht wird allerdings die Bedeutung der geographischen Nähe zu großstädtischen Dienstleistungszentren durch die Breitbandnetze sinken, viele Unternehmen werden sich dezentralisieren und ihre Aktivitäten verteilen, und es ist möglich, daß die Städte ebenso schrumpfen wie die Unternehmen.

Die Geschäftswelt begrüßt die Informationstechnologie, weil der langfristige Erfolg von der Produktivitätssteigerung abhängt. Netzzugänge und eine stärkere Nutzung elektronischer Dokumente versprechen den Unternehmen Vorteile wie Web-Publikation, Videokonferenz, E-Mail, flexibleren Zugriff auf die Daten und engere Zusammenarbeit von Mitarbeitern, Zulieferern und Kunden weltweit. Selbst die kleinste Firma wird von den kommerziellen Vorteilen der Informationstechnologie profitieren.

Schon heute bedienen sich einige Unternehmen der elektronischen Datenübertragung per Internet, um engeren Kontakt zu ihren Kunden zu unterhalten, ein Trend, der sich verstärken und ungeahnte Folgen haben wird. Zwar werden den Privathaushalten noch auf Jahre hinaus interaktive Breitbanddienste vorenthalten bleiben, doch die Telefon- und Kabelgesellschaften werden sich beeilen, Firmen in städtischen Gebieten an interaktive Breitbandnetze anzuschließen, weil sie dort durch die hohe Konzentration von Geschäftskunden schon frühzeitig mit Gewinnen rechnen können. Bereits heute gibt es SoftwareAnwendungen für kommerzielle Nutzer, die sich die Vorteile solcher Hochgeschwindigkeitsanschlüsse zunutze machen.

Am stärksten wird aber in naher Zukunft die Geschäftswelt von der Entstehung und Nutzung der Intranets profitieren – privaten Internets, die zum Informationsaustausch innerhalb von Unternehmen und Organisationen bestimmt sind. Intranets stützen sich unmittelbar auf die Investitionen, die die Firmen bereits in Sachen Informationstechnologie vorgenommen haben. Auch wenn sie nicht über superschnelle Verbindungen mit der Außenwelt verfügen, haben die meisten Unternehmen ab einer bestimmten Größe betriebsinterne Netze mit Mittelband- oder sogar Breitbandanschlüssen für ihre PCs. Die herkömmlichen betriebsinternen Ethernet-Netze haben eine Kapazität von 10 Millionen bis 100 Millionen Bit pro Sekunde, aber da diese Bandbreite gewöhnlich von sehr vielen Computern genutzt wird, ist die effektive Bandbreite – die Bitzahl, die zu einem bestimmten Zeitpunkt an einen bestimmten Computer übertragen werden kann – erheblich geringer. Trotzdem ist die Datenübertragung in betriebsinternen Netzen insgesamt erheblich schneller als zu Hause mit den Modems, die ans Telefonnetz angeschlossen sind. In den nächsten Jahren werden wir erleben, daß die Firmencomputer zu noch rascherer Datenübertragung befähigt werden, wenn die Unternehmen ihre Anlagen nämlich modernisieren und noch leistungsfähigere Ethernet- oder ATM-Systeme installieren.

Anfang der achtziger Jahre investierten die Unternehmen viel Geld in Personalcomputer und die Netze, die sie zusammenschlossen. Die Mitarbeiter lernten, Dokumente mit Textverarbeitungs- oder Datenbankprogrammen, Tabellenkalkulationen, Präsentationsgrafik-Anwendungen und anderen Software Tools zu bearbeiten. Zweifellos haben sich diese Investitionen ausgezahlt: Die Mitarbeiter arbeiten produktiver, und der Informationsaustausch im Betrieb hat sich vervielfältigt.

Im Zuge dieser Entwicklung haben sich unsere Vorstellungen über Computer und ihre Nutzung in der Wirtschaft erheblich verändert. Als Kind habe ich sie mir gewaltig und ungeheuer leistungsfähig vorgestellt. Banken hatten Elektronenrechner in Mengen, und große Fluggesellschaften verschafften sich mit ihnen einen Überblick über ihre Reservierungen. Computer organisierten die Abläufe in den großen Organisationen und trugen zu den Vorteilen bei, die die Großunternehmen gegenüber den kleineren Konkurrenten hatten, die noch mit Stift und Schreibmaschine arbeiteten.

Dann erschien der Personalcomputer auf der Bildfläche. Wie sein Name sagt, steht er, auch in größeren Firmen, im Dienst des einzelnen. Den Personalcomputer benutzen Sie ganz persönlich, um Ihre Arbeit zu erledigen. Mitarbeiter, die allein tätig sind, arbeiten effektiver, wenn sie einen Personalcomputer benutzen, um Berichte zu schreiben, Memos aufzusetzen, Korrespondenz zu erledigen, die Bücher zu führen, Rechnungen für Kunden auszustellen, Gewinn- und Verlustrechnungen aufzustellen, Infobriefe zu verfassen, Produkte zu entwerfen, die Fertigung zu überwachen oder neue Marketingstrategien zu ersinnen.

Unternehmen jeder Größe profitieren vom Personalcomputer, die größten Nutznießer aber sind wohl kleine Unternehmen, weil sie durch kostengünstige Hard- und Software in die Lage versetzt werden, sich in ihrem Marktsegment besser gegen große, multinationale Konzerne zu behaupten. Großunternehmen setzen meist Spezialisten ein: Eine Abteilung schreibt Prospekte, eine andere kümmert sich um die Buchhaltung, wieder eine andere um den Kundendienst und so weiter. Wenn Sie bei einer großen Firma anrufen, um sich über Ihr Konto zu informieren, erwarten Sie, daß ein Spezialist Ihnen umgehend Antwort gibt. Bei Kleinunternehmen hegt man andere Erwartungen, weil sie sich nicht in gleichem Maße spezialisieren können. Wenn eine Frau ein Restaurant oder einen Laden eröffnet, dann ist sie allein für die Werbeprospekte, die finanziellen Angelegenheiten und den Kundenkontakt zuständig. Welche Fülle von Aufgaben ein Kleinunternehmen zu bewältigen hat – und Tag für Tag bewältigt –, ist schon erstaunlich. Da kann ein Personalcomputer sehr hilfreich sein. Wer einen kleinen Betrieb mit Hilfe eines PC und einigen Softwarepaketen führt, hat elektronische Hilfen für alle Aufgaben, die dabei anfallen. So gut wie jedes Großunternehmen kann er sich einen Überblick über seinen Kundenstamm verschaffen, die Absatzzahlen analysieren und Werbeunterlagen zusammenstellen. Beispielsweise können seine Web-Seiten genauso professionell aussehen wie die eines Riesenbetriebs, wenn sie auch vielleicht nicht ganz so ausführlich sind. Dank dem Personalcomputer halten Kleinbetriebe heute weit besser mit den großen Konkurrenten mit als jemals zuvor.

Selbst die kleinste denkbare Firma – der einzelne, der sich als Freiberufler oder Künstler durchschlägt – hat seine Kräfte mit Hilfe des PC vervielfältigt. Ohne einen einzigen Mitarbeiter kann er Berichte schreiben, die Korrespondenz erledigen, Rechnungen ausstellen und sich überzeugend am Markt darstellen – und das alles überraschend einfach. In einem Bereich nach dem anderen haben sich die Arbeitsabläufe unter dem Einfluß von PCs und Software grundlegend verändert. Häufig fertigt der Architekt seine Entwürfe und Zeichnungen auf einem PC an. Der Landvermesser arbeitet wesentlich produktiver, weil ihm die Software heute erhebliche Teile der einst sehr zeitaufwendigen Berechnungen von Grundstücksgrenzen abnimmt – und ein Drucker, der an seinen PC angeschlossen ist, wirft ihm sekundenschnell die topographischen Karten nebst Grenzlinien aus. Mit Hilfe einer speziellen Software druckt der Komponist die Noten der Melodie aus, die ein Musiker auf einem computergestützten Synthesizer spielt. Der Drehbuchautor braucht sich um die formalen Aspekte des Drehbuchs kaum noch Gedanken zu machen und kann sich ganz auf die Dialoge konzentrieren. Autoren aller Art gehören zu den größten Nutznießern des PC.

Ein Skeptiker könnte fragen: »Hätte Churchill besser geschrieben, wenn er ein Textverarbeitungsprogramm gehabt hätte? Hätte Cicero im römischen Senat bessere Reden gehalten?« Hinter solchen Zweifeln steckt die Vorstellung, daß große Dinge auch ohne moderne Hilfsmittel erreicht wurden und es daher vermessen wäre, anzunehmen, bessere Hilfsmittel seien imstande, die Leistungen der Menschen zu steigern. Ob der PC auch bei Genies wie Leonardo da Vinci oder Shakespeare etwas ausgerichtet hätte, läßt sich schwer abschätzen, fest steht aber, daß Personalcomputer die Leistungsfähigkeit und Genauigkeit selbst sehr begabter Menschen zu steigern vermögen. Auch früher hat es tüchtige Journalisten gegeben. Heute ist es aber viel leichter, Fakten zu überprüfen, Berichte vom Ort des Geschehens zu übermitteln und mit Nachrichtendiensten, Redakteuren und sogar Lesern elektronisch in Verbindung zu bleiben. Auch die Präsentationsstandards journalistischer Arbeit haben sich verbessert. Seit meiner Kindheit verfolge ich die wissenschaftliche Berichterstattung, und außer in wissenschaftlichen Büchern und Hochglanzzeitschriften wie *Spektrum der Wissenschaft* habe ich keine wissenschaftlichen Abbildungen von Spitzenqualität gefunden. Dank spezieller PC-Programme sind heute erstklassige, detailgenaue Zeichnungen selbst in Tageszeitungen selbstverständlich.

Der größte Vorteil, der Großunternehmen aus dem Personalcomputer erwächst, ist ein verbesserter Informationsfluß. Dank dem PC entfallen die Zusatzkosten, die in großen Firmen durch die Maßnahmen zur Koordinierung ihrer internen Prozesse entstehen – Konferenzen, Berichte, Aktennotizen, Zielformulierungen, Handbücher zum Arbeitsablauf. Die E-Mail bringt großen Firmen mehr Vorteile als kleinen.

Noch vor der Entstehung des Internets haben einige Firmen in den Vereinigten Staaten bereits Informationen über ein elektronisches System namens Electronic Document Interchange ausgetauscht. Dank EDI können Unternehmen, die ein Vertragsverhältnis haben, bestimmte Transaktionen automatisch durchführen, wozu sie häufig eigene Netze verwenden. Die Prozesse sind stark strukturiert, weshalb sich EDI besonders für die Nachbestellung von Waren, Anmahnungen von Lieferungen und andere Routinevorgänge eignet. Für die spontane Nachrichtenübermittlung eignet sich EDI in seiner heutigen Form jedoch nicht. Viele Unternehmen sind bemüht, die Vorzüge von EDI mit dem internetgestützten E-Mail-System zu verbinden und so Systeme zu schaffen, die flexibler und kostengünstiger sind. Ob sich EDI rasch genug entwickelt oder ob es von vielseitigeren Systemen abgelöst werden wird, läßt sich noch nicht sagen. Sicher ist jedoch, daß das Internet die Basis für den elektronischen Informationsaustausch zwischen verschiedenen Wirtschaftsunternehmen bilden wird.

Der Trend zum Internet, weg von reservierten Kommunikationssystemen wie etwa gemieteten Telekommunikationsleitungen, erstreckt sich sogar auf den Datenaustausch zwischen Zweigstellen und Firmenstellen. Weltweit operierende Wirtschaftsunternehmen haben enorme Summen in private Fernnetze investiert, doch schon bald wird das Internet alle Niederlassungen miteinander verbinden. Beispielsweise hat die Microsoft-Tochter in Griechenland mehr für den Anschluß an unser Privatnetz ausgegeben als für Löhne. Die Anschlüsse, die das Internet für solche Zwecke anzubieten hat, werden schneller und preiswerter sein.

Nicht alle Firmen übernehmen die moderne Informationstechnologie gleich schnell, so daß einige Unternehmen einen großen Vorsprung haben. Doch bevor der Leiter eines Unternehmens investiert, sollte er bedenken, daß ein Computer (oder ein Datennetz) nur ein Werkzeug ist, das bei der Lösung klar definierter Probleme helfen kann. Er ist nicht, wie manche Vertreter der Wirtschaft anscheinend erwarten, ein Allheilmittel. Wenn mir ein Firmenchef sagen würde: »Ich mache Verluste, ich muß mir wohl ein paar Computer anschaffen«, würde ich ihm raten, seine Strategie zu überdenken, bevor er investiert. Wenn tiefgreifende Veränderungen nötig sind, kann die Technik allenfalls einen Aufschub erwirken. Was die technische Aufrüstung eines Unternehmens angeht, gibt es eine Regel, derzufolge in einem effizienten Betrieb durch Automatisierung die Effizienz steigt. Es gibt allerdings noch eine weitere Regel, die besagt, daß sich in einem effizienten Betrieb durch Automatisierung die Ineffizienz verstärkt.

Statt unüberlegt für jeden Angestellten sogleich die tollste und neueste Ausrüstung anzuschaffen oder in ein Netz zu investieren, sollte die Unternehmensleitung, gleichgültig, wie groß die Firma ist, erst einmal überlegen, wie der Betrieb funktionieren soll. Wie sehen die wesentlichen Abläufe aus, wie die wichtigsten Entscheidungsgrundlagen? Welche Wege sollte der Informationsfluß am besten nehmen?

Wenn in Ihrer Firma zum Beispiel ein Kunde anruft, werden dann alle einschlägigen Informationen über diesen Kunden – aktueller Stand des Kundenkontos, irgendwelche Beschwerden, Angaben darüber, wer in Ihrer Firma bislang diesen Kunden betreut hat – sofort auf einem Bildschirm ausgegeben? Technisch läßt sich das ganz einfach bewerkstelligen, und Kunden erwarten zunehmend einen entsprechenden Service. Manche Autohersteller zentralisieren zum Beispiel die Wartungsinformationen, so daß jeder Händler sofort abrufen kann, was bei der Wartung eines Fahrzeugs bisher erfolgt ist und ob es Probleme gab, die immer wieder auftraten. Wenn Ihr System nicht in der Lage ist, auf Anhieb Auskunft über die Lieferbarkeit oder den Preis eines Produkts zu geben, drohen Sie gegenüber der Konkurrenz, die die Technik besser nutzt, zurückzubleiben.

Auch sollte eine Firma ihre gesamten internen Abläufe prüfen – Personalwesen, Unternehmensplanung, Absatzanalyse, Produktentwicklung –, um zu bestimmen, wie Computer, Netze und andere Informationstechnologien für mehr Effizienz in diesen Unternehmensbereichen sorgen können.

In einer Firma wandern üblicherweise Papiere hin und her, man ruft sich an und/oder versammelt sich am Konferenztisch, um Informationen auszutauschen. Um auf diese Weise zu guten Entscheidungen zu kommen, braucht man viel Zeit und viele kostspielige persönliche Besprechungen und Präsentationen. Das kann sehr ineffizient sein. Firmen, die sich auch künftig allein dieser Methoden bedienen, drohen zurückzufallen gegenüber Konkurrenten, die schneller zu Entscheidungen kommen und dafür weniger Mittel und vermutlich auch weniger Managementebenen benötigen.

Bei Microsoft haben wir, weil wir im Technologiegeschäft sind, früh mit der elektronischen Kommunikation angefangen, schon als ganz kleine Firma. Unser erstes E-Mail-System haben wir Anfang der achtziger Jahre installiert. Auch wenn wir damals nur ein Dutzend Mitarbeiter hatten, machte sich diese Neuerung schon bemerkbar. Rasch wurde sie zur wichtigsten Methode der internen Kommunikation. Statt Papiermemos, Technologiediskussionen, Reiseberichten und telefonischer Mitteilungen benutzten wir E-Mail. Auf diesem Übermittlungsweg erzielten wir Konsens in allen Bereichen – egal, ob es um die Frage ging, wann wir unser nächstes Produkt liefern konnten oder was wir auf unseren Pizzas haben wollten. Das trug sehr zur Effizienz unserer kleinen Firma bei. Heute ist es, bei Tausenden von Mitarbeitern, eine absolute Notwendigkeit. Ohne E-Mail wären wir viel zu schwerfällig.

Die Benutzung von E-Mail ist einfach. Um eine elektronische Nachricht zu schreiben und zu verschicken, klicke ich einen gro-

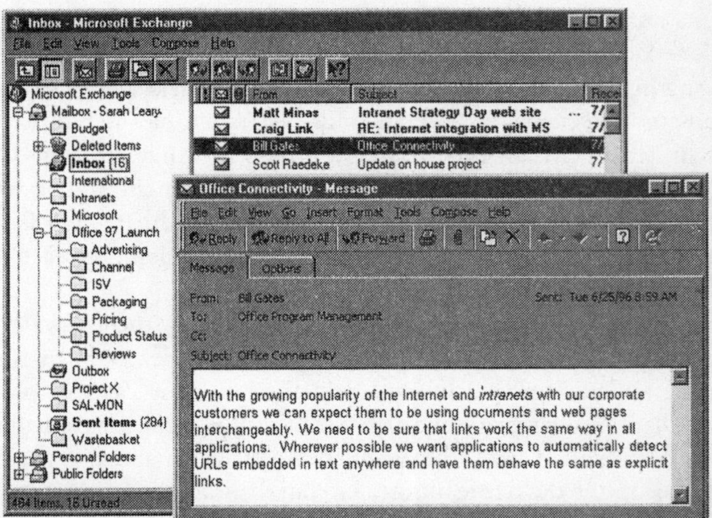


*Eine E-Mail an die »Office«-Gruppe (1996)*

ßen Knopf mit der Aufschrift »Verfassen« an. Auf dem Bildschirm erscheint ein einfaches Formular. Jetzt tippe ich den Namen derjenigen Person ein, an die meine Nachricht gehen soll, oder suche den Namen aus einem elektronischen Adreßbuch heraus. Ich kann sogar angeben, daß die Mitteilung an eine ganze Gruppe von Empfängern gehen soll. So habe ich zum Beispiel, weil ich oft Mitteilungen an leitende Mitarbeiter schicke, die am Microsoft Office-Projekt arbeiten, in meinem Adressenverzeichnis einen Adressaten namens »Office«. Dann tippe ich ein kurzes Betreff, damit die Empfänger wissen, worum es geht. Anschließend setze ich die Mitteilung selbst auf. Beim Absenden der Nachricht wird mein Name automatisch in die Rubrik »Von:« eingesetzt.

Eine elektronische Mitteilung besteht oft nur aus ein oder zwei Sätzen ohne Höflichkeitsfloskeln. Eine elektronische Mitteilung, die ich an drei oder vier Leute schicke, enthält unter Umständen nicht mehr als: »Lassen wir die Besprechung am Montag um 11 Uhr ausfallen und nutzen wir jeder die Zeit, um uns auf die Präsentation am Dienstag vorzubereiten. Einwände?« Es kommt vor, daß die ganze Antwort auf meine Mitteilung in einem knappen »Okay« besteht. Das wirkt vielleicht ein bißchen wortkarg, aber man muß bedenken, daß der durchschnittliche Microsoft-Mitarbeiter täglich Dutzende von E-Mails erhält. Eine E-Mail-Mitteilung ist mit einem Statement oder einer Frage in einer Besprechung vergleichbar – ein Gedanke oder eine Nachfrage in einem fortlaufenden Gesprächsfluß.

Obwohl bei Microsoft die E-Mail für geschäftliche Zwecke gedacht ist, wird sie natürlich, wie das Bürotelefon, auch für viele andere, persönliche und gemeinschaftliche, Zwecke verwendet. Wanderer können sich zum Beispiel an alle Mitglieder des Microsoft Hiking Club wenden, wenn sie jemanden suchen, der sie mit in die Berge nimmt. Ein Baseballfan kann versuchen, Karten für ein ausverkauftes Spiel aufzutreiben.

Und sicherlich hat auch die eine oder andere Liebesbeziehung bei Microsoft von der E-Mail profitiert. Als meine Frau

Melinda und ich miteinander anbändelten, haben wir sie uns zunutze gemacht. Aus irgendeinem Grund – wahrscheinlich weil es kein synchroner Echtzeit-Informationsaustausch ist – fällt es den Leuten leichter, eine E-Mail zu schicken als telefonisch oder von Angesicht zu Angesicht miteinander zu kommunizieren. Das kann je nach Situation ein Vorteil oder ein Problem sein.

Ich verbringe täglich mehrere Stunden mit dem Lesen und Beantworten von E-Mails, die Angestellte, Kunden und Geschäftspartner aus aller Welt an mich richten. Jeder in der Firma kann mir E-Mail schicken, und da ich der einzige bin, der meine E-Mail liest, braucht man sich in einer Mitteilung an mich nicht um Stilfragen zu scheren.

Ich würde wohl nicht so viel Zeit damit zubringen, wenn meine E-Mail-Adresse nicht quasi öffentlich bekannt wäre. Als der Journalist John Seabrook für die Zeitschrift *The New Yorker* einen Artikel über mich schrieb, führte er das Interview überwiegend per E-Mail. Der Artikel gefiel mir gut, aber er enthielt – leider – auch meine E-Mail-Adresse. Die Folge war eine E-Mail-Flut aus den verschiedensten Richtungen – angefangen von Schülern, die mich doch tatsächlich baten, ihre Hausaufgaben für sie zu erledigen, über Leute, die mich um Geld angingen, bis hin zu einer Gruppe, die sich für Wale interessierte und aus irgendeinem Grund meine E-Mail-Adresse in ihr Verzeichnis aufgenommen hatte. An meiner Adresse landen mal unverschämte, mal freundliche Mitteilungen von Unbekannten und provozierende von Journalisten (»Wenn Sie dies nicht bis morgen beantworten, werde ich eine Story über Sie und diese Oben-ohne-Kellnerin veröffentlichen!«). Seit ich eine Pressekolumne schreibe, habe ich eine eigene E-Mail-Adresse (askbill@microsoft.com) für Leserfragen. Es ist unmöglich, alle E-Mails zu beantworten, die an diese Adresse gerichtet werden, aber ich sehe sie durch. Besonderes Vergnügen machen mir die Nachrichten von Kindern und Jugendlichen. Es folgt eine meiner Lieblings-Mails: »Ich bin 13,5 Jahre alt und habe ein echtes Problem. Ständig meckert mein Vater mit mir herum. Tu dies nicht, tu das nicht. Guck dir Bill Gates an! Der hat sein Geld nicht damit verdient, daß er sich schwachsinnige Fernsehsendungen angeschaut hat. Also, was ich Ihnen sagen wollte: Ich danke Ihnen! Sie sind schuld daran, daß er mich nervt. Tschüs.«

Wir haben bei Microsoft besondere E-Mail-Adressen für Bewerbungen, Produktbewertung und andere ganz spezielle Mitteilungen. Aber ein Großteil dieser Mail landet trotzdem bei mir, und ich muß sie umleiten. Es gibt außerdem drei E-Mail-Kettenbriefe, die immer noch die Runde machen. Im ersten wird einem die totale Katastrophe angedroht, wenn man ihn nicht weiterschickt. Im zweiten wird die Strafe präzisiert: Das Sexualleben würde Schaden nehmen. Ein dritter, der seit sechs Jahren zirkuliert, enthält ein Rezept für Plätzchen. und die Geschichte von einer Firma, die einer Frau zuviel Geld für ein Rezept abgeknöpft hat. Angeblich hatte man der Frau erklärt, das Rezept koste »Zwei fünfzig«, und dann mußte sie auf ihren Kontoauszügen feststellen, daß man von ihrer Kreditkarte 250 Dollar abgebucht hatte. Um sich an der Gesellschaft zu rächen, fordert sie nun alle Empfänger der E-Mail auf, das Rezept umsonst zu verbreiten. In den verschiedenen Versionen dieses Kettenbriefs werden etliche große Lebensmittelkonzerne und Ladenketten genannt. Offenbar macht der Wunsch, sich an irgendeiner Firma zu rächen, diesen Brief zu einem solchen Dauerbrenner. Als ich die Rezeptgeschichte zum ersten Mal las, interessierte mich, ob sie stimmte. Mein Kollege Nathan Myhrvold erinnerte sich, daß sie ihm schon sechs Jahre zuvor mit ganz anderen Daten untergekommen war. Jedenfalls mischte Nathan, dessen kulinarische Neigungen bei Microsoft nur zu bekannt sind, etwas Teig an und buk ein Blech voller Kekse. Nachdem er sie probiert hatte, gelangte er zu dem Schluß, daß das Rezept sein Geld nicht wert sei. Das alles findet sich vermengt mit oft wichtigen Nachrichten, die mich wirklich erreichen sollten. Zum Glück wird die E-Mail-Software laufend verbessert, so daß sie mir erlaubt, Post von Absendern, die ich festgelegt habe, vorrangig zu behandeln.

Wenn ich unterwegs bin, gehe ich jeden Abend mit meinem

Portable Computer in das E-Mail-System von Microsoft, um neue Mitteilungen abzurufen und die abzuschicken, die ich im Laufe des Tages an Leute in der Firma geschrieben habe. Die meisten Empfänger werden nicht einmal merken, daß ich nicht im Büro bin. Wenn ich mich von einer ausländischen Niederlassung aus in unser Firmennetzwerk einklinke, brauche ich nur ein Icon anzuklicken, um zu sehen, wie der Absatz läuft, um den Stand bei Projekten abzufragen oder in irgendeine andere Management-Datenbank hineinzugehen. Wenn ich Tausende von Meilen und einige Zeitzonen entfernt bin, finde ich es beruhigend, im elektronischen Hausbriefkasten nachsehen zu können, weil schlechte Nachrichten fast immer per E-Mail durchkommen. Deshalb brauche ich mir, wenn dort nichts Schlimmes vorliegt, keine Sorgen zu machen.

Inzwischen benutzen wir E-Mail zu allen möglichen Zwecken, an die wir ursprünglich gar nicht gedacht hatten. So erhalten die Mitarbeiter zu Beginn der alljährlichen Microsoft-Spendenkampagne, mit der Geld für wohltätige Zwecke gesammelt wird, eine E-Mail-Mitteilung, in der sie zum Mitmachen aufgerufen und daran erinnert werden, daß Microsoft den gleichen Betrag dazulegt. In die Mitteilung wird, wenn man ein Icon anklickt, ein Formular eingeblendet, auf dem man elektronisch eine Spende zusagen kann, sei es als Barspende oder per Gehaltsabzug. Wird diese Option gewählt, geht die Information automatisch an die Datenbank der Lohnbuchhaltung von Microsoft. Die Angestellten können auf dem elektronischen Formular verfügen, daß ihre Spende an ihre lokale Wohltätigkeitsinitiative oder eine andere gemeinnützige Organisation überwiesen wird. Auf Wunsch können sie festlegen, daß ihre Spende einer oder mehreren der wohltätigen Einrichtungen zugute kommt, die von einer großen Vereinigung getragen werden, und sie können sogar einen Server aufrufen, um sich über diese Organisationen und die Möglichkeiten der Mitarbeit an ihrem Wohnort zu informieren. Das Ganze ist von A bis Z elektronisch. Als Leiter der Firma kann ich täglich die Summe der eingegangenen Zusagen daraufhin prüfen, ob die Beteiligung ausreicht oder ob noch ein paar aufmunternde Worte nötig sind, damit die Message verständlich wird, für wie wichtig wir die Spendenkampagne halten.

Die betriebsinterne elektronische Datenübertragung beschränkt sich nicht auf den Austausch von E-Mails. Die Nutzung von Informationswerkzeugen begann bei Microsoft intern damit, daß wir das Ausdrucken von Computerberichten nach und nach einstellten. In vielen Firmen sieht man, wenn man in das Büro eines leitenden Managers triff, Bücher mit gebundenen Computerausdrucken der monatlichen Bilanzen, ordentlich abgelegt und im Regal aufgereiht. Bei Microsoft werden diese Zahlen nur auf einem Computerbildschirm zugänglich gemacht. Wer Genaueres wissen möchte, kann sie nach bestimmten Zeitabschnitten, Niederlassungen und sonstigen Kriterien durchforschen. Als wir den Online-Finanzbericht einführten, änderte sich auch die Betrachtungsweise der Mitarbeiter. So überlegten sie sich, warum unser Marktanteil in einem bestimmten geographischen Bereich von dem in einem anderen abwich. Als wir uns alle mit den Informationen intensiver auseinanderzusetzen begannen, entdeckten wir Fehler. Unsere EDV-Leute entschuldigten sich: »Diese Fehler tun uns furchtbar leid, aber seit fünf Jahren stellen wir jeden Monat diese Zahlen zusammen und verteilen sie, und keiner hat je ein Wort über diese Probleme verloren, obwohl sie schon immer da waren.« Die gedruckten Informationen waren nicht so gründlich studiert worden, daß man die Fehler bemerkt hätte, wahrscheinlich weil man mit ihnen nicht so ergiebig arbeiten konnte wie mit ihrer Online-Version.

»Nicht-Usern« – Leuten, die Personalcomputer nicht für solche Zwecke nutzen – ist schwer zu vermitteln, wie flexibel die Arbeitsabläufe werden, wenn die Information elektronisch abrufbar ist. Ich selbst schaue mir unsere Finanzberichte kaum noch im Papierausdruck an, weil ich die elektronische Darstellung vorziehe.

Als 1978 die ersten elektronischen Tabellenkalkulationen auf den Markt kamen, bedeuteten sie gegenüber Papier und Bleistift eine enorme Verbesserung. Durch sie ließen sich die Formeln,

| | A | B | C | D | E | F |
|---|---|---|---|---|---|---|
| 1 | Jahr | 1996 | | | | |
| 2 | Verkäufer | Alle | | | | |
| 3 | | | | | | |
| 4 | Gesamtabsatz | Gebiet | | | | |
| 5 | Produkt | Ost | Nord | Süd | West | Insgesamt |
| 6 | Benzin | 1.722 | 8.019 | 53.160 | 71.915 | 134.836 |
| 7 | Heizöl | 27.498 | 11.098 | 4.891 | 36.670 | 80.157 |
| 8 | Schmiermittel | 2.294 | 1.531 | 993 | 3.527 | 8.345 |
| 9 | Insgesamt | 31.514 | 20.648 | 59.044 | 112.132 | 223.338 |

*Pivot-Tabelle mit den Absatzzahlen von 1996, ausgewiesen nach Produktart und Absatzgebiet*

| | A | B | C | D | E | F |
|---|---|---|---|---|---|---|
| 1 | Jahr | 1996 | | | | |
| 2 | Verkäufer | Adams | | | | |
| 3 | | | | | | |
| 4 | Gesamtabsatz | Gebiet | | | | |
| 5 | Produkt | Ost | Nord | Süd | West | Insgesamt |
| 6 | Benzin | 1.722 | 8.019 | 2.420 | 15.154 | 27.315 |
| 7 | Heizöl | 6.955 | 11.098 | 2.516 | 9.886 | 30.455 |
| 8 | Schmiermittel | – | 1.531 | 436 | 1.512 | 3.479 |
| 9 | Insgesamt | 8.677 | 20.648 | 5.372 | 26.552 | 61.249 |

*Die gleiche Pivot-Tabelle nach Klick auf die Schaltfläche »Verkäufer«. Jetzt zeigt sie die Absatzzahlen des Jahres 1996 für einen Verkäufer, aufgeschlüsselt nach Produktart und Absatzgebiet*

| | A | B | C | D | E | F | G | H | I |
|---|---|---|---|---|---|---|---|---|---|
| 1 | | | | | | | | | |
| 2 | | | | | | | | | |
| 3 | Gebiet | Alle | | | | | | | |
| 4 | | | | | | | | | |
| 5 | Gesamtabsatz | Produkt | Jahr | | | | | | |
| 6 | | Benzin | | Heizöl | | Schmiermittel | | Insgesamt | |
| 7 | Verkäufer | 1995 | 1996 | 1995 | 1996 | 1995 | 1996 | 1995 | 1996 |
| 8 | Adams | 40.251 | 27.315 | 28.804 | 30.455 | 3.435 | 3.479 | 72.490 | 61.249 |
| 9 | Barnes | 31.135 | 56.781 | 45.045 | 26.784 | 622 | 2.015 | 76.802 | 85.580 |
| 10 | Cooper | 40.936 | 50.740 | 28.770 | 22.918 | 1.475 | 2.851 | 71.181 | 76.509 |

*Die gleiche Pivot-Tabelle mit den Absatzzahlen für 1995 und 1996, ausgewiesen nach Verkäufer und Produktart, nachdem die Schaltflächen »Produkt« und »Jahr« in neue Positionen gezogen worden sind* aus denen sich die Daten errechneten, jedem Wert in einer Tabelle zuordnen. Da von einer solchen Formel in der Regel auch andere Tabellendaten abhängen, mußte sich jede Veränderung eines Wertes sofort auch auf andere Zellen auswirken. In »Was-wäre-wenn-Szenarien« ließen sich nun verschiedene Absatz- und Wachstumsprognosen oder veränderte Zinssätze durchspielen, und man sah sofort, wie eine Änderung sich auswirken würde.

Moderne Tabellenkalkulationen erlauben dem Benutzer, seine Datentabellen in unterschiedlicher Weise zu betrachten. Die Tabellenkalkulation, die ich am besten kenne, Microsoft Excel, enthält eine Funktion, die wir Pivot-Tabelle nennen. Damit lassen sich zusammengefaßte Daten auf vielfältige Weise betrachten. Die zusammenfassende Funktion läßt sich durch einen Mausklick verändern. Wenn Sie einen Spaltenkopf von einer Seite der Tabelle zur anderen ziehen, verändert sich die Reihenfolge der Datenfelder. Man kann von einem zusammenfassenden Bericht ohne weiteres zur Analyse jeder beliebigen Datenkategorie oder zu einer Prüfung jedes einzelnen Details übergehen. Durch die Dezentralisierung von Rechnerleistung und Software haben sich die Möglichkeiten des einzelnen beträchtlich erhöht. In der alten Zeit der Großrechner und ausgedruckten Berichte mußten Sie die Leute in der zentralen Warenwirtschafts- oder EDV-Abteilung um einen neuen Bericht bitten, wenn Sie die Absatzzahlen anders aufgeschlüsselt haben wollten – und das konnte gut ein paar Wochen dauern. Mit Ihrem Personalcomputer und entsprechenden Programmen können Sie heute ohne jede Verzögerung Ihre Rohdaten eigenhändig in aufschlußreiche Informationen verwandeln.

Eine Pivot-Tabelle mit den Absatzdaten für das laufende und vorangehende Geschäftsjahr, ausgewiesen nach Niederlassung, Produkt und Absatzwegen, wird monatlich an alle Microsoft-Manager elektronisch verteilt. Jeder kann sich die Daten mühelos so aufschlüsseln, wie er sie braucht. Beispielsweise könnte ein Verkaufsleiter die Absatzzahlen in seinem Gebiet mit dem Budget oder dem Vorjahr vergleichen. Ein Produktmanager kann sich die Verkaufszahlen seines Produktes nach Ländern und Absatzwegen aufgliedern lassen. Tausende von Möglichkeiten lassen sich durch einmal Klicken oder Ziehen verwirklichen.

Hinter den bemerkenswerten Fortschritten, die der Informationsfluß in den Unternehmen gemacht hat, blieb allerdings eine ganz entscheidende Funktion weit zurück. In einem betriebsinternen Netz bestimmte Dateien zu finden, ist nie ganz leicht gewesen, weil es galt, Einzelheiten zu behalten wie Server-, Ordner- und Dateinamen – deren Länge noch unlängst auf acht Zeichen beschränkt war, was sie ärgerlich enigmatisch machte. Selbst Leute, die sich alle Namen gemerkt hatten – oder es zumindest glaubten –, waren aufgeschmissen, wenn jemand den Namen, den Ort oder die Inhalte einer Datei verändert hatte.

Was wir als Nutzer wirklich brauchen, ist eine Seite, die uns mitteilt, was los ist, die unsere Fragen beantwortet. Handelt es sich um die neueste Version? Gibt es ähnliche Dateien, die ich möglicherweise benötige? Darf ich einem Kunden Einsicht in diese Datei gewähren? An wen kann ich mich wenden, wenn ich weitere Informationen brauche? Kurzum, in einem betriebsinternen Netz brauchen wir für jede Dateiensammlung eine Home Page, die uns über diese Dateien informiert und uns den Zugang zu ihnen eröffnet, wenn wir die betreffenden Namen oder Icons anklicken. Wir müssen die Suchinstrumente des Internets benutzen können, um Informationen im Firmennetz zu finden, und durch das Anklicken von Links zu verwandten Informationen gelangen.

Die Einrichtung eines Intranets ist wie das Einpassen des letzten Teils in ein Puzzle. In dieser glücklichen Lage sind heute Firmen in aller Welt. Jahrelang haben sie sich nach Kräften bemüht, haben in Hardware, Software und Fortbildung investiert, um den Informationsfluß zu verbessern. Das waren vernünftige Investitionen, doch noch sind nicht alle Puzzleteile an ihrem Platz. Dokumente herzustellen, ist sehr viel leichter geworden; sie zu finden, ist schwierig geblieben. Die Einrichtung eines Intranets wird das Bild abrunden – und es wird viele Unternehmen so gut wie gar nichts kosten, weil sie die kostspieligen Elemente schon alle angeschafft haben.

Wie ein Buschfeuer breiten sich die Intranets in der Geschäftswelt aus, und das mit gutem Grund. So wie E-Mails viele schriftliche Aktennotizen, Anrufe und Konferenzen ersetzen, macht die Home Page oder Web-Seite des Intranets Berichte, Handbücher, Formulare, Aktenschränke, Telefonverzeichnisse, schwarze Bretter aus Kork und Newsletter überflüssig. Betriebsinterne Web-Sites enthalten mittlerweile die wichtigsten Informationen über betriebliche Arbeitsabläufe, den Stand der verschiedenen Projekte, Einnahmen und Entscheidungen aller Art.

Im Intranet von Microsoft gibt es Tausende von Seiten mit internen Informationen. Wenn eine Entwicklerin den Stand eines Projekts in Erfahrung bringen will, holt sie sich eine Web-Seite auf den Bildschirm, die ihr eine kurze Übersicht präsentiert und Links zu ausführlichen Berichten anbietet. Die Entwicklerin klickt einfach den Namen des gewünschten Berichts an und

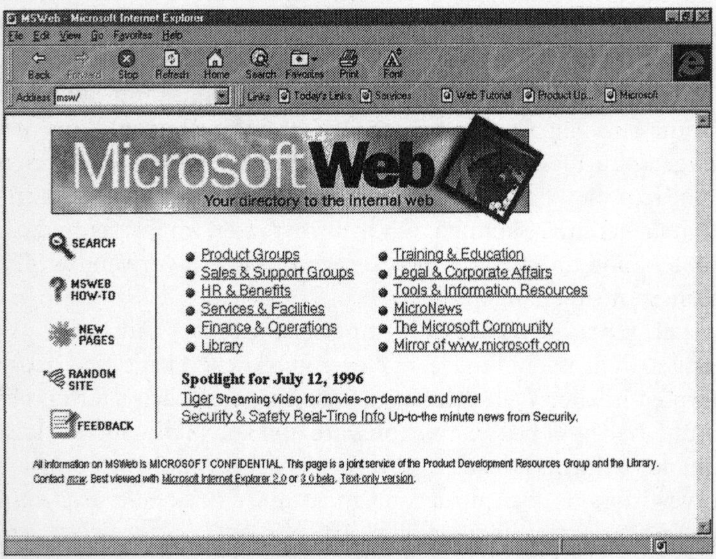


*Eine Web-Site aus Microsofts Intranet (1996)*

kann sicher sein, daß sie ihn auch bekommt und nicht mit der Suche nach ihm wertvolle Zeit vergeuden muß. In unserem betriebsinternen Web sind alle wichtigen Informationen über jedes Produkt, jede Abteilung und jedes wichtige Projekt enthalten. Unsere Mitarbeiter können Präsentationen über Hunderte von Themen einsehen, die neuesten Informationen über die Personalpolitik und offene Stellen abrufen und sogar in einer Liste mit asiatischen Urlaubszielen herumstöbern. Im hauseigenen Web finden sie Preislisten, Produktdatenblätter, Informationen über verschiedene Technologien, Marketingveröffentlichungen, die neuesten Entscheidungen über Dokumentationen, Instruktionen und Produktinformationen. Die Web-Seiten unseres Intranets sind bemerkenswert vollständige Führer zu allen Aspekten des Unternehmens, die sie aus firmeninterner Sicht darstellen. Damit ergänzen sie die vielen Tausend Web-Seiten unserer öffentlichen Internet-Site (http://www.microsoft.com), die Außenstehenden umfassende Informationen über das Unternehmen und seine Produkte liefern.

Hätte ich noch irgendwelche Zweifel in Hinblick auf den Wert unseres Intranets gehabt, dann wären sie spätestens zerstreut gewesen, nachdem ich erfahren habe, daß bestimmte Finanzdaten jetzt, da sie über eine Web-Seite angeklickt werden können, fünfmal so oft zu Rate gezogen werden. Dabei handelt es sich um Mitarbeiter, die wahre Künstler im Umgang mit Computern sind und großes Interesse an den Informationen haben. Sie hätten also auch früher kaum Schwierigkeiten gehabt, die Daten zu finden. Daß der Zugriff jetzt soviel häufiger geworden ist, hat mir wieder einmal nachdrücklich vor Augen geführt, wie wichtig es ist, Informationen so darzubieten, daß sie keiner Erklärung bedürfen und mit wenigen Mausklicks zur Verfügung stehen – kein mühsames Eintippen mehr von Server- oder Dateinamen.

Um Home Pages entweder auf einem Intranet oder im Internet zu lesen, können die Mitarbeiter entweder Windows benutzen, also Anwendungen, die sie bereits kennen, oder einen Web-Browser. Wenn ein ausreichendes Firmennetz bereits installiert ist, so ist der einzige nennenswerte Kostenfaktor bei der Einrichtung und Unterhaltung eines Intranets die Zeit, die die Mitarbeiter aufwenden müssen, um die Web-Seiten zu schreiben und die Links herzustellen – ein relativ bescheidener Zeitaufwand, der sich allemal auszahlt. Preiswerte Anwendungen, mit denen sich durch Links verbundene Seiten in großer Zahl einrichten und verwalten lassen, werden von verschiedenen Softwareunternehmen angeboten. Mit vielen Office-Programmpaketen lassen sich auch Web-Seiten und die entsprechenden Links einrichten. Also die gleichen Software Tools, mit denen man Aktennotizen und Tabellen aufsetzen und ausdrucken kann, ermöglichen uns auch, Web-Seiten einzurichten. Solche internetorientierten Leistungsmerkmale bilden das Kernstück vieler Update-Versionen bekannter Office-Pakete. Einige Fachleute vertreten inzwischen die Meinung, die heutigen Softwareanwendungen seien teilweise schon so leistungsfähig und vielseitig, daß neue Versionen überhaupt nicht mehr gebraucht werden. Ich bin sicher, daß aktualisierte Versionen der Office-Pakete auch in den nächsten Jahren entscheidende Innovationen präsentieren werden – etwa Spracherkennung, soziale Benutzeroberflächen, Zugänge zu Intranets und Internet.

Die PC-Verarbeitung entwickelt sich rasch in Richtung eines weborientierten Systems, in dem jeder Ordner (auch Verzeichnis genannt) als Web-Seite angesehen werden kann. Wenn Sie den Inhalt eines Ordners betrachten, dann sehen Sie nicht einfach Dateinamen oder Icons , sondern einen erläuternden Text. Eine konventionelle Dateienliste können Sie sich als eine Web-Seite vorstellen, die so spärlich in ihrem Informationsgehalt ist, daß sie nur Links zu Dateien ohne erläuternden Text enthält – eine Web-Seite, bei der sich niemand die Mühe gemacht hat, sie mit nützlichen Kurzbeschreibungen auszustatten. Eine konventionelle Dateienliste ist wie eine Programmzeitschrift, die nur die Zeiten, Kanäle und Namen der Fernsehserien angibt, aber nicht die Titel und Beschreibungen der einzelnen Folgen, nicht die Schauspieler oder andere Informationen, die Ihnen Ihre Wahl erleichtern könnten.

Microsoft Windows hat Ihnen schon immer eine Liste der Dateien gezeigt, Ihnen aber nicht die Möglichkeit gegeben, eine Web-Seite zu entwerfen oder auf den Bildschirm zu holen, die die Liste mit erläuternden Texten und Abbildungen versieht. In Zukunft wird Windows einen Dateiordner entweder konventionell oder als Web-Seite präsentieren. Nach unserer Auffassung sollte die Software keinen Unterschied machen zwischen lokalen Daten auf der Festplatte oder einer CD-ROM und Ferndaten, die in einem betriebsinternen Netz oder irgendwo im World Wide Web des Internets gespeichert sind. Das ist alles digitale Information, und es gibt keinen Grund, unterschiedliche Navigationstechniken anzuwenden, nur weil die Daten an verschiedenen Orten gespeichert sind.

Bei zunehmender Nutzung von Intranets und E-Mails werden Sie feststellen, daß Sie Arbeitsabläufe interner wie externer Art rationalisieren, von denen Sie vorher noch nicht einmal gewußt haben, daß sie umständlich waren. Vielleicht ist es in Ihrer Firma üblich, daß sich am Montagmorgen die Projektgruppen oder am Donnerstagnachmittag die Planungsgruppen treffen. E-Mails und Software, die die Zusammenarbeit erleichtert, werden solche Konferenzen seltener oder überflüssig machen. Präsentationen, die in erster Linie Informationszwecken dienen, lassen sich durch Web-Seiten in Intranets ablösen oder durch E-Mails ersetzen, denen Tabellen und andere Anlagen beigefügt sind. Wenn es doch zu direkten Treffen kommt, werden sie effektiver sein, weil die Teilnehmer das Hintergrundwissen schon per E-Mail ausgetauscht haben.

Durch elektronische Verbindungen mit der Außenwelt werden die Unternehmen auch ihren Kunden ermöglichen, sich mit E-Mails an sie zu wenden. Überlegen Sie einmal, wie eine Firma und ihr Kunde heute mit einer Rechnung umgehen. Das Unternehmen druckt die Rechnung auf ein Blatt Papier, steckt sie in einen Briefumschlag und läßt sie dem Kunden per Post zustellen. Der Kunde öffnet den Umschlag, prüft die Rechnung, um zu sehen ob der Rechnungsbetrag und die Aufstellung stimmen, stellt einen Scheck aus und versucht, den Scheck dann so in die

Post zu geben, daß er kurz vor dem Fälligkeitsdatum eintrifft. Firmen und Kunden sind an dieses Verfahren so gewöhnt, daß ihnen überhaupt nicht auffällt, was für eine Zeitverschwendung es ist. Nehmen wir an, ein Kunde ist mit der Rechnung, die ihm ein Unternehmen schickt, nicht einverstanden. Er ruft an und versucht, den Verantwortlichen an den Apparat zu bekommen – der, wie sich vielleicht herausstellt, doch nicht der Verantwortliche ist, woraufhin unser Kunde warten muß, bis er einen anderen Mitarbeiter der Firma am Apparat hat oder der ihn zurückruft.

Schon bald wird dieser Mann in der Lage sein, auf seinem PC, Wallet-PC oder Fernseher – welchem Informationsgerät auch immer – nachzusehen, ob E-Mails, darunter auch Rechnungen, für ihn da sind. Wenn eine Rechnung eingeht, kann er seine Unterlagen, einschließlich früherer Rechnungen, überprüfen und veranlassen, daß die Rechnung an einem bestimmten Tag elektronisch beglichen wird.

Im Unternehmen wird man neben der zunehmenden E-Mail-Nutzung des betriebsinternen und öffentlichen Netzes auch immer häufiger das Mittel interner und externer Videokonferenzen einsetzen. Jeder Teilnehmer des elektronischen Treffens, egal, wo er sich befindet und auf was für einen Bildschirm er schaut – Wandschirm, Fernsehgerät oder PC –, wird weitgehend das gleiche Bild vor Augen haben. Auf dem geteilten Schirm wird man vielleicht das Gesicht eines Teilnehmers und daneben ein Dokument sehen. Wird das Dokument verändert, erscheint die Änderung fast zeitgleich auf allen Schirmen. Bei dieser synchronen Darstellung wird man auf dem Computerbildschirm genau das sehen, was die Leute gerade machen. Mitarbeiter, die sich an ganz verschiedenen Orten befinden, werden auf vielfältige Weise zusammenarbeiten können.

Wenn eine Gruppe elektronisch zusammenkommt, um eine Presseerklärung vorzubereiten, kann jeder auf seinem PC oder Notebook Absätze verschieben und ein Foto oder eine Videosequenz einfügen. Die anderen sehen das Ergebnis auf ihren eigenen Bildschirmen und können so verfolgen, was jeder einzelne zur gemeinsamen Arbeit beiträgt.

Eigentlich kennen wir Videokonferenzen schon seit langem. In den Abendnachrichten des Fernsehens erleben wir häufig, daß Leute, die sich an weit entfernten Orten befinden, miteinander reden – das sind Videokonferenzen. Den Moderator und seine Gäste mögen Kontinente trennen, und dennoch tauschen sie ihre Meinungen aus, als säßen sie im selben Raum, und den Zuschauern kommt es fast so vor, als wäre es wirklich so.

Verschiedene Softwarepakete ermöglichen preiswerte, technisch anspruchslose Videokonferenzen über Telefonleitungen. An der Cornell University hat man CU-SeeMe entwickelt, ein Programm, mit dessen Hilfe Windows- und Macintosh-Benutzer Video- und Audiodaten übers Internet schicken können. Neben einem PC und einem Modem braucht man nur noch ein Mikrophon und eine Videokamera – und noch nicht einmal die sind erforderlich, wenn Sie die Signale nur empfangen und nicht senden.

Wenn man zusammenarbeiten möchte, muß man nicht unbedingt Videobilder austauschen. Mit Hilfe entsprechender Softwarepakete können sich Menschen von beliebigen Orten aus gemeinsam mit einer elektronischen Tabelle beschäftigen oder ein Treffen durchführen, dessen Teilnehmer ohne Video, aber in einem gemeinschaftlichen Arbeitsraum gemeinsame Texte, Diagramme und Kommentare erarbeiten.

Natürlich hat Video erhebliche Vorteile. Um eine Videokonferenz durchzuführen, die dem Stand der Technik entspricht, braucht man Hochgeschwindigkeitsanschlüsse und bessere Kameras, was häufig bedeutet, daß man sich in einen besonders ausgerüsteten Raum begeben muß, eine Umgebung, die leicht etwas kalt und steif wirkt. In allen Verkaufsniederlassungen rund um die Welt hat Microsoft mindestens einen speziellen Raum für Videokonferenzen. Die Räume werden viel genutzt und haben uns manche Reise erspart. Mitarbeiter anderer Niederlassungen »erscheinen« zu Personalversammlungen, während Kunden und Lieferanten uns »besuchen« können, ohne tatsächlich die Reise zu unserer Zentrale vor den Toren Seattles antreten zu müssen. Solche Konferenzen werden immer beliebter, weil sie Zeit und Geld sparen und oft produktiver sind als reine Telefonkonferenzen oder sogar persönliche Besprechungen. Anscheinend macht das Bewußtsein, vor einer Kamera zu sitzen, die Teilnehmer wesentlich konzentrierter.

Allerdings habe ich festgestellt, daß Videokonferenzen gewöhnungsbedürftig sind. Wer auf dem Bildschirm erscheint, erhält mehr Aufmerksamkeit als die anderen Teilnehmer. Zum ersten Mal ist mir das aufgefallen, als ich mit ein paar Microsoft-Leuten von Seattle aus eine Videokonferenz mit Steve Ballmer abhielt, der gerade in Europa war. Es war, als säßen wir alle gebannt vor der »Steve-Ballmer-Show«. Hätte Steve sich die Schuhe ausgezogen, hätten wir uns wahrscheinlich bewundernd angeblickt. Nach der Konferenz hätte ich Ihnen alles über Steves neuen Haarschnitt sagen können, aber vermutlich nicht, wer mit mir im selben Raum gewesen war. Ich denke jedoch, daß solche Probleme der Vergangenheit angehören werden, sobald wir uns an Videokonferenzen gewöhnt haben.

Es wird befürchtet, technische Neuerungen wie Videokonferenzen könnten die verborgenen gruppendynamischen Vorgänge ersticken, denen persönliche Treffen ihre Lebendigkeit verdanken, so daß sie fortan nur noch den spontanen Charme offizieller Fototermine hätten. Wo bleibt die Möglichkeit, sich etwas zuzuflüstern, bei weitschweifigen Ausführungen die Augen zu verdrehen oder sich Notizen zuzuschieben? Tatsächlich werden solche versteckten Mitteilungen bei Videokonferenzen noch leichter sein als bisher, weil die Software separaten Informationsaustausch zulassen kann. Schon immer folgten Konferenzen ungeschriebenen Regeln, aber wenn Videokonferenzen übers Netzwerk vermittelt werden, wird man bestimmte Regeln explizit formulieren müssen. Wird es den Teilnehmern erlaubt sein, öffentlich oder privat, individuell oder kollektiv zu signalisieren, daß sie sich langweilen? Inwieweit sollte es einem Teilnehmer erlaubt sein, anderen die Kenntnisnahme seiner Video- oder Audiosignale zu verwehren? Sollen Privatgespräche am

Rande, von PC zu PC, erlaubt sein? Mit der Zeit werden sich durch die Nutzung dieser Einrichtungen neue Regeln der Konferenzetikette herausbilden.

Nehmen nur zwei Personen an einer Videokonferenz teil, dann handelt es sich schlicht um ein Gespräch am Bildtelefon. Natürlich ist es wunderbar, wenn Sie von unterwegs Ihren Kindern guten Tag sagen oder Ihrem Tierarzt zeigen können, wie Ihr Hund oder Ihre Katze humpelt. Doch sobald sich der Reiz der Neuheit verschlissen hat, werden Sie die Kamera aller Wahrscheinlichkeit nach bei den meisten Anrufen abschalten, vor allem, wenn Unbekannte am Apparat sind. Viele Telefongespräche werden asymmetrisch sein, das heißt, die Firma, die Sie anrufen, wird Ihnen ein Bild senden – zum Beispiel das eines lächelnden Kundenberaters –, während Sie sich mit der Tonübermittlung begnügen. Vielleicht zeigen Sie in manchen Situationen lieber ein abgespeichertes Foto von Ihnen, Ihrer Familie oder einem anderen Motiv, von dem Sie meinen, es bringe Ihre Persönlichkeit zum Ausdruck, während es gleichzeitig ihre visuelle Privatsphäre wahrt. Bei der Auswahl des Bildes werden Sie sich von ähnlichen Gründen leiten lassen wie bei der Ansage auf Ihrem Anrufbeantworter. Im Verlaufe eines Telefongesprächs können Sie eine ganz Reihe von fotografischen Selbstporträts übermitteln – ein lächelndes, ein lachendes, ein nachdenkliches und vielleicht auch ein ärgerliches Gesicht – je nach Ihrer Stimmung und Gesprächsabsicht. Das Live-Bild könnten Sie einschalten, wenn eine Freundin anruft oder wenn es aus geschäftlichen Gründen angebracht ist.

Bei steigender Rechenleistung wird ein normaler PC in der Lage sein, realistische künstliche Bilder zu erzeugen. Ihr Bildtelefon oder Computer wird ein lebensechtes digitales Bild Ihres Gesichts auf den Bildschirm zaubern und zeigen, wie Sie zuhören oder sogar sprechen. Sie werden auch wirklich sprechen – nur haben Sie den Anruf zu Hause entgegengenommen und kommen gerade tropfnaß aus der Dusche. Während sie sprechen, generiert das Telefon ein Bild von Ihnen und präsentiert Sie in korrektem Anzug. Ihr Gesichtsausdruck wird genau Ihren

Worten entsprechen – vergessen Sie nicht, daß die Rechenleistung kleiner Computer enorm anwachsen wird. Genauso mühelos wird Ihr Telefon ein Bild senden können, auf dem jemand anders Ihre Worte spricht oder eine idealisierte Version von Ihnen plaudert. Wenn Sie mit einem Unbekannten sprechen und einen Leberfleck oder ein schlaffes Kinn verbergen wollen, wird der Anrufer oder die Anruferin nicht entscheiden können, ob Sie wirklich so große Ähnlichkeit mit Cary Grant (oder Meg Ryan) haben oder ob Ihr Computer ein bißchen nachgeholfen hat.

Auch in den Jahren, in denen die Haushalte noch überwiegend ohne Breitbandanschlüsse auskommen müssen, werden sie für die Geschäftswelt bequem und gut erreichbar sein. Zwar wird man auf technisch anspruchsvolle Videobilder verzichten müssen, aber auch über Mittelbandanschlüsse – und sogar Schmalbandleitungen – lassen sich synchrone Video- und Tonsignale übermitteln.

Das könnte zum Beispiel folgendermaßen vor sich gehen: Die Produktinformationen, die Ihre Firma ins Internet eingibt, enthalten eine Anweisung, wie sich Kunden synchron mit einem Ihrer Verkaufsberater in Verbindung setzen können, der ihnen über eine Sprach-Daten-Verbindung Fragen beantwortet. Angenommen, Sie haben ein Versandhaus, und ein Kunde sucht auf Ihrer Home Page, die in Wirklichkeit ein elektronischer Katalog ist, nach geeigneten Stiefeln. Vielleicht möchte der Kunde wissen, ob sich die Stiefeln zum Bergsteigen eignen. Durch Anklicken einer Schaltfläche holt er einen Berater in die Leitung. Dieser erkennt sofort, daß der Kunde sich die Stiefel ansieht, und hat außerdem alle Informationen zur Hand, die der Kunde Ihrem Versandhaus jemals zugänglich gemacht hat – nicht nur Kleider- und Schuhgröße, seine modischen und farblichen Vorlieben, sondern auch seine sportlichen Interessen, frühere Käufe und die Preiskategorie, die er bevorzugt. Natürlich können die Kunden selbst entscheiden, wieviel sie über sich selbst mitteilen wollen. Der Computer Ihres Versandhauses kann die Anfrage an den Berater weiterleiten, mit dem der Kunde das letzte Mal gesprochen hat, oder an jemanden, der sich mit dem fraglichen Produkt – in diesem Falle mit Stiefel – besonders gut auskennt. Ohne lange Vorrede kann der Kunde gleich zur Sache kommen: »Sind diese Stiefel auch wirklich zum Bergsteigen geeignet?« Der Kundenberater braucht nicht in einem Büro zu sitzen – er kann überall sein, vorausgesetzt, er hat Zugang zu einem PC und er hat in der Zentrale angegeben, daß er einsatzbereit ist. Wenn er die richtige Sprache spricht und sich auskennt, kann er dem Kunden weiterhelfen.

Oder nehmen wir an, Sie sind Notar und einer Ihrer Klienten möchte sein Testament ändern. Der Klient ruft Sie an und sagt: »Werfen wir mal einen Blick ins Testament!« Sie rufen es auf Ihren PC, und gleichzeitig erscheint es auf dem Bildschirm des Kunden. Sie sprechen über seine Wünsche, und beide schauen Sie zu, wie das Testament auf dem Bildschirm geändert wird.

Eine weitere wichtige Aufgabe der Sprach-Daten-Verbindung wird die Verbesserung der Produktunterstützung sein. Microsoft beschäftigt Tausende von Mitarbeitern, die in der Produktunterstützung Anfragen zu Microsoft-Software beantworten. Genaugenommen haben wir sogar ebenso viele Fachleute, die in der Produktunterstützung Fragen zu unserer Software beantworten, wie Informatiker, die diese Software entwickeln. Für unsere Kunden wie für uns liegt der Vorteil dieses Informationsaustauschs darin, daß wir alle Rückmeldungen festhalten und dazu benutzen, um unsere Produkte zu verbessern. Viele solcher Anfragen erreichen uns per E-Mail, doch die meisten Kunden rufen immer noch an. Diese Telefongespräche sind sehr umständlich. Der Kunde ruft zum Beispiel an und sagt, sein Computer sei so und so konfiguriert und gebe die und die Fehlermeldung. Der Fachmann von der Produktunterstützung hört sich das an und macht einen Vorschlag, für dessen Ausführung der Anrufer einige Minuten benötigt. Dann geht das Gespräch weiter. Solche Anrufe dauern im Schnitt 15 Minuten, manchmal aber auch eine ganze Stunde. Wir freuen uns auf den Zeitpunkt, wo unser Fachmann in der Produktunterstützung sehen kann, was sich auf dem Bildschirm des Anrufers befindet (natürlich mit seiner ausdrücklichen Erlaubnis und mit der gebotenen Zurückhaltung, so daß die Privatsphäre des Kunden nicht verletzt wird). Da umständliche Beschreibungen der Probleme dann nicht mehr nötig sind, wird sich die durchschnittliche Dauer solcher Anrufe um 30 bis 40 Prozent verringern, die Kunden werden zufriedener sein und die Kosten und Produktpreise werden sinken.

Mit speziellen Softwarepaketen, die man fürs Internet oder für Intranets entwickeln wird, werden sich auch Treffen leichter anberaumen lassen. Wenn Ihr Klient ein persönliches Gespräch für die Testamentsänderung wünscht, wird sich sein elektronischer Terminplaner mit dem ihren kurzschließen können, um einen Tag und einen Zeitpunkt zu bestimmen, an dem es Ihnen beiden paßt. Der Termin wird dann automatisch auf beiden elektronischen Kalendern vorgemerkt.

Auf diese Weise lassen sich auch Restaurant- oder Theaterbesuche mühelos reservieren. Dabei taucht aber ein interessantes Problem auf. Nehmen wir an, Ihr Restaurant ist nicht sehr gut besucht oder das Stück in Ihrem Theater läuft schlecht oder Sie sind Anwalt und möchten Ihrem Klienten verheimlichen, daß er bislang Ihr einziger Mandant ist. In diesem Fall können Sie Ihren elektronischen Terminplaner anweisen, nur auf Reservierungs-, Karten- oder Terminwünsche zu reagieren. Der Terminplaner des Kunden könnte Ihr Programm nicht dazu veranlassen, alle Zeiten aufzulisten, für die Reservierungen möglich sind, ihm alle noch freien Theatersitze mitzuteilen oder alle Ihre möglichen Termine zu nennen. Würde der Kunde jedoch um eine Reservierung zu einer bestimmten Zeit bitten, nach Orchestersitzen fragen oder einen Zeitraum von zwei Stunden für die Besprechung vorschlagen, würde Ihr Terminplaner ohne Umstände reagieren.

Künftig werden Klienten und Patienten von ihren Anwälten, Zahnärzten, Steuerberatern und anderen Freiberuflern erwarten, daß man mit ihnen übers Netz Termine verabreden und Dokumente austauschen kann. Vielleicht hat ein Patient im Anschluß an einen Praxisbesuch eine kurze Frage an seinen Arzt – ob er zum Beispiel ein anderes Medikament mit dem gleichen Wirkstoff nehmen kann. Ohne daß der Praxisbetrieb gestört wird, sind dann Patienten und Klienten in der Lage, sich per E-Mail an ihre Ärzte und Rechtsanwälte zu wenden. Dann werden wir bei den freien Berufen einen Wettbewerb erleben, in dem es darum geht, wie effektiv sie dieses Kommunikationsmittel nutzen und ob sie dadurch besser erreichbar sind. Sicherlich wird es bald Anzeigen geben, in denen die Firmen mit dem technischen Stand ihrer Internetzugänge werben. Anfänge dieses Trends sind in den vielen verschiedenen Anzeigen zu beobachten, in denen zunehmend auf Web-Site- und E-Mail-Adressen verwiesen wird.

Alle diese elektronischen Neuerungen – E-Mail, übers Netz vermittelte identische Bildschirminhalte, Videokonferenz und Bildtelefon – sind Mittel zur Überwindung der räumlichen Trennung. Wenn sie zur Alltäglichkeit geworden sind, werden sie nicht nur die Art unserer Zusammenarbeit verändert haben, sondern auch die Unterscheidung, die wir heute noch zwischen dem Arbeitsplatz und allen anderen Lebensbereichen treffen.

1996 gab es in den Vereinigten Staaten über sieben Millionen »Telependler«, die nicht Tag für Tag ins Büro fuhren, sondern über Fax, Telefon und E-Mail »pendelten«. Und das war, bevor der Siegeszug des Internets richtig begonnen hatte. Eine wachsende Zahl von Autoren, Ingenieuren, Rechtsanwälten und Angehörigen anderer Berufe, die relativ eigenständig arbeiten, verbringen mittlerweile einen Teil ihrer Arbeitszeit zu Hause. Vertreter mißt man an ihrem Verkaufserfolg, und solange ein professioneller Vertreter Umsatz macht, spielt es keine große Rolle, ob er seiner Arbeit im Büro, zu Hause oder irgendwo auf der Straße nachgeht. Viele empfinden das Telependeln als bequemen Freiraum, während einigen zu Hause die Decke auf den Kopf fällt. Andere stellen fest, daß sie nicht die nötige Selbstdisziplin dafür aufbringen. In den kommenden Jahren werden weitere Millionen dazu übergehen, zumindest auf Teilzeitbasis mit Hilfe des Internets als Telependler zu arbeiten.

Mitarbeiter, die überwiegend am Telefon arbeiten, kommen besonders für das Telependeln in Frage, weil Anrufe zu ihnen umgeleitet werden können. Telefonverkäufer, Kundendienstvertreter, Reservierungsbearbeiter und Experten der Produktunterstützung können sich zu Hause dieselben Informationen auf den Bildschirm holen wie im Büro. In zehn Jahren werden Sie in vielen Stellenanzeigen lesen, wie viele Wochenstunden Arbeit man von Ihnen erwartet und wie viele davon gegebenenfalls als »Innendienst« an einem bestimmten Ort, etwa in einem Büro, zu leisten sind. Bei manchen Stellen wird man zur Bedingung machen, daß der Mitarbeiter einen PC hat, so daß er zu Hause arbeiten kann. Kundendienstorganisationen werden besonders leicht auf Teilzeitarbeitskräfte zurückgreifen können.

Wenn Angestellte und Vorgesetzte räumlich voneinander getrennt sind, werden die Führungskräfte sich umstellen müssen, und jeder einzelne wird lernen müssen, aus eigenem Antrieb ein produktiver Mitarbeiter zu sein. Auch wird man neue Rückkopplungsmechanismen entwickeln müssen, damit Arbeitgeber wie Arbeitnehmer die Qualität der geleisteten Arbeit beurteilen können.

Arbeitet ein Angestellter im Büro, geht man davon aus, daß er die ganze Zeit arbeitet, arbeitet er dagegen zu Hause, rechnet man ihm (vielleicht zu einem anderen Stundensatz) möglicherweise nur die Zeit an, die er tatsächlich arbeitet. Wenn das Baby weint, klickt Papa oder Mama auf »Nicht bereit« und kümmert sich um das Kind, und die entsprechende Abwesenheit von der Arbeit wird nicht bezahlt. Kann der Mitarbeiter sich wieder auf die Arbeit konzentrieren, signalisiert er (oder sie) Bereitschaft, und das Netzwerk beginnt, ihm Arbeit zu liefern, die erledigt werden muß. Teilzeitarbeit und Jobsharing gewinnen auf diese Weise eine neue Bedeutung.

Eine Firma könnte mit weniger Büroraum auskommen. Ein Raum oder eine Kabine könnte von mehreren Angestellten mit gestaffelten oder unregelmäßigen Innendienstzeiten benutzt werden. Die großen Buchführungsfirmen Arthur Andersen und Ernst & Young haben bereits viele kostspielige Büroräume, die einzelne Mitarbeiter nur für sich allein nutzten, abgeschafft und durch allgemein zu nutzende Räume ersetzt, die im Außendienst tätige Buchhalter sich reservieren können. Bald ist es vielleicht soweit, daß die Computer, Telefone und digitalen Anzeigetafeln eines gemeinsamen Büroraums für denjenigen konfiguriert werden, der das Büro befristet besetzt. Die Anzeigetafel eines Büroraums zeigt dann vielleicht am Vormittag den Kalender, die Familienfotos und die Lieblingscartoons eines Mitarbeiters und am Nachmittag die persönlichen Fotos oder grafischen Arbeiten eines anderen. Wo immer ein Mitarbeiter sich niederläßt, könnte er sich dank digitaler Anzeigen und des Internets seine vertraute Büroumgebung nachkommen lassen.

Die Informationstechnologie wird sich nicht nur auf die materiellen Arbeitsplatzbedingungen und die Beaufsichtigung der Mitarbeiter auswirken. Man wird den gesamten Bereich fast jeder Betriebsorganisation unter die Lupe nehmen müssen. Diese Untersuchung sollte sich auch auf die Struktur und das Verhältnis zwischen Vollzeitmitarbeitern im Hause und externen Beratern und anderen Firmen erstrecken.

Der Schritt zur Umstrukturierung der Unternehmen, das sogenannte Reengineering, geht von der Prämisse aus, daß die interne Organisation einer Firma immer verbessert werden kann. Bislang hat die Umstrukturierung sich vorwiegend damit befaßt, den Informationsfluß innerhalb des Unternehmens neu zu organisieren. Der nächste Schritt wird sein, die Grenze zwischen dem Unternehmen und seinen Kunden und Lieferanten neu zu definieren. Wichtige Fragen, die erneut geprüft werden müssen, sind zum Beispiel: Wie werden die Kunden über Produkte informiert? Wie werden die Kunden Waren und Dienstleistungen bestellen? Welche neuen Konkurrenten werden auftreten, wenn geographische Schranken immer unwichtiger werden? Was kann die Firma tun, um die Zufriedenheit der Kunden nach dem Kauf sicherzustellen?

Die internen Strukturen der Wirtschaftsunternehmen werden sich weiterentwickeln. E-Mail trägt stark zur Abflachung der Hierarchien bei, die für Großunternehmen typisch sind. Wenn das Kommunikationssystem einer Firma einigermaßen taugt, benötigt sie nicht viele Führungsebenen. Die mittlere Ebene, die früher innerhalb des Befehlsstrangs Informationen nach oben und unten weitergab, spielt schon nicht mehr die Rolle, die sie einmal innehatte. Microsoft war von Anfang an ein Kind des Informationszeitalters und hat schon immer eine relativ flache Hierarchie gehabt. Unser Ziel ist, daß zwischen mir und jedem beliebigen Mitarbeiter nicht mehr als sechs hierarchische Stufen liegen. Weil wir E-Mail haben, kann man in einem gewissen Sinne sagen, daß zwischen mir und jedem beliebigen Mitarbeiter überhaupt keine Schwellen existieren. Leider kann keine Technik der Welt meinen Tag um ein paar Stunden verlängern, daher werde ich viele Mitarbeiter nie kennenlernen und ihnen noch nicht einmal persönlich schreiben können. Aber wenn sie mir E-Mails schicken, lese ich sie und sorge dafür, daß sie beantwortet werden.

Da es durch die technische Entwicklung immer einfacher wird, externe Fachleute ausfindig zu machen und mit ihnen zusammenzuarbeiten, wird ein riesiger, wettbewerbsintensiver Markt für Berater entstehen. Brauchen Sie jemanden, der Ihnen einen Entwurf für eine Direktwerbung macht, dann rufen Sie ein im Internet laufendes Programm auf, alle Berater mit bestimmten Qualifikationen aufzulisten, die bereit sind, für ein bestimmtes Maximalhonorar zu arbeiten und die innerhalb einer entsprechenden Zeitspanne frei sind. Die Software wird Ihnen eine vorläufige Liste erstellen und Ihnen helfen, Leute auszusortieren, die sich nicht für die Aufgabe eignen. Sie können dann zum Beispiel fragen: »Hat einer von diesen Kandidaten schon für uns gearbeitet und in der Leistungsbewertung gut abgeschnitten?« Oder: »Wird sich der Bewerber verpflichten, eine Zeitlang für keinen unserer Konkurrenten zu arbeiten?« Schließlich wird man dieses System so preisgünstig nutzen können, daß Sie darauf zurückgreifen werden, selbst wenn Sie nur einen Babysitter haben wollen oder jemanden, der Ihnen den Rasen mäht. Wenn Sie eine Arbeit als Angestellter oder freier Mitarbeiter suchen, wird das System Ihnen potentielle Arbeitgeber nennen und durch Anklicken eines Knopfes Ihre Bewerbung elektronisch auf den Weg bringen.

Unternehmen werden sich die Frage, wie groß ihre Rechts-

oder Finanzabteilung sein sollte, erneut unter dem Gesichtspunkt stellen, ob es vorteilhafter ist, eigene Fachleute zu beschäftigen oder externe Experten heranzuziehen. Wenn es hoch hergeht, kann eine Firma ohne Schwierigkeiten weitere Unterstützung erhalten, so daß sie keine zusätzlichen Arbeitskräfte verpflichten und die entsprechende Bürofläche bereitstellen muß. Es trägt zur Effizienz bei, wenn Unternehmen sich die über das Netzwerk erreichbaren Helfer zunutze machen – ein Anreiz für andere, es ihnen gleichzutun.

Die durchschnittliche Mitarbeiterzahl wird in vielen Firmen gegenüber heute erheblich sinken, weil das Internet es leicht macht, externe Kräfte zu finden und mit ihnen zu arbeiten. Wenn es ums Geschäft geht, ist groß nicht unbedingt gleichbedeutend mit gut. Die Filmstudios von Hollywood sind, was die Zahl der Festangestellten betrifft, erstaunlich klein. Dienstleistungen, darunter die der Schauspieler und oft auch die Dreheinrichtungen, werden für jeden Film neu vertraglich vereinbart. Einem ähnlichen Modell folgen manche Softwarefirmen, die je nach Bedarf Programmierer einstellen. Viele Funktionen werden natürlich auch in Zukunft den Vollzeitangestellten vorbehalten bleiben. Es wäre ungeheuer aufwendig, immer neue Freiberufler in einen sich stets wiederholenden Arbeitsvorgang einzuarbeiten, der von einem einzigen Mitarbeiter erledigt werden könnte. Die Unternehmen werden bestimmte »Kernkompetenzen« definieren und eigene Mitarbeiter mit solchen Aufgaben betrauen. Doch eine Reihe von Funktionen wird verteilt werden, sowohl strukturell als auch räumlich.

Die räumliche Verteilung wird sich nicht nur auf die Unternehmensstruktur auswirken. Viele der großen sozialen Probleme von heute sind dadurch entstanden, daß man die Bevölkerung in städtische Ballungsräume gepfercht hat. Die Nachteile des Stadtlebens liegen auf der Hand, und sie sind schwerwiegend: Man denke nur an den Verkehr, die Lebenshaltungskosten, die Kriminalität und den begrenzten Zugang zur freien Natur. Die Vorteile des Stadtlebens bestehen darin, daß Arbeitsplätze und Dienstleistungen, Bildungseinrichtungen, Freizeitmöglichkeiten und

Freunde leicht zu erreichen sind. Die meisten Bewohner der Industrieländer haben sich in den letzten 100 Jahren für ein Leben in städtischen Ballungsräumen entschieden, aufgrund einer mehr oder weniger bewußten Abwägung der Vor- und Nachteile.

Diese Vor- und Nachteile ändern sich durch das interaktive Breitbandnetz. Für den, der Anschluß daran hat, verringern sich die Schattenseiten des Lebens außerhalb der Großstadt beträchtlich. Als Berater oder im Servicebereich tätiger Angestellter kann man seine Tätigkeit praktisch überall ausüben. Als Verbraucher kann man, ohne das Haus verlassen zu müssen, finanziellen, juristischen und sogar ärztlichen Rat einholen. In dem Bemühen, das Familienleben mit dem beruflichen Leben in Einklang zu bringen, wird Flexibilität immer wichtiger. Um Freunde und Verwandte zu sehen oder Spiele zu spielen, braucht man nicht jedesmal wegzufahren. Kulturelle Attraktionen werden über das Netz zugänglich werden, womit ich allerdings nicht sagen will, daß Sie ein Broadway- oder Westend-Musical in Ihrem Wohnzimmer genauso erleben werden wie in einem New Yorker oder Londoner Theater. Doch größere Bildschirme und eine höhere Auflösung werden einen verbesserten Videoempfang ermöglichen – auch von Filmen. Es wird umfangreiche Bildungssendungen geben. Das alles wird die Freiräume der Menschen vergrößern, die gern aus der Stadt fortziehen möchten.

Als das Straßensystem der Highways in den USA geschaffen wurde, hatte das erhebliche Auswirkungen auf die Wahl des Wohnorts. Es erschloß neue Vororte und förderte die Automobilisierung. Wenn die Eröffnung des Information Highway die Menschen ebenfalls ermutigt, aus den Innenstädten fortzuziehen, wird das für Stadtplaner, Immobilienbesitzer, privat wie öffentlich, und Schulbezirke erhebliche Folgen haben. Wenn die großen Ansammlungen von tüchtigen Leuten sich auflösen, werden Firmen sich noch mehr einfallen lassen müssen, um freie Mitarbeiter und Angestellte zu gewinnen, die nicht in der Nähe ihres Standorts wohnen. Das könnte einen positiven Rückkopplungseffekt auslösen und ein Leben auf dem Lande begünstigen.

Würde die Einwohnerzahl einer Großstadt um nur zehn Prozent sinken, hätte das nennenswerte Auswirkungen auf Grundstückspreise und die Lebensdauer öffentlicher Verkehrsmittel und anderer technischer Einrichtungen. Bliebe der durchschnittliche Büroangestellte in einer Großstadt jede Woche einen oder zwei Tage zu Hause, gingen der Benzinverbrauch, die Luftverschmutzung und die Verkehrsstaus erheblich zurück. Was dabei im Endeffekt herauskäme, ist allerdings kaum vorherzusagen. Zögen überwiegend die wohlhabenden Angehörigen der Intelligenzberufe aus der Stadt fort, würden die städtischen Steuereinnahmen sinken. Das würde den Verfall der Innenstädte beschleunigen und andere Wohlhabende zum Wegzug ermuntern. Andererseits würde die städtische Infrastruktur entlastet. Die Mieten würden sinken, wodurch der Lebensstandard derer, die in der Stadt blieben, steigen könnte.

Es wird noch Jahrzehnte dauern, bis wir ganz begriffen haben, wie weitreichend sich die Veränderungen der elektronischen Datenübermittlung auf unser Leben auswirken. Ältere Menschen haben die neuen Kommunikationsmöglichkeiten erst relativ spät in ihrem Leben kennengelernt und werden vielfach nicht bereit sein, liebgewonnene Gewohnheiten zu verändern. Doch jede neue Generation hat ihre eigene Sichtweise. Unseren Kindern wird von Anfang an die Vorstellung vertraut sein, daß sich Distanzen mit Informationswerkzeugen überwinden lassen. Für sie werden diese Werkzeuge ebenso selbstverständlich sein wie das Telefon und der Kugelschreiber für uns. Wie und wo wir arbeiten, die Firmen, für die wir arbeiten, und die Orte, an denen wir wohnen – in jeder Hinsicht wird sich schon in den nächsten zehn Jahren ein tiefgreifender Wandel anbahnen. Mein Rat wäre, sich so gut wie möglich mit der neuen Technik, die in Ihr Leben eingreifen wird, vertraut zu machen. Je mehr Sie darüber wissen, desto weniger wird sie Sie ängstigen und desto mehr wird sie Ihnen helfen. Die Technik soll Flexibilität und Effizienz fördern, und Ihr Ziel sollte es sein, davon zu profitieren.

## 8. Reibungsloser Kapitalismus

Als Adam Smith 1776 in seinem Werk *Untersuchung über die Natur und die Ursachen des Nationalreichtums* den Marktbegriff erläuterte, stellte er folgende theoretische Überlegung an: Wenn jeder Käufer die Preise jedes Verkäufers kennen würde und jeder Verkäufer wüßte, was jeder Käufer zu zahlen bereit wäre, dann könnte jeder »Marktteilnehmer« vollkommen begründete Entscheidungen treffen, und die Ressourcen der Gesellschaft würden optimal verteilt werden. Bislang haben wir Smiths Ideal noch nicht verwirklicht, weil potentielle Käufer und potentielle Verkäufer selten so gründlich übereinander informiert sind.

Kaum ein Verbraucher, der ein Autoradio kaufen möchte, hat die Zeit oder Geduld, jeden Händler aufzusuchen; folglich handeln die meisten auf der Basis von unvollständiger oder begrenzter Information. Wenn Sie ein Produkt für 500 Mark gekauft haben und ein oder zwei Wochen später auf eine Zeitungsanzeige stoßen, die es für 300 Mark anbietet, ärgern Sie sich über Ihre Dummheit, weil sie zuviel gezahlt haben. Noch mehr werden Sie sich ärgern, wenn Sie die falsche Stellung angenommen haben, weil Sie sich vorher nicht genügend umgesehen haben.

Ein paar Märkte kommen Smiths Ideal allerdings schon ziemlich nahe. Der Handel mit Devisen und einigen anderen Wirtschaftsgütern profitiert von gutfunktionierenden elektronischen Märkten, die ihre Teilnehmer auf der Stelle und weltweit mit nahezu vollständigen Informationen über Angebot, Nachfrage und Preise versorgen. Jeder findet weitgehend die gleichen Bedingungen vor, weil die Daten über Offerten, Preisgebote und Transaktionen von Kabelnetzen sekundenschnell auf die Terminals in aller Welt gezaubert werden. Dagegen sind die meisten anderen Märkte sehr wenig transparent. Wenn Sie beispielsweise einen Arzt, Rechtsanwalt, Steuerberater oder einen Angehörigen ähnlicher Berufsstände suchen oder ein Haus kaufen wollen, dann sind die Informationen lückenhaft und Vergleiche schwierig.

Das Internet wird den elektronischen Markt ausweiten und ihn zum entscheidenden Mittler, zum allgegenwärtigen Makler machen. Dabei werden an einem Geschäft oft nur der tatsächliche Käufer und der Verkäufer beteiligt sein. Sie werden alle Produkte, die weltweit zum Verkauf stehen, prüfen, vergleichen und oft auch Ihren Bedürfnissen anpassen können. Wenn Sie etwas kaufen möchten, werden Sie Ihren Computer auffordern, das preisgünstigste Angebot auszuwählen, das von seriöser Seite vorliegt, oder Sie tragen dem Rechner auf, mit den Computern verschiedener Verkäufer zu »feilschen«. Informationen über Verkäufer, ihre Produkte und Dienstleistungen wird jeder mit dem Netz verbundene Computer abrufen können. Weltweit verteilte Server werden Angebote entgegennehmen, Geschäfte rechtsgültig machen, Berechtigungen und Sicherheiten prüfen und sich um das ganze übrige Marktgeschehen, einschließlich der Geldüberweisungen, kümmern. Damit werden wir in eine neue Wirtschaftswelt eintreten, einen Kapitalismus mit geringer Reibung und niedrigen Gemeinkosten, mit einem überreichen Angebot an Marktinformationen und bescheidenen Transaktionskosten. Es wird ein Paradies für Konsumenten sein.

Jeder Markt, vom Basar bis zum Internet, fördert eine wettbewerbsorientierte Preisbildung und lenkt die Warenströme mit möglichst geringer Reibung von Verkäufern zu Käufern. Dafür sorgen die Makler – deren Aufgabe ist es, Käufer und Verkäufer zusammenzubringen. In dem Maße, wie das interaktive Netz in einem Bereich nach dem anderen die Rolle des Maklers übernimmt, werden die traditionellen Vermittler ihren tatsächlichen Wert für einen Geschäftsabschluß unter Beweis stellen müssen, um ihre Provision oder Courtage zu rechtfertigen. Beispielsweise könnten Einzelhandelsgeschäfte und Dienstleistungsbetriebe, die bislang von dem Umstand profitiert haben, daß sie »da« sind – das heißt, sich an einem bestimmten geographischen Ort befinden –, plötzlich feststellen, daß sie diesen Vorteil eingebüßt haben. Doch diejenigen, die tatsächlich einen Mehrwert offerieren, werden nicht nur überleben, sondern sogar weit bessere Geschäfte machen, weil der Information Highway es ihnen ermöglichen wird, ihre Dienstleistungen weltweit anzubieten.

Diese Vorstellung wird einige Händler und Verbraucher erschrecken. Veränderung kann beunruhigen. Doch am Ende wird es wie bei vielen anderen Veränderungen sein – kaum haben wir uns an sie gewöhnt, fragen wir uns schon, wie wir jemals ohne sie ausgekommen sind. Der Verbraucher wird nicht nur in den Genuß wettbewerbsbedingter Kostenersparnisse kommen, sondern auch unter einer Fülle von Produkten und Dienstleistungen wählen können. Zwar wird sich die Zahl der Einzelhandelsgeschäfte wohl verringern, aber es wird auch weiterhin so viele Läden geben, wie die Nachfrage dies rechtfertigt. Trotzdem werden Sie nicht in ein Geschäft gehen müssen. Wenn Sie übers Internet ein Geschenk für einen Freund kaufen, werden Sie eine größere Auswahl zur Verfügung haben und häufiger etwas Originelles finden, als wenn Sie sich auf einen traditionellen Einkaufsbummel begeben hätten. Die Zeit, die Sie beim Einkaufen gespart haben, können Sie dazu nutzen, das Geschenk bunt einzupacken oder eine witzige Karte zu schreiben. Oder Sie verbringen die gewonnene Zeit ganz einfach mit dem Menschen, für den das Geschenk bestimmt ist.

Noch ist das Internet weit davon entfernt, jene bunte Fülle von kommerziellen Diensten zu bieten, die den Verbrauchern im interaktiven Breitbandnetz von morgen zur Verfügung stehen werden, aber zum Einkauf wird das Internet schon heute genutzt. Es gibt bereits die ersten Online-Kataloge, und Benutzer, die sich die Zeit zum Browsen nehmen, entdecken Schnäppchen und ungewöhnlich günstige Einkaufsmöglichkeiten. Ein Kollege von mir, der die erste italienische Ausgabe dieses Buches haben wollte, hat es sich besorgt, indem er sich die Home Page einer italienischen Buchhandlung auf den Bildschirm holte und dort per E-Mail anfragte. Eine freundliche Verkäuferin antwortete auf Englisch und bat ihn um seine Kreditkartennummer.

Wir alle wissen einen sachkundigen Verkäufer zu schätzen, wenn wir eine Versicherung, Kleidung, Wertpapiere, Schmuck, eine Kamera, ein Haushaltsgerät oder ein Haus kaufen. Wir wissen auch, daß der Rat des Verkäufers nicht immer ganz objektiv ist, weil er gelegentlich ein bestimmtes Produkt an den Mann bringen will.

Im Internet wird man eine Vielzahl von Produktinformationen direkt von den Herstellern beziehen können. Wie heutzutage auch, werden die Anbieter mit einer Fülle von attraktiven und offensiven Techniken versuchen, uns für ihre Produkte zu gewinnen. Die Werbung wird sich zu einer Mischform aus Fernsehspots, Zeitschriftenanzeigen und ausführlichen Verkaufsprospekten weiterentwickeln. Wenn eine Anzeige Ihre Aufmerksamkeit erregt, können Sie sofort und mühelos zusätzliche Informationen anfordern. Mit Hilfe von Links werden Sie durch alle Daten navigieren, die der Werbungtreibende anbietet – Handbücher, die aus Filmsequenzen, akustischen Passagen und Text bestehen. Dabei werden die Verkäufer sich bemühen, ihre Produktinformationen so leicht zugänglich zu machen wie möglich.

Aber Sie werden mehr als nur Produktinformationen bekommen. Die Online-Welt wird Sie in die Lage versetzen, sich über auffällige Preisunterschiede zu informieren – sehr schön, wenn Sie Verbraucher sind, weniger angenehm, wenn Sie ein teurer Hersteller sind oder ein Einzelhändler, der mit hohen Preisen kalkuliert. Schon heute wird spürbar, was es bedeutet, wenn der Käufer sich alle Informationen verschaffen kann, die ihn interessieren. Das wurde mir klar, als mir eines Tages im Frühjahr 1996 in einer Schlagzeile auf der Titelseite der *Financial Times* das Wort »Internet« ins Auge sprang. Der Artikel begann mit den Worten: »Die deutschen Exportfirmen, die bereits unter einer starken Währung und hohen Lohnkosten leiden, haben einen weiteren Grund für ihren schwindenden Anteil an den internationalen Märkten entdeckt: das Internet.« In dem Artikel wurde ein deutscher Arbeitgebervertreter zitiert, der erklärt hatte, daß Exportnischen verloren gingen, weil ausländische Abnehmer über das weltweite Datennetz niedrigere Angebote fänden. »Während deutsche Unternehmen ihre Waren einst zu einem festen Preis im Ausland angeboten haben und ziemlich sicher sein konnten, den Auftrag an Land zu ziehen«, hieß es in dem Artikel weiter, »mußten sie nun damit rechnen, daß ihr potentieller Kunde ihnen günstigere Preise von vielleicht fünf anderen Anbietern aufzählte und sie zwang, günstigere Konditionen zu bieten. Die Informationen, die der potentielle Kunde mit so verheerender Wirkung nutzte, hatte er sich durch Surfen im Internet besorgt.«

Bei Microsoft benutzen wir das Internet, um Informationen über unsere Produkte zu verbreiten. Jahrelang haben wir viele Millionen Prospektseiten und Datenblätter bedruckt und sie per Post an Menschen geschickt, die bei uns angefragt haben. Aber wir haben nie so recht gewußt, wieviel Information wir auf einem Datenblatt unterbringen sollten. Einerseits wollten wir den Normalverbraucher nicht abschrecken, andererseits war uns klar, daß es Leute gibt, die detailliertere Produktbeschreibungen wünschten. Und da die Informationen sich ziemlich rasch verändern, mußten wir immer wieder zigtausend Exemplare einer Broschüre wegwerfen, weil sie ein Produkt beschrieb, das wir gerade überarbeiteten. Wir gehen davon aus, daß sich ein hoher Prozentsatz unserer Informationsarbeit auf die elektronische Publikation verlagern wird, zumal wir uns an Computerbenutzer wenden. Das Drucken von Millionen Papierseiten ersparen wir uns bereits, indem wir vierteljährlich CD-ROMs verschicken und uns über Online-Dienste an professionelle Softwareentwickler wenden, die zu Microsofts anspruchsvollsten Kunden gehören.

Microsofts Home Page im World Wide Web hat sich rasch zu einer elektronischen Anlaufstation entwickelt, die Zugang zu detaillierten Informationen über alle Produkte und Serviceleistungen von Microsoft bietet. Früher lernte man ein Unternehmen am besten kennen, indem man seinen Hauptsitz besuchte, und in vielen Fällen gilt das sicherlich immer noch. Doch wer sich heute von Microsoft – und vielen anderen Firmen – einen Eindruck verschaffen will, gelangt am schnellsten ans Ziel, wenn er unsere elektronischen Dokumente im Web durchsieht.

Die Informationsquellen im Netz werden, sowohl was ihre Zahl als auch ihre Ausführlichkeit anbelangt, enorm zunehmen.

Im übrigen werden Sie nicht nur auf das angewiesen sein, was wir oder andere Hersteller Ihnen erzählen: So werden Sie Testzeitschriften heranziehen können, um objektivere Informationen zu bekommen. Nach der Prüfung von Werbung, Tests und Multimedia-Handbüchern sind Sie vielleicht an einschlägigen Verordnungen und Gesetzen interessiert. Oder Sie möchten wissen, ob der Anbieter Besitzer befragt hat. Mit Aspekten, die Sie besonders interessieren – etwa der Haltbarkeit –, können Sie sich eingehender befassen. Sicherlich werden Sie die Möglichkeit haben, sich an – menschliche und elektronische – Verkaufsberater zu wenden, die spezielle Testzeitschriften für Produkte aller Art herausgeben, von Bohrern bis zu Ballettschuhen. Natürlich werden Sie auch weiterhin Bekannte um Rat fragen, aber zeitsparend, per E-Mail.

Wenn Sie die Absicht haben, mit einer Firma ein Geschäft abzuschließen oder ein bestimmtes Produkt zu erwerben, werden Sie nachsehen können, wie andere darüber denken. Haben Sie beispielsweise die Absicht, einen Kühlschrank zu kaufen, dann schauen Sie die Web-Sites und Mailboxes durch, die formalisierte und informelle Tests über Kühlschränke sowie Informationen über Hersteller und Einzelhändler enthalten. Vor größeren Käufen wird Ihnen die Online-Recherche zur Gewohnheit werden. Wenn Sie sich lobend oder kritisch über einen Buchklub, einen Arzt oder selbst einen Computerchip äußern wollen, werden Sie mit Sicherheit einen Ort im Netz finden, wo das betreffende Unternehmen oder Produkt diskutiert wird und Sie Ihre Meinung veröffentlichen können.

Letztlich wird diese Art von interaktivem Meinungsaustausch unter Verbrauchern dazu führen, daß Unternehmen, die ihre Kunden nicht zufriedenstellen, Schaden an Ruf und Absatz nehmen, während Firmen, die wirklich Qualität abliefern, durch die neue Form der »Mund-zu-Mund-Propaganda« viele neue Kunden hinzugewinnen werden.

Nicht nur die Quantität der Information entscheidet darüber, ob ein Markt effizient oder ineffizient ist, sondern auch die Qualität. Um sich gründlich zu informieren, muß man daher lernen, bei den positiven und vor allem negativen Urteilen, die man online findet, die Spreu vom Weizen zu trennen. Viele Äußerungen sind eher auf den Wunsch zurückzuführen, Dampf abzulassen, als auf die Absicht, sachdienliche Informationen zu liefern. Mit Sicherheit gilt das für das heutige Internet. Zwar bildet sich bereits eine Netzetikette oder »Netikette« heraus, doch ist die Netzkultur noch so jung, daß sie stellenweise so ungeregelt ist wie der gesetzlose Westen der USA zur Zeit seiner Erschließung. Das hat seine Vorteile, aber auch seine Nachteile.

Nehmen wir an, ein Unternehmen verkauft eine Klimaanlage, mit der 99,9 Prozent der Kunden sehr zufrieden sind. Ein zorniger Käufer unter den verbleibenden 0,1 Prozent kann haarsträubende Bemerkungen über die Anlage, das Unternehmen und die Mitarbeiter verfassen und sie wieder und wieder verschicken. Die Wirkung läßt sich mit einer Tagung vergleichen, auf der jeder einen Lautsprecher mit einem Regler besitzt, auf dem die Gesprächslautstärke bei, sagen wir, drei liegt. Dann beschließen ein paar Teilnehmer, ihre Regler auf 100 hochzufahren und zu schreien. Mit anderen Worten, wenn ich jetzt auf das Schwarze Brett blicke, weil ich eine Klimaanlage kaufen will, ist das vermutlich Zeitverschwendung, weil ich auf nichts als Geschrei stoße. Das ist unfair mir gegenüber, anderen Leuten gegenüber, die eine Klimaanlage kaufen möchten, und der Firma gegenüber, die die Klimaanlagen herstellt.

Ich habe erlebt, wie Schwarze Bretter von einzelnen Stimmen okkupiert wurden, die fanatische Schimpfkanonaden gegen Produkte, Unternehmen oder Personen entfesselt haben. Und ich habe erlebt, wie die Teilnehmer von Diskussionsforen obszön beleidigt wurden.

Die Leichtigkeit, mit der eine Einzelperson, jede Einzelperson, ihre Meinungen einer großen elektronischen Gemeinschaft mitteilen kann, ist beispiellos. Und wer ein solches Geschrei anstimmt, kann, da die elektronische Nachrichtenübertragung so gut funktioniert, seine Haßtiraden auf 20 Schwarzen Brettern gleichzeitig veröffentlichen. Einige Newsgroups werden durch solche närrischen Attacken lahmgelegt. Die anderen Teilnehmer wissen einfach nicht, was sie tun sollen. Einige schreien zurück, andere versuchen es mit vernünftigen Einwänden. Wenn das Gezeter nicht irgendwann aufhört, geht der Newsgroup jeder Sinn für Gemeinsamkeit verloren.

Bislang verläßt sich das Internet auf den Gruppendruck als Ordnungsmacht. Wird jemand beispielsweise in einer Diskussionsgruppe ausfallend oder, schlimmer noch, präsentiert er in einer Mailbox, die von den anderen als nichtkommerzielles Forum angesehen wird, Verkaufsangebote, dann prasselt auf den Störenfried oder Möchtegern-Geschäftemacher ein Schwall von bissigen und vernichtenden Kommentaren herab. Bisher wird diese Funktion überwiegend von selbsternannten Zensoren ausgeübt, die jene Teilnehmer, von denen sie meinen, sie hätten die Grenze zum antisozialen Verhalten überschritten, mit *flames*, das heißt mit heftigen verbalen Attacken, bedenken.

Kommerzielle Online-Dienste beschäftigen Freiwillige und professionelle Moderatoren, die das Verhalten auf ihren Schwarzen Brettern überwachen. Wenn Foren Moderatoren haben, können sie antisozialem Verhalten einen Riegel vorschieben, indem sie beleidigende Äußerungen und urheberrechtlich geschützte Informationen auf den Servern des Systems eliminieren. Doch die meisten Foren des Internets werden nicht moderiert. Alles ist erlaubt, und da jeder seine Botschaften und Informationen anonym veröffentlichen kann, sind solche Störenfriede kaum zur Rechenschaft zu ziehen. Wir brauchen ein besser funktionierendes Verfahren, das die Meinungsäußerungen ohne staatliche Eingriffe dem Mehrheitswillen unterwirft. Wir müssen eine Methode finden, die die Teilnehmer zwingt, ihren Lautstärkeregler herunterzudrehen, so daß das Internet nicht zum Lautsprecher für Beleidigungen, Verleumdungen und Haßausbrüche wird.

Bei den Foren, von denen bislang die Rede war, handelt es sich um kostenlose, öffentliche Einrichtungen, aber es wird auch Online-Orte geben, wo man sich gegen Gebühr Expertenwissen und professionellen Rat holen kann. Vielleicht werden Sie auf einen Fachmann angewiesen sein, um all die verfügbare Information zu sichten – aus den gleichen Gründen, die Sie heute veranlassen, einen Experten zu Rate zu ziehen. In Testzeitschriften findet der Verbraucher objektive Informationen über eine Vielzahl von Produkten, aber sie wenden sich an ein breites Publikum – gehen also nicht unbedingt auf Ihre besonderen Bedürfnisse ein. Hin und wieder brauchen Sie eine individuelle Beratung. Wenn Sie im Netz nicht genau die Informationen finden, die Sie benötigen, werden Sie die Dienste eines geschulten Verkaufsberaters in Anspruch nehmen können – fünf Minuten oder einen ganzen Nachmittag lang. Per Videokonferenz wird er Ihnen bei der Auswahl geeigneter Produkte helfen, die Ihr Computer dann für Sie bei der preiswertesten zuverlässigen Quelle kaufen wird.

Ich gehe davon aus, daß die traditionelle Verbindung von Beratung und Verkauf seltener werden wird, weil die Beratung, die für den Kunden kostenlos ist, von den Geschäften und Dienstleistungsbetrieben bezahlt wird, die sie anbieten. Diese Kosten müssen auf die Preise aufgeschlagen werden. Geschäfte, die mit höheren Preisen kalkulieren, weil sie Beratung anbieten, werden immer größere Schwierigkeiten bekommen, mit Discountern zu konkurrieren, die ihre Waren über das Netz vertreiben. Auch dort wird es weiterhin von Geschäft zu Geschäft bescheidene Preisunterschiede geben. Dafür sorgen dann Rücknahmebedingungen, Lieferzeiten und die wenigen Maßnahmen zur Kundenberatung, die man beibehalten wird.

Einige Unternehmen werden »Berater« anbieten, die im Preis inbegriffen sind, doch für wichtige Käufe werden Sie wahrscheinlich einen wirklich unabhängigen Gewährsmann vorziehen. Sie werden die Beratungskosten durch den geringeren Preis wieder hereinholen, den Sie in dem vom Berater empfohlenen Geschäft bezahlen. Wahrscheinlich werden die Berater sehr moderate Gebühren verlangen. Nehmen wir an, Sie nehmen einen Beratungsdienst im Netz in Anspruch, um zu erfahren, wo sie ein hochwertiges Auto zum günstigsten Preis bekommen können, und es dann dort zu erwerben. Der Berater, der bei der Transaktion als Makler aufgetreten ist, könnte eine Gebühr erheben, die entweder ein niedriges Stundenhonorar oder ein Prozentsatz des Kaufpreises wäre. Entsprechende Vereinbarungen werden von den Besonderheiten des jeweiligen Dienstes abhängen. Wie hoch das Honorar ist, wird der elektronische Wettbewerb bestimmen.

Später wird solche Beratung zunehmend von Softwareanwendungen übernommen werden, die darauf programmiert sind, Ihre Bedürfnisse zu analysieren und entsprechende Vorschläge zu unterbreiten. Zahlreiche Großbanken haben für ihre Computer bereits »Expertensysteme« entwickelt, die mit großem Erfolg die üblichen Darlehens- und Kreditanträge analysieren. Wenn es eines Tages mehr Softwareberater und bessere Programme zur Sprachsimulation und -erkennung gibt, werden Sie das Gefühl haben, tatsächlich mit einem Menschen zu sprechen, obwohl Sie nur ein mit menschlichen Zügen ausgestattetes Multimedia-Dokument konsultieren. Sie können es unterbrechen, genauere Einzelheiten verlangen oder sich eine Erklärung wiederholen lassen. Es wird so sein, als unterhielten Sie sich mit einem freundlichen Fachmann.

Ein Schritt in Richtung des elektronischen Handels mit Niedrigpreisen, den der Highway künftig ermöglichen wird, ist das Teleshopping. 1994 wurden allein in den Vereinigten Staaten auf diesem Weg Waren im Wert von fast drei Milliarden Dollar abgesetzt, obwohl die Präsentationsform synchron ist, das heißt, man sitzt da und hört sich die Angebote für zahllose andere Produkte an, bis endlich dasjenige an der Reihe ist, für das man sich interessiert. In einem Breitbandnetz werden Sie sich mit geeigneten Browsern umfassend und nach Belieben über die angebotenen Waren und Dienstleistungen informieren können.

Wenn Sie beispielsweise nach einem Sweater suchen, wählen Sie sich eine Grundform aus und betrachten dann so viele Variationen in so vielen Preisklassen, wie Sie wollen. Vielleicht möchten Sie sich auch eine Modenschau oder eine Produktvorführung ansehen. In der Interaktivität werden sich Nützlichkeit und Unterhaltungswert verbinden.

Heute tauchen Markenprodukte häufig in Spielfilmen und Fernsehsendungen auf. Wo jemand früher ein Bier bestellt hätte, verlangt er heute ein Budweiser. In dem Film *Demolition Man* aus dem Jahr 1993 schienen auf dem Fast-food-Sektor nur die Taco-Bell-Restaurants überlebt zu haben. Dafür hat Taco Bells Muttergesellschaft PepsiCo kräftig gezahlt. (Außerhalb der Vereinigten Staaten gibt es kaum Taco Bells, daher sorgte PepsiCo dafür, daß in den Fassungen fürs Ausland statt dessen Pizza-Hut-Filialen zu erkennen waren. Die notwendigen Veränderungen wurden digital vorgenommen, ohne daß eine einzige Szene neu gedreht werden mußte.) Arnold Schwarzenegger hat von Microsoft ein Honorar dafür bekommen, daß er in *True Lies* auf einem Computerschirm die arabische Version von Windows entdeckt. und Apple zahlte dafür, daß seine Power-Books in *Mission Impossible* verwendet wurden. In Zukunft werden Unternehmen wohl nicht nur dafür zahlen, daß ihre Produkte auf dem Bildschirm erscheinen, sondern auch dafür, daß Ihnen die Möglichkeit geboten wird, sie zu kaufen. Unauffällig wird Ihnen das Internet die Möglichkeit eröffnen, Fragen zu den Bildern zu stellen, die Sie sehen. Wenn Sie den Film *Top Gun* auf Video sehen und finden, daß Tom Cruise mit seiner Pilotensonnenbrille einfach toll aussieht, werden Sie den Film anhalten können, um sich über die Brille zu informieren oder sie sogar auf der Stelle zu kaufen – falls der Film mit Werbeinformationen versehen ist. Sie können sich die Szene aber auch kennzeichnen und später auf sie zurückkommen. Spielt ein Film in einem Urlaubshotel, haben Sie die Möglichkeit, dessen Standort zu erfahren, sich nach den Preisen zu erkundigen und Zimmer zu buchen. Falls Sie an dem Star des Films eine hübsche Brief- oder Handtasche entdecken, gibt Ihnen das Netz Gelegenheit, das gesamte Lederwarensortiment des Herstellers durchzusehen und entweder ein Produkt zu bestellen oder sich an einen entsprechenden Einzelhändler zu wenden.

Da das Breitbandnetz einwandfreie Videoeinspielungen übertragen wird, werden Sie sich häufig genau ansehen können, was Sie bestellen. Das wird Sie vor dem Fehler bewahren, den meine Großmutter einmal gemacht hat. Ich war in einem Sommerlager, und sie wollte mir von einem Lieferanten Zitronenbonbons schicken lassen. Also bestellte sie hundert und dachte, ich würde hundert Stück bekommen, statt dessen bekam ich hundert Tüten. Freigebig verteilte ich sie und erfreute mich großer Beliebtheit, bis wir alle einen wunden Mund bekamen.

Im interaktiven Netz werden Sie sich per Videofilm in dem von Ihnen ins Auge gefaßten Hotel umsehen können, bevor Sie eine Reservierung vornehmen. Und Sie brauchen sich nicht zu fragen, ob der Blumenstrauß, den Sie Ihrer Mutter telefonisch haben schicken lassen, wirklich so üppig ausgefallen ist, wie Sie sich das erhofft haben. Statt dessen werden Sie der Floristin bei der Zusammenstellung des Straußes zusehen können. Beim Kleiderkauf wird man Ihnen alle Stücke in Ihrer Größe zeigen. Sie können sich sogar ansehen, wie ein Sweater zu einer Jacke paßt, die Sie bereits gekauft haben oder möglicherweise kaufen wollen.

Wenn Sie genau wissen, was Sie haben möchten, werden Sie es exakt in der gewünschten Form bekommen. Eines Tages wird man mit Hilfe von Computern Waren, die heute massengefertigt werden, auf die Bedürfnisse einzelner Kunden zuschneiden können. Die Erfüllung detaillierter Kundenwünsche wird für Hersteller eine willkommene Gelegenheit sein, ihr Produkt mit einem zusätzlichen Wert auszustatten. Eine wachsende Zahl von Produkten – Schuhe, Stühle, Zeitungen, Zeitschriften und Musikaufnahmen, um nur ein paar zu nennen – werden von Anfang an so produziert werden, daß sie den Wünschen eines bestimmten Kunden entsprechen. Und häufig wird die Ware nicht mehr kosten als ein massengefertigtes Produkt. In vielen Produktkategorien wird die kundenspezifische Serienfertigung die Massenproduktion alten Stils ersetzen, ganz ähnlich, wie nur wenige Generationen zuvor diese die Einzelfertigung verdrängt hat.

Bevor die Massenfertigung aufkam, wurde jedes Stück einzeln hergestellt, wobei die arbeitsintensiven Verfahren die Produktivität einschränkten und den Lebensstandard drückten. Vor dem Bau der ersten vernünftigen Nähmaschine wurde jedes Hemd mit Nadel und Faden von Hand genäht. Das trieb den Preis derart in die Höhe, daß die meisten Menschen nur wenige Hemden besaßen. In den sechziger Jahren des vorigen Jahrhunderts, als sich die Massenfertigung in der Textilindustrie durchsetzte, produzierten die Maschinen große Mengen identischer Hemden, die Preise fielen, und sogar Arbeiter konnten sich jetzt eine größere Anzahl leisten.

Schon bald wird es computergesteuerte Hemdennähmaschinen geben, die bei jedem Hemd anderen einprogrammierten Befehlen gehorchen. Bei der Bestellung werden Sie Ihre Körpermaße sowie Ihre Wünsche hinsichtlich Stoff, Schnitt, Kragen und alle anderen Merkmale angeben. Über das Netz werden diese Daten einer Produktionsstätte zugeleitet werden, die das Kleidungsstück herstellt und ausliefern läßt. Die Auslieferung von Waren, die über das Internet bestellt wurden, wird ein wichtiger Wirtschaftszweig werden. Dabei wird es zu heftiger Konkurrenz kommen, und mit wachsendem Auftragsvolumen wird die Auslieferung sehr preiswert und schnell werden.

Levi Strauss & Co. macht bereits erste Versuche mit maßgeschneiderten Jeans für Frauen. In einer wachsenden Zahl von Einzelhandelsgeschäften können sich die Kundinnen für einen Aufpreis von ungefähr zehn Dollar ihre Jeans nach genauen Angaben anfertigen lassen – wobei sie zwischen 8448 verschiedenen Kombinationen aus Hüft- und Taillenmaßen, Beinlängen und Schnitten wählen können. Von einem PC im Einzelhandelsgeschäft gelangen die Daten zu einer Jeans-Fabrik in Tennessee, wo der Baumwolldrillich von computergesteuerten Maschinen zugeschnitten, mit Streifencode versehen, gewaschen und genäht wird. Anschließend werden die fertigen Jeans an das Geschäft zurückgeschickt, wo die Bestellung aufgeben wurde, oder direkt an die Kundin ausgeliefert.

Möglicherweise wird in ein paar Jahren jeder seine Körpermaße elektronisch registrieren lassen, und niemand wird sich mehr darüber wundern, wie gut Konfektionsware sitzen kann oder wie leicht sich ein maßgeschneidertes Kleidungsstück in Auftrag geben läßt. Wenn Sie diese Daten Freunden und Verwandten zugänglich machen, werden diese viel leichter etwas für Sie kaufen können. Allerdings könnte es Schwierigkeiten machen, maßgeschneiderte Kleider zurückzugeben oder umzutauschen.

Vor allem speziell zusammengestellte Zielgruppen dürften von den neuen Publikationsdiensten angesprochen werden, die überall im Web entstehen. So können bestimmte geographische Gemeinschaften und eine Vielzahl anderer Interessengemeinschaften versorgt werden. Viele Firmen hoffen, daß Sie schon bald die zwei Mark für die Tageszeitung sparen und statt dessen ein paar Groschen pro Tag bezahlen, um sich elektronisch eine individuelle Nachrichtenauswahl zusammenstellen zu lassen – wobei auch der ursprüngliche Herausgeber jedes Dokuments ein bißchen abbekäme. Sie würden entscheiden, wie viele Artikel Sie lesen und wieviel Geld Sie dafür ausgeben möchten. Um Ihr tägliches Maß an Nachrichten zu bekommen, könnten Sie mehrere Pressedienste abonnieren und einen Software- oder menschlichen Berater damit beauftragen, Ihnen aus diesem Angebot ihre vollkommen individuelle »Zeitung« zusammenzustellen.

In nächster Zeit wird es im Nachrichtengeschäft erhebliche Neuerungen und Investitionen geben. Schon heute loggen sich viele Sportfans regelmäßig bei ESPNET SportsZone ein (http://espnet.sportszone.com), einer Sportnachrichten-Site, die von Starwave und ESPN, dem Sport-Kabelkanal, der zu 80 Prozent Disney gehört, eingerichtet worden ist. Microsoft und NBC haben gemeinsam MSNBC gegründet (http://www.msnbc.com), einerseits ein Nachrichtenkanal und andererseits eine Nachrichtenpräsentation im Web. Heute haben viele Zeitungen Web-Sites, wenn auch die meisten dort nur die Inhalte, die zum Druck bestimmt sind, elektronisch darbieten, statt die Möglichkeiten des neuen Mediums zu Interaktivität, Aktualisierung, Hintergrundinformationen und Effizienz zu nutzen.

Für Journalisten wie Leser ist Journalismus heute ziemlich ineffizient. Einen Großteil seiner Zeit verbringt ein Reporter damit, vergangene Geschehnisse aufzuwärmen oder andere Hintergrundinformationen zum Verständnis aktueller Meldungen zu liefern. Der Nachrichtenkonsument muß sich häufig unter großem Zeitaufwand durch einen Wust von bekannten Fakten hindurcharbeiten, um endlich auf die neuen Entwicklungen zu stoßen. Andererseits wird auch Zeit verschwendet, wenn es dem Konsumenten am nötigen Hintergrundwissen fehlt, um irgendein aufsehenerregendes Ereignis richtig einzuordnen. Und es kann lästig sein, auf eine bestimmte Berichterstattung zu warten – egal, ob in der Zeitung oder im Fernsehen.

Mit der weiteren Entwicklung eines webgestützten Journalismus werden Reporter Meldungen über neue Entwicklungen liefern und einen umfangreichen Bestand an Hintergrundinformationen für Leser bereitstellen, die sich in den Zusammenhang der sensationellen Neuigkeiten einlesen wollen. Die Journalisten brauchen nicht immer wieder die gleichen Grundtatsachen vorkauen, und die Nachrichtenkonsumenten brauchen nicht immer wieder die gleichen Berichte über sich ergehen lassen. Da Nachrichten einen interaktiveren Charakter annehmen werden, können sich die Konsumenten eines Tages genau die Mischung aus aktuellen Informationen und Hintergrundwissen zusammenstellen, die sie haben möchten, und das zu genau dem Zeitpunkt, an dem sie es wünschen – kein Warten mehr, bis der nächste Werbeblock zu Ende ist oder die nächste volle Stunde anbricht. Die Meldungen zu wichtigen Nachrichtenthemen werden immer auf dem neuesten Stand sein. Das Publikum wird die Quellen eines Journalisten überprüfen können, von den Meldungen der Presseagenturen über Interviewmitschnitte bis hin zu öffentlichen Dokumenten, was sicherlich zu größerer Sorgfalt im Nachrichtengeschäft führen wird.

Die Aussicht auf allgegenwärtige elektronische Datenübertragung weckt in manchen Menschen die Befürchtung, es könnte, sobald sie ihre Waren und Nachrichten über das interaktive Netz beziehen, vorbei sein mit den glücklichen Zufällen, die sie in der Zeitung über einen interessanten Artikel und im Einkaufszentrum über ein Schnäppchen stolpern lassen. Dabei sind diese »Überraschungen« selten zufällig. Zeitungen werden von Redakteuren gemacht, die aus Erfahrung viel über die Interessen ihrer Leser wissen. Von Zeit zu Zeit veröffentlicht die *New York Times* auf ihrer Titelseite einen Artikel über Fortschritte in der Mathematik. Diese ziemlich spezielle Information wird aus einem Blickwinkel dargeboten, der sie für eine größere Zahl von Lesern interessant erscheinen läßt, auch für solche, die nicht gedacht hätten, daß sie viel für Mathematik übrig hätten. In ganz ähnlicher Weise machen sich die Einkäufer von Warenhäusern Gedanken darüber, was für ihren Kundenstamm neu und interessant sein könnte. Geschäfte schmücken ihre Schaufenster mit Produkten, von denen sie hoffen, sie könnten ein Blickfang für diese Kunden sein und sie zum Eintreten veranlassen.

Für solche kalkulierten Überraschungen wird es auf dem interaktiven Netz eine Fülle von Gelegenheiten geben. Von Zeit zu Zeit wird Ihr Softwareberater bemüht sein, Sie einen Fragebogen ausfüllen zu lassen, der über Ihre Vorlieben Auskunft gibt. In dem Bestreben, auch Ihre unterschwelligen Vorlieben zu erfassen, wird der Fragebogen alle möglichen Bilder präsentieren und Sie auffordern, Ihre Reaktionen zu beschreiben. Kurzweiliger wird das Ganze, wenn Ihr Berater Ihnen Rückmeldungen liefert, indem er Ihnen mitteilt, wo Sie von der Norm abweichen und wo nicht. Aus diesen Informationen läßt sich ein Profil Ihrer Präferenzen konstruieren, an dem sich Ihr Berater orientieren wird. Wenn Sie mit Hilfe des Systems Ihre Nachrichten und Waren aussuchen, liefern Sie dem Berater weitere Informationen, mit denen er Ihr Profil aktualisiert. Er wird registrieren, wofür Sie von Anfang an Interesse gezeigt haben und auf welche Dinge Sie »zufällig« gestoßen sind, um sie dann aber offensichtlich ins Herz zu schließen. Mit Hilfe dieser Informationen wird der Berater Ihnen immer wieder Überraschungen präsentieren, um Ihre Aufmerksamkeit zu wecken und zu fesseln. Immer wenn Sie Lust auf etwas Ausgefallenes und Besonderes verspüren, wird es schon auf Sie warten. Es versteht sich von selbst, daß es viel Streit und Diskussion um die Frage geben wird, wer denn Zugriff auf die Daten Ihres Profils haben soll. Entscheidend wird allerdings sein, daß sie Ihnen selbst zugänglich sind.

Warum sollte es in Ihrem Interesse liegen, daß ein solches Profil von Ihnen angefertigt wird? Einerseits, damit man Sie mit einem Geschenk überraschen kann, andererseits, damit Ihnen Ihr Computersystem besser helfen kann. Ganz gewiß möchte ich nicht alle Informationen über mich preisgeben, hielte es aber schon für nützlich, wenn ein Berater wüßte, daß ich an allen zusätzlichen Sicherheitsvorkehrungen interessiert bin, die das neue Lexus-Modell aufweist. Oder er könnte mich darauf hinweisen, daß ein neues Buch von Philip Roth, John Irving, Ernest J. Gaines, Donald Knuth, David Halberstam oder irgendeinem der anderen Autoren erschienen ist, die ich schon seit langem schätze. Ferner müßte er mir Bescheid geben, wenn ein neues Buch über ein Thema erscheint, das mich interessiert: Wirtschaft und Technik, Lerntheorien, Franklin Delano Roosevelt und Biotechnologie, um nur einige wenige zu nennen. Das Buch *The Language Instinct* von Steven Pinker, einem Professor am Massachusetts Institute of Technology, fand ich sehr anregend und würde gern informiert werden, wenn neue Bücher und Artikel zu seiner Theorie erscheinen.

Zum Schutz der Privatsphäre wird man Systeme einrichten, die Softwareberatern gestatten, sich solcher Profilinformationen zu bedienen, ohne zu wissen, um wen es sich handelt. Beispielsweise könnte ein Berater mir mitteilen, daß Halberstam ein neues Buch herausgebracht hat, doch alles, wovon dieses System Kenntnis hätte, wäre eine Liste anonymer Personen, die im genannten Fall zu benachrichtigen sind. Meine Identität – oder die Ihre – bliebe gewahrt.

Wenn Sie den Links folgen, die andere Benutzer eingerichtet haben, werden Sie auf manche Überraschung und manche nützliche Information stoßen. Listen mit empfehlenswerten Sites gibt es vielfach im Web, aber es kommt selten vor, daß Prominente oder Experten eigene Home Pages präsentieren. Menschen, die auf einem Gebiet Bedeutendes geleistet haben, könnten im Internet ihre Meinungen, Empfehlungen oder auch Weltanschauungen veröffentlichen, genau wie heute erfolgreiche Kapitalanleger Informationsbriefe herausgeben. Golfprofis wie Bernhard Langer könnten individuelle Golfberatung anbieten oder Links einrichten zu Golfbüchern, -artikeln oder -videos, die sie für nützlich oder unterhaltsam halten. Ein Redakteur, der heute für ein Wirtschaftsblatt arbeitet, könnte einen eigenen Dienst einrichten, der eine Nachrichtenauswahl anbietet mit Links zu Text- und Videoberichten aus den verschiedensten Quellen.

Solche Abonnentendienste – von Menschenhand oder elektronisch betrieben – werden Informationen zusammentragen, die Ihrer besonderen Einstellung und Interessenlage entsprechen. Entscheidend für den Wettbewerb werden Leistung und Ruf sein. Eine ähnliche Rolle spielen heute die Zeitschriften. Viele haben sich auf eine begrenzte Zahl von Themen spezialisiert und präsentieren ihren Lesern sozusagen einen kundenspezifischen Wirklichkeitsausschnitt. Ein politisch interessierter Leser, der sich die *National Review* hält, weiß, daß er dort nicht »die Nachrichten« serviert bekommt. Es sind Mitteilungen aus dem Lager der Konservativen, und wenig von dem, woran der Leser glaubt, wird dort in Frage gestellt. Am anderen Ende des politischen Spektrums finden wir *The Nation*, eine Zeitschrift, die die linken Auffassungen und Vorurteile ihrer Leser bedient.

Früher oder später wird wahrscheinlich jedes Unternehmen

eine Home Page anlegen, um den Zugang zu Informationen über seine Produkte zu erleichtern. Jedes Unternehmen, das eine erfolgreiche Absatzstrategie hat – in unserem Fall sind es die Softwareeinzelhändler –, muß sich entscheiden, ob es die neuen Möglichkeiten nutzen will. Vermutlich wird sogar Rolls-Royce, trotz seines außerordentlich exklusiven Absatzsystems, eine Home Page präsentieren, auf der Sie die neuesten Modelle finden und der Sie entnehmen können, wo man sie kaufen kann. Die Informationen immer auf den neuesten Stand zu bringen, auch die Liste Ihrer Großhändler, wird ein Leichtes sein – aber es ist auch wichtig, daß Sie Ihre Einzelhändler schützen.

Die Einzelhändler haben sehr gute Arbeit für Microsoft geleistet, und uns ist es sehr lieb, daß Kunden die Möglichkeit haben, in Geschäfte zu gehen, wo sie die meisten unserer Produkte sehen können und von Verkäufern beraten werden. Deshalb hat Microsoft die Absicht, seinen Verkauf auch weiterhin über Einzelhändler abzuwickeln, nur daß einige von ihnen elektronische Auslagen haben werden.

Betrachten wir beispielsweise eine Versicherungsgesellschaft, die dank ihrer Vertreter bislang gute Geschäfte gemacht hat. Wird die Gesellschaft entscheiden, daß die Kunden ihre Policen in Zukunft direkt am Hauptsitz abschließen können? Wird sie ihren Vertretern, die bisher nur regional zuständig waren, nun gestatten, über das Internet landesweit zu operieren? Es wird schwer sein, die Absatzbedingungen festzulegen. Jedes Unternehmen wird für sich entscheiden müssen, welche Faktoren ihm am wichtigsten sind, und der Wettbewerb wird zeigen, welche Methode sich am besten bewährt.

Sobald interaktive Breitbandnetze zur Selbstverständlichkeit geworden sind, müssen Werbekunden viel Kreativität entwickeln, um die Aufmerksamkeit der Benutzer auf sich zu ziehen, die sich schnell daran gewöhnen werden, daß sie sich alles, was sie möchten, zu jedem gewünschten Zeitpunkt ansehen können und daß sie die Möglichkeit haben, fast jeden gewünschten Beitrag zu überspringen.

Heute finanziert die Werbung fast alle Sendungen, die wir im Fernsehen sehen und fast alle Artikel, die wir in Zeitschriften lesen. Werbungtreibende plazieren ihre Botschaften in den Programmen und Publikationsorganen, deren Publikum sich am stärksten mit ihrer Zielgruppe überschneidet. Unternehmen, die Werbeanzeigen schalten, geben viel Geld aus, um sicherzustellen, daß ihre Werbestrategie auch aufgeht. Deshalb werden die Werbekunden im Netz irgendeine Art von Sicherheit verlangen, daß ihre Botschaften die verschiedenen Zielgruppen auch erreichen. Werbung zahlt sich nicht aus, wenn alle Welt die Anzeigen überspringt. Folglich wird das Breitbandnetz Alternativen bieten. So könnte man Programme entwickeln, die dem Benutzer gestatten, alles im Schnelldurchlauf zu überspringen, bis auf die Werbung – die wird mit normaler Geschwindigkeit ablaufen. Außerdem wird der Zuschauer auf dem Highway die Möglichkeit haben, sich Werbeblöcke anzusehen. Als man in Frankreich die Werbung – wie im deutschen Fernsehen – zu Fünfminutenblöcken zusammenfaßte, wurden sie zu regelrechten Programmhits.

Heute werden Fernsehzuschauer von der Werbung in Zielgruppen eingeteilt. Die Werbungtreibenden wissen, daß eine Nachrichtensendung im Fernsehen überwiegend Zuschauer einer bestimmten Sorte anzieht und Übertragungen vom Catchen überwiegend Zuschauer einer anderen Kategorie. So werden Werbezeiten im Fernsehen vor dem Hintergrund von Zuschauerzahlen und demographischen Merkmalen gehandelt. Werbung, die sich an Kinder wendet, finanziert Kindersendungen; sind Hausfrauen die Zielgruppe, werden Seifenopern im Tagesprogramm gesponsert; Auto- und Bierhersteller engagieren sich bei Sportübertragungen. Die Fernsehwerbung geht von statistischen Untersuchungen aus, pauschalen Informationen über die Zuschauer einer Sendung. So erreicht sie natürlich auch viele Menschen, die an ihren Produkten nicht interessiert sind.

In Zeitschriften, die sich redaktionell schärfer abgrenzen lassen und häufig auch abgegrenzt werden, kann man Anzeigen zielgenauer plazieren – für Autofans, Musiker, Frauen, die sich für Fitneßmethoden interessieren, selbst für so spezielle Gruppen wie Teddybärsammler. Leute, die eine Teddybärzeitschrift kaufen, wollen Anzeigen über Teddybären und ihr Zubehör sehen. Tatsächlich ist in Hobbyzeitschriften das Interesse an den Anzeigen häufig ebenso groß wie das an den Artikeln. Die Leser von Computerzeitschriften studieren die Anzeigen mit großer Sorgfalt. Wenn Modezeitschriften richtig aufgemacht sind, bestehen sie zu mehr als der Hälfte aus Anzeigen. Sie bieten ihren Leserinnen die Möglichkeit zum Schaufensterbummel im Sessel. Der Werbungtreibende kennt zwar nicht die Eigenschaften des einzelnen Lesers, weiß aber einiges über die Leserschaft im allgemeinen.

Das Netz wird in der Lage sein, die Konsumenten sehr viel genauer nach ihren individuellen Merkmalen einzuteilen und jedem einzelnen einen Strom von Werbematerial zuzuleiten. Davon werden alle Seiten profitieren: Die Konsumenten, weil die Werbung besser auf ihre speziellen Bedürfnisse zugeschnitten und deshalb viel interessanter sein wird, und die Produzenten beziehungsweise Online-Verleger, weil sie den Werbungtreibenden schärfer umrissene Zuschauer- und Lesergruppen anbieten können. So werden die Anbieter ihren Werbeetat wirkungsvoller einsetzen können. Präferenzdaten lassen sich erheben und weitergeben, ohne daß die Privatsphäre der Betroffenen verletzt wird, weil das interaktive Netz in der Lage sein wird, mit Hilfe solcher verbraucherbezogenen Informationen die Werbung zielgenau zu lenken, ohne preiszugeben, welchen Haushalten sie im einzelnen zugegangen ist. So würde eine Restaurantkette nur erfahren, daß sich ihre Werbung an Familien mit mittlerem Einkommen und kleinen Kindern gewendet hat.

Zu Beginn einer Folge der Serie *Lindenstraße* würden ein leitender Angestellter mittleren Alters und seine Ehefrau beispielsweise eine Werbung für Seniorenwohnanlagen sehen, während dem jungen Ehepaar nebenan zu Beginn der gleichen Sendung ein Spot über einen Familienurlaub gezeigt würde – unabhängig davon, ob die beiden Familien die Sendung zur gleichen oder zu verschiedenen Zeiten sehen. Diese zielgenauen Werbebeiträge wären für die Werbungtreibenden von viel größerem Wert (und würden sich in entsprechenden Verkaufszahlen niederschlagen), so daß ein Zuschauer einen ganzen Fernsehabend finanzieren könnte, indem er sich ein paar solcher Spots anschauen würde.

Einige Werbekunden – Coca-Cola zum Beispiel – möchten alle Zuschauer erreichen. Doch selbst Coca-Cola wäre wohl daran gelegen, Werbebeiträge für Cola light an Haushalte zu richten, die Interesse für Diätbücher bekundet haben. Wohlhabenden Zuschauern würde die Ford Motor Company eine Werbung für den Lincoln Continental zeigen, jungen Leuten den Ford Escort empfehlen, in ländlichen Gebieten einen Pick-up der Standardklasse anpreisen und allen anderen Teilnehmern den Taurus präsentieren. Ein anderes Unternehmen könnte bei allen Zuschauern für das gleiche Produkt werben, die Schauspieler aber nach Geschlecht, ethnischer Zugehörigkeit oder Alter variieren. Um die Wirkung zu optimieren, wird man Computerprogramme brauchen, die in jeder Sendung für jeden Zuschauer die günstigste Positionierung der Werbeblocks berechnen. Das wird zwar aufwendiger sein, doch da es die Wirksamkeit der Werbebotschaften erhöht, wird es eine gute Investition darstellen.

Sogar das Lebensmittelgeschäft an der Ecke und die chemische Reinigung im Viertel werden in einer Weise werben können, die ihnen heute nicht möglich ist. Da ständig individuell gezielte Werbeströme durch das Netz fließen werden, wird die Werbung mittels Film wahrscheinlich auch für kleine Werbekunden kostengünstig werden. Unter diesen Umständen richten sich die Werbespots eines Einzelhandelsgeschäfts ganz gezielt nur an die Bewohner einiger Straßen oder eines Stadtviertels.

Heute erreicht man eine eng eingegrenzte Zielgruppe am besten mit einer Kleinanzeige. Jede Rubrik im Kleinanzeigenteil steht für eine winzige Interessengruppe: Menschen, die beispielsweise einen Teppich kaufen oder verkaufen wollen. Im Internet wird die Kleinanzeige nicht mehr an Papier gebunden und auf Text beschränkt sein. Wenn Sie nach einem Gebrauchtwagen suchen, werden Sie eine Abfrage absenden, in der Sie Ihre Preisvorstellungen, das Modell und die gewünschte Ausstattung angeben, und schon werden Sie eine Liste der Wagen erhalten, die Ihren Wünschen entsprechen. Sie können aber auch einem Softwareberater den Auftrag geben, Sie davon in Kenntnis zu setzen, sobald ein passendes Auto angeboten wird. Vielleicht enthalten die Werbebeiträge von Autohändlern Links, mit denen Sie ein Bild oder einen Videofilm des Autos abrufen oder auch Einsicht in das Inspektionsheft nehmen können, um festzustellen, wie gut das Auto in Schuß ist. Auf die gleiche Weise können Sie sich über seinen Kilometerstand informieren, herausfinden, ob der Wagen einen Austauschmotor hat, ob er mit Airbags ausgestattet ist oder ähnliches. Es ist auch denkbar, daß Sie über ein Link zu den öffentlich zugänglichen Polizeiprotokollen in Erfahrung bringen können, ob es sich um einen Unfallwagen handelt oder nicht.

Wenn Sie Ihr Haus verkaufen wollen, haben Sie die Möglichkeit, es ausführlich zu beschreiben, Fotos und Filmaufnahmen beizufügen, den Grundriß, Steuerbelege, Rechnungen für Wasser, Strom und Reparaturen zu zeigen und das Ganze noch mit einem stimmungsvollen Musikstück zu unterlegen. Die Aussichten, daß ein potentieller Käufer Ihren Werbespot auch sieht, sind sehr gut, weil das Netz es allen Teilnehmern erleichtern wird, sie sich anzuschauen. Viele Immobilienkataloge werden bereits im Web veröffentlicht, obwohl gegenwärtig noch recht wenig Information zu den einzelnen Objekten zu finden ist. Das wird sich ändern, sobald sich der Wettbewerb zwischen den Anbietern von Online-Immobilieninformationen verschärft. Die ganze Struktur des Immobilienmarktes mit seinen Maklern und Courtagen wird sich gründlich wandeln, sobald die Auftraggeber Zugang zur ganzen Informationsfülle des künftigen Netzes haben werden.

Die Versuche auf dem Anzeigensektor beginnen erst. Eine Reihe amerikanischer Tageszeitungen hat sich zusammengeschlossen, um ihre Suche-Biete-Kleinanzeigen elektronisch zu veröffentlichen, zum Beispiel (http://www. careerpath.com). Das ist zwar eine sehr begrenzte Neuerung, aber bequem für Menschen, die sehen möchten, welche beruflichen Möglichkeiten sich in weiten Teilen des Landes eröffnen.

In jeder amerikanischen Stadt von einer gewissen Größe gibt es heute schon mehrere Firmen, über die man Kleinanzeigen im Internet veröffentlichen kann. Die ersten Dienste dieser Art waren nicht besonders attraktiv, weil sie kaum in Anspruch genommen wurden. Sie waren Märkte, auf denen es kaum Käufer und Verkäufer gab. Doch das wird sich ändern. Irgendwann werden die Lobeshymnen zufriedener Kunden immer mehr Benutzer in die Arme der Internet-Kleinanzeigendienste treiben. Schließlich wird sich eine positive Rückkopplungsschleife bilden: Immer mehr Verkäufer ziehen immer mehr Käufer an und umgekehrt. Sobald die kritische Masse erreicht ist – vielleicht nur ein oder zwei Jahre, nachdem das Forum ins Leben gerufen wurde –, wird sich die Kleinanzeigen-Site von einer Kuriosität zum wichtigsten Instrument gemausert haben, das private Verkäufer und Käufer zusammenführt.

Die Direktwerbung – die Postwurfsendungen, der Müll in unseren Briefkästen – wird noch grundsätzliche Veränderungen erleben. Größtenteils ist sie heute wirklich Müll, denn wir fällen ganze Wälder, um Werbematerial per Post zu verschicken, das zumeist ungeöffnet im Papierkorb landet. Im Internet wird uns die Direktwerbung nicht in Papierform, sondern in Gestalt eines interaktiven Multimedia-Dokuments erreichen. Zwar wird diese Form keine Rohstoffe mehr verschwenden, aber Sie werden doch irgendwie dafür sorgen müssen, daß Sie nicht Tag für Tag von Tausenden dieser nahezu kostenlosen Mitteilungen überschwemmt werden.

Sie werden nicht in einer Flut von unwichtigen Informationen untergehen, weil Sie mit Hilfe von geeigneter Software Werbematerial und andere unwichtige Mitteilungen ausfiltern werden, so daß Sie Ihre wertvolle Zeit für die Durchsicht von Nachrichten reservieren können, die Sie wirklich interessieren.

Die meisten Menschen werden die Annahme der gesamten E-Mail-Werbung verweigern, es sei denn, sie betrifft Produktbereiche, denen ihr besonderes Interesse gilt. Um trotzdem Ihre Aufmerksamkeit zu wecken, könnte der Werbungtreibende Ihnen einen kleinen Geldbetrag bieten – ein oder zwei Mark –, wenn Sie bereit sind, sich die Anzeige anzusehen. Während Sie sie betrachten oder mit ihr interagieren, wird Ihrem elektronischen Konto der Betrag gutgeschrieben, während zugleich das des Werbungtreibenden damit belastet wird. So könnten einige der Dollarmilliarden, die heute in den USA jährlich für Medien- oder Direktwerbung ausgegeben werden, an Konsumenten verteilt werden, wenn diese sich bereit erklären, Anzeigen zu lesen oder anzuschauen, die ihnen direkt als Nachrichten zugehen.

Solche bezahlte Werbung per E-Mail könnte außerordentlich wirkungsvoll sein, weil sie sich sehr genau an Zielgruppen adressieren ließe. Anzeigenkunden würden sich einiges einfallen lassen, um die ja nicht gerade billigen Anzeigen nur Leuten mit erfolgversprechenden demographischen Merkmalen anzubieten. Ein Unternehmen wie Ferrari oder Porsche könnte Autoliebhabern eine Zwei-Mark-Nachricht in der Hoffnung schicken, daß ein neues Modell und der satte Motorenklang ihre Kauflust wecken. Wenn die Anzeige nur einen unter 1000 Adressaten zum Kauf veranlaßt, hat sich die Werbeaktion für das Unternehmen schon gelohnt. Weiter könnte man den angebotenen Betrag nach Kundenprofilen staffeln. So erhielten die Anzeige auch Teilnehmer, die nicht auf der Vorzugsliste des Werbekunden stünden. Wenn sich zum Beispiel ein 16jähriger Autonarr unbedingt die Ferrari-Anzeige ohne Bezahlung »reinziehen« möchte, bekommt er sie ebenfalls.

Das klingt alles vielleicht ein bißchen merkwürdig, zeigt aber nur, daß hier der Marktmechanismus für einen reibungslosen Kapitalismus eine weitere Anwendungsform findet. Der Werbende entscheidet, wieviel Geld er Ihnen für Ihre Zeit bieten will, und Sie entscheiden, wieviel Ihnen Ihre Zeit wert ist.

Werbenachrichten werden wie der Rest Ihrer Post in verschiedenen elektronischen Ordnern verwahrt werden. Sie geben Ihrem Computer die Kriterien vor, nach denen er sie sortieren soll. So könnte die ungelesene Post von Freunden und Angehörigen in einem Ordner abgelegt werden. In andere Ordner kämen Nachrichten und Dokumente, die persönliche Interessen oder geschäftliche Dinge beträfen. Anzeigen und Nachrichten könnten nach den Beträgen geordnet werden, die für ihre Kenntnisnahme geboten würden. So gäbe es eine Gruppe von Fünf-Pfennig-Nachrichten, eine von Fünfzig-Pfennig-Nachrichten und so fort. Anzeigen, die mit keinem Geldangebot verknüpft wären, könnten sofort abgewiesen werden. Dann würden Sie jede Nachricht prüfen und sie aussortieren, falls sie uninteressant wäre. An manchen Tagen würden Sie vielleicht überhaupt keinen Blick in die Anzeigenordner werfen. Doch wenn Ihnen jemand eine Zehn-Mark-Nachricht schickte, wäre sie Ihnen wahrscheinlich schon einen Blick wert – wenn nicht des Geldes wegen, dann doch, um zu sehen, wer bereit ist, zehn Mark für Ihre Aufmerksamkeit zu zahlen.

Natürlich werden Sie das Geld nicht nehmen müssen, das Ihnen jemand bietet. Wenn Sie die Nachricht akzeptieren, können Sie auf die Honorierung durch den Werbenden auch verzichten. In Wirklichkeit handelt es sich also nur um einen Geldbetrag, den jemand einsetzt, um Ihre Aufmerksamkeit auf die Nachricht zu lenken. Die Kreditwürdigkeit des Absenders wird vorher überprüft. Wenn Ihnen jemand eine Hundert-Dollar-Nachricht schickt, in der Annahme, er sei Ihr lange verloren geglaubter jüngerer Bruder, würden Sie ihm natürlich das Geld erlassen, falls er es wirklich ist. Wenn jemand dagegen nur Ihre Aufmerksamkeit erregen will, um Ihnen etwas zu verkaufen, werden Sie das Geld wahrscheinlich mit Dank behalten.

In den Vereinigten Staaten gibt die Werbewirtschaft gegenwärtig mehr als 20 Dollar im Monat pro Familie für die Finanzierung von gebührenfreien Rundfunk- und Fernsehsendungen aus. An die Spots haben wir uns so sehr gewöhnt, daß sie uns kaum noch stören, wenn wir fernsehen oder Radio hören. Und wir wissen, daß die Sendungen durch die Werbeeinnahmen aus den Spots »umsonst« sind. Natürlich bezahlt der Kunde indirekt, weil die Werbekosten auf die Preise für Cornflakes, Shampoos und Diamanten aufgeschlagen werden.

Direkt zahlen wir auch für Unterhaltung und Information, wenn wir ein Buch, eine Kinokarte oder einen Schlüssel fürs Pay-TV kaufen. Im selben Zeitraum gibt ein amerikanischer Haushalt durchschnittlich 100 Dollar für Kinokarten, Zeitungs- und Zeitschriftenabonnements, Bücher, Pay-TV, CDs und Kassetten, entliehene Videofilme und dergleichen aus.

Wenn Sie für ein Stück Unterhaltung bezahlen, indem Sie die betreffende Kassette oder Disc kaufen, erwerben Sie damit nur beschränkte Wiederverwendungs- und Wiederverkaufsrechte. Erstehen Sie beispielsweise *Abbey Road* von den Beatles, so kaufen Sie damit den materiellen Tonträger – die Disc oder Kassette – und die Berechtigung, die darauf gespeicherte Musik beliebig oft für nichtgewerbliche Zwecke abzuspielen. Wenn Sie ein Taschenbuch erwerben, so gehört Ihnen damit das Papier und die Druckerschwärze sowie das Recht, die Wörter zu lesen, die auf diesem besonderen Papier in dieser besonderen Schrift gedruckt sind, und anderen zu gestatten, sie ebenfalls zu lesen. Die Wörter aber gehören Ihnen nicht, und Sie dürfen sie auch nicht abdrucken, von sehr genau festgelegten Ausnahmen abgesehen. Auch die Fernsehsendung, die Sie sehen, gehört Ihnen nicht. Tatsächlich bedurfte es in den Vereinigten Staaten einer höchstrichterlichen Entscheidung, um den Menschen in diesem Lande das Recht zuzusichern, Fernsehsendungen zum eigenen Gebrauch auf Videobänder aufzuzeichnen.

Das Internet wird ganz neue Möglichkeiten zum urheberrechtlichen Schutz von geistigem Eigentum wie Musik und Software ermöglichen. So könnten Schallplattengesellschaften oder auch einzelne Künstler Musik zu völlig anderen Konditionen verkaufen. Sie, der Verbraucher, kämen fortan ohne Compact Discs, Kassetten oder andere materielle Tonträger aus. Statt dessen wird die Musik in Form von Bits auf einem Internetserver gespeichert. Einen Song oder ein Album zu »kaufen« heißt dann nur noch, daß man das Recht zum Zugang an den entsprechenden Bits erwirbt. Ihre Musik können Sie zu Hause, bei der Arbeit oder im Urlaub hören, ohne eine Sammlung Ihrer Lieblingstitel mit sich herumschleppen zu müssen. Überall gibt es Lautsprecher, die an das Netz angeschlossen sind. Sie weisen sich aus und üben Ihre Rechte aus. Allerdings wird Ihnen nicht gestattet sein, eine Konzerthalle zu mieten und eine Aufzeichnung dieses Musikstücks vorzuspielen oder es in einen Werbespot einzubauen. Doch in jedem nichtgewerblichen Rahmen werden Sie, ganz gleich, wo Sie sich befinden, dieses Musikstück abspielen dürfen, ohne weitere Zahlungen an den Inhaber der Rechte leisten zu müssen. Genauso könnte das Netz feststellen, ob Sie die Rechte erworben haben, ein bestimmtes Buch zu lesen oder einen Film zu sehen. Wäre das der Fall, hätten Sie die Möglichkeit, das Buch jederzeit von jedem Informationsgerät der Welt abzurufen.

Damit erwerben wir also das Recht zur persönlichen Nutzung auf Lebenszeit – und nichts anderes tun wir, wenn wir heute eine CD, eine Kassette oder ein Buch kaufen, nur daß derzeit noch ein materielles Substrat an unserem Kauf beteiligt ist. Folglich hätten wir es mit einem tröstlich-vertrauten Vorgang zu tun.

Auf dem Unterhaltungssektor wird man alle möglichen Formen der Preisbildung ausprobieren. Beispielsweise könnte man bei einem Song für einmaliges Hören bezahlen. (Erinnern Sie sich noch an die Music-Boxen?) Jedesmal, wenn Sie ihn hören, werden Sie mit einem geringen Geldbetrag belastet, sagen wir, mit zehn Pfennig. Also kostet es 1 Mark 20, ein »Album« mit zwölf Songs zu hören. Sie müßten also das ganze Album 25mal spielen, um auf 30 Mark zu kommen, den Betrag, den Sie heute in etwa für eine CD ausgeben. Gefällt Ihnen hingegen nur ein Stück auf dem Album, könnten Sie es für Ihre 30 Mark 300mal hören – zehn Pfennig pro Mal. Da digitale Information so flexibel zu handhaben ist, müßten Sie bei technischen Neuerungen nicht erneut für die Musik selbst bezahlen, wie dies zum Beispiel der Fall war, als viele Leute die Schallplatten in ihren Sammlungen durch CDs ersetzten.

Vielleicht gibt es eines Tages digitale Unterhaltung mit Verfallsdatum oder Rechte, die das Abspielen nur ein paarmal gestatten und dann erneut erworben werden müssen. So könnte eine Plattenfirma Ihnen einen Song zu einem sehr geringen Preis anbieten, Ihnen dafür aber nur erlauben, ihn zehn- oder 20mal zu hören. Denkbar wäre auch, daß Sie einen Song – oder ein Spiel, das süchtig macht – zehnmal umsonst spielen dürfen, bevor Sie zum Kauf aufgefordert werden. Diese Form der »Demo«-Nutzung könnte zum Teil die Funktion ersetzen, die heute Radiostationen erfüllen. Ein Musikverleger könnte Ihnen gestatten, einer Freundin per Net-Mail einen Song zu schicken. Die dürfte ihn sich aber nur ein paarmal kostenlos anhören. Und eine Band könnte einem Käufer, der ihr Gesamtwerk haben will, einen Sonderpreis einräumen – weit günstiger, als wenn der Fan jedes Album einzeln kaufen würde.

Auch heute gibt es Abstufungen in den Preisen für Unterhaltungsinformation. Beispielsweise hat die begrenzte Lebenszeit dieser Informationsart entscheidenden Einfluß auf die Art, wie Verleger und Filmstudios ihre Produkte vermarkten. Aus diesem Grund haben Buchverlage häufig zwei Publikationsschienen – Hardcover und Taschenbuch. Wenn ein Kunde an einem Buch interessiert ist und nicht unbedingt auf den Preis sehen muß, zahlt er 40 bis 60 Mark. Kann er sich sechs Monate bis zwei Jahre gedulden, hat er die Möglichkeit, das gleiche Buch in weniger aufwendiger und weniger dauerhafter Form für 15 bis 25 Mark zu erstehen.

Erfolgreiche Filme werden nacheinander in Erstaufführungskinos, dann in anderen Filmtheatern, im Pay-TV und in Flugzeugen gezeigt. Anschließend bekommt man sie in Videotheken, und zum Schluß bringt sie das normale Fernsehen. Auf jeder Stufe wird der Film einem anderen Publikum präsentiert – Zuschauern, die ihn sich bisher (zufällig oder absichtlich) nicht angeschaut haben und das Versäumte nun nachholen.

Im interaktiven Netz wird man mit ziemlicher Sicherheit verschiedene Präsentationsschienen für die angebotenen Inhalte einrichten. So wäre denkbar, daß es bei der elektronischen Veröffentlichung eines Film-, Multimedia- oder Buchhits eine Anfangsphase mit Höchstpreisen gibt. Einige Benutzer werden bereit sein, hohe Gebühren, vielleicht bis zu 40 Mark, zu bezahlen, um einen Film bereits zu sehen, während er noch in den Premierenkinos läuft. Nach einer Woche, einem Monat, einer Saison wird der Preis auf fünf bis sieben Mark fallen, den Betrag, den wir heute für das Ausleihen in einer Videothek bezahlen. Die Anbieter werden sich sicherlich ungewöhnliche Strategien einfallen lassen. Vielleicht wird es Filme geben, die Sie während des ersten Monats nach der Premiere nicht sehen können, wenn Sie nicht zu den 1000 Top-Bietern einer elektronischen Auktion auf dem Highway gehören. Auch das andere Extrem ist denkbar: Wenn von Ihnen bekannt ist, daß Sie sehr häufig Filmposter kaufen und andere Waren bestellen, die in inhaltlichem Zusammenhang mit Ihrem Filmkonsum stehen, können Sie sich vielleicht manche Filme fast umsonst und mit wenigen oder keinen Werbeunterbrechungen ansehen. Angesichts des Umsatzes, den Disney im Kielwasser von *Toy Story* und *Aladdin* mit Videobändern und anderen einschlägigen Artikeln erzielt hat, hätte das Unternehmen ohne weiteres jedes Kind auf der Welt umsonst in den Film hineinlassen können.

Ein weiteres großes Problem für die Preisbildung wird die Datenübertragbarkeit sein, das betrifft im wesentlichen die Ausleihrechte. Heute ist das Verleihen von Computer-Software in den Vereinigten Staaten verboten, es sei denn, der Softwarehersteller erlaubt es. Dagegen ist das Verleihen von Büchern, Musik-CDs und Videobändern völlig legal. Irgendwann wir das Internet den Menschen ermöglichen, anderen Benutzern Inhalte, die geistiges Eigentum darstellen, mit Lichtgeschwindigkeit zu überspielen. Vorausgesetzt, diese vorübergehenden Übertragungen sind erlaubt. Den größten Teil der Zeit wird die Musik, Literatur und all das andere geistige Eigentum, das in Discs oder Büchern gespeichert ist, wenig genutzt.

Wenn Sie Ihr Exemplar von *Thriller* nicht hören oder das von *Fegefeuer der Eitelkeiten* nicht lesen, steht es ungenutzt im Schrank, das heißt, es wird auch von niemand anderem gehört oder gelesen. Damit rechnen Verleger. Würde der durchschnittliche Käufer seine Musik-CDs oder Bücher häufiger verleihen, würden weniger Exemplare verkauft und die Preise müßten angehoben werden. Wenn wir davon ausgehen, daß eine Schallplatte, sagen wir, 0,1 Prozent von der Zeit des Besitzers in Gebrauch ist, könnte das »Verleihen mit Lichtgeschwindigkeit« die Verkaufszahlen um einen Faktor 1000 verringern. Vermutlich werden Verleger geistigen Eigentums aller Art den Wunsch haben, diesen elektronischen Leihverkehr einzuschränken, so daß Benutzer ein Exemplar vielleicht nur zehnmal im Jahr verleihen dürfen – oder gar nicht. Die Regelung des Leihverkehrs sollte von den Inhabern des Urheberrechts festgesetzt werden, und die Industrie wird Verwaltungssysteme für Kopien urheberrechtlich geschützter Inhalte entwickeln müssen, die den Bedürfnissen des neuen Markts gerecht werden.

Öffentliche Bibliotheken werden Orte sein, wo jeder mit Hilfe modernster Geräte die vielfältigen Möglichkeiten des Internets nutzen kann. Die Mittel, die sie heute zum Kauf von Büchern, CDs, Filmen und Abonnements aufwenden, werden sie dann für die Nutzung elektronischer Bildungs- und Fortbildungseinrichtungen einsetzen. Vielleicht verzichten Autoren teilweise oder ganz auf ihre Honorare, wenn ihre Arbeit Aufnahme in Büchereien findet.

Die Gesetze zum Schutz des Urheberrechts wird man wohl erweitern müssen, damit sie der Online-Umwelt gerecht werden. Das Netz wird uns zwingen, eingehender über die Rechte der Benutzer von geistigem Eigentum nachzudenken.

Videos, die man meist nur einmal ansieht, werden auch weiterhin ausgeliehen werden, allerdings wohl nicht mehr in herkömmlichen Videotheken. Statt dessen werden sich die Verbraucher im interaktiven Netz Filme und Sendungen aussuchen können, die ihnen das Netz auf Bestellung ins Haus schickt. Für die Videotheken und Plattenläden um die Ecke werden sich die Marktbedingungen drastisch verschlechtern. Lange Zeit werden Buchhandlungen noch gedruckte Bücher vorrätig haben, doch Sachbücher und vor allem Nachschlagewerke werden wohl häufiger in elektronischer als in gedruckter Form verwendet werden.

Alles, was ich bislang beschrieben habe, ist die direkte oder indirekte Konsequenz eines außerordentlich gut funktionierenden Marktes. Fast alle Einzelpersonen und Firmen, die Vermittlerfunktionen wahrnehmen, werden den rauhen Wind des elektronischen Wettbewerbs zu spüren bekommen.

Neuer Konkurrenz wird sich der Anwalt in der Provinz gegenübersehen, wenn Rechtsberatungen per Videokonferenz über das Datennetz durchgeführt werden. Wer sich ein Grundstück kauft, wird vielleicht lieber einen ausgefuchsten Immobilienanwalt aus der Großstadt konsultieren als den Notar am Ort, der für Rechtsgeschäfte jeder Art zuständig ist. Allerdings wird auch umgekehrt ein Schuh daraus, denn die Möglichkeiten des Netzes werden dem Kleinstadtanwalt gestatten, sich weiterzubilden und auf jedem beliebigen Gebiet zu spezialisieren. Auf dem gewählten Spezialgebiet ist er dann konkurrenzfähig, weil er geringere Unkosten hat. Auch die Klienten werden davon profitieren. Die Kosten für routinemäßige Rechtsgeschäfte wie beispielsweise Testamentserrichtungen werden durch die Leistungsfähigkeit und Spezialisierung des elektronischen Marktes erheblich sinken. Auch komplizierte Videoberatungen medizinischer, finanzieller oder anderer Art werden sich im Netz durchführen lassen. Sie werden bequem und beliebt sein, vor allem, wenn sie nicht zu lange dauern. Es ist sehr viel einfacher, einen Termin zu vereinbaren und seinen Computerbildschirm für eine 15minütige Konferenz einzuschalten als irgendwohin zu fahren, in einem Wartezimmer zu sitzen und dann wieder nach Hause oder ins Büro zurückzukehren.

In zunehmendem Maße werden Videokonferenzen aller Art die traditionellen Tagungen ablösen, zu denen man fahren oder fliegen muß. Wenn Sie sich aber doch zu einer Reise entschließen, dann deshalb, weil Sie daran interessiert sind, Ihren Gesprächspartner persönlich zu treffen, oder weil es sich um eine Vergnügungsreise handelt, bei der Ihre persönliche Anwesenheit natürlich unabdingbar ist. Geschäftsreisen werden seltener, Urlaubsreisen dagegen häufiger werden, weil es den Menschen möglich sein wird, Arbeitsurlaub zu nehmen: Sie werden über das Internet mit ihrem Büro und ihrem Zuhause verbunden bleiben.

Die Tourismusindustrie wird sich verändern, obwohl die Reisetätigkeit insgesamt wohl nicht abnehmen wird. Wie alle Branchen, deren Dienstleistung bislang darin bestanden hat, Zugang zu speziellen Informationen zu vermitteln, werden sich auch Reisebüros einen zusätzlichen Service einfallen lassen müssen. Heute stellen die Agenturen ihre Reiseangebote anhand von Datenbanken und Nachschlagewerken zusammen, die den Kunden nicht zugänglich sind. Sobald sich diese aber mit dem Netz und den Informationen, die es zu bieten hat, vertraut gemacht haben, werden viele Urlauber ihre Reisen selbst planen und realisieren.

Intelligente, erfahrene und kreative Reiseunternehmer werden keinen Grund zur Klage haben, aber sie werden sich spezialisieren und mehr tun müssen, als nur Buchungen vorzunehmen. Sagen wir, Sie möchten Afrika bereisen. Das preiswerteste Flugticket nach Kenia suchen Sie sich selbst heraus, also muß Ihnen das Reisebüro etwas anderes anbieten können. Vielleicht bucht die Agentur nur Reisen nach Ostafrika – folglich kann sie Ihnen mitteilen, was anderen Kunden besonders gefallen hat, daß der Tsavo-Nationalpark geschlossen ist oder daß Sie, wenn Sie wirklich Zebraherden sehen möchten, lieber nach Tansania fliegen sollten. Einige Agenturen könnten sich auch auf Reisen spezialisieren, bei denen die eigene Stadt das Ziel und nicht den Ausgangspunkt bildet. Ein Reiseunternehmer in Chicago könnte sich über das Netz an Menschen in der ganzen Welt wenden, die seine Heimatstadt besuchen möchten, statt seine Dienste Einheimischen anzubieten, die eine Reise in andere Gegenden planen. Zwar würden die Kunden den Reiseunternehmer nicht kennen, dieser aber Chicago, was vielleicht wichtiger wäre.

Obwohl damit zu rechnen ist, daß es die Zeitung, wie wir sie heute kennen, noch lange, lange geben wird, wird sich das Zeitungsgeschäft grundlegend verändern, sobald der Verbraucher Zugang zum Internet hat. In den Vereinigten Staaten beziehen die Tageszeitungen den Hauptteil ihrer Einkünfte aus regionalen Anzeigen. 1950, als Fernsehgeräte noch eine Seltenheit waren, brachten überregionale Anzeigen den amerikanischen Tageszeitungen 25 Prozent ihrer Werbeeinnahmen. 1993 machten die überregionalen Anzeigen nur noch 12 Prozent aus, woran vor allem die Konkurrenz des Fernsehens schuld war. So ist die Zahl der Tageszeitungen in den Vereinigten Staaten deutlich zurückgegangen, und die, die geblieben sind, finanzieren sich durch Anzeigen des örtlichen Einzelhandels und Kleinanzeigen. 1950 stammten nur 18 Prozent der Werbeeinnahmen amerikanischer Tageszeitungen aus dem Geschäft mit Kleinanzeigen, 1993 hingegen waren es 35 Prozent, was einem Umsatz von mehreren Milliarden Dollar entspricht. Im Radio oder Fernsehen haben sich Kleinanzeigen nicht sonderlich bewährt.

Über das Netz können Käufer und Verkäufer anders und müheloser zusammenkommen. Sobald die Kunden eines Marktes mehrheitlich elektronische Einkaufsmöglichkeiten nutzen, werden sogar die Einnahmen aus Kleinanzeigen zurückgehen. Das würde heißen, daß eine wichtige wirtschaftliche Grundlage des Zeitungswesens auf dem Spiel stünde.

Dies heißt allerdings nicht, daß die Zeitungen über Nacht verschwinden oder daß die Zeitungsverlage sich nicht zu wichtigen und erfolgreichen Teilnehmern auf dem veränderten Markt für Neuigkeiten und Anzeigen entwickeln könnten. Doch wie alle Unternehmen, die eine Mittler- oder Maklerrolle wahrnehmen, müssen sie rechtzeitig auf die bevorstehenden Veränderungen reagieren und sich auf ihre besonderen Qualitäten besinnen, wenn sie in der elektronischen Welt bestehen wollen.

Ein anderer Wirtschaftszweig, der sich auf Veränderungen gefaßt machen muß, ist das Bankwesen. In den Vereinigten Staaten gibt es ungefähr 14000 Banken, die Privatkunden betreuen. Die meisten Menschen sind Kunden bei einer Bank, die eine Filiale in ihrer Nähe oder auf ihrem Weg zur Arbeit hat. Zwar können schon geringe Unterschiede bei Zinsen und Serviceleistungen manche Kunden veranlassen, von einer Bank im Viertel zu einer anderen zu wechseln, sie würden aber kaum auf den Gedanken kommen, eine Filiale zu wählen, die 15 oder 20 Kilometer entfernt ist. Heute kosten Bankgeschäfte viel Zeit.

Doch in dem Maße, wie die geographischen Gegebenheiten durch das interaktive Netz an Bedeutung verlieren, werden elektronische Online-Banken ihre Dienste anbieten – ohne Filialen, ohne Verwaltungskosten, dafür mit niedrigen Gebühren. Einige Banken, unter anderem eine in Großbritannien, versuchen bereits, ihren Kundenverkehr ausschließlich telefonisch abzuwickeln. Die kostengünstigen elektronischen Banken der Zukunft werden alle Geschäfte über Computergeräte abwickeln und deshalb außerordentlich konkurrenzfähig sein. Auf Bargeld werden wir dann noch weniger angewiesen sein als heute, weil die meisten Käufe über den Wallet-PC oder eine Chipkarte laufen werden, eine Kreuzung aus Kreditkarte, Scheckkarte für Geldautomaten und Scheckbuch. Das alles zeichnet sich zu einem Zeitpunkt am Horizont ab, da sich das US-amerikanische Bankwesen bereits zu konsolidieren beginnt und kostengünstiger arbeitet. Banken werden besonders anfällig für »Preiskriege« sein, in denen die Kunden ihre Bank ausschließlich nach Kosten und Zinsraten bestimmen. Wenn eine Bank nicht will, daß ihre Dienstleistungen zur bloßen Ware verkommen, muß sie sich etwas einfallen lassen, um ihre Identität zu bewahren und ihre Mittlerrolle durch Zusatzleistungen zu rechtfertigen. Am erfolgreichsten werden die Banken sein, die sich die kostengünstigen Möglichkeiten des interaktiven Netzes zunutze machen, um Dienstleistungspakete für Marktnischen zu entwickeln. Mit Hilfe geeigneter Software Tools werden sie visuell opulent ausgestattete Web-Seiten einrichten, so daß potentielle Kunden ihre Angebote leicht finden und in Anspruch nehmen können. Die Tatsache, daß sie stets Zugriff auf aktuellste und umfassendste Marketingdaten haben, wird ihnen ermöglichen, ihre Präsenz im Netz dadurch zu verstärken, daß sie ihre Angebote noch genauer und direkter auf die Kundenwünsche abstellen. Die Kunden können ihren Banken unmißverständlich klar machen, was sie wollen und was nicht, und die Banken können augenblicklich reagieren und ihre Dienstleistungen entsprechend umstellen. Online-»Filialen«, die in Wahrheit elektronische Bankdienste sein werden, die ganz auf die Bedürfnisse einzelner Kunden zugeschnitten sind, können wieder jene individuelle Betreuung bieten, die wir einst in der Bankniederlassung um die Ecke fanden, bevor die Filialen gezwungen waren, allen Kunden alle Wünsche zu erfüllen.

Der Kunde eines Online-Dienstes, der solches Homebanking anbietet, wird seine persönliche Finanzsoftware als Aktenschrank benutzen, in dem er Zugang zu allen Aufzeichnungen und Daten hat, die er braucht, um sich einen vollständigen Überblick über seine Finanzen zu verschaffen. Ständig wird die Software den Stand der verschiedenen Konten registrieren, die Ausgaben analysieren, die Steuerschulden berechnen, in »Was-wäre-wenn-Szenarien« Investitionen gegen Zielformulierungen abwägen, Berichte zusammenstellen und die Daten für Tabellen und Diagramme liefern.

Mit Vergnügen werden die Kunden feststellen, daß sich die Zinsunterschiede zwischen großen und kleinen Bankeinlagen ausgleichen. Dank dem Informationsfluß, den das Netz ermöglicht, werden sich Makler anbieten, die die Anlagen vieler unbedeutender Bankkunden akkumulieren und so Zinssätze aushandeln, die denen großer Einleger fast gleichkommen. Alle diese Dienste werden honorarpflichtig sein, aber die Höhe der Honorare wird einem universellen, harten Wettbewerb unterworfen sein.

Es ist noch gar nicht so lange her, daß ein Kleinanleger, der sein Geld nicht nur aufs Sparbuch bringen wollte, völlig aufgeschmissen war. Die Welt der Aktien oder gar der noch geheimnisvolleren Finanzinstrumente – Investmentfonds, Obligationen, Pfandbriefe, Vorzugsaktien – blieb für jeden, der kein Wall-Street-Insider war, ein Buch mit sieben Siegeln.

Das war, bevor die Computer die Dinge gründlich änderten. Heute bieten sich in den amerikanischen Branchenbüchern scharenweise »Discount-Börsenmakler« an, und nicht wenige Anleger tätigen ihre Aktienkäufe über einen Rechner in der Bank an der Ecke oder übers Telefon. Einige Maklerfirmen bieten heute einen kostengünstigen Wertpapierhandel übers Internet an – für einen Bruchteil dessen, was es kostet, mit einem Makler aus Fleisch und Blut zu arbeiten. Mit wachsender Leistung des Netzes werden sich die Anlagemöglichkeiten unendlich vervielfältigen. Wertpapiermakler, deren Aufgabe, wie die der meisten anderen Mittler, bislang darin bestand, ein Geschäft lediglich zu begleiten, werden in Zukunft sicherlich mehr anbieten müssen als nur den Kauf von Wertpapieren. Sie werden sich gründlich unterrichten müssen. Auch weiterhin wird es Finanzdienstleistungsfirmen geben, die sich gut am Markt behaupten. Zwar werden sich die wirtschaftlichen Bedingungen der Branche ändern, doch das Geschäftsvolumen wird steil ansteigen, wenn Otto Normalverbraucher durch das Netz Zugang zu den Finanzmärkten erhält. Auch Kunden, die relativ geringe Beträge anlegen wollen, werden gut beraten werden und die Möglichkeit haben, Gewinne mit Investitionen zu erzielen, die heute nur Unternehmen vorbehalten sind.

Wenn ich mich über bevorstehende Veränderungen in einem Wirtschaftszweig auslasse, werde ich oft gefragt, ob Microsoft plane, sich dort zu engagieren. Wir arbeiten mit Einzelhandelsgeschäften zusammen und bieten auch selbst von Zeit zu Zeit Waren und Dienstleistungen an, aber haben nicht die Absicht, ein Bank- oder Einzelhandelsunternehmen zu werden.

Als ich einmal die nachgeschalteten Datensysteme einer Bank als »Dinosaurier« bezeichnete, schrieb ein Journalist, ich hielte Banken für Dinosaurier und hätte die Absicht, ihnen Konkurrenz zu machen. Mehr als ein Jahr mußte ich durch die Welt reisen und den Banken erklären, ich sei falsch zitiert worden und hätte nie die Absicht gehabt, mich im Bankgeschäft zu versuchen. In dem Wirtschaftszweig, in dem wir uns auskennen – Unternehmensberatung, Herstellung von Computersoftware, Groupware für Internetserver und allen anderen Bereichen unserer Branche –, gibt es genügend Herausforderungen und Möglichkeiten für Microsoft.

Eine Branche nach der anderen wird sich verändern, und jede Veränderung bringt Unruhe. Einige Mittler und Makler, die bislang Informationen oder Absatzmöglichkeiten angeboten haben, werden feststellen, daß ihre Dienstleistungen keine Abnehmer mehr finden. Also werden sie das Tätigkeitsfeld wechseln, während sich andere den neuen Wettbewerbsbedingungen gewachsen zeigen werden. Es gibt eine fast unendliche Zahl von Aufgaben auf dem Dienstleistungs-, Bildungs- und öffentlichen Sektor, die dringend auf Erledigung warten – von den Arbeitsplätzen, die das Internet selbst schaffen wird, ganz zu schweigen. Folglich werden wir dem neuen Medium bislang ganz unbekannte, hochinteressante Berufsmöglichkeiten verdanken. Und das Breitbandnetz, das jedem Benutzer eine ungeheure Informationsmenge auf Knopfdruck liefern kann, wird sich als unschätzbare Fortbildungseinrichtung erweisen. Wenn ein Makler beispielsweise beschließt, den Beruf zu wechseln und Computerberater zu werden, wird er Zugang zu den besten Lehrbüchern, den interessantesten Vorlesungen und allen Informationen über Ausbildungsvoraussetzungen, Prüfungen und Zulassungsbedingungen haben. Es wird Erschütterungen geben, doch insgesamt wird die Gesellschaft von diesen Veränderungen profitieren.

Der Kapitalismus, nachweislich das beste aller bisher erprobten Wirtschaftssysteme, hat in den letzten zehn Jahren noch einmal nachdrücklich unter Beweis gestellt, daß er seinen Alternativen überlegen ist. In dem Maße, wie sich das Internet zu einem globalen, interaktiven Breitbandnetz weiterentwickelt, werden sich diese Vorteile verstärken. Die Anbieter von Produkten und Dienstleistungen werden weit besser als bisher erkennen, was Verbraucher zu kaufen bereit sind, und ich denke, Adam Smith wäre begeistert.

# 9. Bildung – die beste Investition

Vielleicht ist mein angeborener Optimismus dafür verantwortlich, aber ich erwarte, daß sich die Bildungsangebote aller Art im Laufe der nächsten zehn Jahre erheblich verbessern werden. Ich glaube, daß die Informationstechnologie Menschen jeder Altersstufe, innerhalb und außerhalb der klassischen Bildungsinstitute, dazu befähigen wird, leichter, unterhaltsamer und erfolgreicher zu lernen als je zuvor.

Die grundlegende Aufgabe des PC – Information so zu verwalten, damit Denkprozesse erleichtert werden – verträgt sich wunderbar mit dem Auftrag von Bildungsinstitutionen. Die Ausbildung zu verbessern, ist die beste Investition, die wir vornehmen können, weil sich die Auswirkungen in jedem Bereich unserer Gesellschaft zeigen werden. Daher ist es so sinnvoll und zukunftsträchtig, Computer und das Internet für Schulen nutzbar zu machen.

Wenn Sie sich mit den Argumenten auseinandersetzen, die ich in diesem Kapitel vorbringe, dürfen Sie meinen Blickwinkel nicht aus den Augen verlieren. Ich bin kein Erzieher, sondern ein Lernender. Und zu den angenehmsten Aspekten meines Berufs gehört, daß ich von Leuten umgeben bin, die begeistert lernen. In einem Hightech-Unternehmen muß jeder Mitarbeiter neues Wissen geradezu verschlingen. Bei Microsoft lesen wir, stellen Fragen, probieren neue Wege aus, besuchen Vorlesungen, vergleichen unsere Aufzeichnungen und Ergebnisse miteinander, befragen Fachleute, tagträumen, halten Brainstorming-Sitzungen ab, stellen Hypothesen auf und überprüfen sie, entwickeln Modelle und Simulationen, teilen einander mit, was wir gelernt haben, und wenden neue Fertigkeiten an. Das sind die gleichen Aktivitäten, die in gutem Unterricht zu beobachten sind – mit einem entscheidenden Unterschied. Bei Microsoft erhalten diese Lernprozesse ihren Anstoß aus den neuesten Entwicklungen der Computer- und Kommunikationstechnologie. Microsoft hat Erfolg, weil seine Mitarbeiter es verstehen, effizient zu lernen – nicht zuletzt, indem sie Informationsgeräte benutzen.

Fragen der Ausbildung und Erziehung haben mich schon immer interessiert, aber seit ich Vater bin, beschäftige ich mich noch weit intensiver mit dem Thema. Aus eigener Erfahrung weiß ich, wie Lernprozesse beflügelt werden können, wenn sie durch geeignete Geräte und Werkzeuge unterstützt werden, und wie sie ins Stocken geraten, wenn es an den richtigen Geräten und Informationen fehlt. Was für menschliche Talente werden verschwendet, wenn Schülern aller Art – vor allem aber Kindern mit ihrer natürlichen Vorliebe für Computer und Interaktion – die Informationstechnologie vorenthalten wird, die in der modernen Wirtschaftswelt längst eine Selbstverständlichkeit ist!

Heute gehen unsere Vorschüler, die längst mit Handys, Pagern und Personalcomputer vertraut sind, in Schulen, wo Wandtafeln und Overheadprojektoren den neuesten Stand der Technik darstellen. Die relativ kleine Zahl von PCs, die man in Schulen antrifft, stammt aus den unterschiedlichsten Quellen. Häufig sind sie nicht miteinander kompatibel und nicht leistungsfähig genug für neuere Software. Viele haben nicht die Speicherkapazität oder die Netzanschlüsse, die erforderlich wären, um den Wissensdurst der Schüler zu stillen. Die amerikanischen Schulen sind vollgestopft mit veralteten Geräten, die sie nicht verkaufen oder verschenken dürfen. In einigen Schulen haben die Computer noch nicht einmal Festplatten.

Aber nicht nur an modernen PCs herrscht Mangel in den Schulen, es fehlt auch an Steckdosen, Isolierrohren für Netzkabel, Telefonleitungen für Online-Zugänge, sicheren Standorten für die Geräte und ausreichenden Haushaltsmitteln zu ihrer Instandhaltung. Reed Hundt, Vorsitzender der amerikanischen Bundesfernmeldekommission, hat dazu bemerkt: »Es gibt in diesem Land Tausende von Gebäuden, in denen einige Millionen Menschen sitzen, die weder Telefon noch Kabelfernsehen haben und nicht in angemessener Frist mit einem Breitbandanschluß rechnen können. Die Rede ist von Schulen.«

Der eher mittelmäßige Erfolg des PC an Schulen ist ein Grund dafür, daß es diesen Bildungsinstitutionen so schwer fällt, mit der technischen Entwicklung Schritt zu halten. Inzwischen beurteilen viele Menschen den Einsatz von Hightech-Geräten im Unterricht sehr skeptisch, weil er mit zu viel Vorschußlorbeeren bedacht wurde und die in ihn gesetzten Erwartungen nicht erfüllt hat. Lehrer haben erlebt, wie mit großem Tamtam »Computerlabors« in Schulen eröffnet wurden und dann in Vergessenheit gerieten. Häufig wissen Lehrer nicht so recht, was sie mit Computern anfangen sollen, und bekommen nicht die nötige Hilfestellung. Gelegentlich rafft sich eine Schule auch zu einer einmaligen Investition in Computern auf, verfügt dann aber nicht über die nötigen Mittel, um sie zu warten, aufrüsten zu lassen, Programme zu erwerben und den Unterricht so umzustellen, daß er die Computer angemessen nutzt. Der Umstand, daß Hardware so rasch veraltet, verträgt sich schlecht mit der Art, wie in Schulen Anschaffungen vorgenommen werden: einmal kaufen, ewig benutzen. Wenn Schulen neue PCs erwerben, wählen sie, um Geld zu sparen, häufig nicht das günstigste Preis-Leistungs-Verhältnis – mit dem Erfolg, daß ihre Geräte noch schneller veralten. PCs gelten noch immer als »Sonderposten« im Haushaltsplan, so daß die Kosten für eine ausreichende Hardwareausstattung einfach zu gewaltig erscheinen, obwohl es laut einer Schätzung nur einer dreiprozentigen Steigerung der jährlichen Bildungsausgaben bedürfte, um alle Schulen entsprechend auszurüsten.

Obwohl die Schulen für solche Veränderungen weniger offen waren als die profitorientierte Wirtschaftswelt, stellen heute wenige Pädagogen die grundsätzliche Nützlichkeit von PCs in Frage. Die Auseinandersetzung hat sich auf die Frage verlagert, wie und wann der PC verwendet werden soll, wie er bezahlt wird und welche neuen Anforderungen der PC-Einsatz an Lehrer stellt. Und einige Pädagogen sind nach wie vor besorgt. Sie möchten unbedachte Experimente in der Erziehung unserer Kinder vermeiden. Doch eine so konservative Haltung kann in Verbindung mit der außergewöhnlichen Arbeitsplatzsicherung, die viele Lehrer genießen, zu starken Widerständen gegen die Einführung der PC-Technologie im Unterricht führen und damit bewirken, daß eine große Chance vertan wird.

Angesichts der Hindernisse, die es zu überwinden gilt, ist die Skepsis also durchaus verständlich. Bevor ich ausführe, welche positiven Auswirkungen die digitale Technik auf die Lernerfolge unserer Kinder haben könnte, möchte ich deshalb darlegen, daß das Bildungssystem veränderungsfähig ist und sich aller Wahrscheinlichkeit nach auch verändern wird – wann das geschehen wird, ist allerdings noch offen. Wenn wir uns zu der Überzeugung durchringen können, daß sich das System wirklich verändern kann, dann sollten wir im Interesse der Schüler und Lehrer mit Optimismus an die Sache herangehen.

Wie in vielen anderen Ländern hat sich das Bildungssystem in den Vereinigten Staaten zu einer eigenen Welt entwickelt. Die Geschäftswelt hat sich beeilt, neue produktive Verfahren zu übernehmen, während die Schulen sich solchen Veränderungen gegenüber sehr viel zurückhaltender zeigten, wenn sie sich überhaupt zu ihnen durchringen konnten. Käme jemand, der vor zwanzig Jahren aus unserer gesellschaftlichen Wirklichkeit herausgerissen worden wäre, heute in ein Büro, wäre er höchst erstaunt darüber, wie sich die Arbeitsplätze dort verändert haben: weniger Managementebenen, Computer auf jedem Schreibtisch, E-Mail, Faxgeräte, Intranets. Beträte er aber ein amerikanisches Klassenzimmer, würde er wenig Unvertrautes entdecken. Vielleicht würden zwei oder drei veraltete PCs in einer Ecke seine Aufmerksamkeit erregen, aber das wär's auch schon. In den Interaktionen von Schülern und Lehrer würde er die gleichen Rollen- und Verhaltensmuster erkennen, die ihm aus der eigenen Kindheit vertraut wären – und Ihnen wahrscheinlich auch, egal, wie alt Sie sind.

Doch wenn wir uns eine andere Epoche einschneidender wirtschaftlicher und gesellschaftlicher Veränderungen in der amerikanischen Geschichte ansehen, so können wir erkennen, daß die Schulen durchaus auf diese Entwicklung reagiert haben.

Anfang der neunziger Jahre des vorigen Jahrhunderts erlebten die Massenmedien eine explosionsartige Entwicklung. Die Leserschaft der Zeitungen wuchs rasch an, und auch die massenhafte Verbreitung von Zeitschriften kündigte sich bereits an. Durch bessere Kommunikations- und Verkehrsmittel wurde die Welt kleiner, und die Menschen wurden sich schmerzlich bewußt, wie rasch die Gesellschaft sich wandelte und wie weit das Bildungssystem hinterherzuhinken schien. Die Halbwüchsigen stellten fest, daß Botenaufträge, die es einst wie Sand am Meer gab, wegen des Telefons plötzlich knapp wurden. Außerdem merkten sie, daß sie in Industrie und Wirtschaft neue, komplexere Fertigkeiten brauchten, was sie dazu veranlaßte, länger zur Schule zu gehen. Vielen war klar, daß eine bessere Ausbildung auch eine bessere Anstellung bedeutete. Schlagartig nahm der Besuch der Sekundarstufe zu, so daß bereits im Jahr 1900 jeder elfte Jugendlicher zur Schule ging.

Vergegenwärtigen wir uns, wie das Bildungssystem damals aussah. Zig Millionen Einwanderer überschwemmten die Schulen und sozialen Einrichtungen unserer Großstädte. Viele Schüler waren des Englischen kaum mächtig. Sie besaßen wenig Fertigkeiten und kaum Hoffnung. Und doch erreichten diese Generation und die folgende große Verbesserungen ihres Lebensstandards, nicht zuletzt, weil das Bildungssystem sich auf ihre Bedürfnisse einstellte.

Den größten Teil des 19. Jahrhunderts über hatte der Lehrer die Lerninhalte praktisch im Alleingang festgelegt. Doch gegen Ende des Jahrhunderts wurde den Menschen klar, daß die Schulen einem Modernisierungsprozeß unterworfen werden mußten, wenn sie in der Lage sein sollten, ihre Kinder auf den Erfolg in der neuen Industriegesellschaft vorzubereiten. Reformbewegungen verlangten, daß Curricula vorgegeben wurden, so daß der einzelne Lehrer nicht mehr allein entscheiden konnte, was den Kindern in der Schule vermittelt wurde. Es gab jahrelange, erbitterte Auseinandersetzungen über die Frage, ob die Curricula eher die allgemeine Denkfähigkeit oder spezifische Wissensinhalte in den Vordergrund rücken sollten, ob man in Colleges oder sogar in High Schools das Kurssystem einführen sollte, ob man Schüler nach Begabung zusammenfassen sollte, ob die Naturwissenschaften im Unterricht berücksichtigt werden sollten und so fort. Der Beginn des Industriellen Zeitalters brachte zwar keine rasanten Veränderungen in der Schule, aber doch Veränderungen, und im Laufe der Zeit addierten sie sich zu einer grundlegenden Umgestaltung des Bildungssystems.

Heute, am Ende des nächsten Jahrhunderts, liegen abermals Veränderungen in der Luft. Wieder fragen sich die Menschen, ob die Schule ihren Kindern die Fertigkeiten vermittelt, die sie für den Erfolg in ihrer gesellschaftlichen Wirklichkeit brauchen – in diesem Fall der des Informationszeitalters. Eine neue technologische Revolution verändert die Wirtschaft und stellt das Bildungssystem vor neue Aufgaben – obwohl die Technik selbst die Mittel zur Lösung dieser Aufgaben bereitstellen könnte. Die Leute, die sich diesen Veränderungen widersetzen, werden sich mit der wachsenden Zahl derer auseinanderzusetzen haben, die der Überzeugung sind, daß gerade dank der Technik heute bessere Lernmethoden zur Verfügung stehen. Zu den überzeugtesten Fürsprechern der Veränderung werden die Kinder selbst gehören.

Kinder und Computer kommen wunderbar miteinander aus, wohl auch deshalb, weil Kinder nicht auf bestimmte Verfahrensweisen festgelegt sind. Sie probieren gerne aus, was für Reaktionen sie hervorrufen können, und Computer sind zum Reagieren geschaffen. Eltern staunen manchmal, wie sehr ihre Kinder schon im Vorschulalter vom Computer fasziniert sind; diese Faszination ist völlig verständlich, wenn man bedenkt, welchen Spaß ein kleines Kind an der Interaktion hat, egal, ob es mit den Eltern Verstecken spielt oder an der Fernbedienung herumdrückt und sieht, wie die TV-Kanäle wechseln.

Ich schaue gern zu, wie meine dreijährige Nichte mit *Just Grandma and Me* spielt, einer auf einem Kinderbuch basierenden CD-ROM von Brøderbund. Sie kennt den Dialog in dieser

Zeichentrickgeschichte auswendig und spricht ihn gleichzeitig mit den Figuren. Wenn meine Nichte mit der Maus des Computers einen Briefkasten anklickt, öffnet sich der, und ein Frosch hüpft heraus, oder manchmal erscheint eine Hand und zieht die Briefkastentür zu. Ihre Neugier erlahmt nicht, was damit zu tun hat, daß sie das, was sie auf dem Bildschirm sieht, beeinflussen kann und auf die Frage »Was passiert, wenn ich hier klicke?« eine Antwort bekommt. Die Interaktivität in Verbindung mit der gut aufgebauten Handlung begeistert sie immer wieder.

In letzter Zeit beklagen Eltern sich häufig darüber, daß die »Edutainment-Software« – also Programme, die der Bildung (*edu*cation) und der Unterhaltung (enter*tainment*) zugleich dienen sollen – meist zu viel Unterhaltung biete und zu wenig pädagogischen Wert habe. Bei ihnen hat sich die Überzeugung durchgesetzt, daß der PC eine wichtige Rolle in der Erziehung und Ausbildung ihrer Kinder spielt. Die Verkaufszahlen von Personalcomputern an US-Haushalte sind enorm und erreichen bei Familien mit Kindern fast fünfzig Prozent. In Umfragen erklären Eltern, die »Erziehung« und die »Arbeit zu Hause« seien die beiden Hauptgründe für den Kauf eines Computers. Das Mooresche Gesetz und harter Konkurrenzdruck haben gemeinsam dafür gesorgt, daß der Personalcomputer für 1200 Dollar zu einer idealen Lernplattform geworden ist – Sie erhalten eine große Festplatte, ein CD-ROM-Laufwerk, Lautsprecher nebst Soundkarte und einen modernen Zugang zum Internet.

In den Vereinigten Staaten ist die Nachfrage nach qualifizierten Arbeitskräften hoch. Eltern wissen nicht recht, wie die Berufsaussichten ihrer Kinder aussehen, da sie immer wieder gelesen haben, daß es in Zukunft »zwei Gesellschaften« geben wird: hochbezahlte Intelligenzberufe und schlechtbezahlte Dienstleistungsberufe. Eltern, die Computer im Beruf und zu Hause benutzen, werden darauf drängen, daß sie auch in den Schulen eingeführt werden. Arbeitgeber machen sich Sorgen, daß die Berufsanfänger Mängel in den traditionellen Kulturtechniken haben – Schreiben, Lesen, Rechnen –, daß sie nicht produktiv und nicht technisch versiert genug sind.

Doch auf Veränderungen drängen nicht nur Eltern und Arbeitgeber. Privatschulen verschiedener Art, Reformprogramme im traditionellen System und häuslicher Privatunterricht erfreuen sich wachsender Beliebtheit. Mit jeder dieser Alternativen wachsen die Wahlmöglichkeiten von Eltern und Schülern. Ungefähr eine Million Schüler im schulpflichtigen Alter erhalten zu Hause Privatunterricht – das sind ungefähr zwei Prozent der Gesamtzahl. Ungefähr die Hälfte dieser zwei Prozent werden zumindest teilweise aus religiösen oder ethnischen Gründen zu Hause unterrichtet, doch der Rest wird von den Eltern beschult, weil sie der Meinung sind, daß sie dieser Aufgabe besser gewachsen sind als die Schule. Wenn man die Eltern fragt, warum sie sich das zutrauen, ist eines ihrer Hauptargumente »der Computer«. Reformschulen im normalen System sind so beliebt, daß sie Zulassungsbeschränkungen und Wartelisten haben. In letzter Zeit hat man die gesetzlichen Voraussetzungen für alternative Schulmodelle und -versuche geschaffen, so daß wir möglicherweise bald öffentliche Schulen haben werden, die erfolgreich mit modernster Technik arbeiten.

In den Studentenzahlen beginnen sich die ersten Auswirkungen des Babybooms auszudrücken. Wenn die Kinder der Babyboomer die Schule beenden, drängen sie auf die Universitäten.

Von den vierjährigen Elite-Colleges abgesehen, müssen die Hochschulen eine Möglichkeit finden, mehr Studenten auszubilden, ohne mehr Geld auszugeben. Einige Universitäten bieten deshalb Fernkurse an, meist indem sie Vorlesungen und Seminare auf Video aufzeichnen und sie an anderen Orten abspielen, wobei ein Professor telefonisch für Fragen der Studenten zur Verfügung steht. Andere Hochschulen entwickeln virtuelle Universitäten, an denen man per Video, Fernsehen und Computer studieren kann. In einer Zeit, da die staatlichen Mittel für die Hochschulbildung an allen Ecken und Enden gestrichen werden, könnten solche Entwicklungen dazu beitragen, daß sich das Studium stark auf den PC verlagert.

Produktivität ist der Motor, der die Entwicklung in allen Systemen vorantreibt. Wenn wir die medizinische Versorgung verbessern wollen, dann versuchen wir, die Behandlungskosten zu senken oder die Behandlungsmethoden wirksamer zu gestalten oder beides. Wenn wir billigere Lebensmittel haben wollen, dann versuchen wir, die landwirtschaftlichen Produktionsmethoden zu verbessern. Bloße Ausgabenerhöhung – »das Problem mit Geld zuzuschütten«, wie man sagt – reicht nicht aus, um grundlegende Fortschritte zu erzielen. Wenn wir uns ein besseres Bildungssystem wünschen – raschere Lernerfolge und gründlicheres Wissen –, müssen wir Mittel und Wege finden, um bessere Ergebnisse für jeden ausgegebenen Dollar zu bekommen.

Die meisten anderen gesellschaftlichen Institutionen werden durch die Informationstechnologie effizienter werden, und irgendwann wird das auch für die Schulen gelten. Das paßt einfach zu gut zusammen: Der PC kreist wie Unterricht und Lernen um Information – wie man sie sich beschafft, wie man sie organisiert, bewertet, nutzt, abrufbar macht, sie weitergibt. In den kommenden Jahren werden die Produktivitätsvorteile des PC so unübersehbar werden, daß gar nicht mehr daran zu denken ist, den Schülern seinen Nutzen vorzuenthalten.

Das wird kein plötzlicher Umbruch sein. Bislang verdanken wir der Informationstechnologie nur graduelle Verbesserungen. Daher werden nach außen hin viele Unterrichtsabläufe so bleiben, wie wir sie seit jeher kennen. Die Schüler werden Unterrichtsräume aufsuchen, Lehrern zuhören, Fragen stellen, einzeln arbeiten oder in Gruppen, Experimente durchführen und Hausaufgaben erledigen. Doch im Laufe der Zeit werden sich Schritt für Schritt die Anteile verändern, und die täglichen Gewohnheiten von Schülern und Lehrern werden sich dergestalt wandeln, daß sich die Vorteile, die das interaktive Netz bietet, besser nutzen lassen. Die vielen kleinen Veränderungen werden sich addieren, ganz ähnlich, wie sie das während der letzten zwanzig Jahre in den Büros getan haben, bis sie sich zu einer tiefgreifenden Umgestaltung des gesamten Unterrichtsgeschehens summieren.

Überall ist man bestrebt, die Zahl der Computer im Unterricht zu erhöhen, doch kommt man damit unterschiedlich schnell voran. Nur in wenigen Ländern, zum Beispiel in den Niederlanden, gibt es schon in fast jeder Schule Computer. In Frankreich und in vielen weiteren Ländern haben die Politiker immerhin versprochen, alle Klassenzimmer mit einem Computer auszustatten. Großbritannien, Japan und die Volksrepublik China haben damit begonnen, die Informationstechnologie zum festen Bestandteil des Lehrplans zu machen, mit einem Schwerpunkt auf der beruflichen Ausbildung. Irgendwann – in den unterentwickelten Ländern wird dieser Prozeß länger dauern – werden wir es erleben, daß in jedem Klassenzimmer der Welt ein Computer steht. Natürlich werden viele Kinder auch zu Hause PCs haben. In Südkorea landen mehr als 25 Prozent der verkauften Geräte in Privathaushalten, worin sich der feste Familienzusammenhalt dieser Kultur ausdrückt. Dazu gehört auch der Wunsch, daß die Kinder durch gute Ausbildung im Leben vorankommen.

Wenn es gelingt, die Informationstechnologie zu einem festen Bestandteil des Unterrichts zu machen, wird das eine ganze Reihe von Vorteilen bringen. Ich werde im Fortgang versuchen, einige dieser Vorteile auszumalen und einige denkbare Entwicklungen zu skizzieren, doch zunächst möchte ich auf ein paar häufig geäußerte Ängste eingehen und zeigen, daß sie unbegründet sind.

Gelegentlich hört man von Lehrern die Befürchtung, die Technik werde den Lehrer ersetzen. Dazu kann ich nur nachdrücklich und überzeugt sagen: *Das wird nicht geschehen.* Kein Personalcomputer kann irgendeine jener menschlichen Fähigkeiten ersetzen oder auch nur in ihrem Wert einschränken, die für die vor uns liegenden pädagogischen Aufgaben erforderlich sind: Wir brauchen engagierte und interessierte Lehrer, kreative Verwaltungsbeamte und, natürlich, eifrige Schüler. Das Lernen mit dem Computer wird der Ausgangspunkt und die Anregung zum Lernen ohne ihn werden. Nach wie vor werden kleine Kinder die Objekte ihres Spiels und Lernens mit den Händen anfassen müssen. Wenn man chemische Reaktionen auf einem Computerbildschirm sieht, so mag das eine gute Ergänzung realer Versuche im Chemielabor sein, ersetzen kann es die konkrete Erfahrung nicht. Kinder aller Altersstufen brauchen die persönliche Interaktion miteinander und mit Erwachsenen, um soziale und interpersonale Fertigkeiten zu erlernen, etwa die Grundregeln vernünftiger Zusammenarbeit.

Es gibt auch die Angst, die Technik werde die Schulen entmenschlichen, die Schüler isolieren. Doch jeder, der einmal eine Gruppe von Kindern oder Jugendlichen gemeinsam an einem Computer hat arbeiten sehen, so wie meine Freunde und ich es schon 1968 getan haben, oder der den Meinungsaustausch zwischen Schülern erlebt hat, die durch Ozeane getrennt waren, wird wissen, daß diese Technik die pädagogische Umwelt sogar menschlicher machen kann. Eine wichtige Fertigkeit, die Kinder in der Schule lernen müssen, ist Kooperationsfähigkeit, und in einigen der kreativsten Schulen dieser Erde werden Computer und Datenübertragungsnetze bereits zur Förderung eben dieser Fähigkeit eingesetzt.

Beherrschen wird der Computer den Unterricht nicht, aber er wird die Lernprozesse spürbar unterstützen, vor allem außerhalb der Schule. Von all den vielversprechenden Möglichkeiten des Computers beeindruckt mich am stärksten die Tatsache, daß er dem Benutzer gestattet, seinen Interessen mühelos und in beliebiger Tiefe nachzugehen.

Große Pädagogen haben immer gewußt, daß Lernen überall stattfindet, nicht nur im Unterricht und nicht nur unter den Augen des Lehrers. Der Drang, durch Erforschen und Entdecken zu lernen, ist in uns allen tief verwurzelt, doch selbst hochmotivierte Schüler mit ausgezeichneten Lehrern haben damit von Zeit zu Zeit ihre Schwierigkeiten gehabt. Die Informationen, die die Neugier befriedigen oder die Verwirrung beenden, sind oft schwer zu finden.

Ich war immer überzeugt, daß die meisten Menschen mehr Intelligenz und Neugier besitzen, als sie – von den vorhandenen Informationswerkzeugen dazu ermuntert – praktisch nutzen. Die meisten von uns kennen das befriedigende Gefühl, etwas erreicht zu haben, wenn sie sich für ein Thema interessierten und gutes Material darüber fanden. Wenn man jedoch auf der Suche nach Informationen auf ein unüberwindliches Hindernis stößt, wird man entmutigt. Man bekommt Zweifel, ob man es jemals kapieren wird. Und wenn man diese natürliche Reaktion zu oft erlebt, besonders als Kind, verliert man den Antrieb, es zu probieren.

Ich hatte das Glück, in einer Familie aufzuwachsen, in der die Kinder ermutigt wurden, Fragen zu stellen. Und als ich zwölf oder dreizehn war, hatte ich das Glück, mich mit Paul Allen anzufreunden. Kurz nachdem wir uns kennengelernt hatten, fragte ich Paul, woher das Benzin kommt. Ich wollte wissen, was es bedeutet, Benzin zu »raffinieren«. Ich wollte ganz genau wissen, wie Benzin ein Auto antreiben kann. Ich hatte ein Buch über das Thema gefunden, aber es war verwirrend. Nun war Benzin eines der vielen Themen, über die Paul Bescheid wußte, und er erklärte es so, daß es für mich interessant und verständlich war. Man könnte sagen, meine Wißbegierde hinsichtlich des Benzins sei der Treibstoff unserer Freundschaft gewesen.

Paul hatte immer eine Antwort auf Dinge, die mich neugierig machten (und außerdem eine tolle Sammlung von Science-fiction-Büchern). Ich verstand mehr von Mathe als Paul. Gemeinsam beschlossen wir, Computerprogramme zu schreiben. Wir waren füreinander so etwas wie interaktive Quellen. Wir stellten uns gegenseitig Fragen und gaben einander Antworten, wir zeichneten Diagramme oder machten uns auf Informationen aus verwandten Gebieten aufmerksam. Wir forderten uns gern gegenseitig heraus und stellten uns mit Begeisterung auf die Probe.

Auch heutige Computer bieten die Möglichkeit zur Interaktion. Stelle eine Frage, und du kriegst eine Antwort. Aber der Computer ist unvorstellbar geduldig. Stelle tausend Fragen, und du kriegst tausend Antworten. Und wenn der Computer ins Internet eingeklinkt ist, dann ist die Zahl der Antworten, die der forschende Verstand erhalten kann, unendlich. Das ist eine bemerkenswerte Entwicklung, weil sie Schüler aller Altersstufen befähigt, selbständig zu lernen und ihr Tempo selbst zu bestimmen. Dabei wird der Lehrer für die meisten Schüler sehr oft unentbehrlich sein, ihnen häufig aber eher als Führer auf ihren Forschungsreisen in die Welt der Information dienen. Ich bin gern zur Schule gegangen, aber meine intensivsten Lernerlebnisse habe ich unabhängig von ihr gehabt. Ich vermag nur zu ahnen, wie tief der Zugang zum Internet meine Lernerfahrungen geprägt hätte. Höchstwahrscheinlich wird das Netz den Schwerpunkt der Lernprozesse von der Institution auf das Individuum verlagern. Und für eine größere Zahl von Menschen wird das Ideal des lebenslangen Lernens zur Wirklichkeit werden.

Am besten lernen wir alle auf unsere ganz persönliche Weise. Manche kommen besser zurecht, wenn sie sich jeweils nur mit einem Thema befassen, während andere lieber drei Sachen zugleich machen. Einige Menschen lernen am besten auf eine geordnete, geradlinige Weise, während andere mehr Erfolg haben, wenn sie springen, ihr Thema »umkreisen«, statt es direkt anzusteuern. Der eine lernt leichter, wenn er Modelle anfassen kann, ein anderer, wenn er liest. Der PC eröffnet jedem die Möglichkeit, in aller Ausführlichkeit auszuprobieren, wie er am besten lernt und wo seine Interessen liegen, so daß der einzelne Schüler keine Nachteile mehr zu befürchten hat, wenn er hinter dem Lehrplan hinterherhinkt oder mit der Methode eines Lehrers oder Lehrbuchs nicht zurechtkommt. Auch interdisziplinäres Lernen wird durch PCs erleichtert. Der Schüler kann ein historisches Datum überprüfen, während er in einem Literaturkurs sitzt, oder ein mathematisches Grundprogramm einsehen, wenn er mitten in einer Physikstunde an einem bestimmten mathematischen Verfahren scheitert.

Aus der Kognitionspsychologie wissen wir, daß sich PCs besser zur Unterstützung flexibler Denk- und Lernprozesse eignen als Vorlesungen und Lehrbücher. Außerdem findet ein Schüler, wenn er Gelegenheit hat, mit relevanten Informationen in verschiedenen Medien umzugehen, leichter Zugang zu komplexen Prozessen und Begriffen. Aus anderen Untersuchungen geht hervor, daß sich Menschen mit klinischen Aufmerksamkeitsdefiziten länger auf einen Computer konzentrieren können als auf einen geschulten Therapeuten. Sogar Schüler und Studenten mit normalen Aufmerksamkeitspannen finden, daß der PC dank Multimedia-Aspekt, Interaktivität, rascher Rückmeldung und Steuerbarkeit eine weit geeignetere »Denkhilfe« ist als ein Lehrbuch oder eine Vorlesung.

Howard Gardner, Professor an der Pädagogischen Hochschule der Harvard University, ist der Ansicht, jedes Kind müsse auf die ihm gemäße Weise unterrichtet werden, weil jeder Mensch die Welt anders begreift. Eine pädagogische Massenabfertigung könne nicht auf die unterschiedlichen Weltsichten der Kinder eingehen. Gardner empfiehlt, »Lehrstellen, Projekte und Technologien« in die Schule zu bringen, um für jeden Lernstil etwas anzubieten. Wir werden die unterschiedlichsten Lehrmethoden entdecken, denn dank der Instrumente des Breitbandnetzes wird es einfach sein, verschiedene Methoden und ihre Wirksamkeit auszuprobieren.

In Kapitel acht habe ich beschrieben, wie die Informationstechnologie das Unternehmen Levi Strauss & Co. heute dazu befähigt, Jeans anzubieten, die Massenproduktion und Maßanfertigung zugleich sind. Computer und Datenübertragung ermöglichen die »kundenspezifische Massenherstellung« – Jeans zum Preis von Massenfertigung mit kundenspezifischen Vorzügen, die früher nur bei kostspieliger Maßanfertigung zu haben waren. Aus den gleichen Gründen ist eine Internet-Site in der Lage, Ihnen Nachrichten zu liefern, die auf ihre Interessen zugeschnitten sind. Sie bekommen maßgeschneiderte Nachrichten zu einem niedrigen Preis. Dank der Informationstechnologie wird die kunden- oder adressatenspezifische Massenfertigung auch den Unterricht erobern. Multimedia-Dokumente und bedienungsfreundliche Autorenprogramme werden Lehrern ermöglichen, ein adressatenspezifisches Curriculum für sehr viele Schüler zu entwickeln. Wie bei der kundenspezifischen Massenherstellung von Jeans und elektronischen Tageszeitungen werden Computer individuell abgestimmte Lerninhalte und -materialien auswählen, so daß jeder Schüler gemäß seinem persönlichen Lernstil den Weg und das Tempo selbst bestimmen kann.

Ungeachtet seiner Fähigkeiten kann jeder innerhalb oder außerhalb der Schule nach eigenem Gutdünken lernen. Arbeiter werden sich über die neuesten Techniken in ihren Berufsfeldern informieren können. Egal, wo jemand wohnt, er wird an den besten Kursen der hervorragendsten Lehrer teilnehmen können. Weltweit wird das Netz einen Boom der Erwachsenenbildung auslösen, einschließlich Berufsbildung, Umschulung und Weiterbildung. Computer mit sozialen Benutzeroberflächen werden erkennen, wie sie die Informationen präsentieren müssen, damit sie den Bedürfnissen eines bestimmten Benutzers gerecht werden.

Viele Lernsoftwareprogramme werden ein individuelles Profil haben, und Schüler und Computer werden sich gegenseitig kennenlernen. Eine Schülerin wird, unter Umständen mündlich, fragen: »Wie kam es zum amerikanischen Bürgerkrieg?«, und als Antwort wird ihr Computer ihr die gegensätzlichen Auffassungen präsentieren, daß es – so die einen – vor allem um wirtschaftliche Interessen ging beziehungsweise – so die anderen – um Menschenrechte. Wie ausführlich und auf welche Weise die Antwort gegeben wird, richtet sich nach dem jeweiligen Schüler und den Umständen. Der Schüler kann das Programm jederzeit abbrechen, um eine spezifischere oder allgemeinere Darstellung des Themas oder eine völlig andere Herangehensweise anzufordern. Der Computer wird wissen, was der Schüler bislang gelesen oder gesehen hat, er wird auf Zusammenhänge oder Korrelationen hinweisen und und Links zu entsprechenden Themen anbieten. Wenn er zum Beispiel weiß, daß der Schüler historische Romane, Kriegsberichte, Folklore oder Sport mag, könnte er versuchen, die Information dementsprechend darzubieten. Er wird die Vorlieben des Kindes nutzen, um ihm ein breiteres Themenangebot nahezubringen.

Nehmen wir an, ein anderer Teenager möchte etwas über Benzin wissen, nicht im Jahr 1970, wie ich, sondern, sagen wir, im Jahr 2000. Er hat vielleicht nicht das Glück, daß ein Paul Allen zur Stelle ist, aber wenn seine Schule oder Bibliothek einen Computer besitzt, der Zugang zu vielfältigen Multimedia-Informationen hat, wird er sich in das Thema so gründlich vertiefen können, wie er mag.

Er wird Fotos, Videos und Animationen sehen, die ihm erklären, wie Öl gefördert, transportiert und raffiniert wird. Er wird erfahren, worin sich Autobenzin von Flugbenzin unterscheidet – und wenn er wissen möchte, was den Verbrennungsmotor eines Autos vom Turbinenantrieb eines Düsenflugzeugs unterscheidet, braucht er nur zu fragen. Er wird die Möglichkeit haben, den komplizierten molekularen Aufbau des Benzins zu erkunden, das sich aus Hunderten von verschiedenen Kohlenwasserstoffen zusammensetzt, und auf diese Weise auch etwas über Kohlenwasserstoffe erfahren. Durch die vielen Links zu weiteren Informationen kann ihn dieser erste Schritt, den er getan hat, um seine Neugier zu befriedigen, zu einer unendlichen Zahl von faszinierenden Themen führen.

Mit einigen, allerdings gravierenden Ausnahmen stehen solche Lernprogramme und -inhalte bereits heute zur Verfügung. Gute Lernprogramme, die am Lehrplan ausgerichtet sind, und Aufbauprogramme sind allerdings noch Mangelware. Gewaltige Informationsmengen haben sich ins Internet ergossen, allerdings ist wenig dabei, was speziell den Interessen von Schülern dient. Einen echten Markt für Teachware – unterrichtsbezogene Software – gibt es noch nicht, weil die Schulen noch nicht danach verlangen.

Trotzdem liefern schon einige Teachware- und Schulbuchverlage Computerprogramme, mit deren Hilfe man interaktiv Grundkenntnisse in Mathematik, Sprachen, Wirtschaft und Biologie erwerben kann. Academic Systems in Palo Alto, Kalifornien, arbeitet zum Beispiel an einem interaktiven Multimedia-Unterrichtssystem für Hochschulen, das Kurse in mathematischen Grundkenntnissen und Englisch unterstützt. Unter dem Begriff »vermitteltes Lernen« werden herkömmliche Unterrichtsmethoden und computergestütztes Lernen miteinander gekoppelt. Zu Beginn wird jeder Student einer Einstufungsprüfung unterzogen, die der Feststellung dient, in welchen Fächern er gut ist und wo er Nachhilfe braucht. Daraufhin erstellt das System einen persönlichen Stundenplan für den Studenten. Seine Fortschritte werden durch regelmäßige Tests überprüft, und je nachdem, wie sie ausfallen, läßt sich der Stundenplan ändern. Das Programm kann dem Lehrer zeigen, wo es Probleme gibt, und dieser kann dann dem Studenten gezielt helfen.

Ermutigende Erfolge hatte die Firma mit ihrem College-Algebrakurs zu verzeichnen – bei seinem Einsatz bestanden 20 bis 30 Prozent mehr Studenten als mit herkömmlichen Methoden. Nach Auskunft der Firma haben die 7000 Studenten, die an sechzehn Colleges das Programm absolviert haben, großen Gefallen an den neuen Lernmitteln gefunden, am erfolgreichsten aber erwiesen sich die Kurse, die über größere Zeiträume von einem Dozenten betreut wurden. Diese Ergebnisse zeigen einmal mehr, daß die neue Technologie allein meist nicht in der Lage ist, die Unterrichtserfolge zu verbessern, daß aber angemessene technische Hilfsmittel in der Regel Lehrern helfen können, ihre Aufgaben besser zu erfüllen.

Doch in dem Maße, wie Schulbuchetats und Eltern dem interaktiven Material wachsende Mittel zufließen lassen, werden Tausende von Softwarefirmen entstehen, die zusammen mit Lehrern unterhaltsames interaktives Lernmaterial entwickeln. So läßt zum Beispiel die Lightspan Partnership von Talenten aus der Filmindustrie Live-Action- und Zeichentrick-Programme entwerfen. Lightspan hofft, mit seinen anspruchsvollen Produktionsverfahren das Interesse der jungen Zuschauer von fünf bis elf Jahren wecken und fesseln zu können, um sie dazu zu bewegen, mehr Zeit aufs Lernen zu verwenden. Zeichentrickfiguren führen die Schüler durch Lektionen, in denen Grundkenntnisse vermittelt werden, die anschließend in Spielen umgesetzt werden. Die Lightspan-Lektionen sind für jeweils zwei Altersjahrgänge zu Serien zusammengefaßt, die den Grundschullehrplan in Mathematik, Lesen und sprachlichen Fertigkeiten ergänzen sollen.

Letztlich ist beabsichtigt, diese interaktiven Programme über Breitbandnetze in Privathaushalte, Gemeindezentren und Schulen zu übertragen. Bis es soweit ist, wird man die Programme auf CD-ROMs anbieten.

Heute kann man CD-ROMs von vielen Multimedia-Firmen beziehen, und sie geben uns einen Vorgeschmack auf das, was uns im interaktiven Breitbandnetz erwartet. Auf entsprechende Befehle präsentiert die Software ihre Information in Wort, Bild und Ton. Einige CD-ROMs kommen in Schulen zum Einsatz oder werden von Kindern bei den Hausaufgaben verwendet. Allerdings sind die Discs Beschränkungen unterworfen, die fortfallen werden, wenn uns die Informationen eines Tages übers interaktive Netz geliefert werden. CD-ROMs bieten entweder ein bißchen Information über eine Vielzahl von Themen in der Art eines Lexikons oder viel Information über ein einziges Thema, zum Beispiel Dinosaurier, aber die gesamte, jeweils verfügbare Information ist durch die Kapazität der Disc begrenzt. Und man kann natürlich nur die Discs benutzen, über die man selbst verfügt. Trotzdem sind CD-ROM-Enzyklopädien und andere interaktive Nachschlagwerke herkömmlichen Druckerzeugnissen in vielerlei Hinsicht weit überlegen.

Viele interaktive Materialien wandern bereits von der CD-ROM ins World Wide Web des Internets ab, dessen Kapazität grenzenlos ist. Schon heute vereinigt das Web in sich die Arbeiten vieler namhafter Pädagogen, Naturwissenschaftler, Maler, Journalisten, Musiker, Autoren und Geschäftsleute. Lehrer lernen, sich aus diesem Schatz zu bedienen, und Schüler, wie man sich interaktiv in ihm zurechtfindet. Im Laufe der Zeit wird der Zugang zu diesen weiten Wissensfeldern auch solchen Schülern, die nicht das Glück haben, Eliteschulen zu besuchen oder in ihrer Familie einen festen Rückhalt zu finden, ganz neue Bildungs- und Berufschancen eröffnen. Der fast schrankenlose Zugang zum Breitbandnetz wird jedes Kind dazu ermuntern, das Beste aus seinen Talenten zu machen. Das alles wird nicht über Nacht geschehen, aber ich bin überzeugt davon, daß es geschehen wird.

Auch jetzt gibt es schon eine Fülle hervorragender Lehr- und Lernprogramme. Einige Lehrer benutzen bekannte Office-Pakete, um ihre Arbeit zu organisieren und den Schülern Erfahrungen mit den Software Tools des modernen Arbeitsplatzes zu vermitteln. Mindestens die Hälfte der amerikanischen Studenten und eine wachsende Zahl von High-School-Schülern fertigen heute ihre Referate und Hausarbeiten mit PC-Textverarbeitungsprogrammen an, statt sie von Hand zu schreiben oder auf einer herkömmlichen Schreibmaschine zu tippen. Die meisten bekannten Textverarbeitungsprogramme lassen sich auf verschiedene Sprachen umschalten, was Fremdsprachenstudenten natürlich sehr zugute kommt. Diese Programme bieten Extrafunktionen wie Rechtschreibüberprüfung und Thesaurus in zehn und mehr Sprachen. Professionelle Tabellenkalkulationen und Grafikanwendungen für PCs werden von Schülern und Lehrern routinemäßig herangezogen, um mathematische und

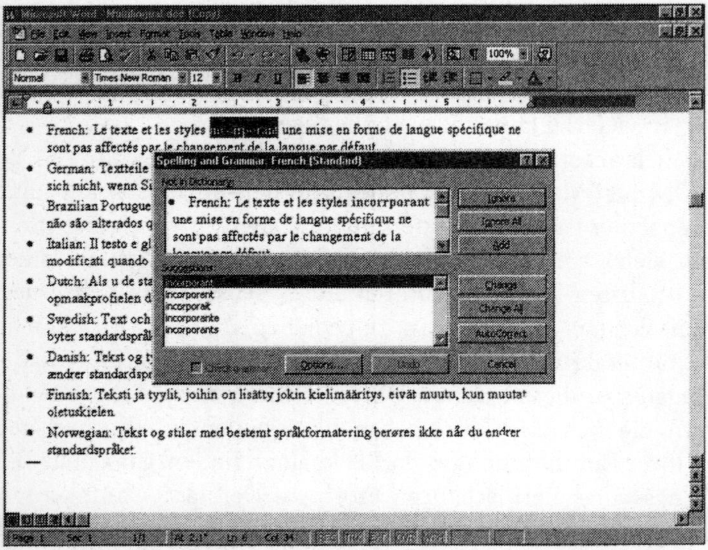


*Ein Textverarbeitungsprogramm beim Korrekturlesen eines mehrsprachigen Dokuments (1996)*

wirtschaftswissenschaftliche Theorien zu erklären, und in den meisten Buchhaltungskursen gehören sie zur Standardausrüstung.

An den Universitäten erfreuen sich Computer und Internet größter Beliebtheit. An etlichen Universitäten finden sich wichtige Forschungszentren der Computertechnik, und viele andere Universitäten unterhalten große Computerlabors, die den Studenten für Gruppenarbeit und Seminararbeiten zur Verfügung stehen. Studentenprogrammierer – die meist für wenig Geld oder umsonst arbeiten – leisten Beachtliches für die Web-Sites ihres Campus, und einfallsreiche Professoren finden ständig neue Möglichkeiten, um den PC und den Internetzugang für ihre Studenten noch nützlicher zu machen. An der University of Washington werden Vorlesungsverzeichnisse und die Referatthemen einiger Seminare im World Wide Web veröffentlicht. Sogar Vorlesungsnotizen sind gelegentlich im Web abzurufen – ein Service, über den ich in meiner Studienzeit überglücklich gewesen wäre.

Schon seit Jahren profitiert die akademische Forschung ganz außerordentlich von den E-Mails, die übers Internet gehen, weil sie weit auseinanderlebenden Wissenschaftlern und anderen Forschern die Zusammenarbeit erleichtern. Auch Studenten wissen heute die Vorzüge der E-Mails sehr zu schätzen, nicht nur für Studienzwecke, sondern auch, weil sie auf diese Weise preiswert den Kontakt zu Angehörigen und Freunden aufrechterhalten können, auch zu Schulfreunden, die an andere Universitäten gegangen sind. Sogar die Eltern von Studenten werden zu regelmäßigen E-Mail-Benutzern, ist das doch offenbar der bequemste Weg, um mit ihren Kindern in Verbindung zu bleiben.

An einigen High Schools und sogar Grundschulen gewährt man den Schülern Internetzugang. In Lakeside, meiner alten Schule, ist das Netz der Schule inzwischen ans Internet angeschlossen, so daß die Schüler nach Online-Informationen stöbern sowie weltweit E-Mails austauschen können. Fast alle Lakeside-Schüler haben einen E-Mail-Zugang beantragt, und in

*Home Page der Arbor Heights Elementary School im World Wide Web (1966)*

einem durchschnittlichen Zeitraum von zwölf Wochen haben sie insgesamt 259 587 Mitteilungen erhalten, jeder Schüler also pro Woche rund 30 Nachrichten. In dieser Periode von zwölf Wochen trafen rund 49 000 Nachrichten aus dem Internet ein, während die Schüler selbst 7200 Nachrichten hinausschickten.

Die Schule weiß nicht, wie viele Mitteilungen die einzelnen Schüler versenden, und sie weiß auch nicht, was in den Nachrichten steht. In einem Teil der E-Mails geht es um Lerninhalte und schulische Aktivitäten, doch zweifellos betrifft ein großer Teil außerschulische Interessen der Schüler. Die Schule betrachtet dies nicht als einen Mißbrauch des elektronischen Postsystems, sondern als eine andere Art des Lernens.

An der Juanita-Grundschule, unweit der Microsoft-Zentrale vor den Toren von Seattle, sind schon die Kleinsten mit E-Mails vertraut. Sie tragen kleine Kärtchen, die bescheinigen, daß sie im Internet ausgebildet sind und die »Netikette« beherrschen.

Auf Computern, die sich überall im Schulgebäude finden, ein paar in jedem Klassenzimmer, tauschen sie untereinander und mit ihren Lehrern E-Mails aus. Jeder Schüler, der die Einwilligung der Eltern hat, darf im Word Wide Web des Internet surfen oder Informationen auf der Web-Seite der Schule veröffentlichen (http://wwwjua.lkwash.wednet.edu/juanita/ jes. html) – allerdings ist den Schülern nicht erlaubt, Bilder von sich zu veröffentlichen oder mehr als ihre Anfangsbuchstaben anzugeben. Die Geräte im Computer- und Mathematikraum sind während der Pausen so begehrt, daß die Schule ihre bisherige Regelung – wer zuerst kommt, mahlt zuerst – aufgeben mußte, um die Schüler daran zu hindern, im Wettlauf um einen der Internetzugänge die Treppen in halsbrecherischem Tempo herunterzurasen.

In der Übernahme der Informationstechnologie ist Juanita den meisten anderen Grundschulen weit voraus, trotzdem gehören Computer- und Netznutzung noch nicht zu den zentralen Anliegen im Lehrplan der Juanita-Schule. Für die kommenden Jahre, in denen die interaktive Informationstechnologie eine weit bestimmendere Rolle in allen Schulen, auch den Grundschulen, spielen wird, lassen sich da für die Unterrichtsstruktur erstaunliche Veränderungen mutmaßen.

Stellen wir uns vor, wie der Unterricht einer fünften Klasse in fünf Jahren aussieht, in einer Schule, die für jeden Lehrer und jeweils drei Schüler einen Computer hat. Die Computer, die so kompatibel sind, daß auf allen die gleiche Software laufen kann, werden alle vier Jahre ersetzt. In unserer fiktiven Schule gibt es auch Server und Rechner für Verwaltungsaufgaben. Alle Schulcomputer sind miteinander vernetzt und über einen Hochgeschwindigkeitszugang mit dem Internet verbunden. Wie schon viele Generationen vor ihnen arbeiten die Schüler einen Teil des Tages allein, einen Teil in Gruppen und weitere Teile des Schulalltags verbringen sie damit, Lehrern zuzuhören und sich an Klassengesprächen zu beteiligen. Doch jetzt sitzen die Schüler, die allein oder in Gruppen arbeiten, am Computer. Fast ständig werden die Computer benutzt, so daß der Lehrer nur noch selten Gespräche im gesamten Klassenverband führt. Vielmehr wendet er sich an einzelne Schüler oder kleine Schülergruppen, während die anderen Kinder mit den Computern beschäftigt sind. Dadurch kann der Lehrer jedem einzelnen Schüler mehr Aufmerksamkeit schenken. Sogar während der Klassengespräche führt die begrenzte Gruppengröße dazu, daß die Lehrkraft mit jedem Schüler mehr Augenkontakt hat und ihn häufiger aufruft.

Die Computer enthalten die am Lehrplan ausgerichteten Unterrichtsmaterialien und helfen jedem Schüler bei ihrer Bewältigung. Viele Schulbücher, Arbeitsbücher, Tests und Hausaufgaben werden durch Lernprogramme ersetzt. Eine große Zahl von Lerninhalten, die der Lehrer früher im Frontalunterricht vortrug, werden inzwischen durch Software vermittelt. Dadurch bleibt dem Lehrer die Zeit, zu erklären, Diskussionen zu leiten, Hilfestellungen zu geben und zu motivieren. Das System verfolgt die Fortschritte eines jeden Schülers und informiert Schüler, Lehrer und Eltern laufend darüber.

Die fünfte Klasse verbringt einen großen Teil ihrer Zeit mit Lesen, Mathematik und anderen Kernfächern wie Physik und Gemeinschaftskunde. Manchmal werden die Fächer direkt unterrichtet, manchmal aber auch indirekt im Rahmen eines »Projekts«. Im Projektunterricht werden viele Lerninhalte aus dem traditionellen Fächerkanon durch die Beschäftigung mit außerschulischen Wirklichkeiten vermittelt – Ökologie des Waldes, Hausbau, Strafrecht oder Unternehmensleitung.

Natürlich läßt sich über die Einzelheiten streiten. Niemand hat bisher versucht, dieses Szenario in die Tat umzusetzen, nicht zuletzt, weil es die beschriebene Software noch gar nicht gibt. Mein Szenario ist ein Luftschloß, doch das waren die Wirtschaftsszenarien auch, die wir uns vor zehn Jahren ausgemalt haben, als wir davon ausgingen, daß sich eines Tages Büro- und Telearbeiter über Datennetze und E-Mail verständigen würden.

Noch größere Unabhängigkeit wird die pädagogische Informationstechnologie den Schülern an High Schools bringen. Stellen wir uns einen typischen Tagesablauf von Hannah vor.

Hannah ist frei erfunden und besucht im Jahr, sagen wir, 2005 einen elften Jahrgang.

Hannah beginnt den Morgen zu Hause damit, daß sie an ihren Computer geht, der natürlich einen Internetzugang besitzt, und Einblick in ihre Arbeitskartei auf dem Schulserver nimmt. Als sie an den Computer tritt, übermittelt eine winzige Videokamera am Monitor Hannahs Bild an den Rechner. Dieser erkennt Hannah, begrüßt sie mit ihrem Namen und präsentiert ihr – da sich der Vorgang täglich wiederholt – die Arbeitskartei, ohne daß sie die Tastatur berühren oder ein Wort sagen muß. Wenn sie spricht, lauscht der Computer auf den Laut ihrer Worte und beobachtet die Bewegungen ihrer Lippen – eine Kombination, dank deren es dem Rechner mit bemerkenswerter Genauigkeit gelingt zu erkennen, was Hannah sagt. Die Kamera gehört zur Grundausstattung des PC. Unter anderem können Hannah und andere Familienmitglieder mit Hilfe des kamerabewaffneten PC Videokonferenzen mit Leuten außerhalb des Hauses abhalten. Selbstverständlich achten alle Familienmitglieder sorgfältig darauf, was sie für Bilder übertragen – so, wie heute jeder darauf achtet, was er am Telefon sagt.

Hannah sieht, daß ihr Mathelehrer ein paar Anmerkungen zu ihrer Hausarbeit gemacht und ihr eine neue Aufgabe gestellt hat, um ihr beim Verständnis der Gleichungen zu helfen, die ihr Schwierigkeiten machen. Hannahs »Arbeitsbuch« befindet sich im Computer, obwohl sie häufig Seiten ausdruckt, damit sie die Lösungen von Hand ausrechnen kann, gelegentlich im Bus auf dem Weg zur Schule.

Später in der Schule hält Hannah ein Referat über ein Buch und läßt in einigen Sequenzen, die sie aus dem Internet heruntergeladen hat, den Autor im Originalton zu Worte kommen. Die Klasse erörtert die Frage, ob es sinnvoll ist, den Autor zu hören, wie er das eigene Werk vorliest, bevor man es selbst gelesen hat.

Gegen Ende der Mittagspause holt sich Hannah ein Formular der Schulkantine aus dem schuleigenen Intranet auf den Bildschirm und bewertet die vorgeschlagenen Gerichte auf einer

Skala von eins bis zehn. Auf diese Weise versucht sie, den Speiseplan der nächsten Monate zu beeinflussen. Sie bleibt im Netz und lädt ein Kursplanungsformular herunter, um zum viertenmal den geplanten Stundenplan für ihr letztes High-School-Jahr zu überarbeiten. Mit Fragen an zwei Lehrer versehen, gibt sie ihn wieder ins Netz.

Unter den eingegangenen E-Mails ist die Kopie eines Attestes ihres Arztes, in dem er ihr die Teilnahme am Sportunterricht gestattet. Auch die Kopie einer elektronischen Korrespondenz zwischen Hannahs Chemielehrer und der Mutter ist darunter. Darin fordert der Lehrer Hannahs Mutter auf, dafür zu sorgen, daß ihre Tochter während der Einzelarbeit im Unterricht nicht mehr so häufig stört. Kein Flirten mehr mit Jeffrey – ausgenommen per E-Mail natürlich.

In der Bibliothek sucht Hannah in Büchern, CD-ROM-Nachschlagewerken und Internetquellen nach Unterlagen über die mexikanische Revolution. Außerdem stattet sie einer wissenschaftlichen Expedition in Patagonien, die sie in einem ihrer Kurse verfolgen, einen elektronischen Besuch ab und liest das Protokoll eines Forschers, der versucht, ein schwieriges Kondensationsproblem zu lösen.

Als Hannah am Spätnachmittag nach Hause geht, trägt sie nur zwei Bücher, weil sich ihre Hausaufgaben überwiegend im Netz befinden, wo sie auf sie warten. Dort findet sie auch Beratung durch Tutoren und andere Unterstützung für ihre Arbeit.

Tess, Hannahs ältere Schwester, ist in ihrem zweiten Collegejahr und noch selbständiger in ihrer Arbeit. Am Morgen klinkt sie sich in ihrem Zimmer ins Netz ein, wirft einen Blick auf ihren Terminplaner und sieht nach, welche Lektüreaufträge auf sie warten.

Tess bemerkt, daß sie in der Differentialrechnung etwas zurück ist und beschließt, die beiden ersten Stunden am Morgen dazu zu benutzen, ihre Kenntnisse aufzufrischen. Am PC beantwortet sie einen kurzen Fragenkatalog, um festzustellen, wo genau ihre Schwächen liegen. Während sich Tess durch eine Reihe von Aufgaben am Bildschirm hindurcharbeitet, erhält sie augenblickliche Rückmeldungen. Sie muß keine Woche darauf warten, daß ein Test bewertet und zurückgegeben wird – noch nicht einmal eine Minute. Der Rechner verfolgt ihre Leistungen und unterzieht sie einem Test, wann sie es wünscht. Außerdem erinnert er sie daran, daß es Zeit wird für ihren Japanischkurs; in einer Viertelstunde muß sie dort – persönlich – anwesend sein. Laut deklamiert Tess »Domo arigato gozaimasu« und stürzt in Richtung Campus davon. Als sie am frühen Nachmittag zurückkehrt, fragt der Computer sie, ob sie weitere Differentialaufgaben möchte oder lieber einen Test in japanischer Schrift – eine Reihe kurzer Worteinblendungen in Kanji-Schrift.

Ganz besonders wichtig ist meiner Meinung nach, daß der Computer Schülern und Studenten die Möglichkeit geben wird, ihren Wissensstand selbst zu überprüfen. In der Psychologie nennt man das die Integration von Lernen und Leistungsbewertung. Klassenarbeiten, wie wir sie kennen, können für viele Schüler ziemlich deprimierende Erfahrungen sein, die sich häufig mit dem Gefühl verbinden, den Anforderungen nicht zu genügen: »Ich habe eine schlechte Note bekommen« oder »Ich habe keine Zeit mehr gehabt« oder »Ich bin nicht fertig geworden«. Nach einer gewissen Zeit gelangen Schüler, die in Klassenarbeiten nicht besonders gut abschneiden, zu der Überzeugung: »Wenn es sowieso nicht klappt, tue ich besser so, als seien mir Klassenarbeiten völlig wurst.« Negative Erfahrungen mit Tests und Klassenarbeiten können zu negativen Einstellungen gegenüber Schule und Ausbildung führen.

Mit dem interaktiven Netz können Schüler ihren Wissensstand jederzeit risikolos prüfen. Eine Klassenarbeit, die man sich selbst auferlegt, ist eine Art von Selbsterforschung, ganz ähnlich wie die Testfragen, die Paul Allen und ich uns gegenseitig gestellt haben. Prüfungen werden so zu einem positiven Bestandteil des Lernprozesses werden: Ein Fehler bewirkt keinen Tadel, sondern veranlaßt das System, dem Schüler bei der Überwindung des Mißverständnisses unter die Arme zu greifen. Wenn jemand wirklich nicht mehr weiter weiß, wird das System die Möglichkeit anbieten, einen Lehrer über die näheren Umstände in Kenntnis zu setzen. Die Angst vor Klassenarbeiten müßte sich eigentlich legen, und der einzelne Schüler wäre weitgehend sicher vor Überraschungen, weil er durch die laufende Selbstabfrage genauer bestimmten könnte, wo er steht, einen Lehrer leichter um Hilfe bitten könnte und dieser – das ist vielleicht der wichtigste Punkt – sofort wüßte, wo er helfend eingreifen müßte.

Immer wieder kommen wir auf den unverzichtbaren Lehrer zurück. Im Unterschied zu einigen anderen Berufen sieht die Zukunft des Lehrberufs ausgesprochen rosig aus. Mit der Erhöhung des Lebensstandards durch technische Neuerungen hat sich auch immer die Situation der pädagogischen Berufe verbessert. Peter Drucker meint, auf lange Sicht werde die Arbeit von Lehrern produktiver und damit auch besser entgolten werden, so wie es bei den Arbeitern der Fall gewesen sei. Dank der Technik werde der Beruf des Lehrers in Zukunft höher bewertet und besser bezahlt sein. Ich teile diese Auffassung. Pädagogen, die ihren Unterricht mit Energie und Kreativität gestalten, werden sich keine Sorgen um ihre Zukunft machen müssen. Gleiches gilt für Lehrer, die eine gute Beziehung zu ihren Schülern haben. Kinder mögen Erwachsene, die sich aufrichtig für sie interessieren.

Jeder von uns hat Lehrer gehabt, an die er sich gern erinnert. Auf der High School hatte ich einen phantastischen Chemielehrer, der den Stoff ungeheuer interessant darbieten konnte. Verglichen mit Biologie, war Chemie faszinierend. In Biologie haben wir Frösche seziert – das heißt im Klartext, wir haben sie in Stücke gehackt –, aber wozu, das hat uns der Lehrer nicht erklärt. Der Chemielehrer hat es verstanden, seine Stunden interessant zu machen und sein Fach dadurch ein bißchen aufzuwerten, daß er behauptete, die Chemie werde uns helfen, die Welt zu verstehen. Mit zwanzig war ich noch immer davon überzeugt, daß die Chemie viel interessanter sei als die Biologie. Dann las ich das ausgezeichnete Buch des Nobelpreisträgers James Watson, *Die Doppel-Helix*, und mir wurde klar, daß ich von der High School einen falschen Eindruck mitgenommen hatte. Heute finde ich die Biologie, die Erforschung des Lebens, weit faszinierender als die Chemie. Biologische Erkenntnisse sind die wichtigsten, die wir überhaupt gewinnen können, weil sie im Laufe der kommenden Jahrzehnte die Medizin revolutionieren und uns Behandlungsmethoden für die meisten Krankheiten bringen werden. Die menschliche DNS ist wie ein Computerprogramm, nur unendlich viel höher entwickelt als alle Software, die bisher geschrieben wurde.

Gern hätte ich Videoaufzeichnungen von ein paar Stunden dieses Chemielehrers. Vor einigen Jahren entdeckten ein Freund und ich an einer Universität Filme von Vorlesungen, die der namhafte und inzwischen leider verstorbene Physiker Richard Feynman gehalten hat. Es handelte sich um Schmalfilme, und wir brauchten ein Vorführgerät. Im Urlaub konnten wir die Vorlesungen dann sehen – viele Jahre, nachdem Feynman sie an der Cornell University gehalten hatte. Vielleicht hätten wir mehr davon gehabt, wenn wir im Hörsaal dabeigewesen wären oder ihm per Videokonferenz hätten Fragen stellen können. Doch die Klarheit seines Denkens erklärte viele physikalische Begriffe besser als alle Bücher und Lehrer, die ich kennengelernt hatte. Feynman war ein großer Lehrer, und es wäre schade, wenn nicht alle Physikstudenten mühelosen Zugriff auf diese Vorlesungen und die Werke anderer bedeutender Lehrer hätten. Irgendwann werden viele dieser wertvollen Quellen Lehrern und Schülern über das interaktive Netz zur Verfügung stehen – rasch und preiswert.

Sollte eine Lehrerin in Providence, Rhode Island, zufällig besonders gut die Photosynthese erklären können, ließen sich ihre Vortragsnotizen und Multimedia-Demonstrationen Lehrern in aller Welt zugänglich machen. Gewiß würden einige Lehrer das Material genauso verwenden, wie es das Netz liefert, aber andere würden sich leicht zu handhabende Autorenprogramme zunutze machen und das Vorgefundene eigenen Unterrichtsvorhaben eingliedern. Die Urteile von interessierten Lehrern wären problemlos zu beschaffen und würden dazu beitragen, die

Lektion weiter zu verbessern. Innerhalb kurzer Zeit könnte dieses verbesserte Material dann in Tausenden von Klassenzimmern überall auf der Welt zum Einsatz kommen. Ganz gleich wo – selbst in isoliertester Lage – stünden Lehrern die besten Unterrichtsmaterialien und Vorbereitungen zur Verfügung. Auf welche Resonanz das Material stieße, ließe sich leicht feststellen, weil das Netz einfach zählen könnte, wie häufig ein bestimmter Stundenentwurf abgerufen wird oder eine elektronische Umfrage unter den Lehrern durchführen könnte.

Zunehmend entdecken Lehrer auch, daß Computernetze ideal dazu geeignet sind, kulturelle Isolierung zu überwinden. Auf diesem Wege können ihre Schüler etwas über Kinder und Jugendliche in anderen Kulturen erfahren und sich an Diskussionen in aller Welt beteiligen. Lehrer aus verschiedenen Staaten und Ländern haben ihre Klassen schon zu »Lernkreisen« zusammengeschlossen. Ziel der meisten Lernkreise ist es, Schülern Gelegenheit zu geben, ein bestimmtes Thema gemeinsam mit weit entfernt lebenden Schülern durchzuarbeiten. Als 1989 die Berliner Mauer fiel, konnten sich deutsche Schüler darüber mit Gleichaltrigen in anderen Ländern verständigen. Zu einem Lernkreis, der sich mit dem Walfang beschäftigt, gehören auch Schüler eines Eskimodorfs in Alaska, das sich noch immer von Walfleisch ernährt. Das begann Schüler, die unter ganz anderen Bedingungen leben, so sehr zu interessieren, daß sie einen Stammesältesten des Dorfes zu einer Diskussion an ihrer Schule einluden.

Selbst wenn Computer nicht ans Internet angeschlossen sind, können sie Lehrern dazu dienen, ihren Unterricht interessanter zu machen, etwa indem Schülern die Möglichkeit eingeräumt wird, interaktive »Was-wäre-wenn-Szenarien« durchzuspielen. An der Sunnyside-High School in Tucson, Arizona, organisierte ein Lehrer vor mehreren Jahren einen Schülerklub, um reale soziale Verhaltensweisen auf dem Computer zu simulieren. Als die Schüler ein mathematisches Modell solchen Verhaltens entwarfen, entdeckten sie, welche schlimmen Folgen die Bandenbildung haben kann. Der Erfolg dieses Klubs führte schließlich dazu, daß der ganze Mathematikunterricht neu aufgebaut wurde, und zwar ausgehend von der Idee, daß der Unterricht Kinder nicht dazu veranlassen soll, die »richtigen« Antworten zu geben, sondern daß er den Kindern Methoden vermittelt, anhand derer sie entscheiden können, ob eine Antwort »richtig« ist.

Simulationsspiele werden sehr viel besser werden, aber schon heute sind die besten von ihnen faszinierend und äußerst lehrreich. Für den Biologieunterricht existieren bereits etliche Computermodelle. SimLife, ein beliebtes Softwareprogramm, simuliert die Evolution so, daß die Kinder den Vorgang miterleben, statt nur Fakten darüber vorgesetzt zu bekommen. Man muß kein Kind sein, um Spaß an diesem Programm zu haben, mit dessen Hilfe man Pflanzen und Tiere entwerfen und dann beobachten kann, wie sie in einem ebenfalls selbst gestalteten Ökosystem interagieren und sich entwickeln. Von Maxis Software, der Entwicklungsfirma, die SimLife herausgebracht hat, stammt auch SimCity, ein Programm, mit dem Sie eine Stadt mit all ihren untereinander zusammenhängenden Systemen wie Straßen und öffentlichen Verkehrsmitteln entwerfen können. Der Spieler ist als Bürgermeister oder Stadtplaner einer virtuellen Gemeinde gefordert, seine eigenen Ziele für diese Gemeinde zu erreichen – und nicht Ziele, die von der Software künstlich vorgegeben werden. Man errichtet Bauernhöfe, Fabriken, Wohnhäuser, Schulen, Universitäten, Bibliotheken, Museen, Zoos, Krankenhäuser, Gefängnisse, Jachthäfen, Schnellstraßen, Brücken und sogar Untergrundbahnen. Man hat sich mit dem Auswuchern der Stadt und mit Naturkatastrophen wie Feuersbrünsten herumzuschlagen. Man kann auch das Gelände verändern. Greift man in die Abläufe der simulierten Stadt ein, indem man einen Flughafen baut oder die Steuern erhöht, kann sich das auf vorhersagbare oder auch unerwartete Weise auf die simulierte Gesellschaft auswirken. Es ist eine phantastische Möglichkeit, im Handumdrehen zu lernen, wie die reale Welt funktioniert.

In Zukunft werden Schüler aller Alters- und Begabungsstufen in der Lage sein, sich Informationen der verschiedensten Art vor Augen zu führen und interaktiv anzueignen. Eine Klasse, die sich mit dem Wetter befaßt, wird simulierte Satellitenbilder betrachten können, die auf einem Modell hypothetischer meteorologischer Bedingungen basieren. Die Schüler können Fragen stellen wie zum Beispiel: »Was wird aus dem Wetter von morgen, wenn die Windgeschwindigkeit sich um 24 Kilometer pro Stunde erhöht?« Der Computer rechnet das Ergebnis aus und zeigt das simulierte Wettersystem, wie es sich vom Weltraum aus darstellt.

Wenn Simulationen täuschend echt werden, betreten wir das Reich der Virtuellen Realität (VR). Ich bin sicher, daß Schulen irgendwann über VR-Ausrüstungen verfügen werden – vielleicht sogar über VR-Räume, so wie sie heute Musik- und Theatersäle haben –, so daß Schüler einen Ort, ein Objekt oder eine Person auf diese unmittelbare, interaktive Weise erfahren können.

Auch in Zukunft werden Lehrer Hausaufgaben aufgeben, allerdings werden sie immer häufiger Verweise auf elektronische Quellen enthalten. Schüler werden eigene elektronische Links einrichten und für ihre Hausaufgaben Multimedia-Elemente heranziehen, die sie sich elektronisch übers Netz besorgen. Einige Hausarbeiten, bei denen Antwortvorgaben nur anzukreuzen sind, werden von Software bewertet werden, Arbeiten anderer Art werden elektronisch an Helfer übermittelt werden – ältere Schüler derselben Schule oder Studenten, die viele Kilometer entfernt leben.

Die Bedeutung von »gutem Unterricht« wird sich in mancherlei Hinsicht verändern, in einigen grundsätzlichen Aspekten aber nicht. Im Umgang mit der künftigen Lerntechnologie wird den Lehrern eine entscheidende Aufgabe zufallen, die weit mehr umfassen wird, als den Kindern nur zu zeigen, wo sie im Netz Informationen finden können. Wie eh und je werden Lehrer wissen müssen, wann es angebracht ist, nachzufassen, zu beobachten, anzuregen oder Vorschläge zu unterbreiten. Wie eh und je werden sie ihren Schülern die Fertigkeit vermitteln müssen, sich mündlich und schriftlich angemessen auszudrücken.

Aber stets werden sie die Technik als Ausgangspunkt und Hilfsmittel nutzen.

Pädagogen werden sich wie viele andere Arbeitnehmer in der freien Wirtschaft auf immer neue Bedingungen einstellen müssen. Zunächst müssen sie eine Neubewertung ihres handwerklichen Rüstzeugs vornehmen. Einige herkömmliche Unterrichtsstile und -fertigkeiten werden sich im Licht dieser neuen Betrachtungsweise als wertvoller erweisen, andere als weniger nützlich. An einigen Schulen wird man die Klassenstärke etwas anheben, um die technische Ausrüstung finanzieren und vielleicht auch die Lehrerbesoldung verbessern zu können. Die Interaktionsgruppen werden jedoch kleiner und die Lernumwelten effektiver werden, so daß viele Lehrer mehr Zufriedenheit in ihrem Beruf finden werden.

Software wird dem Lehrer genauso wie dem Schüler helfen. Mit Hilfe von geeigneten Programmen werden Lehrer Daten über die Fertigkeiten, Fortschritte, Interessen und Erwartungen ihrer Schüler zusammenfassen können. Sobald sie genügend Informationen über ihre Schüler haben und sie von einem Großteil des lästigen Papierkriegs befreit sind, wird ihnen mehr Zeit bleiben, um auf die Ihnen ja nun bekannten individuellen Bedürfnisse ihrer Schüler einzugehen. Anhand der zusammengetragenen Daten werden sie den Unterricht und die Hausaufgaben auf die einzelnen Schüler zuschneiden. Auf diese Weise läßt sich die Arbeit eines Schülers fortlaufend dokumentieren – Aufzeichnungen, die jederzeit eingesehen oder an Kollegen weitergegeben werden können. Lehrer und Eltern werden sich sehr viel genauer über die Fortschritte eines Kindes verständigen können. Wenn man dann noch bedenkt, daß die Möglichkeit von Videokonferenzen ganz allgemein zur Verfügung stehen wird, darf man davon ausgehen, daß sich die Zusammenarbeit zwischen Eltern und Lehrern sehr viel enger gestalten wird.

Ich denke, jeder Lehrer wird sich pro Woche ein paar Minuten Zeit nehmen, um Eltern per E-Mail in wenigen – getippten oder gesprochenen – Worten über die Leistungen ihrer Kindes zu unterrichten. So werden Eltern ihren Kindern gratulieren können, wenn sie etwas Außergewöhnliches geleistet haben, und sie werden wissen, wenn ein Kind Hilfe braucht. Viel leichter als heute, wo man schon Schwierigkeiten hat, einen Lehrer ans Telefon zu bekommen, werden Eltern dann in der Lage sein, den schulischen Fortschritten ihrer Kinder zu folgen. Übers Netz werden sie Aufgaben, Klassenarbeiten, Schülerberichte und andere Informationen einsehen können. Wahrscheinlich wird die Mutter, die fragt: »Wie war's heute in der Schule, Liebes?« die Antwort schon im voraus kennen. Wenn es in einem Haushalt keinen PC gibt, werden die Eltern PCs in Bibliotheken oder andere öffentliche Netzzugänge benutzen können – genau wie ihre Kinder.

Ein Thema, über das sich Eltern, Lehrer, Behörden und Schulvereine sicherlich verständigen müssen, ist die Frage, wie die Benutzung der Informationstechnologie durch die Schüler geregelt werden soll. Wenn Schüler eines Tages grenzenlosen Zugang zu Informationen aller Art und zur Kommunikation mit anderen Menschen haben, wirft das nicht nur für Eltern und Schulen Probleme auf, sondern auch für die Gesellschaft insgesamt. Meist stellt sich in diesem Zusammenhang zuerst die Frage, ob und wie sich Informationen im Internet einschränken oder kontrollieren lassen – ein Thema, auf das ich in Kapitel zwölf ausführlicher eingehe. In Schulen ergeben sich allerdings noch andere Fragen. Dürfen Schüler ihre Notebooks in jede Stunde mitbringen? Dürfen sie bei Gruppendiskussionen auf eigene Faust Nachforschungen anstellen? Wieviel Freiheit soll man ihnen einräumen? Darf man ihnen den Zugriff auf Informationen gewähren, die ihre Eltern aus moralischen, sozialen oder politischen Gründen ablehnen? Dürfen sie in der Stunde Hausaufgaben für ein anderes Fach machen? Sollen wir sie daran hindern, sich während des Unterrichts Nachrichten zuzuschicken? Darf ein Lehrer die Bildschirme aller Schüler kontrollieren oder die Computeraktivitäten eines Schülers aufzeichnen, um später Stichproben vorzunehmen? Diese Fragen, die in vielen Fällen einfach Neuauflagen uralter Schulkonflikte sind, werden wohl an verschiedenen Orten verschiedene Antworten finden, häufig erst nach erbitterten Auseinandersetzungen und unter elektronischer Beteiligung von Eltern und einer größeren Öffentlichkeit.

Lehrer werden über E-Mail Eltern für Online-Gesprächskreise anwerben, in denen das berufliche Wissen und andere Spezialkenntnisse der Eltern für den Unterricht genutzt werden. Großeltern, Freiberufler und Kommunalpolitiker werden ebenfalls Gelegenheit haben, sich am Unterricht zu beteiligen, und wenn nur für eine Stunde hier und da – eine praktische, preiswerte und sicherlich bald ganz selbstverständliche Methode: Immer wieder werden sich Gäste mit besonderen Kenntnissen auf einem Gebiet zunächst übers Internet und dann per Vidoekonferenz von zu Hause oder dem Büro in Unterrichtsgespräche einblenden.

Auch die Wirtschaft wird sich zunehmend engagieren. Besonders wichtig wird ihre finanzielle Beteiligung sein. Viele Kabel- und Telefongesellschaften in den Vereinigten Staaten haben bereits kostenlose oder verbilligte Netzverbindungen für Schulen und Büchereien in ihrem Zuständigkeitsgebiet versprochen. Beispielsweise hat TCI kostenlose Kabelanschlüsse in den von ihr versorgten Gemeinden angeboten, und auch Time Warner und AT&T haben sich zu größeren Leistungen verpflichtet. Unternehmen und andere Organisationen schließen sich zusammen, um Grundschulen, High Schools, Colleges und Büchereien mit Computern, Software und Netzanschlüssen auszustatten.

Einige Firmen konnten sich bereits davon überzeugen, daß ihre Investitionen ins Bildungssystem nicht wirkungslos geblieben sind, selbst bei Schülern, die unter schwierigsten Bedingungen heranwachsen.

Die Christopher Columbus Middle School in Union City, New Jersey, ist eine aus einer pädagogischen Krise entstandene Schule. Ende der achtziger Jahre waren die Ergebnisse der staatlichen Leistungstests so schlecht und die Abwesenheits- und Abbrecherquoten unter den Kindern des Schulbezirks so hoch, daß der Staat erwog, die Schule in eigener Regie zu übernehmen. Der Schulverband, die Lehrer und die Eltern (die zu weit über neunzig Prozent hispanischer Herkunft waren und Englisch nicht als erste Sprache sprachen) legten einen innovativen Fünfjahresplan vor, um ihre Schule zu retten.

Bell Atlantic (die örtliche Telefongesellschaft) erklärte sich bereit zur Mitfinanzierung eines speziell vernetzten Multimedia-Systems von PCs, das die Wohnungen der Schüler mit den Klassenzimmern, Lehrern und Schulleitern verband. Das Unternehmen stellte anfangs 140 Multimedia-PCs bereit, ausreichend für die Wohnungen aller Siebtkläßler, die aller Lehrer von siebten Klassen und mindestens vier Geräte je Klassenzimmer. Diese Computer wurden über Hochgeschwindigkeitsleitungen mit dem Internet vernetzt, und die Lehrer wurden in der Benutzung der PCs unterwiesen. Die Lehrer wiederum veranstalteten Wochenend-Trainingskurse für die Eltern, von denen mehr als die Hälfte teilnahm, und ermunterten Eltern und Schüler, E-Mail und Internet zu benutzen.

Zwei Jahre später nahmen die Eltern noch immer regen Anteil an dem Schulversuch und benutzen die häuslichen PCs auch selbst, um mit den Lehrern und Schulleitern in Verbindung zu bleiben; die Abbrecherquote und das unentschuldigte Fehlen waren fast auf Null zurückgegangen, und bei standardisierten Tests schnitten die Schüler fast dreimal besser ab als der Durchschnitt aller Innenstadtschulen in New Jersey. So kann nicht überraschen, daß das Programm jetzt auf alle Klassen der Mittelschule ausgedehnt wurde.

Raymond W. Smith, Chef von Bell Atlantic, meint dazu: »Der Erfolg lag nach meiner Ansicht in der Kombination – ein Schulverband, der bereit war, die Unterrichtsmethoden grundlegend zu ändern, eine Elternschaft, die das mittrug und sich engagierte, und die behutsame, aber weitreichende Integration der Technologie in die Familien und Klassen – das alles erzeugte eine echte Lerngemeinschaft, in der Familie und Schule sich gegenseitig bestärken und unterstützen.«

Solche Anstrengungen unternehmen Wirtschaftsunternehmen, weil ihnen klar ist, daß das Bildungssystem für sie eine ganz wichtige Rolle spielt. Sicherlich wird es bald üblich sein, daß Firmen Preise für Lehrer aussetzen, deren Unterrichtsmaterialien – übers Internet allgemein zugänglich gemacht – besonders gut sind. In einem bescheidenen Rahmen werden dadurch finanzielle Anreize geschaffen, die besten Methoden zu verbreiten.

Viele der hier beschriebenen pädagogischen Szenarien ließen sich heute schon verwirklichen, wenn die Schulen besser ausgerüstet und ans Internet angeschlossen wären – und wenn es die erforderliche Software gäbe. Wenn wir vorwärts schauen und an die Auswirkungen der Breitbandtechnologie denken, dann werden noch viel mehr Möglichkeiten erkennbar, um das Lernen an unseren Schulen interessanter und abwechslungsreicher zu gestalten.

Klassenzimmer wird Klassenzimmer bleiben, aber die Informationstechnik wird die alltäglichen Lernerfahrungen gründlich verändern. An die Stelle der herkömmlichen Wandtafel mit den handschriftlichen Kreidenotizen des Lehrers wird eine große Videotafel treten, die farbige Darstellungen mit gut leserlichen Schriftarten präsentieren wird, bezogen aus dem reichen Schatz des Internets an Multimedia-Unterrichtsmaterialien – Millionen von Illustrationen, Animationen, Fotografien und bewegten Videobildern.

Nehmen wir einen Physiklehrer, der sich irgendwann in naher Zukunft, sagen wir, in zehn Jahren, auf ein Unterrichtsprojekt über die Sonne vorbereitet, in dem er nicht nur die physikalischen Prozesse der Sonne, sondern auch die Geschichte ihrer allmählichen Entdeckung behandeln will. Wenn er ein Bild oder eine Videosequenz zeigen möchte – ein Gemälde, das Porträt eines Solarwissenschaftlers oder eine Animation, die zeigt, wie die Planeten um die Sonne kreisen –, dann wird er im Netz die Möglichkeit haben, sich aus einem umfassenden Bildkatalog zu bedienen. Ihm stehen Videoclips und kommentierte Animationen aus unzähligen Quellen zur Verfügung. In wenigen Minuten wird er einen üppig bebilderten Vortrag zusammenstellen können, für dessen Vorbereitung er heute Tage brauchte. Bei seinen Ausführungen über die Sonne wird der Lehrer die Bilder und Diagramme zeitlich ganz exakt abrufen können. Fragt ein Schüler, woher die Energie der Sonne kommt, kann der Lehrer ihm eine bewegte Grafik der Wasserstoff- und Heliumatome zeigen. Auf diese Weise vermag er auch Sonneneruptionen, Sonnenflecken und andere Phänomene zu veranschaulichen oder auf der Videotafel einen kurzen Film über Fusionsenergie zu zeigen. Das alles klappt, weil der Lehrer im voraus die Links zu den entsprechenden Servern im globalen Netz organisiert hat, und eine Liste mit diesen Links verteilt er auch an seine Schüler, so daß sie bei der Arbeit in der Bücherei oder zu Hause in der Lage sind, das Thema aus jeder gewünschten Perspektive zu betrachten.

Oder stellen wir uns vor, daß eine Kunstlehrerin auf einer High School Seurats Gemälde *Badende in Asnières* auf einem hochauflösenden digitalen Wanddisplay zeigt. Die Schüler sehen vor einem Hintergrund aus Segelbooten und Fabrikschornsteinen einige junge Männer in den achtziger Jahren des 19. Jahrhunderts, die sich am Ufer der Seine entspannen. Dazu ertönt der Titel des Gemäldes auf französisch – *Une Baignade à Asnières* –, und es erscheint eine Karte von Paris und Umgebung, auf der die Stadt Asnières hervorgehoben ist. Die Lehrerin wird das Bild, in dem sich der Pointillismus ankündigt, vielleicht dazu benutzen, um das Ende des Impressionismus zu erläutern. Sie kann es aber auch als Aufhänger für allgemeinere Themen benutzen, etwa das Leben in Frankreich im ausgehenden 19. Jahrhundert oder die Industrielle Revolution, oder sie kann an diesem Beispiel zeigen, wie unsere Augen Komplementärfarben wahrnehmen.

Vielleicht sagt sie, auf den orangeroten Hut einer Gestalt am rechten Rand des Bildes deutend: »Schaut euch an, wie dieser Hut vibriert. Seurat täuscht das Auge. Der Hut ist rot, aber der Maler hat winzige Pünktchen Orange und Blau hineingesetzt. Das Blau erkennt man nur, wenn man ganz genau hinschaut.« Während sie dies sagt, holt sie mit der Zoomfunktion den Hut so nah heran, daß die Körnung der Leinwand zu erkennen ist.

Bei dieser Vergrößerung sind die blauen Einsprengsel zu sehen, und die Lehrerin erklärt, daß Blau die Gegenfarbe von Orange ist. Auf dem Display erscheint nun ein Farbenrad, zu dem die Lehrerin, aber vielleicht auch das Multimedia-Dokument selbst erläutert: »Die Farben auf diesem Rad sind so angeordnet, daß die Komplementärfarben einander gegenüberliegen. Komplementär sind Rot und Grünblau, Gelb und Violett, Blau und Orange. Es ist eine Eigenart des Auges, daß es, wenn man eine Farbe intensiv betrachtet, ein Nachbild der Gegenfarbe erzeugt. Seurat hat diesen Trick benutzt, um die Rot- und Orangetöne des Hutes durch das Einschmuggeln von blauen Punkten zu verstärken.«

Um die Form des Unterrichts, die ich hier beschreibe, zu verwirklichen, müssen wir die Schule von heute gewaltigen Veränderungen unterziehen, aber gewaltige Veränderungen sind möglich. Das wissen wir. Dabei wird der Wandel nicht auf die Vereinigten Staaten beschränkt sein. Er wird in verschiedenen Ländern verschiedene Gestalt annehmen, doch stets wird die Informationstechnologie die treibende Kraft sein. In den nächsten fünf Jahren werden vielleicht noch keine großen Fortschritte zu erkennen sein. Doch in zehn Jahren wird die neue Technologie für das Lernen innerhalb und außerhalb der Schule eine entscheidende Rolle spielen. Alle Investitionen werden reichlich Früchte tragen.

## 10. Cyber-Heim

Unter den vielen Ängsten, die die Beschäftigung mit der Kommunikationsrevolution auslöst, findet sich auch die Befürchtung, unser Zusammenleben mit anderen könnte empfindlich Schaden nehmen. Eines Tages werden wir, so die Sorge, zu Hause ein so verlockendes Unterhaltungsangebot vorfinden, daß wir das traute Heim überhaupt nicht mehr verlassen und uns völlig isolieren. Ich bin da ganz anderer Meinung und möchte an späterer Stelle in diesem Kapitel, wenn es um mein Haus geht, erläutern, warum.

An diesem Haus baue ich, wie mir scheint, bereits den größten Teil meines Lebens. (Und noch länger ist offenbar in der Presse davon die Rede.) Gewiß, es ist vollgestopft mit modernsten Unterhaltungsmöglichkeiten, unter anderem einem kleinen Kino und einem Video-on-demand-System, aber ganz gewiß habe ich nicht die Absicht, deshalb ständig daheim rumzusitzen. Auch andere Leute werden, obwohl ihnen ein ununterbrochener Unterhaltungsstrom ins Haus fließt, weiterhin Theater, Parks, Museen und Einkaufszentren aufsuchen. Die Verhaltensforscher haben immer wieder betont, daß wir soziale Wesen sind. Gewiß werden wir die Möglichkeit haben, häufiger in unseren vier Wänden zu bleiben, da uns das Internet eine Vielzahl von Gelegenheiten zur Unterhaltung, Kommunikation und Berufsausübung ins Haus tragen wird. Zwar werden sich die Schwerpunkte der Aktivität verlagern, doch ich denke, die Menschen werden auch in Zukunft fast genauso viel Zeit außer Haus verbringen wie bisher.

In Kapitel eins habe ich berichtet, wie man ursprünglich auf die Eisenbahn und das Telefon reagiert hat – düstere Prophezeiungen, die nicht in Erfüllung gegangen sind. In der jüngeren Vergangenheit, in den fünfziger Jahren, hieß es dann, die Kinos würden verschwinden, weil alle Welt zu Hause bleiben und vor der neuen Erfindung, dem Fernsehen, hocken würde. Pay-TV und Videotheken weckten ähnliche Befürchtungen. Warum sollte unter diesen Umständen noch jemand Geld für Parkhaus und Babysitter ausgeben, völlig überhöhte Preise für Getränke und Eiskonfekt zahlen und sich dann mit vielen fremden Leuten in einen dunklen Raum setzen? Und doch gibt es weiterhin Filme, die die Kinosäle füllen. Ich zum Beispiel liebe Filme, und es macht mir Spaß, auszugehen, um sie mir anzusehen. Ich tue es fast jede Woche und denke, daran wird auch das Netz nichts ändern.

Dank der neuen Kommunikationsmöglichkeiten wird es sehr viel leichter als bisher sein, mit Freunden und Verwandten in Kontakt zu bleiben, von denen wir durch große geographische Entfernungen getrennt sind. Oft haben wir uns verzweifelt bemüht, Freundschaften mit Menschen am Leben zu erhalten, die weit weg wohnen. Ich war einmal mit einer Frau befreundet, die in einer anderen Stadt lebte. Wir haben uns oft per E-Mail unterhalten. Schließlich fanden wir eine Möglichkeit, zusammen ins Kino zu gehen. Wir suchten einen Film aus, der zur gleichen Zeit in beiden Städten spielte. Dann fuhren wir ins Kino, jeder in seins, und plauderten per Handy miteinander. Auf der Heimfahrt benutzten wir wieder unsere Handys, um uns über den Film auszutauschen. In Zukunft werden solche »virtuellen Rendezvous« konkretere Formen annehmen, weil man die Vorführung des Films mit einer Videokonferenz verbinden kann.

Schon heute spiele ich Bridge in einem Online-System, das den Spielern erlaubt, einen Blick in ein Wartezimmer zu werfen, um zu sehen, wer mitspielen möchte. Dabei hat jeder Spieler die Möglichkeit, auf eine bislang noch primitive Weise zu bestimmen, welches Erscheinungsbild er den Mitspielern präsentieren möchte: Geschlecht, Frisur, Figur und so fort. Als ich mich zum ersten Mal in das System einklinkte, hatte ich es so eilig, mit dem Bridgespielen zu beginnen, daß ich keinen Gedanken an mein elektronisches Aussehen verschwendete. Prompt teilten mir meine Freunde nach Spielbeginn per E-Mail mit, wie häßlich ich so kahl und nackt sei (von der Taille aufwärts; mehr ist von den Mitspielern nicht zu sehen!). Obwohl dieses System noch keine Bild- und Sprachübertragung erlaubt, wie es bei künftigen Systemen der Fall sein wird, machte die Möglichkeit, während des Spiels Textnachrichten auszutauschen, das Ganze zu einem Riesenvergnügen.

Das Internet wird es uns nicht nur erleichtern, den Kontakt zu Freunden in der Ferne aufrechtzuerhalten, er wird uns auch Gelegenheit bieten, neue Bekanntschaften zu machen. Freundschaften, die übers Netz geschlossen werden, dürften ganz selbstverständlich dazu führen, daß man sich auch leibhaftig begegnet. Der Talkmaster Rush Limbaugh hat seine Frau über einen Online-Dienst kennengelernt. Gegenwärtig sind unsere Möglichkeiten, Menschen kennenzulernen, die uns sympathisch sind, unter Umständen ziemlich begrenzt; das wird das Netz ändern. Einige unserer neuen Freunde werden wir auf ganz andere Art kennenlernen. Schon das allein wird das Leben interessanter machen.

Nehmen wir an, Sie suchen jemanden zum Bridgespielen. Über das Netz werden Sie in der Nachbarschaft, in anderen Städten oder sogar in anderen Ländern Spieler finden, die das Ihnen angemessene Spielniveau haben. Interaktive Spiele zwischen weit entfernten Teilnehmern sind beileibe nichts Neues. Schon seit Generationen gibt es bei Schachspielern die Einrichtung des Briefschachs – ein Zug pro Brief. Der Unterschied liegt darin, daß es uns dank der Programme, die auf dem Netz laufen werden, leichter fallen wird, Leute mit gleichen Interessen zu finden und in einem Tempo zu spielen, als säße man sich wirklich gegenüber. Ein weiterer Unterschied wird darin liegen, daß Sie beim Spiel – sagen wir, Bridge oder *Starfighter* – in der Lage sein werden, sich über das Netz mit den anderen Spielern zu unterhalten.

Bei den harmlosen Spielen wie Skat und Bridge, die man in kleinen Gruppen spielt, geht es nicht nur ums Gewinnen, sondern auch oder vor allem um die Geselligkeit. Das Spiel macht mehr Spaß, wenn man Freude an der Unterhaltung hat. Einige

Firmen sind damit beschäftigt, solchen Gesellschaftsspielen ganz neue Dimensionen abzugewinnen. Da werden Sie wählen können, ob Sie allein spielen wollen, mit ein paar Freunden oder mit Tausenden von Menschen, und am Ende werden Sie Ihre Mitspieler sogar sehen können – wenn die es denn wollen. Ohne Schwierigkeiten wird man einen Experten finden, um ihm beim Spiel zuzusehen oder Übungsstunden bei ihm zu nehmen. Im Netz wird es Ihnen und Ihren Freunden nicht nur möglich sein, sich an einen Spieltisch zu setzen, Sie können sich auch an einem tatsächlich existierenden Ort, dem Englischen Garten zum Beispiel, oder an einem imaginären Ort »treffen«. Wenn Sie wollen, spielen Sie ein konventionelles Spiel an einem bekannten Ort oder ein ganz neues Spiel, zu dem die Erforschung einer virtuellen Umgebung gehört.

Gelegentlich verwischt sich die Grenze zwischen Spiel und Wirklichkeit, eine Tendenz, die sich noch verstärken wird. Ist es noch Spiel, wenn Sie mit Hilfe der Virtuellen Realität eine imaginäre Welt oder das Innere des menschlichen Körpers erforschen? Viele Leute stellen sich unter Computerspielen actionreiche Videoprodukte für Halbwüchsige vor, aber damit ist der Begriff viel zu eng gefaßt.

Warren Buffett, ein guter Freund von mir und bekannt für sein sicheres Urteil in Investmentfragen, hat stets einen großen Bogen um Hightech und Hightech-Investitionen gemacht. Seit Jahren habe ich auf ihn eingeredet, er solle einen PC benutzen. Ich wollte mich sogar in ein Flugzeug setzen, um ihn einzuweisen. Das alles hat ihn nicht interessiert, bis er erfuhr, daß er über einen Online-Dienst mit Freunden im ganzen Land Bridge spielen kann. Daraufhin saß er ein halbes Jahr lang zu Hause und spielte stundenlang. Nun hat es ihn gepackt. Zeitweise ist Warren ein besserer Kunde der Online-Dienste als ich. Das gegenwärtige System verlangt nicht, daß man sein wirkliches Aussehen, seinen Namen, sein Alter oder sein Geschlecht eingibt. Es hat aber den Anschein, als seien die meisten von uns Kinder oder Rentner – was beides auf Warren nicht zutrifft. So mußte in das System die Bedingung aufgenommen werden, daß Eltern den Online-Aktivitäten ihrer Kinder zeitliche (und finanzielle) Grenzen setzen.

Ich glaube, Online-Computerspiele werden ein Riesenhit. Dabei werden wir aus einem reichen Spieleangebot auswählen können – nicht nur alle klassischen Brett- und Kartenspiele, sondern auch Adventure- und Rollenspiele. Speziell für das interaktive Medium wird man neue Spielarten erfinden, Wettbewerbe durchführen und Preise aussetzen. Von Zeit zu Zeit werden Berühmtheiten und Experten dem System einen Besuch abstatten. Jeder kann sie dann spielen sehen oder sogar gegen sie antreten.

Mit der Einführung des Zuschauer-Feedbacks werden sich die Gameshows im Fernsehen grundlegend wandeln. Die Zuschauer können abstimmen und das Ergebnis sofort sehen – ähnlich wie beim TED in herkömmlichen Shows, nur sehr viel schneller. Außerdem könnten die Zuschauer sich an den Spielen beteiligen und Preise gewinnen. Einige auf diesem Gebiet sehr aktive Unternehmen, Answer-TV zum Beispiel, haben bereits Systeme entwickelt und getestet, die speziell für interaktive Spielshows bestimmt sind, doch da diese Geräte nur eine einzige Anwendung haben, ist das Interesse eher gering geblieben. Im Internet müssen Sie keine spezielle Hard- oder Software erwerben, um sich interaktiv an einer Fernsehshow zu beteiligen. Stellen Sie sich vor, die Zuschauer könnten zu Hause an einer Show wie *Glücksrad* teilnehmen und Bargeld oder andere Preise gewinnen! Die Veranstalter der Shows könnten sogar verfolgen, wer regelmäßig zuschaut, und besonders treue Zuschauer durch Sonderpreise oder namentliche Nennung auszeichnen.

Auch mit Glücksspielen wird man sich auf dem Highway amüsieren. In Las Vegas, Reno und Atlantic City sind sie ein glänzendes Geschäft, und Monaco lebt fast ausschließlich von ihnen. In Casinos werden unglaubliche Gewinne eingestrichen. Die Chancen können noch so schlecht stehen – die Spieler sind immer davon überzeugt, daß sie gewinnen werden. Stets habe ich Spiele bevorzugt, bei denen es auf Geschick und Logik ankommt – Poker, Bridge, Schach, Dame und Go. Selbst wenn das Glück eine gewisse

Rolle spielt wie beim Poker, ist es doch ganz entscheidend, daß man seine Chancen einschätzen kann.

Einmal hat mir Warren Buffet eine Wette vorgeschlagen, die mich zu einer raschen Berechnung meiner Aussichten zwang. Er legte vier Würfel auf den Tisch und schlug vor, daß wir jeder einen auswählten, die anderen beiden weglegten und dann eine Wette darüber abschlössen, wessen Würfel häufiger eine höhere Zahl zeigen würde. Er war bereit, mich zuerst wählen zu lassen.

Mir war klar, daß Warren etwas im Schilde führte, denn die Würfel wiesen höchst ungewöhnliche Zahlenkombinationen auf. Auf dem einen, nennen wir ihn Würfel A, befanden sich die Zahlen 1, 2, 3, 9, 10 und 11. Bei B waren es 0, 1, 7, 8, 8 und 9, bei C 5, 5, 6, 6, 7 und 7 und bei D 3, 4, 4, 5, 11 und 12.

»Du kannst zuerst wählen, also was für eine Wette schlägst du vor?« fragte Warren. »Gleiche Bedingungen? Oder kriege ich bessere?«

»Laß mich erst mal einen Blick auf die Würfel werfen«, sagte ich.

Nachdem ich sie eine Minute lang betrachtet hatte, sagte ich: »Das ist eine ganz linke Kiste. Du wählst zuerst.«

Das tat Warren, und wir wußten beide, daß er das Spiel verloren hatte. Ich sah mir den Würfel an, den er gewählt hatte, und überlegte dann ein paar Minuten lang, bevor ich mir selber einen aussuchte.

Durch die raffinierte Zahlenzusammenstellung auf den Würfeln war nicht sofort ersichtlich, daß die Zahlen nichttransitiv waren. Das mathematische Transitivitätsprinzip – wenn A größer als B und B größer als C ist, dann ist auch A größer als C – fand hier keine Anwendung. Bei einer entsprechenden Zahl von Würfen konnte jeder der vier Würfel gegen einen der anderen gewinnen: Würfel A würde B im Schnitt bei 11 von 17 Würfen schlagen – in fast zwei Drittel der Fälle. B war C im gleichen Verhältnis überlegen. Auch C würde D in 11/17 der Fälle schlagen, und, so unglaublich es klingt, das gleiche galt auch für die Beziehung zwischen D und A. Diese Chancenverteilung vermochte ich natürlich nicht auf der Stelle auszurechnen, aber ich habe die Würfel doch lange genug betrachtet, um zu erkennen, welchen ich zu wählen hatte.

Zwar spiele ich gelegentlich auch Blackjack, wenn ich in Las Vegas bin, doch im allgemeinen geht es mir mehr um die intellektuelle Herausforderung, nicht ums Glück. Wahrscheinlich liegt es daran, daß ich sehr viel weniger Zeit als Geld habe. Gäbe es ein Glücksspiel, in dem man ein paar Stunden mehr am Tag gewinnen könnte, würde ich vielleicht doch zum Spieler.

Der technische Fortschritt hat das Glücksspiel seit jeher beeinflußt. Schon frühzeitig hat man den Telegrafen, später den Ticker dazu benutzt, die Ergebnisse von Pferderennen zu übermitteln. Dank der Fernsehsatelliten kann man heute seiner Wettleidenschaft weitab von allen Rennplätzen frönen. Spielautomaten haben stets von der Entwicklung der mechanischen Rechenmaschinen und später der Computer profitiert. Schon heute finden Glücksspiele viel Beachtung im Internet, wenn auch Vorsicht geboten ist, da noch nicht ganz klar ist, was gesetzlich erlaubt ist und was nicht. Das Fürstentum Liechtenstein betreibt sogar eine staatliche Lotterie übers Internet, das InterLotto, an dem sich Spieler aus aller Welt beteiligen. Interaktive Netze werden bestimmt große Bedeutung für legale und illegale Glücksspiele gewinnen. Mit Sicherheit wird man die jeweils aktuellen Buchmacherkurse auf Servern veröffentlichen, so daß jeder seine Wetten per E-Mail abschließen kann. Einsätze und Gewinne werden in elektronischer Währung bezahlt.

Da das Glücksspiel strengen gesetzlichen Regelungen unterworfen ist, läßt sich schwer vorhersagen, welche Formen im Netz gestattet sein werden. Einige internationale Fluggesellschaften lassen ihre Passagiere bereits über Bildschirme um Geld spielen. Möglicherweise müssen die Veranstalter von Glücksspielen auch genau angeben, welche Chancen der Spieler hat. Eines steht fest: Im globalen interaktiven Netz wird das Glücksspiel sehr viel schwerer zu kontrollieren sein als heute. Technisch wird es möglich sein, alles zum Gegenstand von Wetten zu machen, und wenn kein Gesetz es verbietet, wird es mit Sicherheit auch jemanden geben, der entsprechende Wetten anbietet. Man wird sich Pferderennen, Hunderennen und jedes andere Sportereignis live ins Haus holen können, so daß die erregende Atmosphäre einer Rennbahn oder eines Stadions zumindest ansatzweise zu spüren sein wird.

Eine große Zahl von Menschen – und nicht nur Spieler, denen es um den Spaß oder ums Geld geht – werden sich die einzigartigen Möglichkeiten des interaktiven Netzes zunutze machen und den Kontakt zu Menschen mit gleichen Interessen suchen. Vielleicht gehören Sie heute zum Skiclub Ihres Heimatortes, wo Sie anderen Menschen begegnen, die gern Ski laufen. Möglicherweise haben Sie auch eine Skizeitschrift abonniert, in der Sie sich über Neuheiten auf dem Gebiet der Ausrüstung informieren können. Im Internet können Sie sich in eine der Web-Sites einloggen, auf der alle möglichen Informationen über Skilaufen, Skizubehör und Skigebiete zu finden sind. Dort werden Sie Wetterberichte, »Livefotos« und Pistenbewertungen aus den wichtigsten Wintersportgebieten abrufen können. In den kommenden Jahren werden diese Informationen noch ausführlicher werden. Manche dem Skilaufen gewidmeten Web-Sites werden sich zu elektronischen Gemeinschaften weiterentwickeln, die Ihnen nicht nur aktuelle Informationen über Ausrüstung und Wetterverhältnisse liefern, sondern Ihnen auch die Möglichkeit eröffnen, sich mit Menschen auszutauschen, die Ihre Leidenschaft teilen.

In der Regel gilt für elektronische Gemeinschaften, daß sie um so nützlicher sind, je größer die Zahl ihrer Mitglieder ist. Schließlich wird sich der größte Teil aller Skifans auf der Erde zumindest gelegentlich in solche Net-Gemeinschaften einklinken. Wenn Sie Mitglied werden, können Sie erfahren, wo die besten Pisten in der Nähe von München sind, herausfinden, wo bestimmte Skistöcke am preiswertesten sind, und sich die aktuellsten Nachrichten und Anzeigen über alle Produkte ansehen, die mit dem Skilaufen zusammenhängen. Fotos und Videos, die man von einem Rennen oder einem Skiurlaub mitgebracht hat, kann man auf diesem Wege anderen zugänglich machen. Besprechungen von Skibüchern darf jeder veröffentlichen, der mag. Man wird über Gesetze und Sicherheitsbestimmungen diskutieren. Lehrfilme können bestellt und sofort angesehen werden. Solche Multimedia-Dokumente werden umsonst oder gegen eine Gebühr gezeigt werden – einem Benutzer, Hunderten oder Tausenden. An diese elektronische Gemeinschaft werden Sie sich wenden müssen, wenn Sie sich fürs Skifahren interessieren.

Wenn Sie sich in eine bessere körperliche Verfassung bringen möchten, bevor sie sich an schwierige Abfahrten wagen, macht Ihnen das Training vielleicht mehr Spaß, wenn Sie engen elektronischen Kontakt zu Dutzenden anderer Mitglieder halten, die sich in Größe, Alter und Gewicht kaum von Ihnen unterscheiden und die sich vergleichbare Ziele für das Training und beim Abnehmen gesetzt haben. Die Mitglieder dieses Gemeinschaft könnten sich gegenseitig Mut machen und sogar ihre Gymnastik zur gleichen Zeit durchführen. In einem Trainingskurs, in dem Ihnen die anderen Teilnehmer mehr oder weniger gleichen, werden Sie weniger befangen sein. Und wenn doch, können Sie die Videokamera abschalten.

Die Gemeinschaft der Skiläufer ist ziemlich groß und leicht zu definieren. Im Internet werden Ihnen bestimmte Anwendungen bei der Suche nach Menschen und Informationen helfen, die sich mit Ihren Interessen überschneiden – und mögen sie noch so speziell sein. Wenn Sie vorhaben, Berlin zu besuchen, wird Ihnen das Netz ungeheure Mengen von historischen, touristischen und soziologischen Informationen zugänglich machen. Man wird Sie auffordern, Ihre Interessen in Datenbanken einzugeben, die dann von entsprechenden Anwendungen analysiert werden. Die Programme werden Ihnen sogar Menschen nennen, an deren Bekanntschaft Sie Gefallen finden könnten. Falls Sie eine Sammlung von Briefbeschwerern aus venezianischem Glas haben, werden Sie wahrscheinlich Mitglied in einer oder mehreren Weltgemeinschaften von Sammlern mit dem gleichen Interesse sein. Vielleicht leben einige in Berlin und haben Sammlungen, die sie Ihnen gerne zeigen würden. Haben Sie die Absicht, Ihre zehnjährige Tochter mit nach

Berlin zu nehmen, dann könnten Sie mit einer Abfrage herausfinden, ob es jemanden in Berlin gibt, der ebenfalls eine zehnjährige Tochter hat, Ihre Sprache versteht und bereit ist, während Ihres Besuches einige Zeit mit Ihnen zu verbringen. Wenn Sie zwei oder drei geeignete Menschen finden, haben Sie eine kleine – wenn auch vermutlich kurzlebige – Interessengemeinschaft gebildet.

Unlängst habe ich Afrika besucht und auf dieser Reise viele Aufnahmen von Schimpansen gemacht. Gäbe es den Information Highway schon, würde ich eine Nachricht veröffentlichen und fragen, ob andere Mitglieder der Safari Fotos mit mir tauschen wollen. Oder ich könnte meine Schimpansenfotos auf einem Schwarzen Brett veröffentlichen, auf das nur Safarimitglieder Zugriff hätten. Solche Zugriffsbeschränkungen sind heute schon möglich, weil sich mit gängiger Web-Server-Software mühelos paßwortgeschützte Seiten auf einer Internet-Site einrichten lassen.

Im Internet und in zahllosen Foren kommerzieller Online-Dienste sind Tausende von Newsgroups eingerichtet worden – Orte, wo kleine Gemeinschaften Informationen austauschen können. Beispielsweise gibt es im Internet sehr lebendige textorientierte Diskussionsgruppen mit Namen wie *alt.agriculture.fruit* (»alt« bezeichnet im Internet Newsgroups mit einer Vielzahl verschiedener Inhalte), *alt. animals.racoons* (also eine Gruppe, deren besonderes Interesse den Waschbären gilt), *alt.asian.movies, alt.coffee, bionet.biology.cardiovascular* (für Leute mit Interesse an Herzkreislauferkrankungen), *soc.religion.islam* und *talk.philosophy.misc.* Doch selbst diese Themen sind noch nicht annähernd so speziell wie manche, mit denen sich, davon bin ich überzeugt, elektronische Gemeinschaften der Zukunft auseinandersetzen werden.

Einige News-Groups werden regional sehr begrenzt, andere global sein. Dennoch wird Sie die Möglichkeit, unter einer solchen Zahl von Gemeinschaften wählen zu können, nicht in größere Verwirrung stürzen als das heutige Telefonsystem. Zunächst werden Sie nach einer Gruppe suchen, die Sie generell interessiert, und dann nach der kleinen Untergruppe, der Sie sich anschließen möchten. So könnte ich mir vorstellen, daß jede Gemeindeverwaltung zum Diskussionsgegenstand einer elektronischen Gemeinschaft wird.

Gelegentlich ärgere ich mich über eine Ampel in der Nähe der Firma, weil ihre Rotphase länger ist, als sie meiner Meinung nach sein müßte. Natürlich könnte ich einen Brief an die Stadtverwaltung schreiben und den Leuten dort mitteilen, daß die Ampelschaltung alles andere als optimal ist, doch wahrscheinlich würde diese Mitteilung als einer der vielen Meckerbriefe abgetan werden. Wenn ich dagegen die »Gemeinschaft« der Menschen ansprechen könnte, die den gleichen Weg wie ich fahren, könnten wir eine sehr viel gewichtigere Beschwerde an die Stadt richten. Finden würde ich diese anderen, indem ich eine Nachricht an Menschen in der Nachbarschaft schicken oder einen Anschlag an einem Schwarzen Brett für kommunale Angelegenheiten veröffentlichen würde. Diese Nachricht könnte eine Skizze der Kreuzung und folgenden Wortlaut enthalten: »Während des Berufsverkehrs in den Morgenstunden biegt kaum jemand an dieser Kreuzung links ab. Ist noch jemand der Meinung, daß die Rotphase verkürzt werden sollte?«

Je mehr die Online-Gemeinschaften an Bedeutung gewinnen werden, desto häufiger wird man sich an sie wenden, um in Erfahrung zu bringen, wie die Öffentlichkeit wirklich denkt. Die Menschen wissen gern, was beliebt ist, welche Filme sich ihre Freunde ansehen und welche Neuigkeiten andere für interessant halten. Ich könnte den Wunsch haben, die gleiche »Titelseite« zu lesen wie jemand, mit dem ich im späteren Tagesverlauf verabredet bin, damit wir einen gemeinsamen Gesprächsstoff haben.

Einige Institutionen werden sich mit wachsendem Einfluß der Online-Gemeinschaften gründlich verändern müssen. Ärzte und Wissenschaftler, die in der medizinischen Forschung tätig sind, sehen sich bereits heute mit Patienten konfrontiert, die sich auf elektronischem Weg Einblick in die neueste medizinische Literatur verschaffen und ihre Erfahrungen mit denen von Mit-

Patienten vergleichen. Rasch verbreitet sich in diesen Gemeinschaften die Kunde von alternativen Heilmethoden, die die Schulmedizin nicht anerkennt. Einige Patienten in Arzneimittelversuchen haben durch Kommunikation mit anderen an den Versuchen beteiligten Kranken herausgefunden, daß sie anstelle des echten Medikaments ein Placebo erhielten. Daraufhin sind manche aus den Versuchen ausgestiegen und haben sich anderen Verfahren zugewandt. Das mag die Forschung beeinträchtigen, ist aber den Patienten kaum vorzuwerfen, denn schließlich geht es um ihr Leben.

Eltern werden sich damit abfinden müssen, daß ihre Kinder fast alles, was sie wissen möchten, über das häusliche Informationsgerät in Erfahrung bringen können. Man arbeitet bereits an Kontrollsystemen, mit denen Eltern den Zugriff ihrer Kinder beschneiden können – ein Thema, auf das ich in Kapitel zwölf zurückkomme. Das Problem könnte zu einem Politikum werden, wenn die Datenlieferanten es nicht in den Griff bekommen.

Alles in allem werden die Vorteile bei weitem überwiegen. Je mehr Informationen zur Verfügung stehen, desto mehr Optionen werden wir haben. Heute verplanen treue Zuschauergemeinden ihre Abende nach der Sendezeit ihrer Lieblingsserien, doch sobald wir dank Video-on-demand fernsehen können, was und wann wir wollen, wird unsere Freizeit nicht mehr vom Programmschema der Sender bestimmt sein, sondern von den Dingen, die wir mit Angehörigen oder Freunden unternehmen. Vor der Erfindung des Telefons waren die Nachbarn der einzige soziale Bezugspunkt. Fast alles unternahm man mit den Menschen, die in unmittelbarer Nähe lebten. Dank Telefon und Auto konnten wir unseren Aktionsradius erweitern. Vielleicht sind unsere direkten Kontakte seltener geworden, als sie es noch vor einem Jahrhundert waren, weil wir heute nur zum Telefon zu greifen brauchen, doch das heißt nicht, daß wir vereinsamt wären. Vielmehr können wir heute leichter miteinander sprechen und in Kontakt bleiben. Manchmal hat man sogar den Eindruck, den anderen Menschen fiele es zu leicht, einen zu erreichen.

In zehn Jahren werden Sie vielleicht den Kopf darüber schütteln, daß einmal allen Leuten, auch völlig Fremden, freistand, sie anzurufen, wann sie wollten. Handys, Pieper und Faxgeräte zwingen Geschäftsleute bereits heute dazu, explizite Entscheidungen zu treffen, wo einst unausgesprochene Gewohnheiten regierten. Früher brauchten wir nicht zu entscheiden, was für Dokumente ins Haus kommen sollten und ob wir Telefonanrufe unterwegs entgegennehmen wollten. Zu Hause oder gar im Auto war man ungestört. Die moderne Technik zwingt uns zu der Entscheidung, wann und wo wir erreichbar sein wollen. Wenn Sie demnächst in der Lage sind, überall zu arbeiten, jeden von überall zu erreichen und überall erreichbar zu sein, werden Sie auch problemlos bestimmen können, wer und was Sie stören darf. Dann können Sie nämlich detailliert angeben, welche Unterbrechungen erlaubt sind, so daß Sie Ihr Zuhause – oder jeden anderen Platz, für den Sie sich entscheiden – wieder in ein Refugium verwandeln, in dem Sie wirklich ungestört bleiben.

Dabei wird Ihnen geeignete Software für das interaktive Netz helfen, indem sie alle eingehenden Daten einer Sichtung unterzieht – direkte Anrufe, Multimedia-Dokumente, E-Mails, Werbung und sogar Kurznachrichten. Jeder, der von Ihnen explizit benannt worden ist, wird zu Ihrem privaten Informationsgerät oder Ihrem Telefon durchgestellt. Vielleicht dürfen Ihnen einige Leute E-Mails schicken, Sie aber nicht anrufen. Von anderen werden Ihnen die Anrufe nur durchgestellt, wenn Sie zuvor signalisiert haben, daß Sie nicht viel zu tun haben, und wieder andere können Sie erreichen, wann sie wollen. Gewiß möchten Sie nicht Tausende von unerbetenen Werbesendungen pro Tag erhalten, doch wenn Sie nach Karten für ein ausverkauftes Konzert suchen, ist Ihnen sicherlich daran gelegen, die Antworten auf Ihre Anfrage sofort zu erhalten. Eintreffende Datenübertragungen werden nach Quelle und Art klassifiziert, etwa: Antworten auf Ihre Anfragen, Dokumente von beruflichem Interesse, Rechnungen, Grüße, Fragen, Veröffentlichungen, Werbung. Sie werden detaillierte Auswahlkriterien angeben müssen, das heißt, Sie werden entscheiden, wer Sie während des Mittagessens anrufen darf, für wen Sie im Auto oder im Urlaub zu sprechen sind und was für Anrufe oder Nachrichten so wichtig sind, daß man Sie mitten in der Nacht deswegen weckt. Sie können so viele Kategorien bilden, wie Sie brauchen, und die Kriterien so oft verändern, wie Sie wollen. Statt Ihre Telefonnummer zu nennen, die praktisch endlos weitergegeben werden kann, nehmen Sie den Namen eines willkommenen Anrufers in eine ständig aktualisierte Liste auf, die darüber hinaus angibt, welchen Grad von Bedeutung Sie seinen Nachrichten beimessen. Wenn jemand, der auf keiner Ihrer Listen steht, Sie erreichen möchte, muß seine Nachricht von einem Listenmitglied weitergeleitet werden. Stets haben Sie die Möglichkeit, jemand herunterzustufen oder ihn ganz von den Listen zu streichen. In diesem Fall müßte der Anrufer, um Ihre Aufmerksamkeit zu finden, eine bezahlte Nachricht schicken (siehe Kapitel acht).

Wie Sie der Schilderung aller dieser Aktivitäten unschwer entnehmen können, wird Ihr Computer, wenn überhaupt, nur selten abgeschaltet. Sollte es der Fall sein, wird er sich von alleine wieder einschalten, sobald es notwendig ist. Er wird ein höchst bedienungsfreundliches Gerät bei Ihnen im Büro und zu Hause sein, das eine entscheidende Rolle für Unterhaltung, Nachrichtenübermittlung und Produktivität spielt. Ihr Rechner wird vernetzt sein mit Videorecordern, Stereoanlagen, Fernsehgeräten, Sicherheitssystemen und dem Internet. Das wird für Sie ganz selbstverständlich sein, egal, ob Sie sich einen Musiktitel aussuchen, ein Filmverzeichnis durchsehen, ein Spiel spielen, ihre Finanzsituation prüfen oder sich ein Rezept besorgen. Der Rechner wird zu Ihrem Haushalt gehören wie heute das Telefon.

Der technische Wandel wird auch die Architektur beeinflussen. Die Baupläne werden computergesteuerte Bildschirme verschiedener Größe vorsehen. In den Rohbau wird man Kabel verlegen, die die Elemente der elektronischen Anlagen miteinander verbinden, und bei der Anordnung der Bildschirme wird man auf die Lage der Fenster achten, um unerwünschte Lichtreflexe zu vermeiden. Der Anschluß von Informationsgeräten an das Internet wird viele materielle Dinge überflüssig machen: Nachschlagewerke, Stereoempfänger, CDs, Faxgeräte, Aktenschränke und Ablagen für Unterlagen und Quittungen. Umfangreiche Papierberge werden zu digitalen Daten schrumpfen, die sich nach Belieben abrufen lassen. Sogar alte Fotos werden wir digital speichern und sie nach Belieben auf den Bildschirm rufen können.

Alle diese Einzelheiten haben mich persönlich beschäftigt, da ich gerade ein Haus baue und dabei die nahe Zukunft einplanen möchte. Mein Haus wird so entworfen und gebaut, daß es seiner Zeit ein bißchen voraus ist. Vielleicht vermittelt es ja auch einen kleinen Eindruck von der Zukunft des Wohnens. Doch seien Sie gewarnt: Wenn ich die Pläne beschreibe, blicken mich meine Gesprächspartner manchmal verblüfft an und fragen: »Wollen Sie das wirklich bauen?«

Wie fast jeder, der vorhat, ein Haus zu bauen, möchte ich, daß es sich in seine Umgebung einfügt und den Bedürfnissen der Menschen gerecht wird, die einmal darin wohnen werden. Es soll architektonisch ansprechend sein. Vor allem aber soll es gemütlich sein, denn ich möchte dort mit Frau und Kindern wohnen. Man lebt in enger Partnerschaft mit einem Haus, einer »Wohnmaschine«, wie Le Corbusier gesagt hat, einer der großen Architekten des 20. Jahrhunderts.

Mein Haus besteht aus Holz, Glas, Beton und Stein. Es wird in einen Hügel hineingebaut, und die meisten seiner großen Glasfenster gehen Richtung Westen mit Blick über den Lake Washington nach Seattle, so daß man den Sonnenuntergang und die Silhouette der Berge genießen kann.

Mein Haus besteht jedoch auch aus Silizium und Software. Durch den Einbau von Mikroprozessoren und Speicherchips aus Silizium und der Software, die man zu ihrem Betrieb braucht, wird das Haus in einigen Zügen den Eigenschaften ähneln, mit denen das interaktive Netz in wenigen Jahren Millionen Häuser ausstatten wird. Noch hat die Technik, die ich dabei verwende, experimentellen Charakter, doch im Laufe der Zeit könnten viele Dinge zur Selbstverständlichkeit und damit kostengünstiger werden. Die vorgesehenen Unterhaltungsinstallationen kommen dem künftigen Medieneinsatz wohl ziemlich nahe, so daß ich einen Eindruck davon bekommen werde, wie ein Leben mit den Technologien der Zukunft aussehen wird.

Natürlich wird es nicht möglich sein, die Unterhaltungsangebote eines interaktiven Breitbandnetzes zu simulieren, die zur Voraussetzung haben, daß viele Benutzer angeschlossen sind. Ein privates Netz, das ist ein bißchen so, als gäbe es nur einen einzigen Menschen mit einem Telefon. Die wirklich interessanten Netzanwendungen werden sich erst aus der Teilnahme von einigen Dutzend oder ein paar Hundert Millionen Menschen ergeben, die Unterhaltung und Information nicht nur konsumieren, sondern auch hervorbringen. Bevor nicht ein Großteil der Menschen in den entwickelten Industriestaaten Informationen über Breitbandnetze austauscht, gemeinsame Interessenschwerpunkte bildet und eigene Multimedia-Dokumente einrichtet, werden wir auch nicht erkennen, wozu die interaktive Breitbandtechnologie fähig ist.

Die moderne Technik, die ich in das Haus einbaue, soll nicht nur die Zukunft der Unterhaltungsanwendungen vorwegnehmen, sondern auch den Bedürfnissen des täglichen Lebens gerecht werden: Sie sorgt für Wärme, Licht, Behaglichkeit, Bequemlichkeit und Sicherheit. Es ist noch gar nicht so lange her, daß die Menschen von einem Haus mit elektrischem Licht, Wasserspülung, Telefonen und Klimaanlage in höchstes Erstaunen versetzt worden wären. Mein Ziel ist ein Haus, das vielfältige Unterhaltungsmöglichkeiten bietet und in einer entspannten, behaglichen und angenehmen Atmosphäre die Kreativität anregt. Mit diesem Wunsch unterscheide ich mich nicht sonderlich von den Menschen, die sich in früherer Zeit ausgefallene Häuser leisten konnten. Und wenn ich ausprobiere, was sich am besten bewährt, stehe ich auch in dieser Beziehung in einer langen Tradition.

Als der Zeitungskönig William Randolph Hearst 1925 in sein kalifornisches Schloß San Simeon zog, stattete er es mit den modernsten technischen Errungenschaften seiner Zeit aus. Auf den damaligen Radioapparaten war die Sendersuche ein mühsames und zeitraubendes Geschäft. Deshalb ließ Hearst im

Keller von San Simeon mehrere Radios einbauen, von denen jedes auf einen anderen Sender eingestellt war. Die Kabel verliefen zu seinen Privaträumen im zweiten Stock, wo der Lautsprecher in einem Eichenschrank aus dem 15. Jahrhundert verborgen war. So konnte Hearst auf Knopfdruck jeden gewünschten Sender einstellen. Heute ist das in allen Autoradios Standard.

Nun möchte ich mein Haus ganz gewiß nicht mit San Simeon vergleichen, das zu den Westküsten-Monumenten der Maßlosigkeit gehört. Ich will nur klarmachen, daß sich die technischen Neuerungen, die ich für mein Haus plane, vom Ansatz her gar nicht so sehr von denen unterscheiden, mit denen Hearst sein Haus ausgestattet hat. Er wollte Nachrichten und Unterhaltung auf Knopfdruck. Nichts anderes will ich auch.

An den Bau eines neuen Hauses begann ich Ende der achtziger Jahre zu denken. Ich wollte solides Handwerk, nichts Protziges. Anpassungsfähig sollte das Haus sein, in der Lage, sich eine moderne, ständig im Wandel begriffene Technik zunutze zu machen, das aber unauffällig – es sollte kein Zweifel daran bestehen, daß die Technik dem Haus dienen würde und nicht umgekehrt. Die technischen Neuerungen sollen nicht den Charakter des Hauses bestimmen. Als ich die ersten Entwürfe machte, war ich Junggeselle. Nachdem Melinda und ich geheiratet hatten, veränderten wir die Pläne, um ihrem Geschmack Rechnung zu tragen und die Räumlichkeiten familiengerechter zu gestalten. Zu diesem Zweck wurde beispielsweise die Küche erweitert und verbessert. Trotzdem sind die Haushaltsgeräte technisch nicht raffinierter als in jeder anderen gut eingerichteten Küche. Außerdem stellte Melinda fest, daß ich zwar ein großes Arbeitszimmer hatte, sie aber überhaupt keinen Arbeitsplatz – was natürlich verändert wurde.

Ein geeignetes Grundstück hatte ich am Ufer des Lake Washington gefunden, nicht allzu weit entfernt vom Microsoft-Firmengelände. 1990 begannen die Arbeiten an einem Gästehaus. 1992 nahmen wir dann die Ausschachtungen und das Fundament für das Haupthaus in Angriff. Das war ein mühsames

*Computerdarstellung vom zukünftigen Haus der Gates mit Blick aus dem Nordwesten über den Lake Washington*

Unterfangen, das Unmengen von Beton verschlang, denn Seattle ist mindestens so erdbebengefährdet wie Kalifornien.

Der Wohnraum ist für ein großes Haus durchschnittlich bemessen. So wird das Wohnzimmer der Familie eine Größe von ungefähr viereinhalb mal achteinhalb Meter haben, einschließlich eines Bereichs zum Fernsehen und Musikhören. Ferner wird es gemütliche Plätze für ein oder zwei Personen geben, allerdings auch eine Empfangshalle, in der hundert Gäste bei Abendeinladungen bequem Platz finden. Es macht mir Freude, Zusammenkünfte für neue Microsoft-Mitarbeiter und Saisonarbeitskräfte zu veranstalten. Dann wird das Haus noch ein kleines Kino, einen Swimmingpool und einen Trampolinraum besitzen. Zwischen Bäumen in Ufernähe wird ein Sportplatz liegen, davor ein Startplatz für Wasserski, eine meiner Lieblingssportarten. Geplant ist auch ein kleines Becken, das mit Grundwasser aus dem Hügel hinter dem Haus gespeist werden soll. Dort wollen wir in

*Computerdarstellung des Treppenhauses und des Eßzimmers für offizielle Anlässe im Haus der Gates*

Meerwasser gezogene Forellen aussetzen, und auf Otter können wir uns auch gefaßt machen, wie man mir sagte.

Als Besucher fahren Sie eine sanft geschwungene Auffahrt entlang, die durch ein junges, von Douglastannen durchsetztes Ahorn- und Erlenwäldchen auf das Haus zuführt. Vor einigen Jahren schon wurde Humus vom Waldboden eines Holzschlaggebiets abgetragen und hinter dem Haus ausgebreitet. Inzwischen wachsen dort viele interessante Arten. In einigen Jahrzehnten werden die Douglastannen den Wald beherrschen, wie sie es einst taten, bevor das Gebiet um die Jahrhundertwende zum ersten Mal abgeholzt wurde.

Wenn Sie auf dem halbkreisförmigen Vorplatz halten, werden Sie, obwohl sie vor der Eingangstür stehen, nicht viel vom Haus sehen. Sie werden nämlich das oberste Stockwerk betreten. Beim Eintreten bekommen Sie zunächst einen elektronischen Clip, den Sie sich an die Kleidung heften. Der wird Sie mit den elektronischen Geräten des Hauses verbinden. Dann begeben Sie sich nach unten – mit dem Fahrstuhl oder über die Treppe, die unter einem schrägen, von Pfeilern aus Douglastanne getragenen Glasdach direkt bis zum Wasser führt. Überall im Haus sind Träger und Pfeiler zu sehen. Von der Treppe aus haben Sie einen herrlichen Blick auf den See. Ich hoffe, daß Sie auf dem Weg nach unten vom Ausblick und dem verarbeiteten Holz der Douglastanne mehr fasziniert sind als von dem elektronischen Clip. Das Holz stammt größtenteils aus einem 80 Jahre alten Weyerhaeuser-Sägewerk am Columbia River, das abgerissen wurde. Dieses vor nahezu 100 Jahren geschlagene Holz stammt von Bäumen, die bis zu 100 Meter hoch und zwischen zweieinhalb und viereinhalb Metern stark waren. Die Douglastanne gehört, gemessen an ihrem Gewicht, zu den festesten Holzarten der Welt. Leider splittert sie leicht, wenn man relativ junge Stämme zu Brettern zersägt, weil die Faser in 70 Jahre altem Holz eben nicht so hart ist wie in 500 Jahre alten Stämmen. Die alten Douglastannen sind heute fast alle abgeholzt, und die, die noch übrig sind, stehen zum Glück unter Naturschutz. Ich hatte das Glück, Bohlen aus altem Holz zu finden, die sich wiederverwenden ließen.

Die Holzbalken tragen auch die beiden Stockwerke, in denen sich die Privaträume befinden. An ihnen kommen Sie auf Ihrem Weg nach unten zunächst vorbei. Privatsphäre ist für mich unverzichtbar: Ich brauche ein Haus, das auch dann noch ein Zuhause bietet, wenn sich in anderen Räumen Gäste tummeln.

Am Fuß der Treppe werden links das Kino und rechts, nach Süden, die Empfangshalle liegen. Wenn Sie die Empfangshalle betreten, befinden sich zu Ihrer Rechten einige Glasschiebetüren, die sich auf eine Seeterrasse öffnen. In die Ostmauer werden 24 Bildschirme eingelassen sein, jeder mit einer 40-Zoll-Bildröhre, vier Reihen übereinander mit je sechs Monitoren. Diese Schirme werden so zusammengeschaltet sein, daß sie große Bilder für kulturelle, unterhaltsame oder berufliche Anlässe liefern. Ich hatte gehofft, die Monitore könnten, wenn sie nicht eingeschaltet wären, sich buchstäblich in der Holzwand auflösen. Und zwar sollten die Bildschirme eine Maserung zeigen, die nicht von ihrer Umgebung zu unterscheiden wäre. Leider ließ sich mit der heutigen Technik nie etwas Überzeugendes zustande bringen: Der Monitor strahlt Licht ab, während Holz es lediglich reflektiert. Deshalb habe ich mich dazu entschlossen, die Bildschirme hinter Holzwänden verschwinden zu lassen, wenn man sie nicht braucht.

Der elektronische Clip, den Sie tragen, wird dem Haus mitteilen, wer und wo Sie sind, und anhand dieser Informationen wird das Haus versuchen, Ihren Bedürfnissen gerecht zu werden oder diese sogar vorwegzunehmen – und das so unauffällig wie möglich. Vielleicht braucht man eines Tages den Clip nicht mehr: Dann wird man ein Kamerasystem mit der Fähigkeit zur visuellen Erkennung haben. Im Moment ist das allerdings noch technologische Zukunftsmusik. Wenn es dunkel ist, wird der Clip dafür sorgen, daß Sie von einer beweglichen Lichtzone durchs Haus begleitet werden. Ungenutzte Räume werden im Dunkeln bleiben. Wenn Sie einen Flur entlanggehen, werden Sie vielleicht bemerken, daß sich das Licht vor Ihnen allmählich zur vollen Stärke aufblendet, während es hinter Ihnen wieder verdämmert. Auch die Musik wird sich mit Ihnen bewegen. Sie scheint überall zu sein, tatsächlich aber werden andere Menschen im Haus ganz andere Musik oder gar nichts hören. Sogar Filme oder Nachrichten werden in der Lage sein, Ihnen durchs Haus zu folgen. Wenn Sie einen Telefonanruf bekommen, wird nur der Apparat klingeln, der Ihnen in dem Moment am nächsten ist.

Die Technik wird sich Ihnen nicht aufdrängen, aber sie wird überall vorhanden sein und Ihnen jederzeit zur Verfügung stehen. Mit handlichen Fernbedienungen können Sie Ihre unmittelbare Umgebung und das Unterhaltungssystem des Hauses steuern. Die Fernbedienung wird die Servicepalette Ihres Clips erweitern. Auf diese Weise ist nicht nur dafür gesorgt, daß das Haus Sie identifiziert und lokalisiert, sondern auch, daß Sie Befehle erteilen können. Mit Hilfe der Fernbedienungen weisen Sie die Monitore in einem Zimmer an, sichtbar zu werden und Ihnen das zu zeigen, was Sie wünschen. Dabei können Sie Ihre persönliche Wahl unter Tausenden von Bildern, Aufzeichnungen, Filmen und Fernsehprogrammen treffen. Dazu stehen Ihnen Informationen verschiedenster Art zur Verfügung.

In jedem Zimmer wird sich eine unauffällige Steuerkonsole befinden – im Prinzip eine Tastatur, mit der Sie sehr detaillierte Befehle geben können. Solche Konsolen sollten nach meiner Auffassung zwar zu sehen sein, wenn man sie braucht, aber nicht besonders ins Auge fallen. Ein spezielles, leicht zu erkennendes Merkmal wird dem potentiellen Benutzer verraten, wo sich die Konsolen befinden. Das Telefon hat diese Entwicklung bereits hinter sich: Es ist nicht besonders auffällig, aber zur Hand, wenn man es braucht.

Jedes computergesteuerte System sollte in seiner Bedienung so einfach und selbstverständlich sein, daß man nicht weiter darüber nachzudenken braucht. Allerdings – einfach zu sein ist schwierig. Dennoch, die Computer werden jedes Jahr praktikabler im Gebrauch, und durch Versuch und Irrtum in meinem Haus werden wir lernen, ein wirklich einfaches System zu schaffen. So werden Sie mit Ihren Befehlen und Forderungen ziemlich ungenau bleiben können. Bei einem Song werden Sie beispielsweise nicht den Titel angeben müssen, sondern brauchen das Haus lediglich aufzufordern, die neuesten Hits zu spielen, die Songs eines bestimmten Interpreten, Stücke, die damals in Woodstock zu hören waren, Musik der Wiener Klassik oder Lieder, bei denen das Wort »gelb« im Titel vorkommt. Sie werden in der Lage sein, nach Stücken zu verlangen, die Sie durch ein bestimmtes Adjektiv gekennzeichnet haben oder die bei früheren Besuchen eines bestimmten Bekannten noch nicht gespielt worden sind. Als Hintergrundmusik zum Nachdenken könnte ich etwas Klassisches programmieren, für die Gymnastik dagegen etwas Moderneres und Rhythmischeres. Wenn Sie den Film sehen wollen, der 1957 den Oscar für die beste Kameraführung bekommen hat, dann können Sie eine entsprechende Frage eingeben – und *Die Brücke am Kwai* wird auf einem Bildschirm auftauchen. Auf den gleichen Streifen würden Sie stoßen, wenn Sie nach Filmen fragten, in denen Alec Guinness oder

William Holden auftreten, oder nach Filmen, in denen Gefangenenlager eine Rolle spielen.

Wenn Sie für die nahe Zukunft eine Reise nach Hongkong planen, fordern Sie den Bildschirm auf, Ihnen Bilder von der Stadt zu zeigen. Sie werden den Eindruck haben, daß die Fotos überall gezeigt werden, obwohl sie in Wirklichkeit nur auf den Wänden der Zimmer Gestalt annehmen, die Sie gerade betreten, und wieder verschwinden, sobald Sie hinausgegangen sind. Wenn Sie sich gerade durch andere Darbietungen unterhalten lassen als ich und einer von uns ein Zimmer betritt, in dem der andere gerade sitzt, wird das Haus nach festgelegten Regeln verfahren. Beispielsweise könnte es mit den akustischen und visuellen Darbietungen für die Person fortfahren, die das Zimmer zuerst betreten hat, oder auf ein Programm umschalten, von dem es weiß, daß es uns beiden gefällt.

*Prototyp einer Steuerkonsole für Privathäuser*

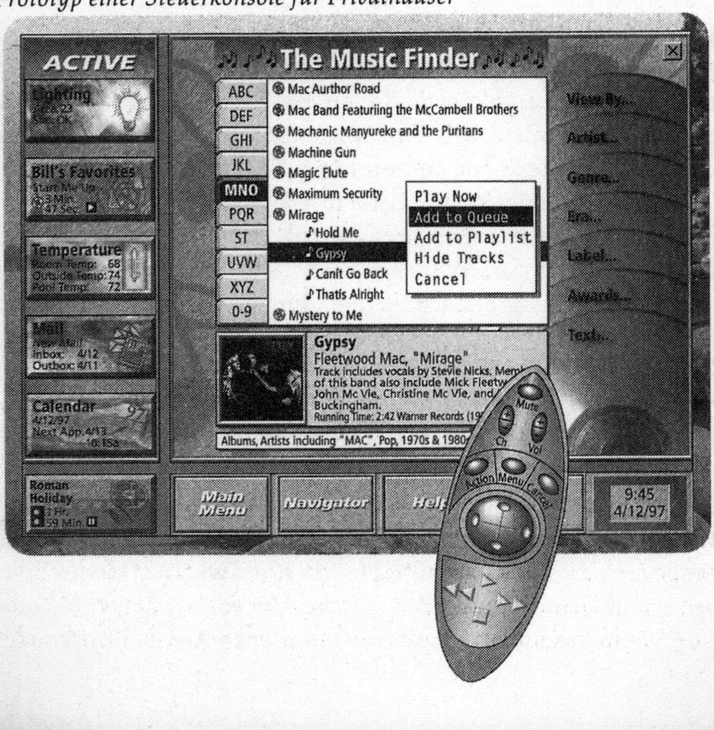

Ein Haus, das stets weiß, wo seine Bewohner sind, damit es deren besonderen Bedürfnissen besser gerecht werden kann, folgt zwei Prinzipien: Das erste ist das der unauffälligen Dienstleistung, und das zweite ist die Regel, nach der der Besitz eines bestimmten Objekts seinem Träger das Recht auf eine näher definierte Behandlung zubilligt. An die Vorstellung, daß ein Objekt Sie ausweisen kann, sind Sie bereits gewöhnt. Es kann zuständige Personen oder Apparate davon in Kenntnis setzen, daß Sie die Berechtigung zu bestimmten Handlungen haben, etwa eine Tür zu öffnen, ein Flugzeug zu betreten oder für einen Kauf eine bestimmte Kreditlinie in Anspruch zu nehmen. Schlüssel, Chipkarten, Führerscheine, Pässe, Kennkarten, Kreditkarten und Eintrittskarten – sie alle dienen als Berechtigungsnachweis. Wenn ich Ihnen meinen Autoschlüssel gebe, gestattet Ihnen das Auto, einzusteigen, den Motor anzulassen und loszufahren. Man könnte auch sagen, das Auto vertraut Ihnen, weil Sie den Schlüssel besitzen. Wenn ich einem Parkplatzwächter einen Schlüssel gebe, der zum Zündschloß, aber nicht zum Kofferraum paßt, läßt das Auto den Wächter zwar fahren, aber nicht den Kofferraum öffnen. Nicht anders verhält es sich mit meinem Haus, das Ihnen je nach dem elektronischen Schlüssel, den Sie tragen, verschiedene Annehmlichkeiten zugänglich macht.

Damit plane ich keine wirklich radikalen Dinge. Einige Propheten der neuen Zeit malen uns weit größere Veränderungen aus. Nach ihren Voraussagen werden binnen zehn Jahren Roboter durch unsere Häuser wandern und uns diverse Hausarbeiten abnehmen. Auf eine solche Invasion bereite ich mein Haus ganz gewiß nicht vor, denn ich bin der Überzeugung, daß noch viele Jahrzehnte vergehen werden, bevor Roboter einen praktischen Nutzen haben. Was sich dagegen wohl schon in naher Zukunft größerer Beliebtheit erfreuen wird, sind intelligente Spielsachen. Kinder werden in der Lage sein, diese auf unterschiedliche Situationen zu programmieren und ihnen sogar die Stimmen ihrer Lieblingsfiguren zu verleihen. Sie werden über eine bescheidene Sehfähigkeit verfügen, in jeder Richtung den Abstand zur Wand erkennen, sich einen Eindruck von Zeit- und Lichtverhältnissen verschaffen und eine begrenzte Zahl von Sprachbefehlen verstehen können. (Ich hätte es als Kind sicherlich toll gefunden, ein Spielzeugauto zu haben, mit dem ich hätte sprechen können und das so programmiert gewesen wäre, daß es meinen Befehlen Folge leistet.) Neben dem Spielzeugsektor wird sicherlich der militärische Bereich zum wichtigsten Anwendungsgebiet für Roboter werden. Daß intelligente Roboter in absehbarer Zukunft von großem Nutzen im Haushalt sein werden, bezweifle ich deshalb, weil zum Essenkochen und Windelnwechseln ein hohes Maß an visueller Intelligenz und Geschicklichkeit erforderlich ist. Das Säubern von Schwimmbecken, das Rasenmähen und vielleicht auch das Staubsaugen kann von einem relativ primitiven System geleistet werden, doch sobald es um Aufgaben geht, bei denen nicht einfach ein Objekt herumgeschoben wird, ist es sehr schwierig, Maschinen zu entwickeln, die in der Lage sind, alle Unwägbarkeiten, die eintreten können, zu erkennen und auf sie zu reagieren.

Die Systeme, die ich in mein Haus einbaue, sollen das Wohnen erleichtern, aber ob sie das wirklich tun, weiß ich erst, wenn ich eingezogen bin. Ich experimentiere beständig und lerne immer hinzu. Das Entwicklungsteam hat das Gästehaus, das vor dem Haupthaus erbaut wurde, als eine Art Testlabor für die Ausrüstung von Häusern mit elektronischen Steueranlagen benutzt. Da einige Menschen es gern wärmer haben als andere, reguliert die Software des Gästehauses die Temperatur nach seinem jeweiligen Bewohner und der Tageszeit. An einem kalten Morgen sorgt das Haus schon für eine anheimelnde Temperatur, bevor der Gast das Bett verlassen hat. Bei abendlicher Dunkelheit dämpfen die Lampen ihr Licht, wenn der Fernseher läuft. Hält sich jemand tagsüber im Gästehaus auf, gleicht es seine Lichtverhältnisse der Außenhelligkeit an. Natürlich kann der Bewohner die automatischen Einstellungen stets durch ausdrückliche Anweisungen außer Kraft setzen.

Die Ausrüstung eines Hauses mit solchen Steueranlagen kann zu wirksamen Energieeinsparungen führen. Zahlreiche Elektrizitätsgesellschaften testen gegenwärtig, ob sich der Energieverbrauch in Privathaushalten durch ein Datennetz regulieren läßt. Dann bräuchten die Unternehmen nicht mehr alle ein oder zwei Monate einen Angestellten zum Stromablesen vorbeischicken – eine kostspielige Praxis –, und, noch wichtiger, Computer im Haushalt und im E-Werk wären in der Lage, jederzeit den exakten Energiebedarf zu bestimmen. Durch bedürfnisgerechte Energieerzeugung könnte man viel Geld sparen und der Umwelt durch Reduzierung der Spitzenbelastungen einen großen Dienst erweisen.

Nicht alle unsere Experimente im Gästehaus haben sich bewährt. Beispielsweise ließ ich Lautsprecher installieren, die bei Bedarf von der Decke herabgelassen wurden. Die Boxen mußten in einiger Entfernung von den Wänden aufgehängt werden, um für eine ideale Akustik zu sorgen. Doch nachdem wir sie im Gästehaus ausprobiert hatten, erinnerten sie mich zu sehr an die technischen Spielereien aus James-Bond-Filmen, deshalb entschieden wir uns im Haupthaus für verborgene Lautsprecher.

Ein Haus, das Ihre Wünsche zu erraten versucht, muß ausreichend oft die richtigen Entscheidungen treffen, damit es Sie durch seine Irrtümer nicht frustriert. Einmal war ich auf einer Party in einem Haus, das über eine computerisierte Steueranlage verfügte. Die Lampen waren so eingestellt, daß sie um halb elf erloschen – die Zeit, um die der Hausbesitzer gewöhnlich zu Bett ging. Um halb elf war die Party noch fröhlich im Gange, doch unerbittlich wurde es dunkel. Wir hatten den Eindruck, daß der Gastgeber sehr lange fortblieb, um das Licht wieder anzubekommen. In einigen Bürogebäuden steuern Bewegungsdetektoren die Beleuchtung in jedem Raum. Wenn einige Minuten lang keine auffällige Aktivität registriert wird, gehen die Lampen aus. Leute, die fast bewegungslos an ihrem Schreibtisch sitzen, gewöhnen sich da rasch an, in regelmäßigen Zeitabständen mit den Armen durch die Luft zu rudern.

Es macht keine große Mühe, die Lampen eigenhändig an- und auszustellen. Lichtschalter sind außerordentlich zuverlässig und leicht zu benutzen, deshalb geht man stets ein Risiko ein, wenn man sie durch computergesteuerte Vorrichtungen ersetzt. Man muß Systeme von unglaublicher Funktionstüchtigkeit installieren, da der Zuwachs an Bequemlichkeit leicht durch einen Mangel an Zuverlässigkeit oder Genauigkeit aufgehoben werden kann. Ich hoffe, die Haussysteme werden die Lampen automatisch richtig regulieren, doch falls das einmal nicht der Fall sein sollte, verfügt jedes Zimmer über Wandschalter, mit denen man die Beleuchtungsentscheidungen des Computers außer Kraft setzen kann.

Wenn Sie regelmäßig nach ungewöhnlich hellem oder gedämpftem Licht verlangen, wird das Haus im Laufe der Zeit diesen Wunsch bei Ihnen voraussetzen. Ja, das Haus wird sich an alles erinnern, was es über Ihre Vorlieben in Erfahrung gebracht hat. Wenn Sie bei einem früheren Besuch einmal nach den Gemälden von Henri Matisse oder den Fotografien von Chris Johns im *National Geographic* verlangt haben, werden Sie an den Wänden der Zimmer, die Sie betreten, andere Werke dieser Künstler antreffen. Haben Sie sich bei Ihrem letzten Besuch Violinkonzerte von Mozart angehört, so werden Sie bei Ihrem nächsten Besuch vielleicht mit diesen Klängen empfangen. Wenn Sie beim Essen keine Telefonanrufe entgegennehmen, wird das Telefon bei einem Anruf für Sie nicht klingeln. Wir werden dem Haus auch »mitteilen« können, welche Vorlieben ein Gast hat. Da Paul Allen ein Jimi-Hendrix-Fan ist, wird er bei jedem Besuch von einer ohrenbetäubenden Gitarrensequenz empfangen werden.

Wir werden das Haus auch mit Meßgeräten ausstatten, die festhalten, wie die einzelnen Systeme arbeiten. Mit Hilfe dieser Daten können wir die Systeme dann genauer einstellen. Das gibt uns einen Vorgeschmack auf eine instrumentierte Welt.

Mit wachsender Beliebtheit des Internets wird man mit einem einheitlichen Instrumentarium alle möglichen Dinge zählen und messen und die Resultate jedem zugänglich machen, der sich für sie interessiert. Vorläufer solcher Datentabellen gibt es schon heute. Das Internet liefert Informationen über die örtlichen Verkehrsverhältnisse, die sehr nützlich sind, wenn man sich überlegt, ob man einen anderen Weg zur Arbeit fahren soll. In amerikanischen Fernsehnachrichten wird der Straßenverkehr von Hubschraubern aus gezeigt, und Sensoren in der Straßendecke von Schnellstraßen messen das Verkehrsaufkommen während des Berufsverkehrs.

Informatikstudenten an einigen Colleges verdanken wir ein triviales, aber amüsantes Beispiel für solche Kontrollinstrumentierung. An der Carnegie Mellon University haben Studenten einen Kontrollmechanismus an die Leeranzeige eines Getränkeautomaten angeschlossen. Ständig speist nun ein Rechner Informationen über den Inhalt des Automaten ins Internet.. Es ist zwar ein albernes technisches Kunststück, aber immerhin – jede Woche sehen ein paar Hundert Menschen auf der ganzen Welt nach, ob noch 7up oder Cola light in einem Getränkeautomaten der Carnegie Mellon University vorrätig ist.

Schon heute bringt uns das Internet Livebilder von vielen öffentlichen Plätzen, Lotteriezahlen, Wettkurse, Hypothekenzins und ähnliche Daten ins Haus. Wir können Kriminalstatistiken, Wahlprognosen und fast jede andere Information von öffentlichem Interesse abrufen. Irgendwann wird man sich sicherlich auch Livebilder von Erholungsgebieten auf den Bildschirm holen und sich die Daten des Zimmernachweises einblenden lassen können.

Der erste private Benutzer einer höchst ungewöhnlichen elektronischen Einrichtung meines Hauses werde ich selbst sein. Es handelt sich um eine Datenbank mit mehr als einer Million Einzelbildern, unter anderem Fotografien und Reproduktionen von Gemälden. Wenn Sie in meinem Haus zu Gast sind, können Sie auf Bildschirmen im ganzen Haus Bilder der verschiedensten Art abrufen: Präsidentenporträts, Reproduktionen von Bildern der Hochrenaissance, Fotos von Sonnenuntergängen, Skiläufer in den Anden, eine seltene französische Briefmarke, die Beatles im Jahr 1965.

Vor ein paar Jahren habe ich eine kleine Firma gegründet – Corbis heißt sie heute – mit der Zielsetzung, ein einzigartiges und umfassendes Archiv für Bilder aller Art anzulegen. Ende 1995, als wir das Bettmann Archive, eine bedeutende Fotosammlung, kauften, wurde der Bildbestand von Corbis erheblich aufgestockt.

Mit Hilfe hochwertiger Scanner werden die Bilder digitalisiert. Die Resultate dieses hochauflösenden Prozesses speichern wir in einer Datenbank, die mit breitgefächerten Registern versehen ist, so daß sich jedes gesuchte Bild ohne Schwierigkeiten finden läßt. Zur Verfügung stehen werden diese digitalen Bilder gewerblichen Kunden wie Zeitschriften- und Buchverlagen, aber auch Privatinteressenten. Außerdem hat Corbis aus seinem Bildvorrat auch einige Multimedia-Dokumente produziert. Die Bildeigentümer, für deren Rechte Corbis mit Nachdruck eintritt, erhalten Tantiemen. Corbis arbeitet vor allem mit Museen und Bibliotheken zusammen, dazu mit einer großen Zahl von Fotografen, Agenturen und Archiven. So hat es im Frühjahr 1966 die ausschließlichen digitalen Verwertungsrechte am Werk des berühmten Schwarzweißfotografen Ansel Adams erworben.

Ich glaube, daß es für hochwertige Bilder eine rege Nachfrage auf dem Highway geben wird. Natürlich ist die Annahme, daß sich auch Privatpersonen die Mühe machen werden, den digitalen Bildervorrat durchzumustern, zur Zeit noch Spekulation. Ich bin jedoch der Meinung, daß sich viele Menschen dafür interessieren werden, sobald ihnen eine geeignete Benutzeroberfläche zur Verfügung steht. Ich freue mich schon auf den Tag, wo ich nur nach »Segelbooten«, »Vulkanen« oder »berühmten Wissenschaftlern« zu fragen brauche und abwarten kann, was mir präsentiert wird.

Zwar werden einige dieser Bilder Kunstwerke zeigen, aber deshalb bin ich noch lange nicht der Meinung, Reproduktionen könnten an die Stelle der Originale treten. Auf meinen Geschäftsreisen habe ich hin und wieder die Zeit gefunden, Museen aufzusuchen und die Originale großer Kunstwerke zu betrachten. Das interessanteste »Kunstwerk«, das ich besitze, ist ein wissenschaftliches Notizbuch, das Leonardo da Vinci Anfang des 16. Jahrhunderts geführt hat. Seit frühester Jugend bewundere ich Leonardo, weil er auf so vielen Gebieten Geniales geleistet hat und seiner Zeit so weit voraus war. Und obwohl ich nur ein Notizbuch mit handschriftlichen Eintragungen und Zeichnungen besitze und kein Gemälde, könnte keine Reproduktion an das Original heranreichen. Allerdings glaube ich, daß digitale Bild-Datenbanken, die einen leichten Zugriff gestatten, geeignet sein könnten, größere Kreise für Malerei und künstlerische Fotografie zu interessieren.

Mit der Kunst verhält es sich wie mit den meisten Dingen: Je mehr man davon weiß, desto mehr hat man davon. Gewiß, Sie können auch Stunden im Louvre zubringen und Gemälde bewundern, weit interessanter aber wird der Besuch, wenn sich jemand in Ihrer Begleitung befindet, der genauer Bescheid weiß. Diese Rolle kann das Multimedia-Dokument übernehmen – zu Hause oder im Museum. Wenn Sie vor einem Kunstwerk stehen, kann Ihnen dieses Dokument Teile eines Vortrags zu Gehör bringen, den ein bekannter Kunsthistoriker darüber gehalten hat. Vielleicht verweist es Sie auf andere Werke vom selben Maler oder aus derselben Epoche. Sie haben sogar die Möglichkeit, den Bildausschnitt zu vergrößern, um ein Detail genauer zu betrachten. Wenn Multimedia-Reproduktionen uns die Kunst näherbringen, werden viele Menschen auch die Originale sehen wollen, nachdem sie die Reproduktionen kennengelernt haben. Die Beschäftigung mit Reproduktionen nimmt uns nicht das Interesse für die echten Kunstwerke, sondern verstärkt es in der Regel noch und ermuntert uns, Museen und Galerien aufzusuchen.

In zehn Jahren werden zahlreiche Haushalte Zugriff auf die Millionen Bilder und die vielen anderen oben beschriebenen Unterhaltungsangebote haben. Ganz gewiß werden sie eindrucksvoller sein als die, die mir zur Verfügung stehen, wenn ich mein Haus beziehe. Nur daß mein Haus etwas früher über einige dieser Dienstleistungen verfügen wird.

Ich liebe Experimente, und ich weiß, daß einige der für mein Haus entworfenen Systeme besser funktionieren werden als andere. Vielleicht werde ich mich dazu entschließen, die Monitore doch hinter konventionellen Bildern zu verstecken oder die elektronischen Clips in den Mülleimer zu werfen. Möglicherweise gewöhne ich mich aber auch an die Systeme und finde sogar Gefallen an ihnen, so daß ich mich eines Tages frage, wie ich jemals ohne sie leben konnte. Darauf hoffe ich.

## 11. Die Jagd nach dem Gold

Auf dem Höhepunkt der Hysterie, die sich am Begriff der Datenautobahn oder des Information Highway entzündete – 1994 und bis weit ins Jahr 1995 hinein –, schien fast täglich irgendein Unternehmen oder Konsortium im Kampf um die interaktiven Breitbandnetze, die den Privathaushalt mit Videounterhaltung versorgen sollten, wichtige Punkte zu sammeln. Der unaufhörliche Rummel um Megafusionen und kühne Investitionen ließ eine Goldgräberstimmung aufkommen – ungestüm drängten sich Privatleute und Unternehmen, um Ansprüche auf Technologien und Inhalte anzumelden, von denen sie sich Riesengewinne erhofften.

Aktienangebote, die etwas mit dem Highway zu tun hatten, schienen die Investoren in Entzücken zu versetzen. Alle diese Ereignisse fanden eine kaum glaubliche Medienresonanz, besonders wenn man bedenkt, daß weder die Breitbandtechnologie noch die Verbrauchernachfrage gewiß war. Im Vergleich zur überhitzten Atmosphäre dieses fast desperaten Optimismus erschienen die frühen, unvergessenen Tage der PC-Industrie beinahe langweilig. Die Hektik wirkte ansteckend.

Viele Investitionen und Fusionen schienen eher von dem Wunsch bestimmt zu sein, sich von anderen Unternehmen nicht den Rang ablaufen zu lassen, als von einer vernünftigen Analyse der wirtschaftlichen Voraussetzungen. In der Rückschau wird deutlich, daß die Goldadern viel tiefer liegen und ganz woanders, als die Möchtegerngoldgräber geglaubt haben. Die meisten Telefon- und Kabelgesellschaften waren auf Video-on-demand fixiert, zum Teil auch vom Bildtelefon fasziniert, während sie den Personalcomputer kaum auf der Rechnung hatten.

Es ließ sich kaum vorhersehen, was für interaktive Anwendungen das Publikum ansprechen würden, obwohl ich sehr wohl wußte, was für Interessen ich selbst in einem Breitbandnetz verfolgen würde. Beispielsweise würde ich mich über den medizinischen Fortschritt informieren. Gern würde ich wissen, wie sich das Gesundheitsrisiko für Angehörige meiner Altersgruppe auf ein Minimum einschränken läßt. Daher würde ich von einem Breitbandnetz erwarten, daß es mich mit Informationen über Fitneß und Gesundheit versorgt und mir Anwendungen zur Verfügung stellt, die mir die Weiterbildung in anderen Bereichen ermöglichen. Doch das betraf nur mich selbst. Wären andere Benutzer auch an medizinischen Informationen interessiert? An neuen Spielen? Neuen Formen der Netzbegegnung? Homeshopping? Oder einfach an viel mehr Filmen? Das wußte niemand.

Angesichts dieser Ungewißheit plante die Telefon-, Kabel- und Softwarebranche Dutzende von Feldversuchen mit Breitbanddiensten in Nordamerika, Europa und Asien. Zu diesen kostenaufwendigen Tests erklärten sich die Unternehmen bereit, weil sie ihre neuen Softwareentwicklungen unbedingt ausprobieren mußten und weil sie wissen wollten, welche Anwendungen und Dienstleistungen beim Verbraucher auf Gegenliebe stießen. Nur durch Feldversuche ließen sich die gewaltigen Investitionen rechtfertigen, die erforderlich waren, um die Wohngebiete mit interaktivem Fernsehen zu versorgen. Die wirtschaftstheoretischen Modelle waren unzuverlässig, und falsche Entscheidungen drohten, gewaltige Summen zu vergeuden. Überraschend viele Firmen setzten rückhaltlos auf die neue Entwicklung, während andere doch sehr viel vorsichtiger zu Werke gingen.

Dann erreichte das Internet die kritische Masse und drang ins öffentliche Bewußtsein.

Fast über Nacht erstarb das Interesse am interaktiven Fernsehen, und der Internet-Goldrausch brach aus. Plötzlich war die TV-Interaktivität out, und alles sprach nur noch von interaktiver, vernetzter Datenverarbeitung. Die Erkenntnis, daß die Verbrauchernachfrage sich zunächst auf den PC und erst später auf das Fernsehen und andere Informationsgeräte richten würde, verlangte von den betroffenen Unternehmen ein gewaltiges Umdenken. Trotzdem vollzog sich der Bruch mit atemberaubendem Tempo. Auch ich wurde davon überrascht – obwohl gerade die wachsende Beliebtheit des PC entscheidenden Anteil daran hatte. Aber es war eine willkommene Entwicklung, paßte sie doch gut zu Microsofts Credo: »Ein Personalcomputer auf jedem Schreibtisch und in jedem Haushalt.« Auch unserem anderen erklärten Ziel – »Information auf Knopfdruck« – wird uns das Internet ein Stück näherbringen.

In jedem Unternehmen aus der Telekommunikations-, Computer-, Software- und Inhaltsbranche, das Claims am erwarteten Trassenverlauf der Datenautobahn abgesteckt hatte, mußten jetzt die Strategien abrupt verändert werden. Viele Pläne wurden pauschal fallengelassen, als der spiralförmig anwachsende Erfolg des World Wide Web zeigte, daß Menschen für die Vernetzung mit interaktiven Inhalten durchaus zu zahlen bereit waren – selbst wenn diese Inhalte über nervtötend langsame Schmalbandanschlüsse ins Haus kamen. Fast alle Breitbandversuche wurden wieder abgesetzt. Sie hatten erheblich an Bedeutung verloren, da Millionen Benutzer ihre Begeisterung für die Interaktivität bereits unter Beweis stellten – und deutlich zeigten, wo ihre speziellen Interessen lagen –, indem sie sich viele Stunden lang in die verschiedenen Web-Sites einloggten. Dieser pulsierende Markt für vernetzte Interaktivität, der in so kurzer Zeit aus dem Boden geschossen war, ließ darauf schließen, daß mit wachsender Kapazität der Privatanschlüsse interaktive Killer-Applikationen entwickelt werden würden. Hunderte von neuen Unternehmen traten als Anbieter von Internet-Diensten in Erscheinung, jede Woche gab es Tausende von neuen Firmen-Web-Sites und die Computer- und Softwarehersteller begannen, Internetprodukte zu entwickeln.

Ursprünglich war die Branche davon ausgegangen, die Netzdienste für den privaten Haushalt würden mit Unterhaltungsanwendungen wie *Movies-on-demand* beginnen und sich dann über Homeshopping einer etwas verschwommenen Kategorie nähern, die man als »interaktive Informationsdienste« umschrieb. Das Internet stellte diese Ereignisfolge auf den Kopf. Da es keine sichere Lösung für den elektronischen Geldverkehr gab, verzögerte sich der Handel übers Netz, so daß die meisten Informationen im Internet kostenlos blieben. Als Millionen Benutzer sich aus dieser unglaublich vielfältigen Quelle bedienten, wurden die »interaktiven Informationsdienste« zur ersten und nicht zur letzten großen Kategorie der Killer-Applikationen. Sobald sich die Internetsoftware verbesserte, wurden auch geschäftliche Transaktionen durchführbar, und heute scheint sich der Handel zu einer wichtigen Internetsparte zu entwickeln. Wenn die Privathaushalte schließlich Zugang zu echten Breitbandnetzen haben, werden sich auch jene Unterhaltungsanwendungen realisieren lassen, die einst die Euphorie in Sachen interaktivem Fernsehen ausgelöst haben.

Wer sich im Goldrausch befindet, ist häufig dem Traum vom schnellen Reichtum so verfallen, daß er in alles investiert, was ins Auge springt, und die Chancen übersieht, die unauffälliger sind oder längerfristige Erfolge versprechen. Ein echter Goldrausch stürzt fast zwangsläufig eine stattliche Zahl der Goldgräber in den finanziellen Ruin – obwohl einige das große Los ziehen und die Wirtschaft insgesamt meist profitiert.

Auf den Goldfeldern Kaliforniens wurden vor hundertfünfzig Jahren nur wenige Vermögen gemacht. Es gab bei weitem nicht genug Gold für alle, und eine heftige Inflation machte den Goldgräbern das Leben schwer, vor allem, wenn sie nicht fündig wurden. Ein gekochtes Ei kostete 75 Cent, das Vielfache von dem, was man vor Beginn des Goldrauschs im Jahr 1849 dafür gezahlt hatte. Die meisten Gewinner waren keine Goldsucher, und die meisten Erfolge kamen nicht über Nacht. Drei Jahre nach Beginn des Goldrauschs gründete ein deutscher Einwanderer namens Levi Strauss eine Textilfirma in San Francisco. 1872, zwanzig Jahre später, bot ihm ein Schneider aus Nevada eine fünfzigprozentige Beteiligung an einem Patent für genietete Drillichhosen an. Seither sind mehr als eine Milliarde Levis-Jeans verkauft worden – blaues Gold, könnte man sagen.

Das überdauernde Erbe des kalifornischen Goldrauschs war die wirtschaftliche Entwicklung durch die Siedler, deren optimistische Das-schaffen-wir-schon-Einstellung die amerikanische Mentalität nachhaltig geformt hat. Der Goldrausch war die Triebkraft, die der kalifornischen Wirtschaft den entscheidenden Anstoß gab und die Voraussetzung für ihre rasche Entwicklung schuf. 1848 war Kalifornien ein vorwiegend landwirtschaftlich geprägtes Gebiet, das nur 400 Siedler anlockte. Im folgenden Jahr kamen nach Einsetzen des Goldrauschs 25 000 Siedler. Zehn Jahre später hatte die verarbeitende Industrie einen größeren Anteil an der Wirtschaft Kaliforniens als die Goldförderung und das Pro-Kopf-Vermögen lag höher als in allen übrigen Staaten der USA.

Der Goldrausch des Internets ist eine Kraft, die den wirtschaftlichen Fortschritt vorantreibt. Da das Internet den interessierten Unternehmen viele Betätigungsfelder bietet, ergibt sich eine überhöhte Investitionstätigkeit. Jeder ernstliche Mangel des Internets, von der zweifelhaften Sicherheit bis zum Chaos der Inhalte, hat Dutzende Firmen auf den Plan gerufen, die sich um die Lösung des Problems bemühen. Im Zuge dieser Anstrengungen wird viel Geld verlorengehen. Was heute noch nach lukrativer Nische aussieht, kann sich morgen als heiß umkämpfter Markt mit winzigen Gewinnspannen herausstellen. Oder einfach als ein Produktbereich, der nicht gefragt ist. Es ist bemerkenswert, wie hoch die internetorientierten Unternehmen gehandelt werden, wenn man bedenkt, wie schwierig es ist, ein eigenes Profil zu gewinnen und schwarze Zahlen zu schreiben. Bisher hat das Internet nur geringe Gewinne abgeworfen, und die Gesamtbilanz sieht ziemlich negativ aus. Trotzdem wanken und weichen die Firmen nicht, denn sie glauben an die Zukunft des Internets – oder sie sind dem Rausch verfallen.

Um das Internet rankt sich eine ganze Zahl höchst unseriöser Versprechungen. In einer Radiowerbung hörte ich neulich, jeder könne ein Vermögen im Internet verdienen, *auch wenn er noch nie einen Computer angefaßt habe!* Nur für ein kleines Seminar müsse man zahlen und schon kenne man das Geheimnis! In

Presseberichten und Nachrichtenbeiträgen ist zu erfahren, daß dieses oder jenes Hardware- oder Softwareprodukt bemerkenswerte Profite verspreche – Behauptungen, die zwar etwas differenzierter, letztlich aber genauso haltlos sind. Ich bin überrascht, wie unkritisch Menschen, die das Internet-Fieber gepackt hat, auf solche Versprechungen reagieren. Hätte eine Firma 1994 angekündigt, sie werde ein Softwareprogramm auf den Markt bringen, daß viele Male besser sei, als alles, was es bislang gebe, wären die meisten Verbraucher wohl skeptisch geblieben – und zu Recht. Doch zwei Jahre später trifft die gleiche Ankündigung, nur mit der Ergänzung »... fürs Internet« auf eine erstaunliche Gutgläubigkeit: »Software, die zehnmal besser ist als alles, was es bisher gibt, und fürs Internet? Wahnsinn!«

Gesunde Skepsis zahlt sich aus. Der Erfolg von Investitionen ist heute nicht gewisser als in den Anfängen der PC-Industrie, als Dutzende von Unternehmen PCs anboten, die sich deutlich voneinander unterschieden. Wenn Sie damals in Compaq investiert hätten, währen Sie heute ziemlich glücklich. Hätten Sie Ihr Geld jedoch in Mindset, Gavelin oder Eagle Computer gesteckt, lauter Senkrechtstarter damals, wären Sie heute weniger froh. Wahrscheinlich sahen diese Firmen wie gute Investitionen aus – immerhin stellten sie PCs für die PC-Revolution her –, doch der Wettbewerb war für die meisten Marktneulinge zu hart. Wie so häufig waren Investitionen am besten bei den Firmen aufgehoben, die sich auf weniger naheliegende Produktbereiche spezialisierten. Intel stellte Mikroprozessoren her, Microsoft Software und Hewlett-Packard Drucker. Auch die Anbieter anderer PC-Komponenten, etwa von Speicherchips, erwiesen sich als lukrativ für Investoren, wenn auch manchmal nur vorübergehend, weil die Komponentenmärkte äußerst unbeständig sind. Trotz hochgesteckter Erwartungen, viel Kapital und einem reichlichen Reservoir an Talenten haben es viele Firmen nicht weit gebracht. Die Geschichte wird sich wiederholen. Wenn die übertriebene Internet-Hochstimmung verflogen ist, was über kurz oder lang der Fall sein wird, werden wir beeindruckt sein von den großen Erfolgsstorys und ungläubig auf die kläglichen Reste gescheiterter Unternehmensgründungen starren. »Wer hat diese Firmen ins Leben gerufen?« werden wir uns fragen. »Was haben sie sich dabei gedacht? Haben sie sich einfach von der allgemeinen Hysterie anstecken lassen?«

Im bisherigen Verlauf meiner Ausführungen dürfte klar geworden sein, daß ich zwar skeptisch bin, was die meisten Internetinvestitionen angeht, daß ich aber an die langfristigen Erfolgsaussichten interaktiver Netze glaube. Fast alles, was Microsoft gegenwärtig unternimmt, ist getragen von meiner Überzeugung, daß das Internet sich solange ausweiten wird, bis fast jeder Bewohner der entwickelten Welt und große Teile der Bevölkerung in den Entwicklungsländern zu seinen Benutzern zählen werden. Unternehmen, die diese Entwicklung nicht berücksichtigen, setzen, ganz gleich in welchem Bereich sie tätig sind, ihre Zukunft aufs Spiel.

Im Internet gibt es viele verschiedene Investitionsbereiche. Kabel-, Telefon- und andere Unternehmen werden auf den Gebieten der Glasfaser-, drahtlosen und satellitengestützten Infrastruktur konkurrieren. Hardwareunternehmen werden versuchen, sich den Rang abzulaufen beim Verkauf von Servern, ATM-Knotenrechnern, Settop-Boxen, PCs, digitalen Fernsehgeräten, Bildtelefonen und anderen Informationsgeräten für den Verbrauchermarkt. Eine relativ geringe Zahl von Softwareunternehmen wird sich um den Absatz von Komponenten für die Internetsoftwareplattform bemühen, während eine weit größere Zahl – viele Tausende – Internetinhalte produzieren wird, mit dem Erfolg, daß einige neue Märkte entstehen werden. Am Ende werden Millionen von Unternehmen und Einzelpersonen Information und Unterhaltung übers Netz verkaufen.

Kabel- und Telefongesellschaften in der ganzen Welt werden vier parallel verlaufende Strategien verfolgen. Erstens werden sie sich beide auf die Geschäftsfelder der anderen Branche vorwagen. Kabelgesellschaften werden Telefondienste anbieten, und Telefongesellschaften werden Videos ausstrahlen. Zweitens werden beide Branchen mit Hilfe von ISDN, ADSL oder Kabelmodems (alle in Kapitel fünf beschrieben) Mittelbandzugänge zum Internet eröffnen. Drittens werden sowohl die Kabel- als auch die Telefongesellschaften zur Digitaltechnologie überwechseln, um mehr Fernsehkanäle und höherwertige Signale anbieten zu können. Viertens werden einige Unternehmen Versuche mit Breitbandsystemen durchführen, an die Fernsehgeräte und PCs in Großstädten mit überdurchschnittlich verdienender Einwohnerschaft angeschlossen sind. Jede der vier Strategien wird zu Investitionen in digitaler Netzkapazität führen und eine heftige Konkurrenz zwischen Telefon- und Kabelgesellschaften auslösen, da beide in diesen Wohngebieten die ersten Provider von Internetzugängen mit großzügig bemessener Bandbreite sein wollen.

Bis 1996 waren interaktive Breitbandnetze, über die Video- und Telefondienste angeboten wurden, in den Vereinigten Staaten vom Gesetzgeber nicht erlaubt. Telefongesellschaften durften keine Videofilme senden und Kabelgesellschaften durften keine Telefondienste anbieten, ohne sich strengsten Vorschriften zu unterwerfen. Doch im Sommer 1995 führte der amerikanische Kongreß eine Debatte über die Frage, wie sich die amerikanische Telekommunikation deregulieren lasse, und verabschiedete Anfang 1996 dann das Telekommunikations-Reformgesetz, das Telefon-, Kabelgesellschaften und anderen Unternehmen erlaubt, miteinander zu konkurrieren und Netze von beliebiger Kapazität zur Übertragung von Unterhaltung und Information zu verlegen.

In der unmittelbaren Folgezeit der Deregulierung versuchten es die Telefon-, Kabel- und Unterhaltungsunternehmen mit einer ganzen Reihe von Schachzügen – Beschwerden, Prozessen, Störmanövern und Fusionen. Einige Unternehmen warfen den Firmen, die in ihre Geschäftsfelder drängten, Knüppel zwischen die Beine, während sie gleichzeitig das eigene Vordringen in die Tätigkeitsbereiche anderer Unternehmen beschleunigten.

Die regionalen Telefongesellschaften befinden sich in der Defensive. Sie müssen sich zunehmend auf die Konkurrenz von Telefon- und anderen Telekommunikationsunternehmen gefaßt machen, die in ihren angestammten Einzugsbereichen lokale Telefon- und Telekommunikationsdienste anbieten werden. Wahrscheinlich entfesselt die Deregulation diesen Wettbewerb nur wenige Jahre, bevor die Kosten für Ferngespräche durch die Konkurrenz im Internet gedrückt werden.

Ab 1997 werden die Telekommunikationsgesellschaften Breitbandanschlüsse in alle mittleren und größeren Unternehmen verlegen. Die Möglichkeit, ISDN-Anschlüsse an private PC-Benutzer zu verkaufen, wird den Telefongesellschaften neue Einkünfte bringen und die Preise so weit senken, daß sich ein Massenmarkt bilden kann. Auch ADSL wird eine wesentliche Rolle spielen und in einigen Fällen ISDN verdrängen. Durch ADSL werden Telefongesellschaften Privathaushalte mit ziemlich leistungsfähigen Telefon-, Bildtelefon- und Internetanschlüssen ausrüsten können. Allerdings ist ADSL keine ausreichende Lösung für die hochwertige Übertragung bewegter Videobilder, weil es nicht genügend Bandbreite hat, um mehrere Fernsehgeräte in einem Haushalt mit verschiedenen Programmen zu versorgen – und in einigen Fällen wird es noch nicht einmal genug Kapazität besitzen, um an ein einziges Fernsehgerät einwandfreie Videosignale zu übertragen.

Die amerikanischen Telefongesellschaften haben einen stärkeren finanziellen Rückhalt als die Kabelgesellschaften, allerdings erwarten ihre Aktionäre auch höhere Dividenden. Allein der amerikanische Markt für lokale Telefondienste mit jährlichen Einnahmen von 100 Milliarden Dollar ist weit einträglicher als das Geschäft der amerikanischen Kabelgesellschaften mit seinen 20 Milliarden Dollar. Die RBOCs (Regional Bell Operating Companies) werden mit ihrer einstigen Muttergesellschaft AT&T auf dem Markt für Ferngespräche, drahtlose Telefongespräche und neue Dienstleistungen in Wettbewerb treten. Doch wie viele andere Telefongesellschaften in aller Welt, die auf eine gemeinsame Vergangenheit als staatliche oder halbstaatliche Monopolbetriebe zurückblicken, sind die RBOCs Neulinge im Reich des Wettbewerbs.

Die Kabelunternehmen sind jünger und kleiner als die großen Telefongesellschaften und handeln in der Regel unternehmerischer. Über ein Netz von Koaxial- und manchmal auch Glasfaserkabeln versorgen sie ihre Abnehmer mit Ein-Wege-Breitbandvideo. Zwar ist ihre Verbreitung, weltweit gesehen, ziemlich gering – 189 Millionen Teilnehmer –, aber 95 Prozent aller US-amerikanischen Haushalte könnten mit Kabelanschlüssen versorgt werden, und 68 Millionen haben von dieser Möglichkeit Gebrauch gemacht. So rasch sie können, werden die Kabelgesellschaften ihre Netze aufrüsten, um Internetzugänge mit Mittelbandkapazität anbieten zu können. Bislang werden erst etwa 10 Prozent der Netze diesen Anforderungen gerecht, und es wird sicherlich noch fünf Jahre dauern, bis 75 Prozent zur Datenübertragung im Mittelbandbereich fähig sind.

Weltweit wird die Kabel- und Telefonbranche die größte Zahl von Wettbewerbern um die Eröffnung von Netzzugängen stellen, aber es werden beileibe nicht die einzigen sein. Beispielsweise haben in Japan die Eisenbahngesellschaften erkannt, daß das Gelände entlang von Bahngeleisen ideal für die Führung von Glasfaserfernkabeln wäre. In vielen Ländern haben die Versorgungsbetriebe für Elektrizität, Gas und Wasser darauf hingewiesen, daß auch sie Leitungen in Privathaushalte und Betriebe verlegen. Einige haben die Auffassung vertreten, daß sich etwa mit den Ersparnissen durch die computerisierte Steuerung der Privatheizung die Kosten für eine Glasfaserverkabelung des betreffenden Haushalts weitgehend abdecken ließen. Eine zentralisierte Energiewirtschaft, in deren Rahmen der Computer des Versorgungsbetriebs die Energienutzung in Tausenden von Haushalten beeinflußt oder sogar steuert, würde Nachfragespitzen abbauen und dadurch den Bau kostenaufwendiger neuer Kraftwerke überflüssig machen. Tatsächlich gehören die meisten TV-Kabelnetze in Frankreich zwei großen Wasserversorgungsunternehmen. Doch scheinen Wasserverbände und andere Versorgungsunternehmen nicht überall so selbstverständlich wie in Frankreich für die Schaffung von Telekommunikationsnetzen in Frage zu kommen.

Die Infrastruktur wird sich in verschiedenen Regionen und

verschiedenen Ländern mit unterschiedlichem Tempo entwickeln. Zunächst werden wohl die wohlhabenderen Wohngebiete mit entsprechenden Netzen versorgt, weil deren Bewohner in der Regel zu größeren Ausgaben für Anschlüsse bereit sein werden. In der Anfangsphase werden sich Kommunalpolitiker bemühen, günstige Bedingungen für die Verkabelung zu schaffen, doch in Industrieländern mit einer wettbewerbsfreundlichen Gesetzgebung wird man für den Bau der Netzinfrastruktur keine Steuergelder investieren müssen.

Im Ausland werde ich von Journalisten häufig gefragt, um wie viele Jahre die Entwicklung in ihrem eigenen Land hinter der der Vereinigten Staaten hinterherhinke. Das ist eine schwierige Frage. Vorteile in den Vereinigten Staaten sind die Größe des Marktes, die Verbreitung des PCs in amerikanischen Haushalten und der Wettbewerb zwischen den Telefon- und Kabelgesellschaften. US-amerikanische Unternehmen sind führend auf fast jedem technologischen Feld, das bei der Schaffung der Breitbandinfrastruktur eine Rolle spielen wird: Mikroprozessoren, Software, Unterhaltungselektronik, Personalcomputer, Settop-Boxen und Ausrüstung für Knotenrechner. Die einzigen nennenswerten Ausnahmen sind Displaytechnik und Speicherchips.

Obwohl das Interesse an Hightech-Kommunikationssystemen in Japan wahrscheinlich größer ist als in jedem anderen Land, läßt sich schwer vorhersagen, welche Rolle Japan in der Nutzung interaktiver Netze spielen wird. Die Verwendung von Personalcomputern in Betrieben, Schulen und Haushalten begann in Japan, verglichen mit anderen Industriestaaten, relativ spät, obwohl der Markt ab Anfang 1995 eine sprunghafte Entwicklung erlebte. Daß sich das Land so schwer mit den PCs tat, lag zum Teil daran, daß Kanji-Schriftzeichen nur schwer auf einer Tastatur unterzubringen sind, zum Teil aber auch daran, daß Japan einen großen, fest etablierten Markt für zweckgebundene Textverarbeitungsgeräte besitzt.

Was die Zahl der Firmen angeht, die in die Entwicklung von Bausteinen für die Highway-Infrastruktur investieren, wird Japan nur von den Vereinigten Staaten übertroffen. Viele japanische Großunternehmen verfügen über eine hervorragende Technologie und sind dafür bekannt, daß sie ihre Investitionen langfristig planen. Mit dem Firmenslogan »Computer & Kommunikation« hat NEC die Kommunikationsrevolution bereits 1984 vorweggenommen und angedeutet, wo es sich engagieren will. In einigen japanischen Unternehmen verbindet sich technisches Know-how mit dem Interesse am Markt für Inhalte. Sony ist Eigner von Sony Music und Sony Pictures, und dazu gehören Columbia Records und Columbia Studios. Toshiba ist groß bei Time Warner eingestiegen. Die japanische Telefongesellschaft NTT hat eine der höchsten Bewertungen von allen Publikumsgesellschaften in der Welt und wird sicherlich eine führende Rolle bei der Entwicklung des interaktiven Netzes in Japan spielen.

Wie in den USA verfügt auch in Kanada ein hoher Prozentsatz der Haushalte über einen TV-Kabelanschluß. Das ist von Vorteil, weil der Wettbewerb zwischen Kabel- und Telefongesellschaften die Bereitschaft erhöhen wird, in die Netzinfrastruktur zu investieren. Am weitesten ist die Verwendung eines einzigen Netzes für Telefon- und Kabeldienste jedoch in Großbritannien gediehen. Bereits 1990 durften dort Kabelgesellschaften Telefondienste anbieten. In der Folgezeit investierten ausländische Unternehmen, vor allem amerikanische Telefon- und Kabelgesellschaften, kräftig in den Ausbau einer Glasfaserinfrastruktur in England. Heute können englische Verbraucher die Telefondienste auf Wunsch von ihrer TV-Kabelgesellschaft beziehen. Dieser Wettbewerb hat die British Telecom zu günstigeren Gebühren und Dienstleistungen gezwungen.

In Frankreich hat der bahnbrechende Online-Dienst Minitel eine Gemeinschaft von Informationsanbietern entstehen lassen und zu einer allgemeinen Vertrautheit mit Online-Systemen beigetragen. Zwar ist die Kapazität von Terminals und Leitungen begrenzt, doch hat Minitels Erfolg zur Einführung von Neuerungen ermuntert und wichtige Erkenntnisse geliefert.

In Deutschland hat die Deutsche Telekom 1995 die Gebühren

für den ISDN-Dienst drastisch gesenkt. Dadurch hat sich die Zahl der Benutzer, die mit ihren Personalcomputern ans Netz gegangen sind, erheblich erhöht. Die Gebührensenkung war ein vernünftiger Schritt, denn sie wird die Entwicklung von Anwendungen fördern, die zu einer beschleunigten Einführung von Breitbandsystemen beitragen.

In Skandinavien ist die PC-Verwendung in der Wirtschaft noch verbreiteter als in den Vereinigten Staaten. Dort hat man nämlich begriffen, daß die hochqualifizierten Arbeitnehmer dieser Länder von Hochgeschwindigkeitsverbindungen zur übrigen Welt nur profitieren können.

1996 war ich bei einem Besuch in Schweden sehr beeindruckt, wie entschlossen in Stockholm die Verlegung eines Glasfasernetzes vorangetrieben wird, dessen Kapazität Privatfirmen, einschließlich der Kabelgesellschaften, zur Verfügung stehen wird. Vielleicht noch beeindruckender war der Eifer, mit dem die Stadt interaktive Anwendungen entwickelte, unter anderem einen elektronischen Dienstleistungsmarkt. Oberbürgermeister Mats Hulth forderte andere europäische Großstädte zu einem Wettbewerb in der besten Nutzung von Informationstechnologie heraus. Bis zum Sommer 1996 hatten sich zum »Bangemann-Wettbewerb« dreiundzwanzig Städte mit 99 Projekten angemeldet, die in Bereichen stattfinden wie Telearbeit, Fernstudium, Universitätsnetze, Straßenverkehrskontrolle und Gesundheitspflege. Die beteiligten Städte sind Amsterdam, Antwerpen, Barcelona, Berlin, Bologna, Bradford, Bremen, Brüssel, Budapest, Den Haag, Edinburgh, Eindhoven, Göteborg, Hannover, Helsinki, London-Lewisham, Lyon, Manchester, Modena, Paris, Rotterdam, Stockholm und Utrecht.

Auch an Osteuropa geht die Kommunikatiosrevolution nicht spurlos vorüber. In den neuen Bundesländern der Bundesrepublik sind modernste Telekommunikationsanlagen installiert worden. Wenn ich in Ländern wie Polen, Tschechien und Ungarn mit den Vertretern von Telefongesellschaften oder Politikern zusammenkomme, dann rede ich ihnen zu, Investitionen in die Telekommunikation nach Kräften zu unterstützen. Meist finde ich offene Ohren, weil diese Leute sehr wohl wissen, daß sich attraktive Arbeitsplätze für ihren begabten Nachwuchs ohne globale Kommunikationssysteme kaum schaffen lassen.

Wegen der großen geographischen Entfernung zu anderen Industrieländern haben Australien und Neuseeland besonderes Interesse daran, sich die Chancen der Hochgeschwindigkeitsnetze zunutze zu machen. An die Stelle von Australiens staatlichem Monopolunternehmen PTT – einst zuständig für Post, Telefon und Telegrafie – ist offener Wettbewerb getreten. Aufgrund dieser Entwicklung hat man zukunftsweisende Pläne zu einem raschen Ausbau der auf Glasfaser- und Koaxialkabeln beruhenden Infrastruktur gefaßt. So hart ist der Wettbewerb, daß schon bald viele australische Haushalte und Betriebe preiswerte Zugänge zu Hochgeschwindigkeitsnetzen haben könnten. Neuseeland hat den offensten Telekommunikationsmarkt der Welt, und seine unlängst privatisierte Telefongesellschaft hat beispielhaft unter Beweis gestellt, wie effektiv Privatisierung sein kann. Dabei hat das Land größte Anstrengungen unternommen, um Datenverarbeitung und Telekommunikation zu deregulieren. Als Neuseeland in den achtziger Jahren seine hohen Einfuhrzölle auf Computer herabsetzte und die New Zealand Telecom privatisierte, gelang es ihm, ausländische Investitionen und Anbieter ins Land zu holen. Die US-amerikanischen Telefongesellschaften, die die New Zealand Telecom besitzen, benutzen Neuseeland als Testmarkt für Geräte und Dienstleistungen.

Infolge seiner Bevölkerungsdichte und intensiver staatlicher Förderung wird Singapur eine führende Rolle beim Ausbau der Infrastruktur zufallen. In diesem Stadtstaat der besonderen Art hat das Wort der Regierung großes Gewicht. Die Infrastruktur für das Breitbandnetz ist bereits im Bau, und die Singapore Telecommunications Ltd. arbeitet zusammen mit Time Warner an einem auf 18 Monate geplanten Video-on-demand-Versuch. Demnächst werden alle Bauherren in Singapur gehalten sein, jedes neue Haus und jede neue Wohnung mit einem Breitbandanschluß auszustatten, so wie sie schon heute gesetzlich verpflichtet sind, für Wasser-, Gas-, Strom- und Telefonanschluß zu sorgen. Als ich mit Lee Kuan Yew sprach, dem 72jährigen Spitzenpolitiker, der von 1959 bis 1990 Ministerpräsident von Singapur war, war ich tief beeindruckt von seinem Verständnis für die Bedeutung der Informationstechnologie und der Priorität, die er ihrem raschen Ausbau einräumte. Seiner Ansicht nach ist es zwingend notwendig, daß sein kleines Land auch künftig ein bevorzugter Standort für hochqualifizierte Arbeitsplätze in Asien bleibt. Ich fragte ihn unverblümt, ob er von irgendwelchen Absichten der Regierung gehört habe, die straffe Zensur aufzuheben, die sie heute ausübt, um die traditionellen Werte der Gemeinschaft aufrechtzuerhalten und auf diese Weise gesellschaftliche Probleme einzudämmen. Mr. Lee sagte, Singapur sehe ein, daß es sich künftig anderer Methoden als der Zensur bedienen müsse, um eine Kultur zu bewahren, die zugunsten eines starken Gemeinschaftsgefühls einige westliche Freiheiten opfere. Es wird interessant sein zu verfolgen, ob sich Singapur an diese Absichtserklärung hält.

In Hongkong erhalten Privatfirmen, die Neuerungen im Bereich von Elektronik, Telekommunikation und Multimedia-Techniken auf den Markt bringen, vom Staat Zuschüsse für die erforderliche Infrastruktur, finanzielle Anreize anderer Art, billige Kredite und weitere wirtschaftliche Hilfen. Offenbar ist die Regierung entschlossen, das gesamte Stadtgebiet durch ein Breitbandnetz zusammenzuschließen und genügend Wettbewerb zuzulassen, um Anbieter von Dienstleistungen und Inhalten in die Stadt zu locken. Zum ersten Mal in ihrer Geschichte wird sich die Hong Kong Telecom auf den Wettbewerb mit Privatunternehmen gefaßt machen müssen. Von dieser Entwicklung verspricht man sich die Einführung von Hightech-Diensten wie zum Beispiel interaktiven Multimedia-Angeboten, die eine enge Verbindung zu Hongkongs Film- und Spielzeugindustrie eingehen könnten. Natürlich weiß niemand so recht, was im Juli 1997 geschehen wird, wenn Hongkong an China fällt.

In China selbst scheint das Regime eine höchst ambivalente Einstellung zur Kommunikationstechnologie und ihrem potentiellen Nutzen für das Land zu haben. Wu Jichuan, der Minister für Post und Telekommunikation, erklärte vor Journalisten: »Für uns ist der Anschluß ans Internet nicht gleichbedeutend mit unbeschränkter Informationsfreiheit. Ich denke, das wird jeder verstehen. Wenn Sie durch den Zoll gehen, müssen Sie Ihren Paß vorlegen. Gleiches gilt für den Umgang mit Information.« Die chinesische Lösung wird vielleicht auf die Entwicklung einer Art von nationalem Intranet hinauslaufen, ein wenig isoliert vom elektronischen Informationsaustausch der übrigen Welt.

Wie schnell die Infrastruktur die Privathaushalte erreicht, wird zwar weitgehend vom Pro-Kopf-Bruttoinlandsprodukt (BIP) eines Landes abhängen, doch selbst Entwicklungsländer werden Betriebe und Schulen mit Kabelanschlüssen versorgen und so dazu beitragen, daß sich das Einkommens- und Technologiegefälle zwischen den Gesellschaften verringert. Einige karibische Staate wie zum Beispiel Jamaika und die Dominikanische Republik sind bereits über Glasfaserkabel mit Nordamerika verbunden, so daß sie ihre kostengünstigen Datenerfassungsdienste online anbieten können. In Lateinamerika nimmt Costa Rica eine Sonderstellung ein – einerseits als Anbieter von Datenerfassungsdiensten, andererseits als Standort für multinationale Unternehmen. Bangalore in Indien sowie Shanghai und Guangzhou in China werden Betriebe und Universitäten ans Netz anschließen, so daß ihre hochqualifizierten Arbeitskräfte ihre Dienste am globalen Markt anbieten können.

Weltweit haben erd- und satellitengestützte drahtlose Dienste eine wichtige Aufgabe zu erfüllen. Viele Informationsgeräte werden direkt oder indirekt über Infrarot- oder Funkverbindungen ans Netz angeschlossen sein, so daß ein mobiler Zugang zu Schmalbandsignalen möglich ist. Heutige Satelliten übertragen einwandfreie Videosignale, allerdings reicht die Bandbreite nicht aus, um zu vernünftigen Preisen ein kundenspezifisches Videoangebot zu liefern, und der Rückkanal verfügt nur über eine eingeschränkte Kapazität. Eine Teillösung ist die Nutzung des Telefonsystems als Schmalbandrückkanal. TV-Satellitensysteme für den Direktempfang wie das DIRECTV-System von

Hughes Electronics registrieren über die normale Telefonleitung alle Pay-TV-Sendungen, die Sie empfangen haben. DIRECTV ist in erster Linie ein Unterhaltungssystem – ein drahtloser Vorläufer der »500-Sender«-Zukunft des Kabelfernsehens. Bei Verwendung einer speziellen Steckkarte können solche TV-Satelliten nicht nur Fernsehgeräte bedienen, sondern auch PCs mit Daten versorgen.

Teledesic, eine Firma, die mein Freund Craig McCaw, der Pionier des Mobiltelefons, und ich gemeinsam finanzieren, verfolgt hochgesteckte Ziele: Eine große Zahl von Low-Orbit-Satelliten (Satelliten auf niedriger Umlaufbahn) sollen weltweit Zwei-Wege-Breitbanddienste anbieten. Heute erreicht man die globale Datenübertragung dadurch, daß man eine Handvoll außerordentlich kostspieliger Satelliten etwa 36 000 Kilometer über dem Erdboden in geostationäre Umlaufbahnen bringt. Diese High-Orbit-Methode läßt sich bei Satelliten anwenden, die Daten, unter anderem auch Fernsehsendungen, ausstrahlen. Allerdings verbrauchen High-Orbit-Satelliten viel Energie und führen zu einer erheblichen Signalverzögerung, so daß eine Zwei-Wege-Kommunikation mittels eines geostationären Satelliten problematisch wäre.

Statt dessen schlägt Teledesic vor, mehrere hundert relativ kostengünstige Satelliten in polare Umlaufbahnen zu bringen, und zwar in einer Höhe von lediglich 700 Kilometern – 50mal näher an der Erde als die geostationären Satelliten. Aufgrund ihres geringeren Erdabstands würden sie 2500mal weniger Energie als High-Orbit-Satelliten benötigen, eine zuverlässige Zwei-Wege-Kommunikation ermöglichen und Übertragungsgeschwindigkeiten im Leistungsbereich von Glasfaserkabeln garantieren. Die Vorstellung kann begeistern.

Für die Frequenzen, die Teledesic zu seinem Betrieb braucht, hat es in den meisten Ländern die Genehmigung, sieht sich aber noch erheblichen technischen und finanziellen Schwierigkeiten gegenüber. Der Zukunftsentwurf von Teledesic ist nicht zuletzt deshalb so kühn, weil das Unternehmen seine Pläne nicht auf eine geringere Zahl von Satelliten zurückschrauben kann. Im

Gegensatz zu Satelliten auf geostationären Umlaufbahnen würden sich die Teledesic-Satelliten relativ zur Erdoberfläche bewegen. Um auch nur ein einziges geographisches Gebiet zuverlässig mit Datendiensten zu versorgen, müßte die Anzahl der Satelliten in Umlaufbahnen so groß sein, daß sich ständig mindestens einer über dem fraglichen Gebiet befindet. Wenn genügend Satelliten kreisen, könnte das Teledesic-System den Datenübertragungsbedarf weltweit decken – das heißt, überall die gleiche Qualität und Quantität an interaktiven Breitbanddiensten verfügbar machen.

Möglicherweise wird Teledesic am meisten mit der Versorgung ländlicher Gebiete in Industriestaaten verdienen. Entwicklungsländer oder Ozeane lassen weniger Einkünfte erwarten. Ich könnte mir vorstellen, daß Teledesic oder irgendein anderes Unternehmen, das ein Low-Orbit-System betreibt, mit Entwicklungsländern intelligente Pauschalgebühren vereinbart, die diesen Staaten die Möglichkeit geben, die Kapazitäten so zu nutzen, wie es ihnen angemessen erscheint. Auch auf See könnte Teledesic günstige Preise anbieten, da dort für die große Bandbreite des Systems wenig Verwendung wäre. Nach Installation des Systems wäre seine Übertragungskapazität über Zentralchina oder den Weiten des Pazifik ebenso groß wie über dem Stadtgebiet von New York City, und die Kosten für den Betrieb des Systems blieben gleich, egal, ob es kaum oder intensiv genutzt würde. Die wirtschaftliche Situation gleicht der einer Luftfahrtgesellschaft: Der Flug einer Verkehrsmaschine kostet leer fast genauso viel wie vollbesetzt. Warum soll man da nicht anderweitig ungenutzte Kapazitäten zu Sonderpreisen anbieten?

Wenn Teledesic Erfolg hat, könnte es das Leben vieler Millionen Menschen verändern. Über modernste Kommunikationstechnik würde es ein Publikum, das sonst von allen Zugangsmöglichkeiten abgeschnitten wäre, mit den Bildungs-, Wirtschafts- und Unterhaltungsinhalten des Internets versorgen. In unseren hochentwickelten Industriestaaten vergessen wir leicht die anderen zwei Drittel der Weltbevölkerung, die noch nie ein

Telefongespräch geführt haben. Die wenigen vorhandenen Telefondienste werden über veraltete Kupferkabel geliefert, die sich in absehbarer Zukunft wahrscheinlich nur in seltenen Sonderfällen zu digitaler Breitbandkapazität hochrüsten lassen. Zwar gibt es schon eine ganze Reihe von Glasfaseranschlüssen auf der Welt, aber bislang werden sie vorwiegend für Hauptverbindungen zwischen verschiedenen Ländern und zwischen den Vermittlungsstellen der Telefongesellschaften benutzt. Selbst in dichtbesiedelten Gebieten ist es noch kostspielig, Glasfaserkabel in Privathaushalte und Betriebe zu verlegen. Ob sich die flächendeckende Glasfaserverkabelung in schwach besiedelten Regionen jemals rechnen wird, ist noch fraglich.

Auch ohne Teldesic und andere vorgeschlagene Satellitensysteme werden sich bald viele hundert Millionen Benutzer ins Internet einloggen. Das ist einer der Gründe, warum sich die Softwareindustrie heute so intensiv um das Internet kümmert.

Heute, im Jahr 1997, entzündet sich die lebhafteste Softwarekonkurrenz an den Web-Browsern, jenen Programmen, mit denen der Benutzer die Seiten im World Wide Web oder in betriebseigenen Intranets durchstöbern kann. Die wichtigsten Browser sind Netscape Navigator, der viele Nachfolger fand, weil er einer der ersten seiner Art war und anfang kostenlos angeboten wurde, und Microsoft Internet Explorer, der noch immer kostenlos ist.

Netscape war der Marktführer in dieser neuen Softwarekategorie. In solchen Fällen lautet Microsofts Strategie »übernehmen und erweitern«. Die gleiche Methode hat Lotus Anfang der achtziger Jahre mit Lotus 1-2-3 angewandt, um VisiCalc zu verdrängen, die erste gute Tabellenkalkulation, die lange Zeit den Markt beherrscht hat. Und Microsoft hat seinerseits diese Strategie angewandt, um 1-2-3 mit Microsoft Excel zu verdrängen. Jede neue Version von Microsoft Internet Explorer übernimmt alle Leistungsmerkmale viel benutzter Browser, auch solche, die von Netscape entwickelt wurden, und erweitert ihre Möglichkeiten dann durch neue Merkmale, die für Windows- wie für Macintosh-Benutzer bestimmt sind. Bei Microsoft heißt die Internettechnologie »ActiveX«, eine Bezeichnung, in der sich die Überzeugung ausdrückt, daß statische, leblose Web-Seiten langweilig sind und daß beliebte Web-Sites durch Interaktivität »zum Leben erwachen«. Natürlich übernimmt und erweitert auch Netscape jedesmal, wenn es eine neue Version von Navigator herausgibt, die Leistungsmerkmale anderer Programme. Erweiterungen dieser Art, egal, von welcher Seite, werden zu den Standards, die die anderen Firmen daraufhin übernehmen – solange die Benutzer und die »Webmaster« (Anbieter, die Web-Sites einrichten) sie attraktiv finden.

Die Webmaster spielen eine wichtige Rolle, denn sie entscheiden darüber, welche neuen Erweiterungen für die Einrichtung großer Web-Sites benutzt werden. Version 2.0 von Netscape Navigator führte die Unterstützung von Frames ein, unabhängige Bildschirmbereiche mit rechteckigen Grenzen, die Web-Seiten innerhalb von Web-Seiten zeigen können. Einige Webmaster gelangten zu der Überzeugung, daß Frames nützlich seien und benutzten sie in ihren Sites. Microsoft Internet Explorer 2.0 besaß diese Fähigkeit nicht, daher hatten Benutzer, wenn sie eine Web-Site durchsuchten, die sich die Vorzüge von Frames zunutze machte, durchaus eine Veranlassung, lieber Navigator zu benutzen. Daraufhin antwortete Microsoft mit Internet Explorer 3.0, das unter anderem die Frame-Protokolle übernahm und sie so erweiterte, daß randlose Frames, benutzerdefinierte Ränder und gleitende Frames möglich wurden. Da arbeitete Netscape schon längst wieder fieberhaft an eigenen Verbesserungen.

Die Vielzahl von Browsern, die es gibt, stellen ein Problem für Webmaster dar – so, wie eine Vielzahl von Betriebssystemen ein Problem für Software-Entwickler sind: Welche Standards sollen unterstützt werden? Neben den verschiedenen Browsern und ihren vielen verschiedenen Versionen sind Hardwarebeschränkungen wie Bildschirmgröße, Speichergröße, Audio- und Grafikvoraussetzungen zu berücksichtigen. Wie rasch Webmaster bereit sind, neue Protokollerweiterungen zu nutzen, hängt von ihren Etats ab. Es wird nicht auf ewig zwanzig neue Erweiterungen pro Jahr geben können. Allerdings ist eine vernünftige Zahl neuer Protokolle noch erforderlich, denn 1996 waren die Web-Seiten noch nicht vielseitig genug, um den Erwartungen der Webmaster und letztlich der Benutzer gerecht zu werden.

Infolge dieser Entwicklung wachsen sich Browser zu Riesenprogrammen aus, die jedes Element des PC einbeziehen. Seit Browser Web-Seiten unterstützen, die Java-Programmierung, Shockwave-Animation, 3D-Grafik, Acrobat-Dateien, komprimierte Grafik, Video, Audio, Rich Fonts usw. nutzen, beanspruchen sie die Ressourcen eines Rechners, einschließlich seiner Speicher- und Verarbeitungskapazität, in weit höherem Maße als irgendein anderes übliches Programm.

Mitentscheidend für den Wettbewerb der Betriebssysteme wird sein, inwieweit sie die Leistungsmerkmale von Browsern aufweisen. Microsoft hat die Strategie gewählt, den Web-Zugang direkt in Windows einzubauen. Netscape will Windows und das Betriebssystem von Apple Macintosh überflüssig machen, indem es Navigator zu einem vollgültigen Betriebssystem weiterentwickelt.

Egal, wer gewinnt, am Ende werden beträchtliche Fortschritte zu verzeichnen sein: Die größten Vorzüge des PC werden sich mit den besten Eigenschaften des Webs verbinden und auf diese Weise eine einzigartige Methode zum Umgang mit Information bieten. Nah- und Ferndaten werden sich für den Benutzer nicht mehr unterscheiden. Mit Hilfe Ihrer Benutzeroberfläche werden Sie über Links von einer interaktiven Seite zur anderen springen, und es wird keine Rolle spielen, ob Sie Daten betrachten, die auf einer CD-ROM, einer Festplatte oder einer fernen Internet-Site gespeichert sind.

Bei Windows 95 kann ein Ordner (in älteren Windows-Versionen »Verzeichnis« genannt) Links zu Dateien und anderen Ordnern enthalten. Diese Links heißen »Verknüpfungen«. Ein Doppelklick, und der Benutzer befindet sich dort, wohin die Verknüpfung führt. Diese Verknüpfungen unterscheiden sich nicht von Links auf Web-Seiten. Der nächste Schritt besteht darin,

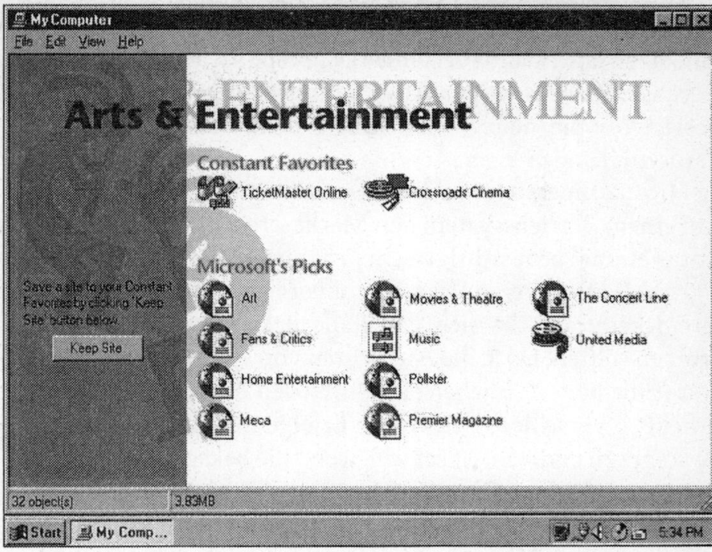


*Ein Ordner im Windows Web View, der dem Benutzer gestattet, mit einem Mausklick in jeden anderen Ordner oder jede andere Datei zu springen*

alles, was auf Web-Seiten benutzt wird, auch in Ordnern anzuwenden, so daß Ordner mehr Informationen liefern können als nur Namenslisten der in ihnen enthaltenen Dateien. In Ordnern wird der Benutzer künftig Beschreibungen von Dateien, Bilder, Animationen, randlose Frames und alle anderen Web-Merkmale finden. »Web View« ist die Bezeichnung für diese informative und ansprechende Ordnerpräsentation. Web View ist ein Leistungsmerkmal von Internet Explorer 4.

Im Zuge der Bemühungen, den Navigator zu einem Betriebssystem auszubauen, versieht Netscape ihn mit neuen Benutzeroberflächen für Speicherverwaltung, Dateienorganisation, Datensicherung, Zeitplanung, Grafik und allen anderen Merkmalen, die Anwendungen in einem Betriebssystem wie Windows verlangen. Dahinter steht die Absicht, den Netscape-Browser de facto zu einer Softwareplattform weiterzuentwickeln, die sich

Windows, dem Macintosh-Betriebssystem oder UNIX einfach aufsetzen läßt. Damit verbindet Netscape die Hoffnung, daß die Benutzer ihre bisherigen Anwendungen aufgeben und sich statt dessen für die neuen entscheiden, denen die Netscape-Standards zugrunde liegen.

Nicht zum ersten Mal ist diese Strategie angewandt worden, um einem Betriebssystem den Markt streitig zu machen. So hat Lotus einmal beabsichtigt, sein Programm Notes zu einer wichtigen Middleware, einer systemübergreifenden Plattform, zu entwickeln, auf die sich dann alle bekannten Anwendungen stützen sollten. Doch die Aussichten von Notes, sich als Middleware zu etablieren, haben sich durch den Aufstieg des Internets erheblich verschlechtert. Große Erfolge mit einer Middlewarestrategie zu erzielen, ist schwer, wenn die bekannteren Betriebssysteme in ihrer Grundausstattung die gleichen Leistungsmerkmale anbieten, mit denen die Middleware wirbt.

Ein weiterer Wettbewerb, für den die Beliebtheit des Internets verantwortlich ist, wird darüber entscheiden, wie sich PCs und Terminals verändern müssen, damit sie billiger und geeigneter zum Browsing werden. Einige Beobachter und Anbieter meinen, die entscheidende Auseinandersetzung werde zwischen dem PC auf der einen Seite und einer Kombination von Servern und Terminals mit begrenzten Funktionen auf der anderen Seite stattfinden – wobei die Server mehr kosten werden als PCs und die Terminals nicht so leistungsfähig wie PCs, dafür aber preiswerter sein werden. Hauptvertreter dieses Modells »starker Server/schwacher Client« sind Sun Microsystems, ein Unternehmen, das Server anbietet, und Oracle, ein Unternehmen, das Server-Software auf den Markt bringt. Sun und Oracle behaupten, letzten Endes werde das Internet für sie das leisten, was sie selbst in der Vergangenheit nicht haben bewerkstelligen können – nämlich die Entwicklung hin zu leistungsfähigen Rechnern im Besitz des Endverbrauchers zu stoppen und die gesamte Datenverarbeitung wieder zu zentralisieren.

Die Client-Geräte, auf die Sun und Oracle setzen, bezeichnen sie als »Internetterminals« oder »Netzcomputer«. Diese Rechner haben keine Festplatten und keine Diskettenlaufwerke. Ihre Software und Daten beziehen sie statt dessen aus Zentralservern. Laut dem Credo der beiden Unternehmen wird die Kombination aus Servern, herunterladbarer Software und schnellen Übertragungsverbindungen echte PCs für viele Benutzer überflüssig machen. Nach ihrer Überzeugung werden die meisten Benutzer nicht mehr als diese Netzterminals brauchen, die so entworfen sind, daß sie mit den heutigen PCs und Anwendungen nicht kompatibel sind.

Zu dem Zeitpunkt, da ich dieses schreibe – Sommer 1996 –, ist eines klar: Es wird eine Vielzahl von Geräten geben, die mit PC-Software nicht kompatibel sind. Bei jedem Gerät ist daher zu prüfen, welche Abstriche gemacht wurden und welche Vorteile es aufweist.

Wenn die PC-Nutzer eines unter Beweis gestellt haben, dann daß sie nicht bereit sind, sich mit überholten Funktionen oder Leistungen zufrieden zu geben. Die Lust der Verbraucher an immer neuen Erfahrungen sorgt dafür, daß ein drei Jahre alter PC ungefähr so gefragt ist wie eine drei Jahre alte Zeitung. Die unvermindert raschen Entwicklungen im Internet sind praktisch eine Garantie dafür, daß Terminals ohne externe Speicher die Benutzer schon nach wenigen Monaten enttäuschen werden – wenn sie nicht an sehr schnelle Netze angeschlossen sind.

Viele der Vorbehalte, die ich gegenüber Terminals ohne externe Speicher habe, entfallen, wenn das Netz, an das sie angeschlossen sind, schnell genug ist. Sogar umfangreiche Softwareprogramme lassen sich sekundenschnell herunterladen, wenn die Netzverbindung zum Server über eine hinreichende Bandbreite verfügt. Allerdings werden nicht alle PCs ohne externe Speicher gleich nützlich sein. Am günstigsten werden die Geräte sein, die dem Benutzer viel Einfluß lassen und mit eingeführter Software laufen.

Früher haben Sun und Oracle »X-Terminals« für betriebseigene Nahnetze vertrieben. Diese sogenannten »dumb« (dummen) Terminals fanden keinen Anklang, nicht zuletzt, weil sie keine wesentliche Ersparnis gegenüber normalen PCs brachten.

Die Zukunft liegt in einem ausgewogenen Server-Client-Verhältnis, wobei sowohl der Client (in der Regel ein PC) als auch der Server sehr leistungsfähig sind und in der Ausführung von Softwareanwendungen kooperieren. Dagegen sehe ich wenig Sinn darin, die »Intelligenz« von Desktoprechnern zu beschneiden. Und ich sehe keinen Anlaß für die Wirtschaft, hohe Investitionen in die Einrichtung neuer Server in Form von Großrechnern oder vernetzten Minicomputern zu stecken. Dank der technischen Entwicklung sind heute PC-Server mit hoher Leistung und niedrigem Preis möglich.

Die angeblichen Vorteile »dummer« Terminals werden in gleicher Weise jenen Benutzern zur Verfügung stehen, die ein bißchen mehr ausgeben und dafür einen herkömmlichen Personalcomputer bekommen, der die vielen Tausend Windows-gestützten Anwendungen ausführen kann. Einfache PCs gibt es in den Vereinigten Staaten heute für 1000 bis 1200 Dollar, doch dieser Preis könnte auf 600 Dollar gedrückt werden, wenn die Hersteller einen Teil ihrer Entwicklungsarbeit dem Ziel verschreiben würden, die Preise für den Massenmarkt zu senken, statt sich ausschließlich um die Leistung zu kümmern. PCs und viele andere Informationsgeräte, unter anderem TV-Settop-Boxen und Hand-held-Rechner, werden ans Internet angeschlossen und in großer Zahl verkauft werden. Was aber die Aussichten von inkompatiblen Terminals angeht, die fast, aber nicht ganz, PCs sind, sehe ich schwarz.

Den Markt für Internetzugänge, Browser-Software, Betriebssysteme, Server und Informationsgeräte werden Hightech-Unternehmen besetzen. Doch Internetinhalte kann praktisch jede Firma anbieten. Keine Firma ist zu klein, um als Mitbewerber aufzutreten. Zwar hat die Fernsehrevolution, die vor fünfzig Jahren begann, auch einigen Gewinne für die Hersteller von Fernsehgeräten gebracht, doch die größten Gewinner waren die Firmen, die das neue Medium dazu benutzten, Inhalte anzubieten: Unterhaltung, Nachrichten, Sport und Werbung. Eine ähnliche Dynamik werden wir im Internet beobachten können. Nur daß diesmal jeder Information veröffentlichen kann, denn jeder wird einen »Kanal« für seine Inhalte bekommen – eine Web-Site. Wir werden einen intensiven Wettbewerb in allen populären Inhaltskategorien erleben, unter anderem Nachrichten, Kommentar, Sport, Spiele, Verzeichnisse und Kleinanzeigen.

Bisher haben Investitionen in Internetpublikationen noch keine großen Einkünfte oder Profite gebracht. Am besten hat sich die Internetnutzung bislang im Bereich des Informationsaustauschs ausgezahlt – etwa wenn es um Marketinginformationen ging. Daß die Profite eines Tages kommen, wird allgemein sehr optimistisch beurteilt, wenngleich ich meine, daß es doch erheblich länger dauern wird, als die meisten Investoren glauben.

Als die gewinnträchtigste Sparte des Internets dürfte sich dann die Werbung erweisen, die ja auch in den herkömmlichen Medien eine sichere Einnahmequelle ist. Werbekunden haben in der Regel Scheu vor neuen Medien, doch die Vertreter vieler Werbeagenturen brennen darauf, die unbekannten Möglichkeiten der Interaktivität zu erkunden. Internetnutzer mit Schmalbandzugängen nervt es, wenn sie endlos warten müssen, bis sie die prächtigen Werbebilder heruntergeladen haben, doch sobald Mittelbandanschlüsse zur Norm geworden sind, werden diese Vorgänge sehr viel schneller ablaufen, und die Werbung wird nicht mehr solche Leistungsgrenzen überwinden müssen.

Einige Firmen versuchen, Gebühren für die Inanspruchnahme ihrer Web-Inhalte zu erheben. Doch das ist ein schwieriges Unterfangen, da im Internet ungeheure Mengen kostenloser Inhalte angeboten werden. Sites, die keine kostenlosen Inhalte zu bieten haben, werden von Besuchern gemieden und haben infolgedessen Schwierigkeiten, Werbekunden zu gewinnen.

Eine weitere Einnahmequelle für Inhaltsproduzenten sind Online-Dienste wie America Online, CompuServe, Prodigy und MSN, die Anbieter dafür bezahlen, daß sie mit ihren Inhalten ausschließlich die Abonnenten des betreffenden Dienstes beliefern.

Man wird im Internet eine Vielzahl von Geschäftsmodellen ausprobieren, und einige werden sich bewähren. Da die Inhaltsbranche in anderen Medien ein attraktiver Geschäftsbereich ist, wird es im Internet auf diesem Markt eine große Zahl von kleinen und großen Mitbewerbern geben. So wie Microsoft investieren auch viele andere Unternehmen in den Inhaltsbereich. So geben sich beispielsweise die meisten Kabel- und Telefongesellschaften nicht damit zufrieden, einfach Leitungen für die Datenübertragung zur Verfügung zu stellen. Viele Telekommunikationsunternehmen möchten auch an den Daten, die da übertragen werden, finanziell beteiligt sein. Sie sehen die netzgestützte Wirtschaft als eine Art Hackordnung, wobei die Übertragung der Daten den untersten Rang einnimmt, während sich darauf schichtweise verschiedene Arten von Anwendungen, Dienstleistungen und Inhaltsangeboten aufbauen. Viele Firmen aus dem Datenübertragungsbereich liebäugeln mit der Idee, in dieser Hackordnung aufzusteigen – und am Besitz eines Teils der Daten zu verdienen, statt sie lediglich zu übertragen. Aus diesem Grund arbeiten Kabelgesellschaften, regionale Telefonunternehmen und Hersteller von Unterhaltungselektronik mit Hollywood-Studios, Fernseh- und Kabelstationen zusammen. Hier haben sich Allianzen der verschiedensten Art gebildet.

Außerdem wird es eine Vielzahl von Fusionen geben – einige, um ein größeres Unternehmen in einem bestimmten Geschäftsbereich zu bilden, und andere, um Unternehmen aus verschiedenen Geschäftsbereichen zusammenzuschließen. Mediengesellschaften wachsen durch solche Fusionen. Einige Telefongesellschaften fusionieren, um in den Markt für Ferngespräche oder Nahgespräche hineinzukommen, oder sie kaufen Kabelgesellschaften auf. AT&T hat McCaw Cellular übernommen, ein Unternehmen für drahtlosen Telefonverkehr. Disney hat den Fernsehsender Capital Cities-ABC geschluckt. Time Warner hat Turner Broadcasting erworben. Und zu den Zeitpunkt, da Sie dies lesen, hat US West vielleicht schon Continental Cablevision gekauft.

Eine Lehre, die wir der Computerindustrie – und dem Leben – verdanken, ist die Erkenntnis, daß es so gut wie unmöglich ist, in jedem Bereich gut zu sein. IBM, DEC und andere Unternehmen aus der alten Computerbranche haben versucht, alles anzubieten – Chips, Software, Systeme aller Größen und Beratung. Durch diese Diversifizierungsstrategie wurden die Unternehmen verwundbar, als sich das Innovationstempo der Mikroprozessoren und PC-Standards beschleunigte. Im Laufe der Zeit wurden sie von den Mitbewerbern, die sich auf bestimmte Bereiche spezialisierten, überholt. Der eine fertigte hervorragende Chips, der andere ausgezeichnete PCs, wieder ein anderer verstand sich auf Absatz und Beratung. Jedes neue Unternehmen im Markt entschied sich für ein kleines Segment und konzentrierte sich ausschließlich darauf. Auch in Zukunft werden die Unternehmen am besten abschneiden, die sich mit einigen wenige Kernkompetenzen zufriedengeben.

Eine andere Lehre, die uns die PC-Industrie erteilt hat, besagt, daß eine Allianz, die Unternehmen ihrem eigenen Bekunden nach eingegangen sind, alles bedeuten kann – von freundlichem Schulterklopfen bis hin zu gemeinsamen Anstrengungen, die wirklich etwas bewegen. Einige der lautesten Treuebekenntnisse waren von Unternehmen zu hören, die übers Schulterklopfen nie hinausgekommen sind. Hingegen vollzogen sich einige der wichtigsten Allianzen, etwa die von Intel und Microsoft, in aller Stille, fast unbeachtet von der Öffentlichkeit. In dieser Welt der komplizierten Allianzen müssen die Unternehmen in der Lage sein, auf einigen Geschäftsfeldern zusammenzuarbeiten und auf anderen kompromißlos zu konkurrieren. Nur wenige Unternehmen in der Computer- und Telekommunikationsbranche sind sich vorbehaltlos wohlgesinnt oder feind.

Daß ein Unternehmen groß ist oder Verbündete hat, bedeutet noch lange nicht, daß ihm der Erfolg gewiß ist. Heute ist noch mehr Raum für unternehmerisches Handeln als früher. Nur ein paar Unternehmen, die Software für Großrechner entwickelten, haben den Übergang zum Personalcomputer geschafft. Als viel erfolgreicher erwiesen sich Neugründungen von Leuten, die offen für neue Möglichkeiten waren. Das wird auch für den Markt der interaktiven Netze gelten. Auf jedes existierende Großunternehmen, das sich mit einer neuen Anwendung oder Dienstleistung durchsetzt, werden zehn Firmengründungen kommen, die ihren Weg machen werden, und fünfzig weitere, die wie Sternschnuppen aufleuchten, sich kurze Zeit in ihrem Glanz sonnen und dann wieder in der Dunkelheit verschwinden.

Solche Geschehnisse sind die Erkennungsmerkmale eines neuen Marktes, der von unternehmerischem Handeln geprägt ist. An vielen Fronten sind rasche Innovationen zu beobachten. Die meisten bleiben erfolglos, egal, ob sie von großen oder kleinen Unternehmen entwickelt werden. In der Regel zeichnen sich Großunternehmen durch geringere Risikobereitschaft aus, doch wenn sie mit Blitz und Donner untergehen, sind meist so gewaltige Eitelkeiten und Mittel im Spiel, daß gewaltige Krater zurückbleiben. Dagegen erfolgt der Ruin einer neu gegründeten Firma in der Regel fast unter Ausschluß der Öffentlichkeit. Das Gute daran ist, daß wir nicht nur aus Erfolgen, sondern auch aus Mißerfolgen lernen, so daß sich der Fortschritt am Ende um so rascher vollzieht.

Nirgends sind die Vorzüge von marktorientierten Entscheidungen deutlicher zu beobachten als in einem Markt, der sich noch nicht etabliert hat. Wir können viele Strategien gleichzeitig testen, indem wir den Markt entscheiden lassen, welche Unternehmen und Ansätze er gelten läßt und welche nicht. Wenn Hunderte von Unternehmen mit unterschiedlichen Strategien der Art und dem Umfang der vorhandenen Nachfrage auf die Spur zu kommen trachten, dann wird unsere Gesellschaft sehr viel rascher zu den richtigen Lösungen gelangen als mit irgendeiner Form von zentraler Planung. Noch ist vieles ungewiß in bezug auf die Kommunikationsrevolution, aber der Markt wird ein System entwickeln, das zu niedrigen Preisen das leistet, was Benutzer wollen.

Der Staat kann klare Rahmenbedingungen für den Wettbewerb vorgeben und sollte – wenn auch frei von Übereifer –, zu Eingriffen bereit sein, wenn die Marktmechanismen in einem Teilbereich versagen. Er kann bei der Festlegung der »Straßenverkehrsordnung« helfen, der Richtlinien, die die Grenzen vorgeben, innerhalb deren sich der Wettbewerb der Unternehmen abspielt.

Ich hoffe andere Staaten werden dem Beispiel der Vereinigten Staaten folgen und ihre Telekommunikation deregulieren. Früher haben die meisten Länder, auch die Vereinigten Staaten, in vielen Dienstleistungsbereichen, die man für lebenswichtig hielt, Monopole geschaffen. Dabei ging man von der Annahme aus, daß Privatfirmen nicht die riesigen Investitionen tätigen würden, die nötig sind, um wirklich jedes Haus mit einer Telefonleitung zu versorgen, wenn sie nicht den Anreiz hätten, alleinige Anbieter zu sein. Staatliche Vorschriften verpflichteten die Monopolbetriebe, im öffentlichen Interesse zu handeln – mit begrenzten, aber weitgehend garantierten Gewinnen. So entstand in den Vereinigten Staaten ein sehr zuverlässiges Telefonnetz mit einem breiten Angebot an Dienstleistungen, aber nur begrenzter Innovationsfähigkeit.

Ein Gebiet, auf dem sich der Staat auf keinen Fall einmischen sollte, ist die Entwicklung der technischen Standards. Gelegentlich ist der Vorschlag zu hören, durch staatliche Normen das Zusammenwirken der Netze zu sichern. 1994 wurde in einem Unterausschuß des Repräsentantenhauses ein Gesetzesentwurf eingebracht, der Kompatibilität für alle Settop-Boxen forderte. Die Urheber dieses Vorstoßes hielten ihn sicherlich für ein glänzende Idee. Hätte er doch dafür gesorgt, daß jeder Besitzer einer Settop-Box auch nach einem Umzug in einen anderen Teil des Landes noch sicher sein durfte, sein Gerät verwenden zu können. Für den technischen Fortschritt war es jedoch ein Glücksfall, daß der Entwurf scheiterte.

Der Verbraucher und nicht der Gesetzgeber sollte die Entscheidung zwischen Kompatibilität und Innovation treffen. In der Anfangsphase der PC-Entwicklung sah man das Kommen und Gehen vieler Geräte. An die Stelle des Altair 8800 trat der Apple I. Dann kam der Apple II, der ursprüngliche IBM PC, der Apple Macintosh, der IBM PC AT, die 386er und 486er PCs, Power Macintoshs, Pentium PCs und Pentium Pros. Jedes dieser Geräte war bis zu einem gewissen Grad kompatibel mit den anderen. Alle konnten sie beispielsweise reine Textdateien austauschen. Andererseits gab es auch ein hohes Maß an Inkompatibilität, da jede nachfolgende Computergeneration grundlegende Neuerungen brachte, die die älteren Systeme nicht unterstützten.

In manchen Fällen ist die Kompatibilität mit früheren Geräten ein Vorzug. Sowohl die PC-Kompatiblen wie die Apple Macintoshs bieten eine gewisse Kompatibilität mit früheren Modellen, die ihre Rechnerarchitektur verwendeten. Dagegen sind der PC und der Mac weitgehend inkompatibel. Und zu der Zeit, als der PC eingeführt wurde, war er noch nicht einmal mit IBMs früheren Geräten kompatibel. Genauso war der Mac inkompatibel mit Apples früheren Geräten.

Ihren Aufschwung verdankt die PC-Industrie gerade dem Umstand, daß die technischen Standards keinen staatlichen Normen unterworfen wurden. Hätte der US-Kongreß Anfang der achtziger Jahre beschlossen, den Verbraucher zu »schützen«, indem er verlangt hätte, daß alle PCs den technischen Standards der Großrechner entsprechen, wären viele Neuerungen, die uns heute zur Selbstverständlichkeit geworden sind, nie zustande gekommen. Die Hersteller von Großrechnern wären die großen Gewinner gewesen, und die Verbraucher hätten das Nachsehen gehabt.

Im Sommer 1996 hatte die US-amerikanische Federal Communications Commission (FCC) über einen Vorschlag von Fernsehsendern und Herstellern von Fernsehgeräten zu entscheiden, in dem es um die Schaffung einer verbindlichen Norm für TV-Übertragungsformate ging. Der vorgeschlagene Standard würde bessere Fernsehbilder ermöglichen und wäre gleichzeitig mit einigen der heutigen Übertragungstechniken kompatibel. Die Computerindustrie, nach deren Vorstellung eine Annäherung zwischen Fernsehgeräten und PCs stattfindet, widersetzte sich der vorgeschlagenen Norm, weil sie die Innovation im Namen der Kompatibilität einschränken würde.

Die Computertechnik ist so dynamisch, daß jedes Unternehmen in der Lage sein muß, jedes beliebige Produkt herauszubringen und den Markt entscheiden zu lassen, ob es die richtigen Vorzüge aufweist. Wie in Kapitel drei gezeigt, nimmt sich der Markt dieser Aufgabe mit großem Nachdruck an. Da der Fernsehapparat (oder die TV-Settop-Box), der mit dem Internet verbunden ist, in jeder Hinsicht ein Computer sein wird, dürfen wir erwarten, daß seine Entwicklung von dem gleichen schnellen Innovationsrhythmus bestimmt sein wird wie die PC-Technologie. Es wäre einfach töricht, einer noch nicht abgeschlossenen Erfindung das Korsett einer staatlich verordneten Norm anzulegen.

Trotzdem erwarte ich, daß man in vielen Ländern versuchen wird, solche Normen festzusetzen. Es ist nicht schwer, vernünftige Einschränkungen zu verhängen, aber wenn wir nicht aufpassen, werden solche Einschränkungen alle Innovation ersticken.

Die Schaffung eines wettbewerbsorientierten Telekommunikationsmarkts ist schwierig in Ländern, wo es staatliche Monopolbetriebe gibt. Diese für Post, Telefon und Telegrafie zuständigen Monopole investieren in eine neue Netzinfrastruktur, aber wenn staatliche Stellen beteiligt sind, kommen die Dinge häufig nur langsam in Bewegung. In den nächsten zehn Jahren wird sich weltweit das Tempo von Investitionen und Deregulationen erhöhen, weil die Politiker erkannt haben, daß sie entscheidende Vorbedingungen für die langfristige Konkurrenzfähigkeit ihrer Länder sind. In vielen Wahlkämpfen wird zum Programm der Kandidaten das Versprechen gehören, die Schulen mit PCs auszurüsten und im ganzen Land für bessere Internetzugänge zu sorgen. Durch diese Politisierung werden die Internetfragen stärker ins öffentliche Bewußtsein rücken. Der internationale Wettbewerb zwischen Staaten, die entweder versuchen, sich eine führende Position in dieser Entwicklung zu verschaffen, oder bemüht sind, nicht zurückzubleiben, erzeugt eine positive Dynamik.

Mancher Staat wird Teile seiner Informationsinfrastruktur finanzieren. Investitionen der öffentlichen Hand können dazu beitragen, daß ein Information Highway früher fertiggestellt wird, als es ohne solche Hilfen geschähe, allerdings müssen die staatlichen Stellen in diesen Fällen sicherstellen, daß der technische Stand berücksichtigt wird, der sich in anderen Ländern bereits bewährt hat. Sonst könnte es diesem Land leicht passieren, daß ihm Ingenieure, die nicht auf der Höhe der technischen Entwicklung sind, eine Infrastruktur verpassen, die nur zweite Wahl ist.

So etwas Ähnliches passierte Japan mit seinem Projekt Hi-Vision für hochauflösende Fernsehbildübertragung *(high-definition television)*. MITI, das einflußreiche Ministerium für Handel und Industrie, und NHK, der staatliche Fernsehsender, organisierten eine konzertierte Aktion der japanischen Unternehmen im Bereich der Unterhaltungselektronik zum Bau eines neuen analogen HDTV-Systems. Täglich sendete NHK seine Programme ein paar Stunden lang im neuen Format. Leider erwies sich das Format als veraltet, sobald sich herausstellte, daß die Digitaltechnik überlegen ist. Trotzdem wird Japan davon profitieren, daß im Rahmen des Hi-Vision-Projekts in die Entwicklung von hochauflösenden Kameras und Bildschirmen investiert wurde.

Solange keine politischen Fehlentscheidungen getroffen werden, dürfte nach meiner Meinung keiner der modernen Industriestaaten in der Entwicklung seiner internetorientierten Kommunikationsinfrastruktur einen Vorsprung oder Rückstand von mehr als zwei Jahren gegenüber vergleichbaren Ländern aufweisen. Allerdings wird es hier und da zu unglücklichen politischen Entscheidungen kommen. Wenn wir in zehn Jahren zurückblicken, werden wir in jedem Land einen deutlichen Zusammenhang zwischen dem Umfang der Telekommunikationsreform und dem Zustand seiner Informationswirtschaft sehen. Angesichts der großen Zahl von Ländern, die an der informationstechnologischen Entwicklung teilhaben, wird man sicherlich mit dem ganzen Spektrum von Wirtschaftslenkung bis Deregulation zu rechnen haben.

Viele Versuche zum interaktiven Fernsehen haben nicht stattgefunden, aber ein wegweisendes Breitbandnetz, wie es Singapur plant, könnte der ganzen Branche zeigen, welche Arten von interaktiven Breitbandanwendungen beim Publikum am besten ankommen. Allerdings hat ein solcher Versuch unter Umständen den Nachteil, daß bahnbrechende, isolierte Systeme Gefahr laufen, hinter der technischen Entwicklung zurückzubleiben, sind sie doch von den lebenswichtigen Lehren des globalen Markts abgeschnitten.

Eine einzelne Regierung oder Firma kann noch so intelligent vorgehen, auf lange Sicht wird sie nicht mit den Innovationen mithalten können, die wir dem neuen Goldrausch verdanken – dem fieberhaften Wettbewerb von vielen tausend Unternehmen im Bereich der Informationstechnologie. Der Markt ist die höchste und letzte Entscheidungsinstanz, intelligenter als jeder Manager oder Politiker, und er hat alle seine Kräfte mobilisiert, um die Entwicklung des globalen Standards für die Telekommunikation voranzutreiben – die des Internets.

# 12. Wichtige Fragen

Wir befinden uns in einer aufregenden Phase des Informationszeitalters, das heißt, es fängt gerade an. Fast überall, wo ich hinkomme – egal, ob zu einem Vortrag vor einer größeren Gruppe oder zu einem Abendessen bei Freunden –, taucht über kurz oder lang die Frage auf, wie die Informationstechnologie unser Leben verändern wird. Die Menschen möchten wissen, welchen Einfluß sie auf ihre Zukunft hat, ob sie ihr Leben verbessern oder verschlechtern wird.

Wie gesagt, ich bin Optimist und deshalb auch zuversichtlich, was die Auswirkungen der neuen Technologie angeht. Sie wird uns mehr Freizeit bringen und den Horizont unserer kulturellen Aktivitäten erweitern, weil sie für eine bessere Informationsverteilung sorgen wird. Die Ballungszentren werden entlastet, weil es den Menschen ermöglicht wird, ihrer Arbeit zu Hause oder am Stadtrand oder in außerhalb gelegenen Büros nachzugehen. Und auch die natürlichen Ressourcen werden geschont, weil man immer mehr Produkte in Form von Bits statt wie bisher als fabrikgefertigte Waren anbieten wird. Dank der neuen Technologie werden wir besser in der Lage sein, unser Leben selbst zu gestalten; sie wird uns Erfahrungen und Produkte liefern, die speziell auf unsere Interessen und Bedürfnisse zugeschnitten sind. Den Mitgliedern der Informationsgesellschaft werden sich ganz neue Wege zu Produktivität, Lernen und Unterhaltung erschließen. Wirtschaftliche Erfolge winken Staaten, die sich mutig und in Abstimmung mit anderen Nationen für die neuen Entwicklungen öffnen. So werden sich ganz neue Märkte und eine Vielzahl bislang unbekannter Beschäftigungsmöglichkeiten entwickeln.

Während der letzten Jahrhunderte hat jede Generation wirksamere Methoden zur Bewältigung der Arbeit gefunden – Fortschritte, die sich zu einem gewaltigen Gesamtnutzen addieren. Im Durchschnitt führen die Menschen heute ein weit angenehmeres Leben als noch vor ein paar Jahrhunderten die Adligen. Land zu besitzen wie ein mittelalterlicher König, das wäre toll, gewiß, aber wie steht es mit seinen Läusen?

Allein dem medizinischen Fortschritt verdanken wir erhebliche Verbesserungen unserer Lebenserwartung und unseres Lebensstandards.

Zu Anfang des 20. Jahrhunderts bestand praktisch die ganze Autoindustrie aus Henry Ford, aber Ihr Auto ist besser als irgendeines, das er je gefahren hat. Es ist sicherer, zuverlässiger, und ganz bestimmt hat es ein besseres Lautsprechersystem. An dieser Besonderheit des Fortschritts wird sich nichts ändern. Wachsende Produktivität bringt die Gesellschaften voran, und es ist nur eine Frage der Zeit, bis der Durchschnittsbürger eines entwickelten Landes in vielerlei Hinsicht »reicher« sein wird als irgend jemand, der heute lebt.

Wenn ich optimistisch bin, so heißt das nicht, daß ich mir keine Gedanken darüber mache, was mit uns allen geschehen wird. Wie bei allen tiefgreifenden Veränderungen werden auch die Vorteile der Informationsgesellschaft nicht ohne Nachteile zu haben sein. Die Gesellschaft wird schwierige Entscheidungen zu treffen haben – ob sie die neuen Technologien universell verfügbar machen soll, wieviel in Erziehung und Bildung investiert werden muß, was für Vorschriften zu erlassen sind und wie sich ein ausgewogenes Verhältnis zwischen individueller Privatsphäre und kollektiven Sicherheitsansprüchen herstellen läßt. Wir werden uns sehr komplizierten neuen Problemen gegenübersehen, von denen sich nur wenige vorhersehen lassen.

In einigen Wirtschaftszweigen wird es Erschütterungen geben, die umfangreiche Umschulungsmaßnahmen erforderlich machen werden. Die Möglichkeit einer praktisch kostenlosen Datenübertragung und Datenverarbeitung wird die zwischenstaatlichen Beziehungen und das Verhältnis der sozioökonomischen Gruppen innerhalb einzelner Staaten verändern. Leistungsfähigkeit und Vielseitigkeit der digitalen Technologie werden neue Befürchtungen wecken: hinsichtlich des Schutzes der Privatsphäre, der Wahrung von Geschäftsgeheimnissen und Fragen der nationalen Sicherheit. Ferner sind Aspekte der Chancengleichheit zu berücksichtigen. Die Informationsgesellschaft muß allen ihren Mitgliedern dienen, nicht nur den technisch beschlagenen und ökonomisch privilegierten. Mag sein, daß ich die Lösungen nicht in jedem Falle weiß, aber jetzt ist, wie ich zu Anfang des Buches ausgeführt habe, der richtige Zeitpunkt für eine breite öffentliche Diskussion.

So wichtig es ist, daß wir damit anfangen, uns Gedanken über die Zukunft zu machen, so sehr sollten wir uns andererseits vor übereiltem Handeln hüten. Da wir heute nur Fragen allgemeinster Art stellen können, hätte es keinen Sinn, schon jetzt detaillierte, spezielle Empfehlungen und Verordnungen zu erlassen. So rasch vollzieht sich der technologische Wandel, daß es manchmal den Anschein hat, als würde sich die Welt von einem Tag auf den anderen völlig verändern. Das wird zwar nicht passieren, aber auf Veränderungen sollten wir uns schon gefaßt machen. Zum Glück bleibt uns noch eine Reihe von Jahren, um den Verlauf der kommenden Revolution zu beobachten, und wir sollten diese Zeit nutzen, um intelligente Entscheidungen zu treffen, statt bloß zu reagieren.

Im persönlichen Bereich äußert sich die wohl am weitesten verbreitete Angst in der Frage: »Wo werde ich in der künftigen Wirtschaftsordnung meinen Platz haben?« Viele Männer und Frauen haben Angst, ihr Arbeitsplatz könnte überflüssig werden, sie könnten nicht mehr in der Lage sein, sich den neuen Arbeitsbedingungen anzupassen, ihre Kinder würden womöglich für Wirtschaftszweige ausgebildet, die es eines Tages nicht mehr geben wird, ökonomische Umwälzungen würden zu Massenarbeitslosigkeit führen, vor allem unter älteren Arbeitnehmern. Das sind berechtigte Sorgen. Ganze Berufs- und Wirtschaftszweige werden von der Bildfläche verschwinden. Doch dafür werden neue entstehen. Diese Entwicklung wird in den nächsten 20 bis 30 Jahren zu beobachten sein, historisch gesehen ein kurzer Zeitraum, und doch könnten die Veränderungen radikaler sein als die Revolution, die der Mikroprozessor am Arbeitsplatz bewirkt hat, oder die Umwälzungen, die sich in den letzten zehn Jahren im Flugverkehr, im Güterkraftverkehr oder im Bankgewerbe vollzogen haben.

Obwohl der Mikroprozessor und der Personalcomputer, der jenem seine Existenz verdankt, einige Berufe und Unternehmen verändert oder sogar zum Verschwinden gebracht haben, fällt es schwer, einen einzigen größeren Wirtschaftssektor zu finden, der wirklich ernsthaft unter ihnen gelitten hat. Unternehmen, die Großrechner, Minicomputer und Schreibmaschinen herstellen, sind geschrumpft, doch die Computerindustrie insgesamt hat einen Aufschwung erlebt, wobei sich die Beschäftigungszahlen unterm Strich erhöht haben. Wenn große Elektronikkonzerne wie IBM oder DEC Entlassungen vornehmen mußten, haben diese Arbeitskräfte rasch neue Stellungen gefunden – meist in PC-verwandten Bereichen.

Auch außerhalb der Computerindustrie läßt sich kaum ein Wirtschaftssektor entdecken, dem der PC, insgesamt betrachtet, Schaden zugefügt hätte. Einige Setzer sind durch Desktop-Publishing-Programme arbeitslos geworden – doch für jeden Arbeitnehmer, den das Desktop Publishing in diese Situation gebracht hat, hat diese Arbeitsweise etliche andere Arbeitsplätze hervorgebracht. Zwar haben sich die Veränderungen nicht für alle Menschen positiv ausgewirkt, doch gemessen an anderen Revolutionen ist diejenige, die der PC ausgelöst hat, bemerkenswert gnädig mit den Menschen umgegangen.

Vielfach erklären sich die Sorgen aus der Annahme, es gäbe auf der Welt nur eine begrenzte Zahl von Arbeitsplätzen, und jedesmal, wenn einer fortfalle, bleibe jemand auf der Strecke und müsse seine Zukunft begraben. Glücklicherweise funktioniert die Wirtschaft ganz anders. Sie ist ein weitverzweigtes System, in dem alle Kräfte, die in einem Bereich nicht mehr gebraucht werden, anderen zugeleitet und dort dankbar begrüßt werden. Jedesmal, wenn ein Arbeitsplatz wegrationalisiert wird, bekommt der Mensch, der ihn bisher ausgefüllt hat, die Möglichkeit, etwas anderes zu tun. Im Endeffekt wird auf diese Weise stets mehr geleistet, so daß langfristig der Lebensstandard aller steigt. Wenn das Wirtschaftsgeschehen generell rückläufig ist – wenn eine Rezession oder Depression eintritt –, kommt es tatsächlich zu einem zyklischen Arbeitsplatzverlust. Doch die Veränderungen, die infolge technischer Entwicklungen eingetreten sind, haben eher Arbeitsplätze geschaffen als abgebaut.

In einer dynamischen Wirtschaft verändern sich die Berufsbilder ständig. Früher wurden alle Telefongespräche von Telefonistinnen vermittelt. So wählten wir in meiner Kindheit eine Null und nannten der Telefonistin die Nummer, wenn wir von zu Hause aus ein Ferngespräch führen wollten, und als ich ein Halbwüchsiger war, gab es in vielen Firmen noch betriebseigene Telefonistinnen, die Anrufe mit Hilfe von Steckern durchstellten. Heute hat sich die Zahl der Telefonistinnen stark verringert, obwohl mehr telefoniert wird denn je. Das haben wir der Automation zu verdanken.

Vor der industriellen Revolution lebten und arbeiteten die meisten Menschen in der Landwirtschaft. Der Anbau von Nahrungsmitteln war der wichtigste Produktionszweig. Wenn damals jemand prophezeit hätte, daß zwei Jahrhunderte später nur noch ein winziger Prozentsatz der Bevölkerung zur Nahrungsmittelherstellung gebraucht würde, hätten sich all die Landwirte und Landarbeiter wohl große Sorgen gemacht, wie sie denn in Zukunft ihren Lebensunterhalt verdienen sollten. Die große Mehrzahl der 501 Berufe, die das Zensusbüro der Vereinigten Staaten 1990 ausgewiesen hat, war vor 50 Jahren noch unbekannt. Zwar können wir nicht vorhersagen, was für neue Berufsarten entstehen werden, doch dürfte feststehen, daß sie überwiegend dem Bildungssektor, Sozialwesen und Freizeitbereich zuzurechnen sein werden.

Wir wissen, daß das Internet, sobald es Käufer und Verkäufer direkt zusammenführt, Leute, die heute als Mittler und Makler tätig sind, in Schwierigkeiten bringen wird. Es sind die gleichen Probleme, die in Deutschland große Handelsketten wie Rewe, Metro, Aldi oder andere Unternehmen mit kostengünstigen Vertriebsmethoden für traditionelle Einzelhandelsgeschäfte heraufbeschwören. Wenn eine große Kette ein neues Geschäft in einem ländlichen Gebiet eröffnet, macht sich das für die Kaufleute am Ort empfindlich bemerkbar. Einige überleben, andere nicht, trotzdem sind die wirtschaftlichen Folgen für die Region insgesamt ziemlich gering. Wir mögen den Verlust kultureller Vielfalt betrauern, doch Supermärkte und Schnellrestaurantketten setzen sich überall durch, weil der Verbraucher, der mit seinem Portemonnaie abstimmt, nun einmal Geschäfte bevorzugt, die ihren Produktivitätszuwachs in Form niedrigerer Preise an den Kunden weitergeben.

Die Zahl der Mittler zu verringern ist eine andere Möglichkeit der Kostenreduzierung. Auch das wird zu wirtschaftlichen Veränderungen führen, die jedoch nicht schneller eintreten werden als der Wandel, den der Einzelhandel im Laufe der letzten zehn Jahre erlebt hat. Es wird noch viele Jahre dauern, bis man das Internet so allgemein zum Einkaufen benutzt, daß sich die Zahl der Mittler deutlich verringert. Uns bleibt noch reichlich Zeit, uns vorzubereiten.

An die Berufe, in die diese überflüssig gewordenen Mittler eines Tages wechseln, denkt heute vielleicht noch niemand. Wir müssen abwarten, welche Formen kreativer Arbeit die neue Wirtschaft hervorbringt. Doch solange eine Gesellschaft Hilfe braucht, wird es mit Sicherheit für jeden ausreichend zu tun geben.

Allerdings sind all die Vorteile, die eine Produktivitätssteigerung bringt, kein Trost für den, dessen Arbeitsplatz auf dem Spiel steht. Wenn ein Mensch für einen Beruf ausgebildet wurde, der nicht mehr gebraucht wird, kann man ihm nicht einfach vorschlagen, er solle einfach etwas anderes lernen. Doch so schwer es auch fällt, letztlich ist es unvermeidlich. Es ist nicht leicht, sich auf das nächste Jahrhundert vorzubereiten, weil sich die Auswirkungen auch nur der vorhersehbaren Veränderungen kaum erahnen lassen, von denen, die wir nicht vorhersehen können, ganz zu schweigen. Vor 100 Jahren erlebten die Menschen die Anfänge des Automobils. Zwar war damit zu rechnen, daß damit Riesengewinne gemacht und einige Berufs- und

Wirtschaftszweige vernichtet werden würden, aber Genaueres ließ sich kaum vorhersagen. Möglicherweise hätten Sie Ihren Freunden in der Peitschenfabrik Acme Buggy Whip Company geraten, schon einmal ihre Bewerbungsunterlagen zusammenzusuchen und vielleicht auch etwas über Motoren zu lernen, aber hätten Sie selbst Ihr Geld wirklich in Walzwerkaktien angelegt?

Deshalb wird unser Schul- und Bildungssystem in Zukunft auf allgemeine Problemlösungsfertigkeiten noch mehr Wert legen müssen als bisher. In einer sich schnell wandelnden Welt ist Ausbildung die beste Voraussetzung für Flexibilität und Anpassungsfähigkeit. In der Regel werden Menschen und Gesellschaften mit geeigneter Ausbildung auf veränderte wirtschaftliche Situationen am besten reagieren. Und in Zukunft wird die Gesellschaft berufliche Qualifikation noch höher honorieren. Deshalb kann ich nur jedem raten, nach Möglichkeit eine solide Ausbildung zu machen und dann weiterzulernen. Bemühen Sie sich Ihr Leben lang um neue Interessen und Fertigkeiten!

Viele Menschen werden aus ihren ursprünglichen Betätigungsfeldern verdrängt werden, was allerdings nicht heißt, daß ihr Wissen deshalb nichts mehr wert sein wird. Es heißt lediglich, daß Menschen und Unternehmen bereit sein müssen, sich selbst neu zu entwerfen – wahrscheinlich häufiger und radikaler als bisher. Unternehmen und staatliche Institutionen können bei der Ausbildung und Umschulung von Arbeitskräften helfen, doch letztlich trägt der einzelne selbst die Verantwortung für seine Qualifikation.

Ein erster Schritt wird sein, daß man sich mit Computern vertraut macht. Computer verunsichern fast jeden, bevor er sie verstanden hat. Die große Ausnahme sind Kinder. Wer zum ersten Mal mit einem Computer zu tun hat, befürchtet, ein einziger Mißgriff könnte die Maschine zerstören oder alles löschen, was sie gespeichert hat. Natürlich verliert man hin und wieder Daten, doch selten ist der Schaden unwiderruflich. Die Branche hat sich bemüht, den Datenverlust zu erschweren und Fehler reparabel zu machen. Die meisten Programme haben ein

»Rückgängig«-Kommando, das einem erlaubt, etwas auszuprobieren und es dann rasch wieder ungeschehen zu machen. Wenn der Benutzer sieht, daß sich nicht jeder Fehler gleich zur Katastrophe auswächst, faßt er Mut und beginnt zu experimentieren. PCs bieten alle möglichen Gelegenheiten zum Experimentieren.

Je mehr Erfahrung die Menschen mit PCs sammeln, desto besser verstehen sie, was diese Geräte können und was nicht. So wird aus einer Bedrohung ein Werkzeug. Wie der Traktor oder die Nähmaschine ist der Computer eine Maschine, mit deren Hilfe wir bestimmte Aufgaben besser erledigen können.

Oft hört man auch die Befürchtung, eines Tages würden Computer so »intelligent« sein, daß sie alles an sich reißen und den menschlichen Geist überflüssig machen. Zwar glaube ich, daß es irgendwann Programme geben wird, die einige Aspekte menschlicher Intelligenz aufweisen, denke aber, daß ich das auf keinen Fall mehr erleben werde. Seit Jahrzehnten versuchen Informatiker, die sich mit künstlicher Intelligenz beschäftigen, einen Computer mit menschlichem Verstand und Vernunft zu entwickeln. 1950 hat Alan Turing ein nach ihm benanntes Prüfverfahren, den Turing-Test, vorgeschlagen: Wenn Sie ein Gespräch mit einem Computer und einem Menschen führen würden, beide für Sie unsichtbar, und nicht entscheiden könnten, wer Mensch und wer Apparat ist, dann hätten Sie eine wirklich intelligente Maschine vor sich.

Alle Vorhersagen über größere Fortschritte auf dem Gebiet der künstlichen Intelligenz haben sich als viel zu optimistisch herausgestellt. Heute ist selbst der leistungsfähigste Computer der Welt noch durch ganz einfache Lernaufgaben überfordert. Wenn Computer intelligent erscheinen, so liegt es daran, daß sie speziell programmiert worden sind, bestimmte Aufgaben auf sehr direkte Weise zu erledigen – etwa Milliarden von Zügen durchzurechnen, um Schach auf Großmeisterniveau zu spielen.

Computer wie Deep Blue, ein IBM-Rechner, der speziell zum Schachspielen entwickelt wurde, schlagen manchmal die besten Spieler der Welt. Na und? Das Schachkönnen eines Computers hat nicht im entferntesten etwas mit menschlicher Intelligenz zu tun. Darin drückt sich lediglich die Fähigkeit des Computers aus, Milliarden verschiedene Konsequenzen eines möglichen Zuges im voraus zu bedenken.

1996 hat Schachweltmeister Gary Kasparow gegen Deep Blue gewonnen, aber sogar Kasparow gab zu, er habe Angst verspürt, als der Computer das erste Spiel des Turniers gewann. Dann hat Kasparow die Auseinandersetzung mit drei Siegen und zwei Remis doch noch für sich entscheiden können. Das Turnier wurde zum Kampf »Mensch gegen Maschine« hochstilisiert, doch in Wahrheit fand die Auseinandersetzung statt zwischen einem Menschen – Kasparow – und einer Gruppe von Programmierern und Schachspielern, die ein Werkzeug – Deep Blue – dazu benutzten, eine Anzahl vorher sorgfältig festgelegter Strategien auszuführen. Diese Runde hat Kasparow gewonnen, aber er wird vielleicht nicht immer gewinnen. Wenn eines Tages ein Rechner die Vorherrschaft im Schach antreten sollte, dann wird das der Würde des Menschen nicht mehr Abbruch tun als die Feststellung, daß jemand mit einem Fernglas weiter entfernte Dinge besser sehen kann als jemand ohne Fernglas. Solange Computer für bestimmte Aufgaben programmiert werden, lernen sie nicht – und solange sie nicht lernen, stellen sie keine Bedrohung für den Menschen dar.

Aber mich beunruhigt die Vorstellung schon, daß Computer und Software in einer fernen Zukunft doch wirkliche Intelligenz erwerben könnten. Ein Zeitrahmen läßt sich beim besten Willen nicht angeben, weil die Fortschritte in der künstlichen Intelligenz unglaublich langsam erzielt werden. Doch sobald die Maschinen wirklich lernen, können sie die meisten Dinge übernehmen, die die Menschen heute tun. Das wird Fragen von sehr grundlegender Bedeutung aufwerfen – wer über wen herrscht und welchen Sinn die Existenz der Menschheit hat.

Natürlich sind solche Sorgen nicht neu. Mit der Erzählung *Frankenstein* hat Mary Shelley 1818 die vielleicht berühmteste Geschichte von einem intelligenten künstlichen Geschöpf geschaffen, dem es gelingt, sich zum Herrn über seinen Schöpfer aufzuschwingen. 1942, mit Anfang Zwanzig, hat Isaac Asimov seine »Drei Gesetze der Robotik« aufgestellt. Sie sollen sicherstellen, daß sich intelligente Maschinen in ihrem Urteil nicht eines Tages ein gefährliches Maß an Unabhängigkeit anmaßen: »1. Ein Robot darf keinen Menschen verletzen oder durch Untätigkeit zu Schaden kommen lassen. 2. Ein Robot muß den Befehlen eines Menschen gehorchen, es sei denn, solche Befehle stehen im Widerspruch zum Ersten Gesetz. 3. Ein Robot muß seine eigene Existenz schützen, solange dieser Schutz nicht dem Ersten oder Zweiten Gesetz widerspricht.« Einige Filme, die in jüngerer Zeit entstanden sind, *Terminator* zum Beispiel, entwerfen ein beängstigendes Zukunftsbild von den Konflikten zwischen Menschen und intelligenten Maschinen.

Für die absehbare Zukunft mache ich mir allerdings mehr Sorgen über die technischen Möglichkeiten, die Terroristen zur Verfügung stehen könnten. Die technische Entwicklung befähigt kleine Gruppen zu Handlungen von enormer Zerstörungsgewalt. Das sind beängstigende Aussichten, weil die defensive Waffentechnik nicht Schritt halten kann mit den Fortschritten in der offensiven Waffentechnologie. Trotz meines grundsätzlichen Optimismus beobachte ich daher die technische Entwicklung nicht ohne eine gewisse Besorgnis.

Im großen und ganzen ist die Technik eine positive Kraft, die uns helfen kann, sogar die schwierigsten Probleme zu lösen, die möglicherweise auf uns zukommen. Thomas Malthus hat vor den Gefahren eines schrankenlosen Bevölkerungswachstums gewarnt. Die Überbevölkerung bleibt sicherlich ein großes Problem, da sie den Gesetzen des exponentiellen Wachstums unterworfen ist, doch neuere Tendenzen sind ermutigend: Das Bevölkerungswachstum verlangsamt sich in dem Maße, wie der technische Fortschritt Wohlstand und Bildung mehrt. Auch die Umweltprobleme und die Verknappung der natürlichen Ressourcen dürfen sicherlich nicht auf die leichte Schulter genommen werden, aber ich glaube, viele Weltuntergangspropheten unterschätzen erheblich, welche Möglichkeiten die technische Entwicklung hat, diese Probleme zu überwinden.

Ehrlich gesagt, ich bin überrascht von dem Pessimismus, mit dem viele Menschen die Zukunft betrachten. Der weltweite Trend zu Kapitalismus und Demokratie ist ermutigend, so ungleichmäßig diese Bewegung auch verläuft. Unaufhaltsam vollzieht sich der medizinische Fortschritt, und auf dem Gebiet der Biotechnologie stehen uns offenbar erstaunliche Entdeckungen bevor, die die Lebenssituation unzähliger Menschen erheblich verbessern dürften. Ohne die Probleme unserer Welt oder die Lasten, unter denen einige Gesellschaften zu leiden haben, im geringsten beschönigen zu wollen, finde ich doch, daß es ungerechtfertigt ist, der Zukunft mit Pessimismus zu begegnen.

Auf jeden Fall sollte der Computer für die nähere Zukunft ein Anlaß zum Optimismus sein. Denn er verstärkt die menschliche Intelligenz auf geradezu magische Weise. Es wäre wunderbar, wenn jeder – ob arm oder reich, Stadt- oder Landbewohner, jung oder alt – Zugang zu einem Personalcomputer hätte, aber noch können sich die meisten Menschen diese Geräte nicht leisten. Das globale interaktive Netz wird erst dann richtig in unserer Gesellschaft Fuß fassen, wenn jedem Bürger, und nicht nur der Elite, ein Computer zur Verfügung steht, der ans Internet angeschlossen ist.

Doch das bedeutet nicht, daß jeder Bürger ein Informationsgerät zu Hause haben muß. Sobald die Mehrheit solche Systeme zu Hause installiert hat, können die Menschen, die noch keines besitzen, mit öffentlich zugänglichen Geräten in Bibliotheken, Schulen, Postämtern oder Datenzellen versorgt werden. Es sei daran erinnert, daß die Frage des universellen Zugangs zum interaktiven Netz erst akut wird, wenn das Internet ungeheuer erfolgreich ist – erfolgreicher, als viele Fachleute erwarten. Einige der Kritiker, die Probleme auf uns zukommen sehen, weil das Informationsnetz auf zu großes Interesse stoßen werde, befürchten paradoxerweise zugleich, daß er nicht genügend Interesse finden könnte. Nach meiner festen Überzeugung müssen wir Computer in unseren Schulen und Bibliotheken heimisch machen. Als unsere Gesellschaft vor ein paar Generationen beschloß, daß jeder Bürger Zugang zu Büchern haben solle, bedurfte es der Zusammenarbeit von Staat, engagierten Privatleuten und Wirtschaft, um dieses Ziel zu erreichen – und es dauerte lange, bis es geschafft war. Heute muß unsere Gesellschaft alle ihr zur Verfügung stehenden Kräfte mobilisieren, um das gleiche für den Computer zu erreichen. Microsoft gehört zu den vielen Unternehmen, die dazu beitragen, daß möglichst viele Computer in unseren Schulen und Büchereien aufgestellt werden. Beispielsweise arbeiten wir mit einigen Bibliotheken in den Vereinigten Staaten und Kanada zusammen, um jedem, der eine solche Bücherei betritt, die Möglichkeit zu geben, sich an einen PC zu setzen und ins Internet zu gelangen. Es gibt einige Schlüsselfragen, für die wir uns von diesen Pilotstudien Antworten versprechen. Wie stark ist in Bibliotheken die Nachfrage nach Internetzugang? Bringt der kostenlose Zugang in Bibliotheken wirklich Menschen an den Computer, die ihn sonst nie benutzt hätten? Wieviel Personal ist erforderlich, um sicherzustellen, daß das System gebraucht, aber nicht mißbraucht wird? Da unsere Gesellschaft es sich nicht leisten kann, jedem Bürger zu Hause einen Computer aufzustellen, bietet eine entsprechende Ausstattung der Schulen und Bibliotheken nach unserer Auffassung die beste Gewähr für einen möglichst breiten Zugang. Das wird sich aber nur verwirklichen lassen, wenn eine große Zahl von Wirtschaftsunternehmen und Gemeinden zusammenarbeiten.

Sobald sich das interaktive Netz richtig entwickelt hat, wird es – fast per definitionem – erschwinglich sein. Ein kostspieliges System, das nur ein paar Großunternehmen und wohlhabende Leute miteinander verbindet, wäre ganz einfach nicht der Informations Highway, die Datenautobahn, sondern allenfalls eine private Datenstraße. Das Internet wird nicht genügend interessante Inhalte transportieren, wenn sich nur die einkommensstärksten zehn Prozent der Gesellschaft seiner bedienen können. Inhalte zu produzieren ist mit Fixkosten verbunden, die sich nur lohnen, wenn das Publikum groß genug ist. Aus Werbeeinnahmen läßt sich das Internet nur dann finanzieren, wenn es von einer hinreichenden Zahl geeigneter Menschen genutzt wird. Andernfalls müßten die Anschlußkosten gesenkt und der Netzausbau aufgeschoben werden, bis man das System attraktiver gemacht hat. Entweder wird das Breitbanddatennetz ein Massenphänomen oder gar nichts.

Einen großen Teil des Geldes, das Sie für Netzdienstleistungen aufwenden werden, geben Sie heute für die gleichen Dienstleistungen in anderer Form aus. Auch in der Vergangenheit dürften Sie solche Ausgabenverlagerungen schon erlebt haben: etwa von Langspielplatten zu CDs oder von Kinokarten zu den Leihgebühren von Videofilmen. Wenn Ihr Wohnviertel dann ans interaktive Breitbandnetz angeschlossen ist, werden Sie das Geld, das Sie heute in der Videothek lassen, für Video-on-demand-Filme ausgeben. Und selbst wenn Sie nur über einen Mittelbandanschluß verfügen, werden Sie einen Teil der Ausgaben, die Sie heute für Zeitungen und Zeitschriften aufwenden, lieber interaktiven Informationsdiensten und elektronischen Gemeinschaften zufließen lassen. Ein Großteil des Geldes, das Sie heute für Telefongespräche und Fernsehen ausgeben, werden sie dann für Netzdienste zur Verfügung haben.

Kostenlos wird der Zugriff auf staatliche Informationen, medizinische Beratung, Schwarze Bretter und einige Bildungsangebote sein. Im Netz wird Gleichberechtigung herrschen: Wer das Internet benutzt, hat den gleichen Zugang zu den wichtigen Online-Ressourcen wie alle anderen. Wenn sich im Laufe der nächsten zwanzig Jahre Handel, Bildung und Nachrichtenwesen mehr und mehr ins Netz verlagern, wird die Frage, ob jemand an den wesentlichen gesellschaftlichen Entwicklungen teilhat, zumindest teilweise davon abhängen, ob er von diesem umfassenden Datennetz Gebrauch macht. Dann wird die Gesellschaft durch entsprechende Fördermaßnahmen dafür sorgen müssen, daß alle Benutzer, unabhängig von ihrer geographischen und sozioökonomischen Situation, den gleichen Zugang zum Netz haben.

Ausbildung ist nicht die ganze Antwort auf die Herausforderungen des Informationszeitalters, aber sie ist ein Teil der Antwort – so wie sich viele gesellschaftliche Probleme nur unter

Einbeziehung von Erziehung und Ausbildung lösen lassen. H. G. Wells, einer der phantasievollsten und hellsichtigsten Zukunftsforscher, die es je gegeben hat, brachte das Problem 1920 auf den Punkt: »Die menschliche Geschichte wird mehr und mehr zu einem Wettlauf zwischen Erziehung und Katastrophe.« Ausbildung ist das entscheidende Instrument der Gesellschaft zur Beseitigung gesellschaftlicher Unterschiede, das heißt, jede Verbesserung des Bildungssystems bedeutet einen Schritt in Richtung Chancengleichheit. Zum besonderen Charme der elektronischen Welt gehört, daß man allen Interessierten Bildungs- und Ausbildungsmöglichkeiten praktisch zum Nulltarif zugänglich machen kann.

Unter Umständen verläuft Ihre Ausbildung am PC ganz beiläufig und zufällig. Wie gesagt, meine Faszination begann mit Spielen, so wie es Jahre später auch Warren Buffett erlebte. Meinen Vater packte es, als er mit Hilfe eines Computers seine Steuererklärung aufsetzte. Warum versuchen Sie es nicht auf die gleiche Art, wenn Sie dem Computer im Augenblick noch mit Scheu begegnen? Wählen Sie einen Bereich, in dem ein PC Ihr Leben leichter oder angenehmer machen könnte, und tasten Sie sich von dort aus weiter in die Computerwelt hinein. Schreiben Sie ein Drehbuch, wickeln Sie Ihre Bankgeschäfte zu Hause ab, helfen Sie Ihrem Kind bei den Hausaufgaben. Es ist allemal der Mühe wert, sich mit Computern vertraut zu machen. Geben Sie der Maschine eine Chance, und Sie werden erleben, wie unwiderstehlich sie ist. Falls Ihnen die Arbeit mit dem PC trotzdem zu schwierig oder verwirrend erscheint, heißt das nicht, daß Sie nicht intelligent genug sind, sondern nur, daß wir uns noch mehr Mühe geben müssen, um Ihnen die Arbeit zu erleichtern.

Je jünger Sie sind, desto wichtiger ist dieser Aspekt für Sie. Wenn Sie heute 50 oder älter sind, müssen Sie sich im Laufe Ihrer Lebensarbeitszeit vielleicht nicht mehr an die Benutzung eines Computers gewöhnen – obwohl ich glaube, daß Sie sich um wichtige Erfahrungen bringen, wenn Sie es nicht tun. Falls Sie aber heute 25 sind und nicht mit Computern umgehen können, laufen Sie Gefahr, im Berufsleben den Anschluß zu verlieren, ganz gleich, auf welchem Feld Sie tätig sind.

Letztlich werden weder meine Generation noch die davor das interaktive Netz richtig nutzen können, sondern erst künftige Generationen. Die Kinder, die in den letzten zehn Jahren mit PCs großgeworden sind, und die, die in den nächsten zehn Jahren mit dem Netz aufwachsen, werden alle Möglichkeiten der neuen Technologie erschließen.

Wir müssen besonders darauf achten, geschlechtsspezifischen Ungleichgewichten entgegenzuwirken. Als ich jung war, schien man nur von Jungen zu erwarten, daß sie sich mit Computern beschäftigten. Heute sind Mädchen an Computern sehr viel interessierter als vor zwanzig Jahren, trotzdem findet man noch immer weit weniger Frauen in einschlägigen Berufen. Nur wenn wir dafür sorgen, daß Mädchen sich genauso früh wie Jungen an Computer gewöhnen, dürfen wir erwarten, daß sie angemessen in all den Berufen vertreten sein werden, für die Computerkenntnisse erforderlich sind.

Aus meiner eigenen Kindheit und von den Kindern meiner Freunde weiß ich, daß man einen jungen Menschen nur mit einem Computer zusammenbringen muß, um ihn für die Sache zu gewinnen. Allerdings müssen wir entsprechende Gelegenheiten schaffen. Schulen sollten für wenig Geld Zugang zu Computern haben, die mit dem interaktiven Netz verbunden sind, und die Lehrer müßten gut ausgebildet im Umgang mit den neuen Werkzeugen sein.

Zu den faszinierenden Aspekten des Internets gehört, daß sich Gleichheit in der virtuellen Welt leichter als in der realen herstellen läßt. Man würde erhebliche Mittel benötigen, um die Schulbüchereien aller ärmeren Gebiete genauso gut auszustatten wie etwa die Schulbibliotheken in Beverly Hills. Doch sobald unsere Schulen online sind, stehen ihnen allen die gleichen Informationen zur Verfügung, egal, wo diese gespeichert sind. In der virtuellen Welt sind wir alle gleich und können diesen Umstand dazu nutzen, einige der sozialen Probleme anzugehen, die die Gesellschaft in der realen Welt erst noch lösen muß. Zwar wird das Netz allein die Schranken von Vorurteil und Ungleichheit nicht aufheben, aber doch einen erheblichen Beitrag dazu leisten.

Hochinteressant ist die Frage, wie man angemessene Preise für geistiges Eigentum – Unterhaltungs- und Bildungsinhalte beispielsweise – festsetzen soll. Wirtschaftswissenschaftler wissen sehr genau, wie die Preisbildung bei klassischen Industriegütern aussieht. So können sie nachweisen, daß eine vernünftige Preisbildung die Kostenstruktur unmittelbar wiedergeben muß. Auf einem Markt, auf dem mehrere qualifizierte Hersteller konkurrieren, haben die Preise die Tendenz, auf die Grenzkosten zurückzugehen – die Kosten, die bei der Herstellung einer weiteren Gütereinheit anfallen. Auf geistiges Eigentum läßt sich dieses Modell jedoch nicht anwenden.

In wirtschaftswissenschaftlichen Grundkursen werden die Kurven von Angebot und Nachfrage erläutert, die sich dort schneiden, wo der angemessene Preis für ein Produkt liegt. Allerdings kommt die Lehre von Angebot und Nachfrage ins Schwimmen, sobald es um geistiges Eigentum geht, weil hier die normalen Regeln der industriellen Fertigung nicht greifen. Meist entstehen gewaltige Vorkosten bei der Entwicklung von geistigem Eigentum. An diesen Fixkosten verändert sich nichts, ob eines oder eine Million Exemplare verkauft werden. George Lucas' nächster Film in der Reihe *Krieg der Sterne* wird in der Herstellung Millionen verschlingen, ganz gleich, wie viele Zuschauer er an die Kinokassen lockt. Sobald die Investitionskosten für die Herstellung von geistigem Eigentum erst einmal aufgebracht worden sind, lassen sich weitere Kopien relativ preiswert anfertigen.

Arzneimittel sind in vielerlei Hinsicht eine Form von geistigem Eigentum. Wenn Sie ein neues Arzneimittel kaufen, zahlen Sie in erster Linie für die Kosten, die das Pharmaunternehmen für Forschung, Entwicklung und Erprobung aufgewendet hat. Selbst wenn die Kosten für die Herstellung einer Tablette, die Grenzkosten, minimal sind, wird das Unternehmen unter Umständen einen erklecklichen Preis für das Mittel verlangen müssen, vor allem, wenn der Markt nicht sehr groß ist. Die Gewinne, die im Durchschnitt pro Patient erzielt werden, müssen einen ausreichenden Anteil der Entwicklungskosten abdecken und obendrein noch genügend Profit für das Unternehmen bringen, um die Anleger davon zu überzeugen, daß sich die erheblichen finanziellen Risiken für die Entwicklung eines neuen Arzneimittels lohnen. Wenn ein armes Land um dieses Mittel bittet, befindet sich der Hersteller in einer moralischen Zwickmühle. Wenn das Pharmaunternehmen nicht auf seine Patentgebühren verzichtet oder sie erheblich verringert, können sich ärmere Länder das Medikament nicht leisten. So gibt es von Land zu Land erhebliche Unterschiede in den Arzneimittelpreisen. Benachteiligt durch diese Preispolitik sind ärmere Bevölkerungsschichten in reichen Ländern, es sei denn, der Staat übernimmt die Kosten für das Gesundheitswesen.

Eine der möglichen Lösungen wäre, daß, wer wohlhabend ist, mehr zahlt, um ein neues Medikament zu bekommen, einen Film zu sehen oder ein Buch zu lesen; das mag zwar ungerecht erscheinen, entspricht aber einem System, das bereits in Kraft ist – der progressiven Besteuerung. Einkommensteuer und andere Steuerarten sorgen dafür, daß Bürger, die hohe Einkommen beziehen, mehr für Straßenbau, Schulen, Militär und andere staatliche Einrichtungen abgeben müssen als Bürger mit durchschnittlichen Bezügen. Im letzten Jahr haben mich diese Dienstleistungen mehr als 100 Millionen Dollar gekostet, weil ich nach dem Verkauf einiger Microsoft-Aktien erhebliche Kapitalgewinnsteuern zu zahlen hatte. Ich beklage mich nicht darüber, sondern möchte nur zeigen, daß in diesem Fall für die gleichen Dienstleistungen höchst unterschiedliche Preise berechnet werden.

So könnten sich die Preise für den Highway-Zugriff an politischen Kriterien orientieren statt an den Kosten. Es wird aufwendig sein, Menschen in entlegenen Regionen an das Datennetz anzuschließen, denn es verursacht sehr hohe Kosten, die erforderlichen Kabel zu Häusern oder auch kleinen Gemeinden in isolierter Lage zu verlegen. Die Unternehmen dürften kein besonderes Interesse an den erforderlichen Investitionen haben, und die durch ihren Wohnort benachteiligten Bürger sind unter Umständen nicht in der Lage, die erforderlichen Mittel selbst aufzubringen. Man wird wohl heftig darüber streiten, ob der Anschluß ländlicher Gebiete staatlich gefördert werden soll oder ob man besser die städtischen Benutzer durch gesetzliche Vorschriften dazu zwingt, die höheren Kosten für die auf dem Land lebenden Teilnehmer mitzutragen. Als Vorbild könnte das Prinzip der »universellen Dienstleistung« *(universal service)* dienen, das geschaffen wurde, um in den Vereinigten Staaten die Versorgung ländlicher Regionen mit Post, Telefon und Elektrizität zu gewährleisten. Danach darf unabhängig von Wohnsitz oder Standort für eine Briefzustellung, ein Telefongespräch oder eine Kilowattstunde Strom nur ein Einheitspreis erhoben werden, obwohl es natürlich mehr kostet, diese Dienstleistungen in ländlichen Gebieten zu erbringen, wo Häuser und Firmen weiter auseinanderliegen.

Für die Versorgung mit Zeitungen, Rundfunk und Fernsehen wurden keine vergleichbaren politischen Maßnahmen getroffen. Trotzdem stehen diese Dienstleistungen fast überall zur Verfügung, also offenbar geht es manchmal auch ohne staatliche Intervention. Die US-Post hat man als staatliches Unternehmen ins Leben gerufen, weil man meinte, nur so ließe sich die universelle Dienstleistung wirklich garantieren. Allerdings dürften UPS und andere private Postzustelldienste anderer Meinung sein, da es ihnen gelungen ist, eine landesweite Versorgung sicherzustellen und trotzdem Geld zu verdienen.

Die Debatte, ob und in welchem Maße der Staat gefordert ist, um einen möglichst breiten Zugriff auf das Netz zu garantieren, wird die Gemüter sicherlich noch viele Jahre lang erhitzen.

Das Netz wird die Welt an die entlegensten Orte bringen und den Menschen dort die Möglichkeit eröffnen, sich Rat zu holen, bei wem sie wollen, und zusammenzuarbeiten, mit wem es ihnen gefällt. Da viele die Mischung aus ländlicher Lebensweise und städtischem Informationsniveau attraktiv finden, wird es im Interesse der Netzbetreiber liegen, Glasfaserkabel in ländliche Wohngebiete mit hoher Einkommensstruktur zu verlegen. Wahrscheinlich werden auch einige Bundesländer, Gemeinden oder sogar private Immobilienunternehmer die von ihnen angebotenen Stand- und Wohnorte durch Highway-Anschlüsse aufwerten. Ländliche Gemeinden mit hoher Lebensqualität werden gezielte Anstrengungen unternehmen, eine neue Schicht anspruchsvoller Stadtbewohner anzulocken. Insgesamt gesehen werden in Ballungsgebieten die Anschlüsse jedoch früher zur Verfügung stehen als in ländlichen Regionen.

Das Datennetz wird seine Informationen und Angebote auch über die Grenzen der hochtechnisierten Welt hinaus in die Entwicklungsländer transportieren. Die Möglichkeit zu globaler preiswerter Datenübertragung erschließt allen Menschen, egal, wo sie wohnen, die wichtigsten Märkte der Weltwirtschaft. Insofern werden sich die Angehörigen hochqualifizierter Berufe in den Industrieländern auf neue Konkurrenz gefaßt machen müssen – so wie viele in der Produktion beschäftigte Arbeiter aus den Industrieländern während der letzten zehn Jahre die Konkurrenz aus Billiglohnländern zu spüren bekamen. Ein englischsprechender, promovierter Unternehmensberater in China kann durchaus mit seinem Kollegen in London konkurrieren. Das wird das Netz zu einem einflußreichen Faktor für den internationalen Handel mit geistigen Gütern und Dienstleistungen machen – vergleichbar den Auswirkungen der relativ niedrigen Gebühren für Luft- und Containerfracht auf den internationalen Handel mit materiellen Gütern.

Im Endeffekt werden wir weltweit einen Anstieg des Wohlstands erleben, der sich stabilisierend auswirken wird. Entwickelten Nationen und ihren Bürgern wird wahrscheinlich weiterhin eine gewisse wirtschaftliche Führungsrolle zufallen. Doch der Abstand zwischen den armen und reichen Ländern wird sich verringern – großartige Neuigkeiten für Länder, die heute in der wirtschaftlichen Entwicklung zurück sind. Manchmal wird auch derjenige, der später kommt, vom Leben belohnt. Einige Entwicklungsländer werden die Phase der »Industrialisierung« und ihre Probleme einfach überspringen. Sie gelangen direkt ins Informationzeitalter. Die Nachfolger können einige Entwicklungsschritte überspringen und die Fehler der Wegbereiter vermeiden. Europa hat das Fernsehen erst einige Jahre nach den Vereinigten Staaten eingeführt. Eine Folge davon war eine bessere Bildqualität, weil zu dem Zeitpunkt, als Europa seinen Standard festlegte, weiterentwickelte technische Optionen zur Verfügung standen. So konnten die Europäer sich jahrzehntelang an besseren Fernsehbildern erfreuen.

Telefonsysteme sind ein weiteres Beispiel dafür, daß ein später Anfang gelegentlich von Vorteil ist. In Afrika, Asien, Lateinamerika und anderen Gebieten der Erde breiten sich Mobilfunknetze rasch aus, weil sie ohne die Infrastruktur von Kupferkabeln auskommen. Viele Insider prophezeien, die technische Entwicklung werde so rasch voranschreiten, daß viele Regionen der Erde nie ein herkömmliches, kabelgebundenes Telefonnetz erhalten werden. Diese Länder werden nie Millionen Bäume abholzen müssen, um Masten aufzustellen, Telefondrähte zu spannen, alles wieder abzureißen und das ganze Netz unter die Erde zu verlegen. Das drahtlose Netz wird ihr erstes Telefonsystem sein. Wo man sich keine Breitbandleitungen leisten kann, wird man immer bessere Mobilfunksysteme haben.

Von modernen Telekommunikationssystemen ist zu erwarten, daß sie nationale Unterschiede einebnen und die Bedeutung nationaler Grenzen verringern. Faxgeräte, tragbare Videokameras und internationale Fernsehnachrichten haben wesentlich zum Ende der kommunistischen Regimes und des kalten Krieges beigetragen, weil sie das, was man einmal den Eisernen Vorhang nannte, für Nachrichten durchlässig machten – und zwar in beide Richtungen.

Bislang sind die meisten Sites im World Wide Web in englischer Sprache gehalten; ihre Wirtschafts- und Unterhaltungsinformationen können also von den englischsprechenden Usern in der ganzen Welt genutzt werden. Solche Bevorzugung werden die Angehörigen dieser Sprachgruppe solange genießen, bis sehr viele Inhalte in verschiedenen Sprachen veröffentlicht werden – oder bis entsprechende Software die Texte im

Handumdrehen übersetzt. Die neue Verfügbarkeit von Information kann die Menschen enger zusammenschließen, weil sie ihnen das Verständnis anderer Kulturen erleichtert. Allerdings erhalten die Einwohner von Staaten wie China und Iran durch kommerzielle Satellitensendungen Einblicke in die Situation anderer Länder, was ihre Regierungen aus naheliegenden Gründen nicht gutheißen können. Einige Staaten fürchten, wenn ihre unterdrückten und unterprivilegierten Völker mit Informationen über so andersartige Lebensverhältnisse in Berührung kämen und sie mit ihrer eigenen Situation verglichen, könnte Unzufriedenheit oder, schlimmer noch, eine »Erwartungsrevolution« die Folge sein. Innerhalb der einzelnen Gesellschaften wird sich das Gewicht von traditionellen und modernen, politischen, kulturellen und sozialen Einstellungen verlagern, wenn die Benutzer des Netzes mit einer größeren Vielfalt von kulturellen Vorstellungen in Berührung kommen. Manche Kulturen werden unter Umständen in Bedrängnis geraten, wenn sich ihre Mitglieder stärker mit globalen Fragen und Problemen auseinandersetzen als mit traditionellen und regional begrenzten.

»Der Umstand, daß ein und dieselbe Werbung den Bewohner eines New Yorker Apartmenthauses, einer Farm in Iowa und eines afrikanischen Dorfes ansprechen kann, beweist nicht, daß wir es mit ohne weiteres vergleichbaren Bedingungen zu tun haben«, meint Bill McKibben im Zusammenhang mit seiner Kritik an der Tendenz des Fernsehens, alle lokalen Unterschiede mit standardisierten Erfahrungsinhalten einzuebnen, »sondern zeigt nur, daß die Menschen auch unter so unterschiedlichen Lebensbedingungen ein paar Gefühle gemeinsam haben und daß sich die Inhalte des Globalen Dorfes auf diese äußerst dürftigen, minimalen Gemeinsamkeiten beschränken.«

Doch soll man Menschen, wenn sie sich denn solche Werbung oder die Sendung, in die die Werbung eingebettet ist, anschauen wollen, dieses Recht verweigern? Das ist eine politische Frage, die jedes Land für sich beantworten muß.

Die amerikanische Unterhaltungskultur ist so enorm populär, daß man in einigen Ländern mittlerweile versucht, ihre Verbreitung einzuschränken. Durch Begrenzung der ausländischen Fernsehsendungen auf eine bestimmte Stundenzahl pro Woche will man die wirtschaftliche Situation inländischer Produktionsfirmen verbessern. In Europa hat die Einführung von Satelliten- und Kabelfernsehen jedoch den Einfluß staatlicher Kontrollmaßnahmen ausgehöhlt. Das Internet wird alle nationalen Grenzen überwinden und zu einer Weltkultur oder zumindest einem regen Austausch von kulturellen Aktivitäten und Werten führen. Gleichzeitig wird er heimatverbundenen oder sogar aus ihrer Heimat vertriebenen Menschen, die noch tief in ihren ethnischen Ursprüngen verwurzelt sind, die Möglichkeit geben, mit Gleichgesinnten in Verbindung zu treten, ganz gleich, wo sie leben. Dies könnte die kulturelle Vielfalt stärken und den Tendenzen zur Bildung einer einzigen großen Weltkultur entgegenwirken. Wie sich das am Ende auswirken wird – ob als Stärkung oder Schwächung regionaler Kulturen –, läßt sich schwer vorhersagen.

Wenn sich die Menschen allerdings immer stärker auf die eigenen Interessen fixieren und allem anderen, was in der Welt vorgeht, kaum noch Aufmerksamkeit schenken – wenn Gewichtheber sich nur noch an Gewichtheber wenden und Letten nur noch lettische Zeitungen lesen –, dann laufen wir in der Tat Gefahr, unsere gemeinsamen Erfahrungen und Werte einzubüßen. Diese Abwehr alles Fremden würde unsere Gesellschaften zersplittern. Allerdings rechne ich nicht mit einer solchen Entwicklung, denn wir Menschen brauchen das Empfinden, zu vielen Gemeinschaften zu gehören, auch zu einer Weltgemeinschaft. Das Gefühl gemeinsamer nationaler Erfahrungen vermitteln in den Vereinigten Staaten vor allem Ereignisse, die wir gemeinsam am Fernsehschirm miterleben – die Explosion kurz nach dem Start der Challenger-Raumfähre, das Super-Bowl-Endspiel, die feierliche Amtseinführung eines Präsidenten, die Berichterstattung über den Golfkrieg oder über den Prozeß gegen O. J. Simpson. In solchen Augenblicken sind wir »zusammen«. Die ganze Welt sah zu, als die Berliner Mauer fiel. Immer mehr Ereignisse werden zu solchen »Welterlebnissen« werden. Von wenigen Ausnahmen abgesehen, wie den Olympischen Spielen oder der ersten Mondbegehung, handelt es sich bei den meisten Welterlebnissen allerdings eher um negative Phänomene: Naturkatastrophen, Kriege und Konflikte anderer Art.

Eine weitere Befürchtung hinsichtlich des Information Highway lautet, die Multimedia-Unterhaltung werde sich so leicht ins Haus holen lassen und so fesselnd sein, daß einige von uns das System häufiger nutzen dürften, als ihnen gut tut. Und in der Tat könnte sich das zu einem ernsten Problem auswachsen, wenn Virtual-Reality-Erlebnisse zu einer Selbstverständlichkeit geworden sind.

Eines Tages wird Sie ein VR-Spiel in eine virtuelle Bar führen und Ihnen zum Blickkontakt mit einer »schönen Unbekannten« verhelfen, die Ihr Interesse bemerkt und ein Gespräch mit Ihnen beginnt. Mit Charme und Witz hinterlassen Sie einen tiefen Eindruck bei der neuen Bekannten. Vielleicht entschließen Sie sich beide an Ort und Stelle zu einer Paris-Reise. Und zack! Schon sind Sie in Paris und bewundern gemeinsam die Kirchenfenster von Notre-Dame. »Bist du schon jemals mit einer Feluke auf dem Nil gesegelt?« fragen Sie Ihre neue Freundin. Und zack! VR wird sicherlich faszinierender sein als alle Videospiele, die es je gegeben hat, und weit eher zu so etwas wie Suchtverhalten führen.

Wenn Sie feststellen, daß Sie sich zu häufig und zu lange in diese verlockenden Welten flüchten, und wenn Sie anfangen, sich deshalb Sorgen zu machen, können Sie Ihre Befürchtungen verringern, indem Sie dem System mitteilen: »Egal, was für ein Paßwort ich dir nenne, das Spiel darf nicht länger als eine halbe Stunde dauern!« Das wäre ein kleines Warnsignal, um Ihre Beschäftigung mit Systemen einzuschränken, die eine zu große Faszinationskraft entwickeln. Es hätte die gleiche Funktion wie das Foto von ein paar scheußlich fetten Menschen an der Kühlschranktür.

Solche Warnsignale leisten gute Dienste bei einem Verhalten, das allzu leicht mit Gewissensbissen am Tag danach endet.

Wenn jemand sich entscheidet, in seiner Freizeit die Kirchenfenster einer Notre-Dame-Simulation zu betrachten oder in einer imaginären Bar mit einer synthetischen Freundin zu plaudern, so steht ihm das selbstverständlich frei. Heute verbringen viele Menschen mehrere Stunden am Tag vor dem Fernsehapparat. Wenn es uns gelingt, einige der passiven Unterhaltungsformen durch interaktive zu ersetzen, wird dieses Publikum sogar davon profitieren. Ehrlich gesagt, mache ich mir keine allzu großen Sorgen, die Welt könnte ihre kostbare Zeit im Internet vertändeln. Schlimmstenfalls wird es wie bei Videospielen oder Geldautomaten sein.

Schwerwiegender als individueller Mißbrauch dürfte die Anfälligkeit sein, die entsteht, wenn sich unsere Gesellschaft weitgehend vom Netz abhängig macht.

Das globale interaktive Netz und die computergestützten Geräte, die mit ihm verbunden sind, werden der neue Spielplatz, der neue Arbeitsplatz und das neue Klassenzimmer unserer Gesellschaft sein. Es wird die materiellen Zahlungsmittel ersetzen, einen Großteil der vorhandenen Kommunikationsformen in sich aufnehmen. Es wird uns als Fotoalbum, Tagebuch und Ghettoblaster dienen. Diese Vielseitigkeit wird die Stärke des Netzes ausmachen, wird für uns aber auch ein hohes Maß an Abhängigkeit bedeuten.

Abhängigkeit kann gefährlich sein. Bei den Stromausfällen 1965 und 1977 in New York entstand für Millionen von Menschen eine regelrechte Notlage – zumindest einige Stunden lang –, weil sie auf Elektrizität angewiesen waren. Für Licht, Wärme, Beförderung und Sicherheit brauchten sie elektrische Energie. Als der Strom ausfiel, saßen viele Leute in Fahrstühlen fest, fielen Ampeln aus, stoppten elektrische Wasserpumpen.

Ein vollständiger Ausfall des Netzes wäre schon ein Grund zu erheblicher Besorgnis. Allerdings wird das System sehr dezentral organisiert sein, so daß ein einzelner Ausfall kaum größere Auswirkungen hätte. Wenn ein einzelner Server seinen Geist aufgibt, kann man ihn ersetzen und die Daten umspeichern. Allerdings wäre das System anfällig für Sabotage. Je wichtiger es wird, desto mehr Redundanz müssen wir einbauen.

Ein Schwachpunkt ist die Abhängigkeit des Systems von der Kryptografie – den mathematischen Schlössern zur Sicherung der Information. Keines unserer heutigen Sicherheitssysteme, weder Lenkradschlösser noch Stahlkammern, ist vollkommen pannensicher. Allenfalls können wir potentiellen Einbrechern ihr Geschäft so schwer wie möglich machen. Entgegen weitverbreiteter Auffassungen schneidet die Computersicherheit im Vergleich sehr gut ab. Computer können Informationen so sicher abschirmen, daß selbst die raffiniertesten Hacker nur unter großen Schwierigkeiten an sie herankommen, es sei denn, an verantwortlicher Stelle wird ein Fehler oder Schlimmeres begangen. Schludrigkeit ist die Hauptursache für Sicherheitslükken. Und natürlich wird es auch im Netz Fehler geben, die zur Folge haben, daß zuviel Information entweicht. Jemand gibt digitale Konzertkarten aus, die, wie sich herausstellt, nicht fälschungssicher sind, mit dem Ergebnis, daß zu viele Zuhörer kommen. Immer wenn dergleichen geschieht, müssen das System und seine gesetzlichen Grundlagen überarbeitet werden.

Wie verhängnisvoll leicht sich digitales Geld fälschen läßt, erwies sich 1996, als ein japanisches Unternehmen, an dem Mitsubishi erhebliche Anteile besitzt, durch die Fälschung von Pachinko-Magnetkarten einen Verlust von 55 Milliarden Yen (588 Millionen Dollar) erlitt. Pachinko, ein Vetter des Flipperspiels, ist eine japanische Leidenschaft, der in mehr als 18 000 verräucherten Spielhallen gefrönt wird. Nach Berichten japanischer Nachrichtenmedien waren organisierte Banden für die Fälschung der im voraus bezahlten Karten verantwortlich, mit denen man die Pachinko-Spiele bezahlt – wobei die Beträge nach und nach getilgt werden.

Da sowohl der Datenschutz im Internet als auch die Sicherheit des digitalen Geldes von der Kryptografie abhängen, könnten sich entscheidende Fortschritte in der Mathematik oder Informatik, mit der sich das kryptografische System unterlaufen ließe, als Katastrophe erweisen. Es war für mich ziemlich ernüchternd, als ich erfuhr, daß bestimmte Formen der Public-Key-Kryptografie für »zeitliche Dechiffrierung« anfällig sind, wie ich in Kapitel vier berichtet habe. Das Aus für unsere Public-Key-Kryptografie wäre sicherlich die Entdeckung eines mathematischen Verfahrens, mit dem sich große Zahlen leicht in Faktoren zerlegen ließen. Jede Einzelperson oder Institution mit einem derartigen Wissen könnte Geld fälschen, in private oder staatliche Dateien eindringen und möglicherweise sogar die internationale Sicherheit gefährden. Aus diesem Grund lassen wir bei der Entwicklung des Systems äußerste Sorgfalt walten. Falls sich eine Verschlüsselungstechnik als unzuverlässig erweist, muß dafür gesorgt sein, daß automatisch eine andere Technik in Kraft tritt. Allerdings ist noch ein bißchen Erfindungsgabe vonnöten, bevor das erreicht ist. Insbesondere die Auswirkungen des Mooreschen Gesetzes erschweren es uns, die Sicherheit von Informationen zu garantieren, die der Benutzer zehn Jahre oder länger dem Zugriff Unbefugter entzogen wissen will. Leistungsfähigere Rechner könnten in der Lage sein, unsere Datensicherheit zu untergraben.

Große Sorge bereitet auch eine mögliche Verletzung des Datenschutzes auf dem Highway. Schon heute sind über uns alle eine Vielzahl von Daten bei privaten Unternehmen und Behörden gespeichert, wobei wir selten wissen, welcher Gebrauch von ihnen gemacht wird und ob sie korrekt sind. Das Zensusbüro verfügt über eine Fülle von Einzelheiten. Für die Vervollständigung Ihres persönlichen Datenprofils sorgen Krankenberichte, Bibliothekskarteien, Schulzeugnisse, Gerichtsprotokolle, Kreditauskünfte, Steuererklärungen, Finanzunterlagen, Bewerbungsunterlagen und Kreditkartenabrechnungen. Der Umstand, daß Sie häufig Motorradgeschäfte anrufen und möglicherweise eine lohnende Zielperson für einschlägige Werbung sind, ist eine kommerziell verwertbare Information, die eine Telefongesellschaft theoretisch verkaufen könnte. Routinemäßig werden in Postwurflisten und Kreditauskunfteien solche Informationen über uns zusammengestellt. Irrtümer und mißbräuchliche Nutzung haben den Gesetzgeber bereits dazu veranlaßt, die Verwendung entsprechender Datenbanken zu regeln. In den Vereinigten Staaten hat jeder Bürger das Recht, personenbezogene Daten bestimmter Art einzusehen, und muß in vielen Fällen davon unterrichtet werden, wenn sie jemandem zugänglich gemacht werden. Dadurch, daß diese Informationen sehr verstreut gespeichert sind, ist für eine Art praktischen Datenschutz gesorgt, doch wenn diese Quellen erst alle durch das Netz verbunden sind, lassen sie sich mit Hilfe von Computern zusammenfassen. Kreditdaten kann man mit Bewerbungsunterlagen und Aufzeichnungen über geschäftliche Transaktionen zu einem unangenehm genauen Bild unserer persönlichen Aktivitäten verknüpfen.

Wenn immer mehr Geschäftsvorgänge über das Netz abgewickelt werden und die dort gesammelte Datenmenge anwächst, werden mit Sicherheit staatliche Maßnahmen zum Schutz der Privatsphäre und zur Regelung des Informationszugriffs getroffen werden. Die Software wird diese politischen Maßnahmen umsetzen, so daß kein Arzt die Steuerunterlagen seines Patienten, kein Finanzbeamter die Schulzeugnisse eines Steuerzahlers und kein Lehrer den Krankenbericht seines Schülers einsehen kann: Es geht um den Schutz vor Mißbrauch von Daten – ihr bloßes Vorhandensein bedeutet noch keine Gefahr.

Heute gestatten wir einer Lebensversicherung, Einsicht in unsere Krankenberichte zu nehmen, wenn sie uns für den Todesfall versichert. Unter Umständen wollen diese Unternehmen auch wissen, ob wir so gefährliche Hobbys haben wie etwa Drachenfliegen, Rauchen oder Autorennen. Soll es dem Computer der Versicherungsgesellschaft erlaubt sein, auf dem Highway Angaben über unsere Kaufgewohnheiten abzurufen, aus denen möglicherweise hervorgeht, daß wir zu gefährlichen Verhaltensweisen neigen? Soll einem potentiellen Arbeitgeber gestattet sein, Daten über unsere Kommunikations- und Unterhaltungspräferenzen abzurufen, um daraus ein Persönlichkeitsprofil zu konstruieren? Wieviel Information darf einer Bundes-, Landes- oder kommunalen Behörde zugänglich sein? Welchen Einblick kann man einem potentiellen Vermieter in Ihre personenbezogenen

Daten gestatten? Und wieviel Information sollte man einem künftigen Ehepartner zugänglich machen? Wir werden die gesetzlichen wie die praktischen Grenzen der Privatsphäre genau festlegen müssen.

Die Sorge um den Datenschutz erwächst aus der Befürchtung, andere könnten Daten über uns zusammentragen. Das Netz wird aber auch die Möglichkeit schaffen, daß der einzelne selbst eingehende Informationen über die eigenen Aktivitäten sammelt – daß man so etwas wie ein »dokumentiertes Leben« führt.

Ihr Wallet-PC wird in der Lage sein, über alles, was Ihnen zustößt, genaueste akustische, zeitliche und geographische Aufzeichnungen zu machen und schließlich sogar entsprechende Filmsequenzen zu speichern. Jedes Wort, das Sie sagen, und jedes Wort, das man an Sie richtet, wird er registrieren, dazu Körpertemperatur, Blutdruck, Luftdruck und eine Vielzahl anderer Daten, die Sie und Ihre Umgebung betreffen. Er wird alle Ihre Interaktionen mit dem Highway festhalten können – alle Befehle, die Sie geben, die Nachrichten, die Sie verschicken, und ihre Telefonate, ob sie nun selbst anrufen oder angerufen werden. Auf diese Weise können Sie einen Datenbestand zusammentragen, der das perfekte Tagebuch, die lückenlose Autobiographie darstellt – falls Sie es denn wünschen. Wenn Sie sonst keinen Gebrauch davon machen, werden Sie zumindest beim Zusammenstellen des digitalen Familienfotoalbums genau wissen, wann und wo Sie eine bestimmte Aufnahme gemacht haben.

Die dafür erforderliche Technik ist nicht besonders kompliziert. Schon bald dürfte es möglich sein, die menschliche Stimme auf ein paar tausend Bits digitaler Information zu komprimieren, mit anderen Worten, eine einstündige Unterhaltung in ungefähr ein Megabyte digitaler Daten umzuwandeln. Kleine Magnetbänder, wie man sie für Sicherheitskopien von Festplatten benutzt, speichern bereits 10 Gigabyte oder mehr – genug, um etwa 10000 Stunden – mehr als ein Jahr – komprimierter akustischer Information aufzuzeichnen. Die Kassetten für eine neue Generation digitaler Videorecorder werden mehr als 100 Gigabyte fassen – das heißt, eine einzige Kassette im Wert von einigen Dollar könnte alle Gespräche aufnehmen, die ein Mensch im Laufe von zehn Jahren oder sogar in seinem ganzen Leben führt – je nach dem Grad seines Mitteilungsbedürfnisses. Dabei gehen diese Zahlen nur von den heutigen Möglichkeiten aus – künftige Speicherkapazitäten könnten weitaus leistungsfähiger und preisgünstiger sein. Das komplette Audio-Protokoll stellt schon heute keine Schwierigkeit mehr da, und in wenigen Jahren werden auch vollständige Filmaufzeichnungen möglich sein.

Mich schreckt die Vorstellung eines total dokumentierten Lebens schon ein bißchen, doch andere werden Gefallen daran finden. Ein Grund zur Dokumentierung des Lebens könnte dem eigenen Schutzbedürfnis entspringen. In diesem Fall wäre der Wallet-PC so etwas wie ein Alibi-Garant, denn chiffrierte digitale Markierungen würden für Echtheit garantieren und bei ungerechtfertigten Anschuldigungen ein fälschungssicheres Alibi darstellen. Sollte Sie jemand irgendeiner Untat beschuldigen, könnten Sie erwidern: »Moment mal! Mein Leben ist dokumentiert. Hier sind die Bits gespeichert. Ich kann alles abspielen, was ich je gesagt habe. Versuchen Sie also nicht, mich auszutricksen!« Wenn Sie sich andererseits etwas zuschulden kommen ließen, gäbe es natürlich eine Aufzeichnung davon. Auch jede Datenmanipulation würde festgehalten. Die Tatsache, daß Nixon alle Gespräche im Weißen Haus aufgezeichnet hat – und dann der Verdacht, er habe versucht, die Bänder zu manipulieren –, hat zum Ende seiner politischen Karriere beigetragen. Er entschied sich für ein dokumentiertes politisches Leben und hatte später genügend Zeit, dies zu bedauern.

Der Rodney-King-Fall (Videoaufnahmen, die belegten, wie ein schwarzer Autofahrer von weißen Polizisten brutal zusammengeschlagen wurde, woraufhin es zu schweren Rassenunruhen in Los Angeles kam; A. d. Ü.) hat die Beweiskraft von Videobändern und ihre Grenzen aufgezeigt. Vielleicht wird schon bald jedes Polizeiauto oder sogar jeder Polizeibeamte mit einer digitalen Videokamera ausgerüstet sein, deren Aufzeichnungen mit fälschungssicheren Zeit- und Ortsmarkierungen versehen werden. Unter Umständen wird die Öffentlichkeit verlangen, daß sich die Polizei bei ihrer Arbeit selbst per Video protokolliert. Und der Polizei könnte durchaus daran gelegen sein, sich auf diese Weise einerseits gegen den Vorwurf von Brutalität und Übergriffen zu schützen und andererseits bessere Beweismittel vorlegen zu können. Schon jetzt halten einige Polizeikräfte sämtliche Verhaftungen auf Video fest. Solche Videoprotokolle wären nicht nur für die Polizei interessant: Ärzte, die Operationen oder sogar Praxisbesuche aufzeichnen würden, könnten sich so preiswerter – oder vielleicht nur noch unter dieser Bedingung – gegen Kunstfehler versichern. Busunternehmen, Taxifirmen und Speditionen haben ein verständliches Interesse am Fahrverhalten ihrer Mitarbeiter. Aus diesem Grund sind in deutschen Bussen und Lastwagen Fahrtenschreiber grundsätzlich vorgeschrieben. Ich könnte mir Gesetzesinitiativen vorstellen, nach denen jedes Auto, auch Ihres und meines, nicht nur mit einem Aufzeichnungsgerät, sondern auch mit einem Sender ausgerüstet würde, der das Auto identifiziert und seine Position bekannt gibt – das Nummernschild der Zukunft. Schon heute haben alle Flugzeuge Flugschreiber an Bord, und sobald diese preiswerter geworden sind, gibt es keinen Grund, sie nicht auch in unsere Automobile einzubauen. Wenn ein Wagen gestohlen würde, wäre sein Aufenthaltsort sofort bekannt. Bei Fahrerflucht oder einem Anschlag aus einem fahrenden Auto könnte ein Richter eine Abfrage wie die folgende anordnen: »Welche Fahrzeuge sind während dieser halben Stunde in folgenden Straßen registriert worden?« Der Fahrtenschreiber könnte Ihre Position und Ihre Geschwindigkeit aufzeichnen, so daß sich Geschwindigkeitsbegrenzungen mühelos durchsetzen ließen. Was mir persönlich allerdings eher unlieb wäre.

In einer Welt, die zunehmend mit elektronischen Geräten ausgestattet wird, könnten wir einen Punkt erreichen, wo Kameras die meisten in der Öffentlichkeit stattfindenden Vorgänge aufzeichnen. Videokameras an öffentlichen Orten sind schon weitgehend selbstverständlich geworden. Oft versteckt angebracht, finden sie sich an und in Banken, Flughäfen, Geldautomaten, Krankenhäusern, Autostraßen, Geschäften, in den Eingangshallen von Hotels und Bürogebäuden und in Fahrstühlen.

Die Vorstellung, überall von Kameras überwacht zu werden, hätte uns vor 50 Jahren wohl noch großes Unbehagen bereitet – denken wir an George Orwells *1984*. Heute regt sie uns nicht mehr auf. In den Vereinigten Staaten und in Europa gibt es Stadtviertel, deren Bewohner froh sind, daß es solche Kameras in Straßen und auf Parkplätzen gibt. In Monaco ist die Straßenkriminalität praktisch ausgestorben, seit man das winzige Fürstentum mit Hunderten von Videokameras bestückt hat. Schließlich ist Monaco – mit seiner Fläche von 195 Hektar – so klein, daß ein paar hundert Kameras für eine Totalerfassung ausreichen. Viele Eltern würden es begrüßen, wenn Schulhöfe mit Kameras ausgestattet würden, um Drogendealer, Leute, die Kinder belästigen, oder Schulrowdys abzuschrecken beziehungsweise leichter fassen zu können. Jede Straßenlaterne ist eine wichtige staatliche Investition für die öffentliche Sicherheit. In wenigen Jahren wird man für wenig Geld Laternen mit Kameras nachrüsten können, die mit dem Netz verbunden sind. Ein Jahrzehnt noch, und man wird in der Lage sein, Videoaufzeichnungen von Computern äußerst kostengünstig nach einer bestimmten Person oder Aktivität durchmustern zu lassen. Ich könnte mir gut vorstellen, daß man verlangen wird, jede Straßenlaterne mit einer oder mehreren Kameras zu versehen. Den Zugriff auf solche Informationen könnte man so regeln, daß die Filmaufzeichnungen der Kameras nur bei Vorliegen eines Verbrechens und wahrscheinlich auch eines Gerichtsbeschlusses freigegeben werden. Vielleicht wird man hier und da auch verlangen, daß die Bilder jeder Kamera jederzeit von jedem Bürger in Augenschein genommen werden dürfen. Nach meinem Dafürhalten wirft dies erhebliche Datenschutzprobleme auf, doch vielleicht sehen Juristen das anders, solange sich die Kameras nur an öffentlichen Orten befinden.

Fast jeder ist bereit, ein paar Einschränkungen zugunsten von größerer Sicherheit in Kauf zu nehmen. Historisch gesehen genießen die Menschen in den westlichen Demokratien einen größeren Schutz ihrer Privatsphäre und ihrer persönlichen Freiheit als die Mitglieder irgendeiner Gesellschaft zuvor. Wenn sich eines Tages erweisen sollte, daß bei Pilotprojekten in bestimmten Kommunen allgegenwärtige Kameras mit Verbindungen zum Netz die Kriminalitätsrate deutlich verringern, würde wohl eine leidenschaftliche Kontroverse über die Frage beginnen, ob der Überwachungsstaat mehr zu fürchten sei als das Verbrechen. Ein staatlich gebilligtes Experiment dieser Art kann ich mir in den Vereinigten Staaten schlecht vorstellen, weil zu viele Datenschutzprobleme aufgeworfen würden und mit Sicherheit Verfassungsbeschwerden zu erwarten wären. Doch die öffentliche Meinung kann sich wandeln. Nehmen wir an, es folgen in den Vereinigten Staaten noch einige Attentate wie die Bombenanschläge von Oklahoma City und Atlanta, dann könnte sich die Einstellung der Öffentlichkeit gegenüber dem Datenschutz schnell gründlich verändern. Was uns heute wie der digitale Big Brother erscheint, könnte eines Tages zur Norm werden, wenn wir uns ansonsten der Willkür von Terroristen und Kriminellen ausliefern. Ich rede keinem der beiden Standpunkte das Wort, ich weise nur darauf hin, daß es sich um eine politische Entscheidung handelt – und zwar um eine politische Entscheidung, über die wir uns in den kommenden Jahren noch die Köpfe heißreden werden.

Während diese Entwicklung es einerseits erleichtert, Videoaufzeichnungen anzufertigen, ermöglicht sie andererseits, persönliche Dokumente und Nachrichten gegen jegliche fremde Einsichtnahme abzuschirmen. Kryptografische Software, die jeder aus dem Internet auf seinen PC laden kann, verwandelt einen Personalcomputer in ein Verschlüsselungsgerät von praktisch hundertprozentiger Sicherheit. Wenn sich der Highway konstituiert, wird man Sicherheitsdienstleistungen für jede Art digitaler Information bekommen – Telefonanrufe, Dateien, Datenbanken, was Sie wollen. Solange Sie das Paßwort geheimhalten, sind die Informationen, die Sie auf Ihrem Computer speichern, sicherer verwahrt als in jeder Stahlkammer. Damit verfügen Sie über den besten privaten Datenschutz, den es je gegeben hat.

Einige Regierungsvertreter halten diese kryptografischen Techniken für gefährlich, weil sie Möglichkeiten staatlicher Informationsbeschaffung beschneiden. Zu ihrem Leidwesen läßt sich das Rad der technologischen Entwicklung jedoch nicht mehr zurückdrehen. Die National Security Agency, eine Behörde, die dem amerikanischen Verteidigungsministerium und Geheimdienst unterstellt ist, hat die Aufgabe, die geheime Nachrichtenübermittlung der USA zu verschlüsseln und die Nachrichten fremder Mächte zu entschlüsseln, um nachrichtendienstliche Erkenntnisse zu gewinnen. Die NSA möchte verhindern, daß Software, die den modernsten Stand der Kryptografie repräsentiert, ins Ausland gelangt. Auch das FBI möchte solche Exporte gesetzlich verbieten lassen, aber aus einem anderen Grund. Nach Auffassung des FBI werden sich solche starken Kryptografiesysteme, selbst wenn sie legal sind, im Inland nicht entwickeln, solange sie nicht auch auf ausländischen Märkten verkauft werden können. Nun sind diese Programme aber bereits in der ganzen Welt verfügbar und können auf jedem Computer laufen. Keine politische Entscheidung kann dem Staat die Dechiffriermöglichkeiten zurückgeben, die er einst hatte.

Die Gesetzeslage, die gegenwärtig die Ausfuhr von hochwertiger kryptografischer Software verbietet, könnte den amerikanischen Software- und Hardwareunternehmen erheblichen Schaden zufügen. Diese Auflagen verschaffen ausländischen Anbietern Wettbewerbsvorteile gegenüber amerikanischen Firmen. Amerikanische Firmen sind nahezu einhellig der Meinung, daß die Ausfuhrbeschränkungen für kryptografische Softwareprodukte wirkungslos sind.

Jeder Fortschritt in unser Medienwelt hat erhebliche Auswirkungen auf die Beziehungen zwischen den einzelnen und ihren Regierungen. Die Druckerpresse und später die Zeitungen mit hohen Auflagen veränderten die Form der politischen Auseinandersetzung. Radio und Fernsehen erlaubten den Politikern, sich direkt und persönlich an die Öffentlichkeit zu wenden. In ähnlicher Weise wird auch das interaktive Netz einen besonderen Einfluß auf die Politik ausüben. Jeder Bürger kann einen raschen Brief an seinen Kongreßabgeordneten aufsetzen und herausfinden, wie dieser zu der einen oder anderen Frage steht und wie er abstimmt. Wähler werden ihre Stimme zu Hause oder mit dem Wallet-PC abgeben können, wodurch sich die Gefahr von Auszählfehlern oder Wahlfälschungen verringern wird.

Selbst wenn sich das Modell politischer Entscheidungsfindung nicht ausdrücklich verändert, wird das Netz Gruppen, die sich für bestimmte Anliegen oder Kandidaten einsetzen, mit mehr Einfluß ausstatten. Möglicherweise bildet sich dadurch eine größere Zahl von Bürgerinitiativen und politischen Parteien. Heute sind immense logistische Anstrengungen erforderlich, um eine politische Bewegung zu einem bestimmten Zweck zu organisieren. Wie finden Sie Menschen, die Ihre Meinung teilen? Wie erreichen und mobilisieren Sie sie? Telefone und Faxgeräte sind ideal für die Eins-zu-eins-Kommunikation – aber nur, wenn Sie wissen, wen Sie anrufen sollen. Mit dem Fernsehen kann eine Person Millionen erreichen, aber diese Methode ist teuer und nutzlos, wenn die meisten Zuschauer nicht interessiert sind.

Politische Organisationen sind auf den Einsatz von Tausenden freiwilliger Mitarbeiter angewiesen. Postwurfsendungen müssen versandfertig gemacht werden und unzählige Helfer auf die Straße gehen, um möglichst viele Menschen anzusprechen. Nur wenige politische Themen – eines ist die Umwelt – sind in der Lage, Freiwillige in so großer Zahl zu mobilisieren, daß sich eine politische Bewegung organisieren läßt.

Das interaktive Netz erleichtert Nachrichtenübertragungen jeder Art. Schwarze Bretter und andere Online-Foren gestatten sehr direkte Kontaktaufnahmen unterschiedlicher Form: eins-zu-eins, eins-zu-vielen, viele-zu-vielen. Menschen, die gleiche Interessen haben, können sich online finden und organisieren, ohne daß es sie die geringste Mühe kostet. Dadurch wird die Organisation politischer Bewegungen so einfach, daß kein Thema mehr zu unbedeutend und keine Gruppe mehr zu weit gestreut sein wird. 1996 wurden die Web-Sites im amerikanischen Wahlkampf zu wichtigen Kommunikationsmitteln der Kandidaten und der politischen Aktionsgruppen. Am Ende wird das Netz eine entscheidende Plattform des politischen Diskurses sein.

In den Vereinigten Staaten finden bei sehr wichtigen Themen auf bundesstaatlicher Ebene bereits heute direkte Abstimmungen statt. Aus organisatorischen Gründen können solche Volksentscheide nur im Rahmen allgemeiner Wahlen durchgeführt werden. Mit Hilfe des Internets ließen sie sich weit häufiger in die Tat umsetzen, da sie nur mit sehr geringen Kosten verbunden wären.

Zweifellos wird irgend jemand für die »direkte Demokratie« in absoluter Form plädieren, in der alle wichtigen Fragen einem Volksentscheid unterworfen werden. Ich persönlich halte wenig von diesem politischen Prinzip. In unserem System haben die Abgeordneten als Mittler eine wichtige Funktion, denn sie verfügen über genügend Zeit, um sich mit den vielfältigen Aspekten komplizierter Fragen vertraut zu machen. Zur Politik gehören Kompromisse, die sich kaum schließen lassen, wenn nicht eine kleine Zahl von Abgeordneten für die Menschen entscheidet, die sie gewählt haben. Die Kunst der Unternehmensführung – die sich auch auf die staatliche Ebene übertragen läßt – beruht auf vernünftigen Entscheidungen über die Verwendung der zur Verfügung stehenden Ressourcen. Auf diesem Gebiet muß ein Berufspolitiker Sachkenntnis erwerben. Dann kann er, wenn er zu den besseren seiner Zunft gehört, Lösungen finden, die nicht unmittelbar auf der Hand liegen und die in einer direkten Demokratie schwer durchsetzbar sind, weil Wähler unter Umständen nicht verstehen, welche Zugeständnisse langfristige Erfolge verlangen.

Wie alle Mittler und Makler in der neuen elektronischen Welt werden auch die politischen Repräsentanten ihre Existenzberechtigung nachweisen müssen. Das Netz wird sie stärker denn je ins Rampenlicht rücken. Statt nur Fotos und abgewogene Stellungnahmen von ihren Abgeordneten zu erhalten, können die Wähler einen sehr viel direkteren Eindruck von ihnen gewinnen – von dem, was sie tun, und der Art, wie sie abstimmen. Der Tag, an dem ein Abgeordneter eine Million E-Mail-Nachrichten erhält oder auf seinem Pieper ablesen kann, welche Ergebnisse eine vor fünf Minuten durchgeführte Umfrage unter seinen Wählern erbracht hat, ist gar nicht mehr so fern.

Mit der weltweit anwachsenden Beliebtheit des Internets zeigten sich viele Beobachter und Behörden besorgt über die Mühelosigkeit, mit der hier jede Art von Information fast an jeden Ort der Erde getragen werden kann. Verleumdungen, pornographische Inhalte und Urheberrechtsverletzungen sind an der Tagesordnung. Jeder kann sich über gefährliche Technologien informieren. Politische Auffassungen, die manchen erschrecken, können unbeschadet geäußert werden.

Daher meinen einige Kritiker, das Internet laufe aus dem Ruder und müsse besser kontrolliert werden. Das halte ich für eine gefährliche Überreaktion. Das Internet ist ein Gebilde von unschätzbarem Wert – das erste Medium, das die weltweite Publikation von Informationen praktisch ohne Grenzkosten ermöglicht. Wenn der Staat zu stark eingreift, besteht die Gefahr, daß er das Internet abwürgt.

Das andere Extrem bilden jene Leute, die die Auffassung vertreten, interaktive Netze dürften überhaupt keinen Einschränkungen unterworfen werden – der freie Cyberspace müsse eine Welt mit ganz eigenen Regeln sein, in der das Urheberrecht, die Gesetze zum Schutz vor Verleumdung und Pornographie und die Unantastbarkeit der Privatsphäre aufgehoben seien. Das ist reichlich naiv. Das Web ist heute längst keine gesetzlose Spielwiese für Außenseiter mehr, sondern ein zentraler Bereich unserer Gesellschaft.

Was wir brauchen, ist Ausgewogenheit. Das Internet muß offen bleiben und zugleich unsere Kinder – und alle anderen Benutzer, die es wünschen – vor Übergriffen schützen. Informationen, die legal in Büchereien und Buchhandlungen vertrieben werden, dürfen auch online nicht verboten sein, und Material, das in gedruckter Form als Verleumdung gilt, muß diesen Status auch im Cyberspace besitzen. Wir wollen das Internet nicht verstümmeln, aber wir wollen auch nicht, daß unsere Kinder Zugang zu Pornographie oder terroristischen Handbüchern haben.

Das erforderliche Augenmaß ließ der amerikanische Kongreß vermissen, als er 1996 den Communications Decency Act (Gesetz zur sittlichen Kontrolle der Telekommunikation) verabschiedete, der so restriktiv war, daß man zum Schwerverbrecher hätte werden können, wenn man im Internet detaillierte Informationen über Geburtenkontrolle, Aids-Vorbeugung oder die Möglichkeiten eines Schwangerschaftsabbruchs verbreitet hätte. Ein dreiköpfiges Richterkollegium des Bezirksgerichts von Philadelphia entschied, daß das Gesetz eine verfassungswidrige Beeinträchtigung des Rechts auf freie Meinungsäußerung darstelle. »Man kann das Internet durchaus als eine endlose weltweite Unterhaltung ansehen«, schrieb Bezirksrichter Stewart Dalzell. »Der Staat darf ... sich nicht in diese Unterhaltung einmischen. Als die liberalste Form des Massengesprächs, die es je gegeben hat, verdient das Internet den größtmöglichen Schutz vor staatlichen Eingriffen.« Als dieses Buch in Druck ging, legte die Regierung gerade gegen Richter Dalzells Entscheidung Berufung beim Obersten Gerichtshof ein.

Mit seinem Bemühen, Restriktionen zu verhängen, steht der US-Kongreß sicherlich nicht alleine da. In China müssen sich die Benutzer von Internet und E-Mail registrieren lassen, und das Regime versucht, die politischen Meinungsäußerungen in elektronischen Medien im Namen von Sicherheit und gesellschaftlicher Stabilität weitgehend zu unterdrücken. Natürlich billige ich Chinas extreme Haltung nicht, Tatsache ist aber, daß die meisten Länder auf die Verbreitung von Informationen der einen oder anderen Art empfindlich reagieren. Großbritannien ist bestrebt, dem Internet Fesseln anzulegen, um seine Staatsgeheimnisse zu schützen und persönliche Angriffe zu verhindern. In Frankreich wird die Pressefreiheit traditionell als hohes

Rechtsgut angesehen, trotzdem hat ein Gericht ein Buch über die Krankheitsgeschichte des früheren Staatspräsidenten François Mitterrand verboten. Interessanterweise durfte das Buch aber elektronisch im World Wide Web veröffentlicht werden, was dann auch sogleich geschah. Wäre es in Frankreich auch verboten gewesen, das Buch im Web zu veröffentlichen, wäre sein Inhalt eben auf einem Web-Server außerhalb Frankreichs erschienen – dem Arm des französischen Rechts entzogen, aber nicht dem Zugriff Web-surfender französischer Bürger. Das war genau das Dilemma, in dem sich Deutschland befand. In der Bundesrepublik verbietet eine strenge Gesetzgebung neonationalsozialistische Propaganda, aber Bundesbürger, die im Web surften, hatten Zugang zu solchem Propagandamaterial auf einem Web-Server in Kanada, wo derartige Ansichten völlig legal verkündet werden durften. Bestimmte Informationen in einem Land zu verbieten, wird immer schwieriger.

Wie oben erwähnt, fällt es in unserem vernetzten Zeitalter auch nicht leicht, Informationen in nationalen Grenzen zu halten. Das war früher viel unproblematischer, und die Herrschenden hatten viele wirtschaftliche, militärische und politische Gründe, sich darum zu bemühen. Im 17. Jahrhundert galt es als Kapitalverbrechen, die Einzelheiten jener Methode zu enthüllen oder auszuforschen, mit deren Hilfe in einer Piemonter Mühle Rohseide durch Wasserkraft zu einem Faden verzwirnt wurde. In den Tagen von Iwan dem Schrecklichen wurde mit Enthauptung bestraft, wer versuchte, einen lebenden Zobel aus Rußland hinauszuschmuggeln, weil das Land sein Weltmonopol auf Zobelpelze behalten wollte. Die Information über die »Herstellung« eines Zobelpelzes war (und ist) im genetischen Code des Zobels enthalten. Die einzige Möglichkeit, diese Information auszuführen, bestand in der Ausfuhr lebender Zobel. Noch immer gilt es in Rußland als Verbrechen, diese lebendige genetische Information außer Landes zu schaffen, wenn man heute auch nicht mehr mit seinem Kopf dafür bezahlt.

Bei dem Problem, wie sich verhindern läßt, daß anstößiges Material auf dem Bildschirm des häuslichen PC erscheint, liegt die Schwierigkeit zum Teil darin, daß wir im Cyberspace nicht jene Wächter haben, auf die wir uns in der materiellen Welt verlassen. Die Gesellschaft verlangt von Verkäufern in Einzelhandelsgeschäften, daß sie keine Pornographie, keine Zigaretten und keinen Alkohol an Minderjährige verkaufen. Apothekern verbietet die Gesellschaft, keine hochwirksamen Medikamente oder Drogen ohne Rezept abzugeben. Der Verkäufer und der Apotheker fungieren als Wächter, wenn auch nicht immer hundertprozentig. Solche Wächter hat das World Wide Web nicht. Es ist eher wie ein unbeaufsichtigter Verkaufsautomat, der allen fast alles andreht – und das in der Regel umsonst. Was im Web als Kontrolle ausgegeben wird, sieht meist folgendermaßen aus: Auf einer Site, die Inhalte für Erwachsene anbietet, ist ein Hinweis zu lesen, der etwa besagt: »Achtung! Nur für Erwachsene. Um fortzufahren, klicken Sie bitte die Schaltfläche Ich bin erwachsen an.«

Einige Kritiker haben vorgeschlagen, die Internetprovider mit der Wächterfunktion zu betrauen. Sie hätten dann die Aufgabe, die von ihnen übertragenen Inhalte zu filtern. Wenn sich dieser Vorschlag durchsetzte, müßten die betreffenden Unternehmen den gesamten Datenübertragungsprozeß zensieren. Schon der bloße Umfang der übertragenen Information würde ein solches Unterfangen völlig undurchführbar machen. Ebensogut könnte man von einer Telefongesellschaft verlangen, alle von ihr vermittelten Gespräche und Daten zu kontrollieren und das Unternehmen für die Inhalte haftbar machen.

Politiker zerbrechen sich den Kopf darüber, wann ein Online-Dienst als gewöhnlicher Netzbetreiber und wann er als Verlag zu gelten hat. Vor dem Gesetz werden Telefongesellschaften als gewöhnliche Netzbetreiber angesehen. Sie übertragen Nachrichten, ohne für sie verantwortlich zu sein. Wenn eine Frau von einem obszönen Anrufer belästigt wird, arbeitet die Telefongesellschaft mit der Polizei zusammen, aber niemand verfiele auf den Gedanken, der Gesellschaft die Schuld für die Anrufe zu geben. Dagegen sind Zeitschriften und Zeitungen Verlage. Sie sind vor dem Gesetz verantwortlich für die Inhalte, die sie veröffentlichen, und sie können wegen Verleumdung verklagt werden. Außerdem sind sie sehr daran interessiert, ihren journalistischen Ruf zu bewahren, weil er die Grundlage ihres Geschäfts ist. Jede verantwortungsbewußte Zeitung stellt sehr sorgfältige Nachforschungen an, bevor sie etwas über jemanden behauptet – zum einen, weil sie keine Verleumdungsklage am Hals haben möchte, zum anderen, weil eine Falschmeldung ihren Ruf schädigen würde.

In der Regel sind Online-Dienste gewöhnliche Netzbetreiber und Verlage zugleich, und da liegt das Problem. Wenn der Dienst als Verleger tätig ist, das heißt, Inhalte anbietet, die er erworben, verfaßt oder herausgegeben hat, ist es sinnvoll, daß er für das, was er veröffentlicht, auch verantwortlich gemacht wird. Also müssen die Bestimmungen des Verleumdungsparagraphen und der journalistischen Sorgfaltspflicht greifen. Andererseits erwarten wir von einem Online-Dienst auch, daß er unsere E-Mails befördert wie ein gewöhnlicher Netzbetreiber, ohne ihren Inhalt zu überprüfen und sich für ihn verantwortlich zu fühlen. Entsprechend sind die Chat-Boxen, Schwarzen Bretter und Foren, in denen die Benutzer ihre Meinungen ohne redaktionelle Eingriffe austauschen sollen, ein neues Kommunikationsmittel, das nicht der gleichen Behandlung unterworfen werden kann wie das Material, das der Dienst veröffentlicht. Es steht viel auf dem Spiel. Wenn Netzprovider ganz und gar wie Verleger behandelt werden, müssen sie alle Inhalte, die sie übertragen, kontrollieren und genehmigen. Das könnte ein unangenehmes Klima der Zensur erzeugen und den spontanen Meinungsaustausch bremsen, der für die elektronische Welt so wichtig ist.

Im Idealfall wird die Branche aus eigenem Antrieb einige Normen entwickeln, so daß Sie etwa, wenn Sie sich in einer Web-Site oder einer Newsgroup einloggen, darauf hingewiesen werden, ob der »Verlag« den Inhalt durchgesehen hat, als Herausgeber fungiert und dafür einsteht – oder nicht. Die Frage ist natürlich, wie sollen die Normen aussehen? Und wer soll ihre Einhaltung überprüfen? Ein Schwarzes Brett für Lesben darf nicht dazu gezwungen werden, Schmähungen gegen Lesben zu akzeptieren, und ein Schwarzes Brett, das einem bestimmten Produkt gewidmet ist, muß vor den abfälligen Bemerkungen von Konkurrenten geschützt werden. Es wäre eine Schande, wenn man kein Kind mehr zu einer Web-Site oder Newsgroup zulassen könnte, aber es wäre auch unrealistisch und möglicherweise ein Verstoß gegen das Recht auf freie Meinungsäußerung, wenn man alle diese Sites der Kontrolle eines Monitors unterwürfe, der für ihre Inhalte haftbar gemacht werden könnte.

Vielleicht wäre es am sinnvollsten, Web-Seiten und andere Online-Inhalte einer systematischen Bewertung zu unterziehen. Beispielsweise könnte man Web-Browser und andere Anwendungen so präparieren, daß sie sich nicht in Sites einloggen, die keine Bewertung durch eine autorisierte Organisation ausweisen. Der Internetbenutzer – oder seine Eltern – könnten bestimmen, welcher Bewertungsdienst und welcher Normenkatalog in Anspruch genommen werden soll. Eltern und andere Benutzer werden in der Lage sein, unter einer Vielzahl von Bewertungsdiensten und -methoden zu wählen. Eine solche Einrichtung ist PICS *(Platform for Internet Content Selection)*, wo Gruppen und Gesellschaft weltweit ihre Normen für akzeptable Inhalte festlegen können. PICS ist kein Bewertungsdienst, wohl aber eine Rahmenvorgabe, die es Organisationen aller Art erleichtert, eigene Bewertungssysteme zu entwickeln.

Bewertungssysteme sind keine absolut zuverlässige Kontrolle, aber bislang das beste Verfahren, das wir entwickeln konnten, um ein ausgewogenes Verhältnis zwischen Offenheit und Schutz herzustellen. In zahlreichen Ländern werden Filme schon lange nach vielen verschiedenen Gesichtspunkten bewertet. Kartenabreißer sind die Kinowächter, die nur Erwachsene in entsprechend eingestufte Filme hereinlassen. In den Vereinigten Staaten wird bald ein Gesetz dafür sorgen, daß neue Fernsehapparate mit einem sogenannten »V-Chip« ausgerüstet sind, mit dessen Hilfe Eltern die Übertragung unerwünschter Sendungen verhindern können. Die Fernsehsender stellen eigene Beurteilungssysteme auf. Auch die Softwareindustrie beginnt, die Inhalte von CD-ROM-Spielen zu klassifizieren und zu bewerten.

Sobald die Bewertungssysteme für Web-Sites ausgereift sind, werden sie fast ständig in Betrieb sein und helfen, eine große Gefahr abzuwenden, die die Zukunft interaktiver Netze bedroht – nämlich staatliche Eingriffe, die so weit gehen, daß sie eben jene Offenheit aufs Spiel setzen, dem das Internet seine besondere Attraktivität verdankt.

Trotz dieser Probleme und anderer gelegentlicher Schwierigkeiten, die die elektronische Interaktivität heraufbeschwört, kennt meine Begeisterung fürs Internet keine Grenzen. Schon jetzt wirkt sich die Informationstechnologie nachhaltig auf das Leben der Menschen aus, wie eine elektronische Nachricht erkennen läßt, die ich von einem Leser meiner Zeitungskolumne erhielt: »Mr. Gates, ich bin ein Dichter mit einer extremen Lese-Rechtschreibschwäche, was im Prinzip heißt, daß ich nicht ein einziges Wort korrekt schreiben kann. Ich hätte nie darauf hoffen können, je eines meiner Gedichte oder einen meiner Romane zu veröffentlichen, gäbe es nicht diese Computer-Rechtschreibhilfe. Vielleicht werde ich als Autor scheitern, doch Sie haben dafür gesorgt, daß mein Erfolg oder Mißerfolg von meinem Talent oder Mangel an Talent abhängen wird und nicht von meiner Behinderung.«

Wir sind Zeugen eines historischen Geschehens, das wie ein Erdbeben über die Welt kommen und uns auf die gleiche Weise erschüttern wird wie die Entdeckung der wissenschaftlichen Methodik, die Erfindung der Buchdruckerkunst oder der Anbruch des industriellen Zeitalters. Sollte das Internet in der Lage sein, zum Verständnis zwischen Angehörigen verschiedener Nationen beizutragen und dadurch die internationalen Spannungen zu verringern, dann würde dies allein schon die Kosten seiner Einrichtung rechtfertigen. Würde es nur von Wissenschaftlern genutzt, die mit seiner Hilfe besser zusammenarbeiten und Heilmethoden für bislang unheilbare Krankheiten entwickeln könnten, so wäre auch diese einzige Anwendung jede Anstrengung wert. Und stünde das System nur Kindern zur

Verfügung, damit sie ihren Interessen innerhalb und außerhalb des Unterrichts gründlicher nachgehen könnten, so wäre nur dies bereits dazu angetan, die Situation der Menschheit zu verändern. Das Internet wird nicht jedes Problem lösen, aber er wird sich auf viele Bereiche positiv auswirken.

Das interaktive Breitbandnetz wird sich aus dem Internet entwickeln, aber nicht gemäß einer prästabilisierten Ordnung. Es wird vielmehr Rückschläge und unerwartete Pannen geben. Einige Kritiker werden sich auf diese Rückschläge stürzen und verkünden, das Internet sei sowieso nie mehr als ein Hirngespinst gewesen. Doch wir werden aus solchen anfänglichen Mißerfolgen lernen. Das Internet ist von ungeheurer Bedeutung.

Große Veränderungen zogen sich früher über Generationen oder Jahrhunderte hin. Diese wird nicht solange dauern, aber auch nicht über Nacht kommen. In zehn Jahren werden die Spuren der Kommunikationsrevolution weithin zu erkennen sein, und in zwanzig Jahren wird praktisch alles, wovon in diesem Buch die Rede war, in entwickelten Ländern weithin zur Verfügung stehen, während Entwicklungsländer wohl zunächst nur in Unternehmen und Schulen darüber verfügen werden. Man wird die entsprechende Hardware installieren, und dann wird es davon abhängen, was die Leute damit anfangen – das heißt, was für Softwareanwendungen sie benutzen.

Das Netz wird in dem Moment zu einem Teil Ihres Lebens geworden sein, wenn Sie sich darüber ärgern, daß Sie sich eine Information, die Sie unbedingt brauchen, nicht über das Internet beschaffen können. Eines Tages werden Sie nach der Betriebsanleitung Ihres Fahrrads suchen und den Umstand verfluchen, daß sie ein Papierdokument ist, das man verlegen kann. Sie werden sich wünschen, die Anleitung wäre ein interaktives elektronisches Dokument mit Animationen und einer Videoanleitung und jederzeit übers Netz abrufbar.

Das Internet wird uns enger zusammenrücken lassen, falls wir das möchten, oder uns in eine Million medienvermittelte Gemeinschaften zersplittern. Vor allem aber wird uns das interaktive Netz zahllose neue Entscheidungsmöglichkeiten eröffnen, die uns den Weg zu Unterhaltung, Information oder zueinander eröffnen.

Ich denke, Antoine de Saint-Exupéry, der so beredt geschildert hat, wie die Menschen eine positive Einstellung zu Lokomotiven und anderen technischen Leistungen gewonnen haben, würde das Internet begrüßen und jeden für rückständig halten, der es ablehnt. Vor 50 Jahren hat er geschrieben: »Beförderung der Post, Beförderung der menschlichen Stimme, Beförderung flimmernder Bilder – in diesem wie in anderen Jahrhunderten hatten unsere höchsten Errungenschaften stets nur das eine Ziel – die Menschen zusammenzuführen. Meinen unsere Träumer wirklich, durch die Erfindung der Schrift, des Druckes, des Segelschiffes habe der Mensch Schaden an seiner Seele genommen?«

Der Information Highway wird uns zu vielen Zielen führen. Über einige davon habe ich auf den zurückliegenden Seiten spekuliert. Zweifellos werden sich manche meiner Vorhersagen als irrig herausstellen – nicht allzu viele, wie ich hoffe. Auf jeden Fall finde ich es aufregend, an dieser Reise teilzunehmen.

## Nachwort

Häufig überschätzen die Menschen, was in den nächsten zwei Jahren geschieht, und unterschätzen, was in zehn Jahren sein wird.

Das geht mir nicht anders. 1983 hab ich einen Prototyp von Windows vorgestellt, und 1986 führte Microsoft die erste CD-ROM-Konferenz durch. In beiden Fällen sagte ich voraus, die Technologie werde sich binnen zwei oder drei Jahren durchsetzen. Ich habe mich geirrt, war, kurzfristig gesehen, zu optimistisch. Wohingegen ich die langfristige Bedeutung dieser Neuerungen unterschätzt habe. 1993 war Windows auf zehn Millionen Computern installiert, und 1996 gehörten CD-ROM-Laufwerke zur Standardausstattung neuer PCs.

1994 glaubte ich, bereits 1997 würden Millionen Amerikaner an interaktive Breitbandnetze angeschlossen sein. Und ich stand nicht alleine da mit meinem Optimismus. Viele Unternehmen gingen davon aus, daß Breitbandnetze in wenigen Jahren Wohngebiete mit Video-on-demand und anderen Unterhaltungsangeboten versorgen würden, und die Telefon- und Kabelgesellschaften versprachen massive Investitionen. In den Titelgeschichten großer Zeitschriften wurde über den bevorstehenden Siegeszug des interaktiven Fernsehens fabuliert. Doch bekanntlich war es nicht das interaktive Breitbandnetz, auf dem sich Millionen Menschen tummelten, sondern das Internet, das in ganz kurzer Zeit zum Schauplatz der Interaktivität von Millionen Benutzern wurde. Damit ist die Vision vom allumfassenden »Information Highway« nicht widerlegt. Nur der Weg, der zu diesem Ziel führt, hat sich verändert. Am zehnten Jahrestag der Highway-Hysterie wird das Internet all die Leistungen bieten, die wir uns einst vom Highway erhofft haben.

Wie in Kapitel neun dargelegt, werden die größten Vorteile

dieser Kommunikationsrevolution aus der Nutzung technologischer Anwendungen für die schulische und außerschulische Bildung erwachsen. Ich habe nicht vergessen, was ich der Spende des Müttervereins der Lakeside School verdanke, die mir meine ersten Erfahrungen mit dem Computer ermöglichte. Daher sollen meine Anteile an dem Verkaufserlös dieses Buches Lehrern zugute kommen, die den Computer in ihren Unterricht einbeziehen. Die amerikanische National Foundation for the Improvement of Education und ähnliche Organisationen in aller Welt werden die Mittel den Lehrern zur Verfügung stellen, die ihren Schülern durch die Nutzung des neuen Mediums neue Möglichkeiten eröffnen.

Ich hatte das Glück, eine Schule zu besuchen, in der Schüler Computerzugang hatten, und das Glück ist mir treu geblieben. Ich glaube, ich habe den interessantesten Job der Welt. Ich arbeite viel, weil ich Spaß daran habe, aber meinen Erfolg verdanke ich auch dem Glück. Mein Freund Warren Buffett, den viele als den größten Investor der Welt bezeichnen, sagt oft, er sei sehr dankbar, in einer Zeit zu leben, die Verwendung für seine besondere Begabung habe. Wäre er ein paar tausend Jahre früher geboren worden, so meint er, hätte er wahrscheinlich irgendeinem wilden Tier als Mahlzeit gedient. Statt dessen ist er in eine Zeit hineingeboren worden, die einen Aktienmarkt hat und ihn für seine einzigartige Begabung, die Geschehnisse auf diesem Markt zu durchschauen, belohnt. Die gleiche Dankbarkeit müßten Footballstars empfinden, sagt Warren: »Zufällig gibt es ein Spiel, bei dem ein Bursche, dem es häufiger als anderen gelingt, einen Ball von komischer Form so zu treten, daß er zwischen zwei hohen Pfosten hindurchsegelt, Millionen Dollar im Jahr verdienen kann.« Auch ich bin zur richtigen Zeit am richtigen Ort geboren worden.

Aber, wie es in Anzeigen für offene Investmentfonds und andere Kapitalanlagen heißt, die Leistung von gestern ist keine Garantie für die Ergebnisse von morgen. Mein Anliegen ist es, Microsoft durch ständige Erneuerung an der Spitze zu halten. Aber es gibt keine Garantie dafür, daß es mir gelingen wird.

Die Binsenweisheit, daß es bisher keinem Unternehmen gelungen ist, seine Führungsrolle aus einer Ära der Computertechnologie in die nächste hinüberzuretten, ist schon ein bißchen beunruhigend. Danach müßte Microsoft also, da es in der PC-Ära an der Spitze stand, in der Kommunikationsära zurückfallen. Ich möchte mit dieser Tradition brechen. Ich denke, der Trend, daß erfolgreiche Unternehmen nicht erneuerungsfähig sind, ist nicht mehr, als der Name besagt – nämlich ein Trend, eine Tendenz. Wer sich zu sehr auf die augenblickliche Geschäftslage konzentriert, hat Probleme, über den Tellerrand hinauszublicken, und noch größere Probleme, die erforderlichen Veränderungen vorzunehmen.

Der Artikel »Microsoft, ein Auslaufmodell« ist leicht zu schreiben, und viele Journalisten machen sich seit mehr als zehn Jahren einen Spaß daraus. Die Welt ist für Microsoft heute voller Chancen und Probleme, aber das ist in den letzten zwanzig Jahren nicht anders gewesen.

Doch alle diese Probleme haben ungeahnte Kräfte mobilisiert. In den Jahren zwischen 1976 und 1979, als niemand der winzigen Firma Microsoft viel Beachtung schenkte, mußten wir beweisen, daß der Personalcomputer mehr als ein Spielzeug war.

Durch die MS-DOS-Partnerschaft mit IBM im Jahr 1981 zog Microsoft schon wesentlich mehr Aufmerksamkeit auf sich. Einige Auguren schrieben uns ab. Sie sagten, es sei einfach ein glücklicher Zufall gewesen, daß IBM bei der Entwicklung eines Betriebssystems für seinen Original-PC auf uns verfallen sei, und sie prophezeiten, unser übermächtiger Partner werde uns fallenlassen. Tatsächlich führte IBM in den achtziger Jahren etliche Projekte durch, die das Ziel hatten, jegliche Abhängigkeit von Microsoft zu beseitigen. Nur weil es uns gelang, immer einen technischen Vorsprung vor IBM zu behalten, konnten wir die Beziehung retten.

Anfang der achtziger Jahre führten viele Softwareunternehmen Attacken gegen MS-DOS, indem sie versuchten, es entweder zu kopieren oder zu verbessern. Digital Research war der Marktführer bei Betriebssystemen für PCs gewesen, bis Microsoft auf der Bildfläche erschienen war, und trat nun mit verschiedenen Versionen seines Betriebssystems zum Gegenangriff an. AT&T glaubte mit seinem Multitasking-Betriebssystem UNIX die Antwort gefunden zu haben, und es gab wilde Spekulationen, daß IBM es in Lizenz übernehmen würde. »Die einstigen Stars – Digital Research und Microsoft – werden sich vielleicht schon bald mit Nebenrollen begnügen müssen, wenn AT&T und IBM die Bühne erobern«, schrieb die Fachzeitschrift *Computerworld* Anfang 1984. Auch das Konkurrenzblatt *Datamation* mochte Microsofts Zukunft nicht optimistischer beurteilen: »Die unwiderstehliche Dampfwalze, wie ein Branchenkenner AT&Ts Unix getauft hat, droht nun, MS-DOS, den gegenwärtigen Standard der Betriebssysteme für Mikrocomputer, plattzuwalzen.«

1983 begann Microsoft mit der Arbeit an Windows, unserem hauseigenen Versuch, MS-DOS durch eine Mehr-Fenster-Benutzeroberfläche zu erweitern. Viele Unternehmen saßen an Konkurrenzprojekten. Die Hersteller der bahnbrechenden Tabellenkalkulation VisiCal kündigten eine grafische Benutzeroberfläche namens VisiOn für den PC an. Im nächsten Jahr stieg Digital Research mit den Entwicklungsarbeiten an GEM (Graphics Environment Manager) in den Wettbewerb um die grafische Datenverarbeitung ein. 1984 brachte Apple den Macintosh heraus, dessen Benutzeroberfläche sich – wie die von Windows, VisiOn und Gem – an der wegweisenden Arbeit über grafische Benutzeroberflächen bei Xerox PARC orientierte.

Etwa zu dieser Zeit kündigte IBM TopView an, einen eigenen Versuch, MS-DOS eine zusätzliche Ebene aufzusetzen, die es dem Benutzer ermöglichen sollte, verschiedene Programme in verschiedenen Fenstern laufen zu lassen. TopView war nicht grafisch orientiert und hatte technische Mängel, stellte aber eine Bedrohung für Microsoft Windows dar, weil es von IBM kam. Die Zeitschrift *PC Magazine* hat Esther Dyson, eine intime Kennerin der Branche, gefragt, wer das Rennen machen würde, Microsoft mit Windows oder IBM mit TopView. »Die Online-Antwort lautet IBM«, sagte Dyson.

Ende der achtziger Jahre zeigten sich noch andere Gefahren. Ein Unternehmen namens Next, das Steve Jobs nach seinem Ausscheiden bei Apple gegründet hatte, entwickelte eine grafische Software, die sich durchaus zu einem ernsthaften Konkurrenten von Windows hätte auswachsen können. Es gab mehrere Versuche, UNIX zu einem einzigen Standard zu verschmelzen, der Windows den Rang ablaufen konnte. Wie in Kapitel drei erwähnt, war der wichtigste dieser Versuche die Open Software Foundation, die von mehreren großen Unternehmen gegründet worden war, unter anderem Hewlett-Packard, DEC und sogar unserem ambivalenten Partner IBM.

Jahrelang hielt diese Ambivalenz von IBM an und ging mir ziemlich auf die Nerven. Stets sind wir bereitwillig auf IBMs Wünsche eingegangen, doch am Ende kündigte uns IBM die Partnerschaft einfach auf. Das Unternehmen war zu der Überzeugung gelangt, es könne seine Betriebssysteme auch ohne Microsofts Hilfe schreiben. Nach dem Vertrag über die Beendigung der Zusammenarbeit durfte IBM den Namen »OS/2« behalten und die Arbeit nutzen, die beide Unternehmen in das neue Betriebssystem investiert hatten. Zweifellos war das die größte Bedrohung, der sich Microsofts Zukunft je ausgesetzt gesehen hatte. Wir hatten uns gegen das größte Unternehmen der Computerbranche zu wehren, das uns mit einem Betriebssystem zu Leibe rückte, an dessen Entwicklung wir selbst mitgearbeitet hatten.

In Reaktion auf den Erfolg von Windows begruben Apple und IBM ihr Kriegsbeil vorübergehend und machten gemeinsame Sache bei der Gründung von Taligent und Kaleida Labs. Taligent hatte die Aufgabe, ein Betriebssystem zu entwickeln, das Windows in den Schatten stellte, während Kaleida der Marktführer im Bereich der Multimedia-Technik werden sollte. Die Presse nahm diese Initiativen ernst. »Das Joint Venture zwischen International Business Machines Co. und Apple Computer Inc., das Microsoft Corp. die Marktführung im Bereich der PC-Betriebssysteme streitig machen soll, ist seinem Zeitplan voraus und bemüht sich aggressiv, die Hersteller führender Anwendungen an sich zu binden«, hieß es Anfang 1993 im *Wall Street Journal*. Doch Taligent und Kaleida hatten so wenig Erfolg am Markt, daß sie 1995 von Apple und IBM abgewickelt wurden.

Als ich 1991 zu einem überzeugten Befürworter des Pen-Computers wurde, wollte ich Windows unbedingt so ausbauen, daß es auch die Bedürfnisse von Benutzern berücksichtigte, die dem Computer ihre Befehle lieber handschriftlich als über die Tastatur eingeben möchten. Aber nicht alle teilten die Auffassung, die Erweiterung existierender Betriebssysteme sei der beste Weg zum Pen-Computer. Ein Vorreiter auf diesem Gebiet, das Unternehmen Go, vermochte mehrere Firmen zu überreden, Anwendungen für ein vollkommen neues, auf der Handschrift-Erkennung basierendes Betriebssystem zu entwickeln. Der Unterschied zwischen der Strategie von Microsoft und Go lief etwa auf folgende Frage hinaus: Soll man, wenn ein grundlegender Wandel in der Verwendungsweise von Computern bevorsteht, die vorhandene Software den neuen Gegebenheiten anpassen oder ganz neu beginnen? Die Frage, die in der Internetära nichts von ihrer Bedeutung verloren hat, ließ sich bisher nicht beantworten, weil noch keine überzeugende Handschrift-Erkennung entwickelt werden konnte. Die Software für diese Methode war einfach nicht gut genug.

Microsoft sah sich noch vielen anderen Herausforderungen gegenüber. Mehr als einmal schlossen sich mehrere Unternehmen zusammen, um technische Standards zu entwickeln, die Microsoft-Produkte verdrängen sollten. So hat Sun Microsystems die PC-Hersteller zu überreden versucht, Rechner für ein Betriebssystem von Sun zu produzieren. Teilweise hat man auch erwartet, ein objektorientiertes Programm von General Magic würde Windows viele Benutzer abspenstig machen. In dem Bestreben, seine Softwarekompetenz zu erweitern, hat IBM 1995 Lotus aufgekauft. IBM erhielt damit Lotus Notes, eines der »Middlewareprodukte«, von denen ich in Kapitel elf berichtet habe.

In all diesen Jahren sind einige Vorstöße von Microsoft-Konkurrenten in der Presse hochgespielt worden. Andere sind fast unbemerkt geblieben. Aber Herausforderungen hat es immer gegeben, und mir würde meine Aufgabe lange nicht so viel Spaß machen, wenn es anders wäre. Die Begeisterung, der wir auf allen Ebenen von Microsoft begegnen, wenn es wieder einmal gilt, die Initiative eines größeren Konkurrenten abzuwehren, ist schon sehr eindrucksvoll. Langweilige Tage gibt es kaum bei uns.

Jetzt fragt sich natürlich mancher, wie Microsoft mit dem Internet zurechtkommt.

Durchs Internet ist gute Software eher noch in ihrem Wert gestiegen. Ideal wäre für uns eine Welt fast kostenloser PCs und fast kostenloser Datenübertragung mit unbeschränkter Bandbreite, denn dann läge fast der gesamte kommerzielle Wert in der Software und den Inhalten. Und in der Tat bewegen sich Datenverarbeitung und Datenübertragung in diese Richtung, wenn auch langsam. Im Internet sind die Chancen weitaus größer als die Risiken.

Können wir es trotzdem vermasseln? Natürlich. Niemand hat eine Garantie auf die Zukunft. Aber wir bewegen uns, sind innovativ und führen die Welt der Datenverarbeitung und der Datenübertragung zusammen. Angesichts der tiefgreifenden Wandlung, die in der Computernutzung bevorsteht, versuchen wir, die Software, die bereits mehrere zehn Millionen Menschen verwenden, möglichst rasch den neuen Bedürfnissen anzupassen, während einige unserer Konkurrenten ganz neue Systeme entwickeln. Ich wette abermals auf Windows.

Windows ist nicht unbesiegbar, genauso wenig wie Microsoft. Eines Tages wird Microsoft untergehen. Aber niemand weiß, ob in einem oder in fünfzig Jahren. Auf einer Konferenz wurde ich gefragt: »Welches Betriebssystem wird Windows ersetzen, wenn es am Ende ist?« Ich habe geantwortet: »Sagen Sie mir, wo ich sterben werde, und ich gehe ganz bestimmt nicht hin.«

Wenn Leute vorhersagen, daß das Internet uns den Garaus machen wird, verweisen sie oft auf die Art und Weise, wie IBM seine marktbeherrschende Position verloren hat. Dabei übersehen sie jedoch, daß unsere Situation nicht ganz vergleichbar ist. IBM hat die Trends und Technologien nicht genügend beachtet, die sich am Ende als entscheidend herausgestellt haben. Dagegen hat Microsoft das Internet fest im Blick. Sollte sich herausstellen, daß wir uns auf die Umstände der Kommunikationsrevolution nicht richtig eingestellt haben, dann wird es daran liegen, daß wir die falschen Maßnahmen ergriffen haben, und nicht daran, daß wir uns falsche Ziele gesteckt haben.

Ich nehme es niemandem übel, wenn er Microsofts Zukunftsaussichten skeptisch beurteilt. Für ein Unternehmen ist es nur gesund, unter den scharfen Blicken von Kritikern und Konkurrenten tätig zu sein, die nicht selten an seinen Erfolgsaussichten zweifeln. Das zwingt jeden von uns zu der Frage: »Wie gut sind wir denn wirklich?« Intelligente und konkurrenzorientierte Mitarbeiter nehmen die Herausforderung gerne an.

Ganz besonderen Spaß hat es mir immer gemacht, intelligente Leute für Microsoft zu gewinnen und mit ihnen zu arbeiten. Es ist mir ein Vergnügen, von ihnen zu lernen. Einige der intelligenten Leute, die wir gegenwärtig einstellen, sind erheblich jünger als ich. Ich beneide sie darum, daß sie mit besseren Computern großgeworden sind. Sie sind außerordentlich talentiert, und sie werden dazu beitragen, daß sich Microsoft neue Ziele stecken kann. Wenn es Microsoft gelingt, die Ideen der Jungen mit der Erfahrung der Alten zu verbinden, und wenn es ein offenes Ohr für die Anliegen seiner Kunden hat, dann haben wir sicher eine Chance, auch in Zukunft eine führende Rolle zu spielen.

Mehr denn je bin ich davon überzeugt, daß wir in einer wunderbaren Zeit leben. Der Anbruch des Informationszeitalters bietet Chancen über Chancen – zur Gründung neuer Unternehmen, zu neuen Entdeckungen in der Medizin und anderen naturwissenschaftlichen Disziplinen, zur Verbesserung der Lebensqualität in allen Bereichen oder schlichter: zum besseren Verständnis unserer Welt und zu engerem Kontakt mit Freunden und Angehörigen, egal, wo sie leben.

Die Kommunikationsrevolution eröffnet viele Möglichkeiten, ist aber kein Allheilmittel. Wir dürfen nicht versäumen, die Vor- und die Nachteile des technischen Fortschritts möglichst breit zu diskutieren, so daß die Richtung, die wir am Ende einschlagen, auf einem gesellschaftlichen Konsens beruht und nicht auf der Entscheidung weniger Technologen.

Jetzt sind Sie wieder an der Reihe. Im Vorwort habe ich erklärt, daß ich dieses Buch schreibe, um einen Dialog anzustoßen und auf einige der Chancen und Probleme aufmerksam zu machen, mit denen der einzelne, die Wirtschaft und die ganze Nation konfrontiert sind. Ich hoffe, daß Sie nach der Lektüre dieses Buches meinen Optimismus ein wenig teilen und mit mir darüber diskutieren werden, wie wir die Zukiunft gestalten sollen.

## Bildnachweis

Die Abbildungen wurden mit freundlicher Genehmigung zur Verfügung gestellt von:

S. 23 Lakeside School; S. 39 Intel Corporation, © 1972 by Intel Corporation, Illustration: Microsoft Press; S. 41 © by Ziff-Davis Publishing Company; S. 55, 117, 122, 350 Microsoft Press; S. 57 UPI/Bettmann; S. 64 Intel Corporation, © 1994 by Intel Corporation; S. 87 International Business Machines Corporation; S. 91, 92, 193, 225, 231, 234, 308, 379 Microsoft Corporation; S. 94 Apple Computer, Inc.; S. 112 © by Davis Freeman, Seattle; S. 121 Digital Equipment Corporation, Illustration: Microsoft Press; S. 345, 346 Intergraph Corporation

# Register

## C

**J**



**K**

**P**



**R**

## S

## X



## Y



## Z